全国中国特色社会主义政治经济学研究中心（福建师范大学）学者文库

主编 李建平

福建省首批高校特色新型智库——福建师范大学综合竞争力与国家发展战略研究院2018年资助的研究成果

福建省社会科学研究基地——福建师范大学竞争力研究中心2018年资助的研究成果

福建省高校哲学社会科学学科基础理论研究创新团队——福建师范大学竞争力基础理论研究创新团队2018年资助的阶段性研究成果

2016年福建省中青年教师教育科研项目(JAS161090)资助的阶段性研究成果

服务创新与中国服务贸易竞争力研究

A RESEARCH ON SERVICE INNOVATION AND THE COMPETITIVENESS OF CHINA'S SERVICE TRADE

林惠玲 ◎ 著

中国财经出版传媒集团

经济科学出版社
Economic Science Press

图书在版编目（CIP）数据

服务创新与中国服务贸易竞争力研究/林惠玲著.
—北京：经济科学出版社，2018.12
（全国中国特色社会主义政治经济学研究中心
（福建师范大学）学者文库）
ISBN 978-7-5218-0142-2

Ⅰ.①服… Ⅱ.①林… Ⅲ.①服务贸易-国际竞争力-研究-中国 Ⅳ.①F752.68

中国版本图书馆 CIP 数据核字（2019）第 011852 号

责任编辑：孙丽丽　何　宁
责任校对：王肖楠
责任印制：李　鹏

服务创新与中国服务贸易竞争力研究
林惠玲　著
经济科学出版社出版、发行　新华书店经销
社址：北京市海淀区阜成路甲 28 号　邮编：100142
总编部电话：010-88191217　发行部电话：010-88191522
网址：www.esp.com.cn
电子邮件：esp@esp.com.cn
天猫网店：经济科学出版社旗舰店
网址：http://jjkxcbs.tmall.com
北京季蜂印刷有限公司印装
710×1000　16 开　18.75 印张　380000 字
2019 年 5 月第 1 版　2019 年 5 月第 1 次印刷
ISBN 978-7-5218-0142-2　定价：62.00 元
（图书出现印装问题，本社负责调换。电话：010-88191510）

总 序*

在2017年春暖花开之际，从北京传来喜讯，中共中央宣传部批准福建师范大学经济学院为重点支持建设的全国中国特色社会主义政治经济学研究中心。中心的主要任务是组织相关专家学者，坚持以马克思主义政治经济学基本原理为指导，深入分析中国经济和世界经济面临的新情况和新问题，深刻总结改革开放以来中国发展社会主义市场经济的实践经验，研究经济建设实践中所面临的重大理论和现实问题，为推动构建中国特色社会主义政治经济学理论体系提供学理基础，培养研究力量，为中央决策提供参考，更好地服务于经济社会发展大局。于是，全国中国特色社会主义政治经济学研究中心（福建师范大学）学者文库也就应运而生了。

中国特色社会主义政治经济学这一概念是习近平总书记在2015年12月21日中央经济工作会议上第一次提出的，随即传遍神州大地。恩格斯曾指出："一门科学提出的每一种新见解都包含这门科学的术语的革命。"[①] 中国特色社会主义政治经济学的产生标志着马克思主义政治经济学的发展进入了一个新阶段。我曾把马克思主义政治经济学150多年发展所经历的三个阶段分别称为1.0版、2.0版和3.0版。1.0版是马克思主义政治经济学的原生形态，是马克思在批判英国古典政治经济学的基础上创立的科学的政治经济学理论体系；2.0版是马克思主义政治经济学的次生形态，是列宁、斯大林等人对1.0版的

* 总序作者：李建平，福建师范大学原校长、全国中国特色社会主义政治经济学研究中心（福建师范大学）主任。

① 马克思：《资本论（第1卷）》，人民出版社2004年版，第32页。

坚持和发展；3.0版的马克思主义政治经济学是当代中国马克思主义政治经济学，它发端于中华人民共和国成立后的20世纪50～70年代，形成于1978年党的十一届三中全会后开始的40年波澜壮阔的改革开放过程，特别是党的十八大后迈向新时代的雄伟进程。正如习近平所指出的："当代中国的伟大社会变革，不是简单套用马克思主义经典作家设想的模板，不是其他国家社会主义实践的再版，也不是国外现代化发展的翻版，不可能找到现成的教科书。"① 我国的马克思主义政治经济学"应该以我们正在做的事情为中心，从我国改革发展的实践中挖掘新材料、发现新问题、提出新观点，构建新理论。"② 中国特色社会主义政治经济学就是具有鲜明特色的当代中国马克思主义政治经济学。

中国特色社会主义政治经济学究竟包含哪些主要内容？近年来学术理论界进行了深入的研究，但看法并不完全一致。大体来说，包括以下12个方面：新中国完成社会主义革命、确定社会主义基本经济制度、推进社会主义经济建设的理论；社会主义初级阶段理论；社会主义本质理论；社会主义初级阶段基本经济制度理论；社会主义初级阶段分配制度理论；经济体制改革理论；社会主义市场经济理论；使市场在资源配置中起决定性作用和更好发挥政府作用的理论；新发展理念的理论；社会主义对外开放理论；经济全球化和人类命运共同体理论；坚持以人民为中心的根本立场和加强共产党对经济工作的集中统一领导的理论。对以上各种理论的探讨，将是本文库的主要任务。但是应该看到，中国特色社会主义政治经济学和其他事物一样，有一个产生和发展过程。所以，对中华人民共和国成立七十年来的经济发展史和马克思主义经济思想史的研究，也是本文库所关注的。从2011年开始，当代中国马克思主义经济学家的经济思想研究进入了我们的视野，宋涛、刘国光、卫兴华、张薰华、陈征、吴宣恭等老一辈经济学家，他们有坚定的信仰、不懈的追求、深厚的造诣、丰硕的研究成果，为中国特色社会主义政治经济学做出了不可磨灭的

① 李建平：《构建中国特色社会主义政治经济学的三个重要理论问题》，载于《福建日报（理论周刊）》2017年1月17日。

② 习近平：《在哲学社会科学工作座谈会上的讲话》，人民出版社2016年版，第21～22页。

贡献，他们的经济思想也是当代和留给后人的一份宝贵的精神财富，应予阐释发扬。

全国中国特色社会主义政治经济学研究中心（福建师范大学）的成长过程几乎和改革开放同步，经历了40年的风雨征程：福建师范大学政教系1979年开始招收第一批政治经济学研究生，标志着学科建设的正式起航。以后相继获得：政治经济学硕士学位授权点（1985年）、政治经济学博士学位授权点（1993年），政治经济学成为福建省“211工程”重点建设学科（1995年）、国家经济学人才培养基地（1998年，全国仅13所高校）、理论经济学博士后科研流动站（1999年）、经济思想史博士学位授权点（2003年）、理论经济学一级学科博士学位授权点（2005年）、全国中国特色社会主义政治经济学研究中心（2017年，全国仅七个中心）。在这期间，1994年政教系更名为经济法律学院，2003年经济法律学院一分为三，经济学院是其中之一。40载的沐雨栉风、筚路蓝缕，福建师范大学理论经济学经过几代人的艰苦拼搏，终于从无到有、从小到大、从弱到强，成为一个屹立东南、在全国有较大影响的学科，成就了一段传奇。人们试图破解其中成功的奥秘，也许能总结出许多条，但最关键的因素是，在40年的漫长岁月变迁中，我们不忘初心，始终如一地坚持马克思主义的正确方向，真正做到了咬定青山不放松，任尔东西南北风。因为我们深知，“在我国，不坚持以马克思主义为指导，哲学社会科学就会失去灵魂、迷失方向，最终也不能发挥应有作用。”[①] 在这里，我们要特别感谢中国人民大学经济学院等国内同行的长期关爱和大力支持！因此，必须旗帜鲜明地坚持以马克思主义为指导，使文库成为学习、研究、宣传、应用中国特色社会主义政治经济学的一个重要阵地，这就是文库的“灵魂”和“方向”，宗旨和依归！

是为序。

李建平

2019年3月11日

① 习近平：《在哲学社会科学工作座谈会上的讲话》，人民出版社2016年版，第9页。

序

在知识经济和全球化背景下，世界服务贸易高速增长，服务业国际转移日渐增多，一国服务贸易收入对国家经济增长的影响越来越大，而服务创新不仅可以提高服务产品的竞争力，调整和优化服务贸易结构，为服务经济创造新的增长点，而且有利于一国在世界服务市场上形成优势地位，控制经济发展所需要的资金、知识、信息等关键性资源。正因为如此，所以推进服务创新，提升服务贸易竞争力，已成为国际经济发展的重要趋势之一。现实经济的发展形势，迫切需要理论界根据我国服务贸易发展状况和世界服务贸易发展趋势，加强研究通过服务创新提升我国服务贸易竞争力。即将出版的《服务创新与中国服务贸易竞争力研究》这本书，正是作者林惠玲同志在攻读博士学位期间进行系统研究而写成的有关这方面问题的一本新著。

作为这本书的先期阅读者，我感到林惠玲同志撰写的这本书在以下几个方面做了不少努力。

其一，关注创新驱动发展，对基于服务创新提升我国服务贸易竞争力这一课题进行了系统研究。我国经济学界对服务贸易国际竞争力状况的实证分析，已有较多研究文献。但是专门从服务创新入手，形成系统深入研究服务创新与服务贸易竞争力课题的研究成果却不多见。从服务经济理论研究看，至今学术界尚未形成统一完整的“服务业”定义，也没有达成一致的统计研究口径，因此，从服务创新视角研究提升服务贸易竞争力，首先就有一个如何认识服务业的分化演进及其不同领域、类别、业态的服务创新的差异特点对服务贸易拓展及竞争力提升的影响问题。再从服务经济实践看，进入21世纪以来，服务创新的技术手段不断产生，服务类别不断分化和交融，新兴服务业态不断涌现，服务业与制造业之间的相互渗透不断增强，国际服务贸易竞争日趋激烈。在这种形势下，我国如何通过加强服务创新，提升服务贸易竞争力，进而形成服务贸易优势，已变得越来越重要。服务经济理论研究和实践发展的这种状况，对人们进一步研究服务创新与服务贸易竞争力课题提出了新的要求。本书作者撰写的这本书通过梳理总结前人的研究文献，首先界定了竞争力、服务、服务业、服务贸易和服务贸易竞争力、服务创新等几个重要概念，概述了服务创新的特征和动力因素，其次从服务创新促进服务贸易项目开发、服务创新提高服务贸易资源配置效率、服务创新提升服务贸易产品质量、服务创新增强服务贸易品牌打造、服务创新促进服务贸易产品价格优势形成、服务创新促进服务贸易商业模式发展六个方面具体分析了服务创新对我国服务贸易竞争力影响的主要表现。最后又在阐述了服务创新对服务贸易四种提供方式所产生的影响之后，结合我国服务贸易竞争力的国际比较状况，构建了融入服务创新因素的服务贸易竞争力评价体系，分析了我国通过加强服务创新提升服务贸易竞争力所存在的障碍，以及世界上一些国家以服务创新提升服务贸易竞争力的做法和经验。在此基础上，提出了我国基于服务创新提升服务贸易竞争力的对策建议，进而形成了对该课题进行系统研究的基本框架体系。

其二，深化研究和探索，尝试构建了服务贸易竞争力的“加核钻石模型”及评价体系。服务业作为一国的主要产业之一，其发展及竞争优势的形成受多种因素影响。就此而言，对于服务业国际竞争力的研究，迈克尔·波特的国家竞争优势理论同样是适用的。但是，在创新已凸显成为时代发展要求的今天，当代国际产业竞争力的发展已经有了显著变化，人们需要用发展的眼光看待迈克尔·波特的竞争理论。正如复旦大学芮明杰教授在其文章《产业竞争力的“新钻石模型”》中指出，在世界经济一体化发展过程中，一个国家产业的竞争力从本源上看应该是内生的，这个内生的本源性变量就是产业知识吸收与创新能力。由此，他在迈克尔·波特的国家产业竞争优势的四大关键要素的基础上增加了“知识吸收与创新能力”，构建了产业竞争的“新钻石模型”。本书作者认为，就服务贸易发展而言，以服务创新提升一国服务贸易竞争力，同样需要服务知识的吸收和服务能力的发展。考察世界服务贸易发展过程，尽管世界各国因地理环境、资源禀赋、产业发展传统、贸易习俗传承，乃至政府管理方式不同而有不同的贸易特色，但服务贸易竞争力优势的形成从其产业基础来看，总体上是依存于特定服务业的服务知识累积和服务能力发展。从这个意义上说，虽然影响一国服务贸易竞争力的因素有许多，但基于服务知识吸收和服务能力发展的服务创新却是最核心的因素。正是有了能改变服务要素质量和结构的服务创新这个核心要素，一国服务贸易才能有持续的竞争力，才能在激烈的国际竞争中始终保持优势。基于这种研究认识，本书作者根据迈克尔·波特的“钻石模型”理论，并在学习和借鉴复旦大学芮明杰教授的产业竞争“新钻石模型”建构的基础上，结合服务贸易产业的特点和相关制度、非制度作用的影响，引入“服务创新”这个核心要素，构建了服务贸易竞争力的理论模型——“加核钻石模型”。并以该模型为基础，依照指标体系构建的原则，参考 IMD 国际竞争力评价指标体系构建的方法，从生产要素、需求条件、相关支持产业、企业战略、政府、机会和服务创新这 7 个一级指标中确定了 48 个二级指标，构建了服务贸易竞争力评价指标体系，并以此分析中国服务贸易竞争力在国际上所处的地位及其优劣势。应该说，这种尝试有一定的理论研究意义和创新性。

其三，立足实践，注重理论研究的实际应用。进入 21 世纪以来，我国产业结构调整步伐不断加快，服务业对国民经济发展所起的作用越来越大，服务贸易在我国对外经济中的地位不断提高。特别是随着我国服务技术的快速进步及其对产业提升作用的不断加强，服务创新对我国制造业发展及产品出口效益的促进作用日益凸显。不仅如此，进入 21 世纪以来，我国经济实力不断增强，对外开放不断发展，对外贸易的对象国和业务领域不断拓展，我国与外国之间在内部次区域间的经济合作也不断增多，由此对服务贸易的制度创新和非制度契合都不断提出创新发展要求。但是由于服务创新涉及面广，投资强度大，且需要跟进多层面的创新激励机制、人才培养和管理要求，实践中开展服务创新仍存在不少障碍，以服务创新提升服务贸易竞争力依然任重道远。正是在这种发展形势下，2016年2月14日，国务院常务会议决定在我国15个省市（区域）开展服务贸易创新发展试点，以此推进我国外贸转型并增强服务业的国际竞争力，之后不断推出相关政策，支持服务贸易和服务创新的发展。2018年5月23日，国务院常务会议又决定，将服务贸易创新发展试点从15个省市（区域）扩围至17个，在重点领域进一步推出开放举措，由此促进服务创新的多层面发展，促进通过服务创新的机制化、当地化和具体化以提升我国服务贸易竞争力。本书作者的研究正是立足于实践，根据我国服务贸易发展的水平和特征，服务创新对我国服务贸易竞争力影响的主要表现，以及我国服务贸易竞争力发展的国际比较状况，同时又针对实践中我国通过加强服务创新以提升服务贸易竞争力存在的问题和困难，提出我国应以深化改革优化服务创新提升服务贸易竞争力的宏观环境；应以加强规划完善服务创新提升服务贸易竞争力的中观战略；应以创新管理强化服务创新提升服务贸易竞争力的微观基础，从而从宏观、中观、微观三个层面提出了推进服务创新提升我国服务贸易竞争力的对策建议，以为现实经济发展服务。

总之，呈现在读者面前的这本新著，是一部倾注了年轻作者许多心血的好书。书中不仅有一些新颖的观点，而且内容丰富，实践性强，研究成果具有一定的参考价值。当然，任何科学研究都是永无止境的，需要不断探索。特别是当今时代，伴随着服务全球化、知识化、智能化以及服务细分融合现象的不断发展，各国提升服务贸易竞争力不仅要有服务技术创新发展和传播应用的持续跟进，而且需要不断推进适应于贸易产业融合、产品集成的服务制度建设和流程管理。这种发展趋势在给理论工作者提供了更多的研究取向的同时，也会对研究工作提出新的要求和挑战。因此，作为林惠玲同志的指导教师，我希望她以该书的出版为新的起点，在服务创新与服务贸易竞争力这一专题上进一步研究和探索，并取得更多的成果。

林子华

2018年9月22日

前　言

服务创新对于提升服务贸易竞争力具有十分重要的作用，世界各国对此都给予了高度重视。2016年2月14日，国务院常务会议决定在我国15个省市（区域）开展服务贸易创新发展试点，以此推进我国外贸转型并增强服务业的国际竞争力，之后不断推出相关政策支持服务贸易和服务创新的发展。2018年5月23日召开的国务院常务会议又决定，将服务贸易创新发展试点从15个省市（区域）扩围至17个，在重点领域进一步推出开放举措。现实经济的发展形势，迫切需要理论界根据我国服务贸易发展状况和国际服务贸易发展趋势，加强研究通过服务创新提升我国服务贸易竞争力。

本书以服务创新为视角，首先梳理了服务贸易竞争力和服务创新的相关文献和理论基础，对几个重要概念进行了界定，厘清了服务创新与服务贸易竞争力之间的逻辑关系，分析了改革开放以来我国服务业发展概况、服务贸易发展水平和特征，并从理论和实证两个方面论证服务创新对我国服务贸易竞争力的影响。其次回顾了1980年以来国际服务贸易的发展轨迹，阐明服务创新如何推动国际服务贸易发展以及对提升国际服务贸易竞争力的重要作用，同时对引入服务创新因素的服务贸易竞争力理论模型进行探讨，构建了服务贸易竞争力评价指标体系，进而对中国与G20国家服务贸易竞争力进行横向比较，分析我国服务贸易竞争力在国际上所处的地位及其优劣势。本书在分析和借鉴一些国家（或地区）基于服务创新提升服务贸易竞争力的实践经验基础上，进一步提出提升我国服务贸易竞争力的措施建议。

本书在结构和体系上，除绪论外，分为八章。

绪论主要是阐明了本书的研究背景和意义，系统梳理了服务贸易竞争力和服务创新的相关文献，并对现有研究进行总体评述；介绍了本书的研究目标、研究内容和研究技术路线。

第一章，相关概念与理论基础。由于经济学家们对“服务”的解释各持己见，经济理论界至今对“服务业”尚未形成统一完整的定义，也没有达成一致的统计口径，更遑论服务贸易和服务创新等与之相关的定义。然而，概念是构成科学理论知识体系的基本单位，是最基本的科学理论知识。因此为了顺利开展研究，本章首先在前人研究的基础上进行归纳总结，对竞争力、服务、服务业、服务贸易和服务贸易竞争力、服务创新等几个重要概念进行了界定，概述了服务创新的特征和动力因素。本书以马克思的相关理论作为全书研究的理论基础，本章介绍了马克思的服务经济理论、国际贸易理论、竞争理论和创新思想。此外，本书还借鉴了西方经济学相关理论的合理部分，这些理论主要是比较优势理论、竞争优势理论、技术创新理论和新增长贸易理论。

第二章，服务创新与服务贸易竞争力的关系。由于国内外的文献尚缺乏以服务创新的视角对服务贸易竞争力的研究，因此本章通过对相关文献的梳理和理论的构建，研究了服务创新与服务贸易竞争力的关系，尝试厘清服务创新、服务贸易竞争力与国际服务贸易发展的机理。通过研究，本书提出服务创新与服务贸易竞争力的关系是：服务创新是服务贸易的源泉，推进服务创新是提升服务贸易竞争力的根本途径；服务创新的根本目的是提高服务企业的核心竞争力，提升服务贸易竞争力是服务创新的动力。

第三章，服务创新对中国服务贸易竞争力的影响。服务产业是服务贸易发展的产业基础，因此对服务贸易竞争力的研究要从服务业入手。本章第一从我国服务业增加值比重与就业比重的变化情况、服务业内部产出结构和就业结构的变化情况，以及我国服务业发展水平的国际比较来衡量我国服务业发展概况。第二分析了我国服务贸易发展的总体水平和特征，指出了我国服务贸易发展存在的问题。

第三从服务创新促进服务贸易项目的开发、服务创新提升服务贸易资源的配置效率、服务创新提升服务贸易产品的质量、服务创新影响服务贸易品牌打造、服务创新影响服务贸易产品价格优势的形成、服务创新促进服务贸易商业模式发展六个方面具体分析了服务创新对中国服务贸易竞争力影响的主要表现。第四在借鉴全球创新指数（GII）的基础上构建了服务创新动力因素指标体系，运用灰色关联分析进行实证分析，论证了服务创新对服务贸易竞争力的核心作用。

第四章，服务创新推动国际服务贸易竞争力的提升。本章首先回顾了国际服务贸易1980年以来的发展轨迹，总结了现阶段国际服务贸易发展的主要特点。其次以医疗健康服务贸易为例，论述了服务创新对服务贸易四种提供方式的影响。由于服务创新对推动国际服务贸易的发展和提升国际服务贸易竞争力具有重大作用，因此本章最后根据迈克尔·波特教授的“钻石模型”，并在学习和借鉴芮明杰教授的产业竞争“新钻石模型”的基础上，结合服务贸易产业的特点，引入“服务创新”这个核心要素，构建了服务贸易竞争力的理论模型——“加核钻石模型”。有了这个核心，一国服务贸易产业才能有持续的竞争力，才能在激烈的国际竞争中始终保持优势。

第五章，中国服务贸易竞争力的国际比较。本章在前面理论分析的基础上，基于引入服务创新这个核心要素的服务贸易竞争力理论模型——“加核钻石模型”，构建服务贸易竞争力评价指标体系，运用主成分分析法得出服务贸易竞争力评价模型，根据指标体系收集数据对G20国家的服务贸易竞争力进行实证分析，由此明确我国在世界服务贸易竞争中所处的地位。从实证结果来看，我国综合得分在G20国家中排名第四位，位次看起来好像还不错，但是我们的总得分只有第一名美国的2/5，而且结合定向分析后发现，在权重高的主成分上，中国得分是较低的；而得分较高的主成分，其“含金量”是有待商榷的。因此，中国服务贸易未来发展有很大的机遇和挑战，服务贸易竞争力的提升迫在眉睫。

第六章，服务创新提升中国服务贸易竞争力的障碍分析。当前服务贸易发展中，服务创新呈现出外部环境变化发展越来越快、服务创新领域不断扩大、人才多样化需求日益凸显、服务创新带来的贸易收益不断增加等趋势。通过前面的理论和实证分析可以看出，服务创新对中国服务贸易竞争力是有显著影响的。但是从服务创新提升中国服务贸易竞争力的总体情况来看，存在以下主要障碍：服务创新投资强度增大制约服务创新的发展；服务创新激励机制不完善弱化了服务创新的动力；服务创新政策管制过严影响了服务创新活力；服务创新人才不足制约服务创新能力的发展等。本章主要就是通过分析和梳理，正视当前服务创新提升我国服务贸易竞争力出现的问题和困难。

第七章，一些国家基于服务创新提升服务贸易竞争力的做法和经验。本章既选取了以美国、日本和德国为代表的发达国家，也选取了以印度和巴西为代表的发展中国家，总结和归纳了这些国家基于服务创新提升服务贸易竞争力的做法和经验。虽然这些国家服务创新发展不平衡，政府对服务创新的支持和导向作用也不尽相同；服务业的发展背景、运行环境和支持平台存在较大差异，因而它们现代服务业对外开放所取得的成功有偶然和不可复制的因素，但这些国家基于服务创新提升服务贸易竞争力的经验有一定的普遍适用性，对我国大力发展服务贸易能提供一些有益的启示。

第八章，基于服务创新提升我国服务贸易竞争力的措施建议。知识经济迅猛发展给了发展中国家以此跳跃发展的机会，中国服务贸易只有通过服务创新突破现有资源禀赋约束，在更高层次参与国际分工，才能分享全球技术进步的外溢效应。服务产业具有独特的引进先进生产要素的能力，也具有旺盛的市场需求，加快服务创新，提升我国服务贸易竞争力，是提高中国在国际分工中地位的一个重要内容，对维护国家经济安全有着重要的战略意义。因此，本章从三个方面提出了相应的措施建议：以深化改革优化服务创新提升服务贸易竞争力的宏观环境；以强化规划完善服务创新提升服务贸易竞争力的中观战略；以创新管理强化服务创新提升服务贸易竞争力的微观基础。

从目前来看，随着服务全球化和信息通信技术的迅速发展，服务创新领域不断扩大，新兴服务业态不断涌现，其高端化的演进现象正在不断展开之中。因此，书虽已写完，但我深知这种研究还有不少问题仍需要做进一步的深入调查和探索，为此，十分期盼能够得到更多专家、学者及业界人士的指导和帮助。

林惠玲

2018 年 9 月

目录
CONTENTS

绪　论

第一节　研究背景及意义

一、研究背景

（一）全球服务贸易迅速发展，成为决定各国国际竞争力的重要因素

随着工业化进程不断加深，全球产业结构升级，其重心从之前的制造业转向了服务业。在此背景下，以信息通信技术为代表的新技术革命进一步推动了国际服务贸易的快速发展。当前，一国（或地区）服务业现代化和全球化的程度，决定了该国（或地区）在全球产业链中的地位和世界服务市场中的份额，是各国国际竞争力高低的重要指标。全球服务经济的快速发展，正越来越深刻地改变着世界各国（或地区）经济、技术、产业的发展模式。第一，以服务业为主的经济转型加快了世界经济增长，也促进了各国（或地区）经济增长方式的转变，传统增长模式逐渐被现代增长模式所替代。第二，服务外包等新兴业态的出现，使得服务业的跨国转移一方面相对脱离了第一、第二产业的支撑；另一方面还与第一、第二产业进行全面融合，尤其是渗透到了制造业的全过程当中，由此显著改变了各国（或地区）的产业发展模式。[①] 第三，服务业全球化的利益分配是不平衡

① 王子先、王雪坤、杜娟：《服务业跨国转移的趋势、影响及我国对策》，载于《国际贸易》2007年第1期。

的，服务贸易的发展改变了各国参与国际竞争的地位和利益。第四，信息化和互联网技术改变了各国企业的经营管理模式和竞争模式，跨国公司通过搭建全球化和网络化的平台，形成了全球生产和服务网络。第五，在服务全球化和全球服务经济迅速发展的背景下，各国（或地区）在对外开放形式方面发生了转变，更加全方位的对外开放模式取代了原本仅侧重于制造业的对外开放模式。

（二）我国高度重视服务业和服务贸易的发展，但与发达国家相比仍有不小的差距

面临传统经济发展模式危机的挑战时，党中央、国务院始终高度重视我国服务业和服务贸易的发展。国务院于 2015 年 2 月公布了《关于加快发展服务贸易的若干意见》，明确提出要“培育‘中国服务’的国际竞争力”；《国民经济和社会发展第十三个五年规划的建议》指出要“加快对外贸易优化升级”，发展服务贸易。《商务发展第十三个五年规划纲要》中对服务贸易设定的目标是年均增长 10%左右，到 2020 年超过 1 万亿美元。党的十九大报告要求“瞄准国际标准”提高现代服务业的发展水平，“加强创新能力开放合作”，“培育贸易新业态新模式，推进贸易强国建设”。习近平总书记更是在 2018 年博鳌亚洲论坛开幕式上发出中国开放最强音，向世界明确宣布中国对外开放的重大举措。从以上的诸多措施以及相关政策可以看出，党和政府始终重视推动服务贸易、服务业的大发展，因为这不仅关系着国家经济结构的调整，同时也影响着我国经济增长方式的转变。

经过多年的努力，我国服务贸易增长显著，在世界服务贸易中的地位迅速提高，2016 年在全球服务业进出口排名中，服务贸易进口排名第二位，出口排名第五位。取得这样的成绩是不易的，也是可喜的，但同时我们也应该清楚地看到，我国服务贸易整体水平偏低，决定服务贸易发展水平的服务业仍不发达。根据世界银行的数据统计，2016 年我国 GDP 中服务业的比重只有 51.6%，这与发达国家间有较大的差距，即便是和同等收入水平的国家相比，也要低 10 个百分点。自 20 世纪 90 年代以来，虽然我国在对外贸易中一直保持顺差，但是顺差主要是货物贸易贡献的，服务贸易的逆差状态长期没有得到改变，2016 年服务贸易逆差扩大至 2601 亿美元。总体来看，当前我国服务业开放程度不高，总体的服务贸易竞争力较低，服务贸易进出口额占贸易总额的比重（18%）比全球平均水平低近 10%，而且服务贸易发展过程当中也呈现出明显的不均衡特征。如何构筑适应未来国际竞争需要的服务贸易产业结构和经济发展模式，成为摆在我国政府和企业面前的艰巨任务。

（三）创新是区域经济发展的重要动力，服务创新从根本上推动着服务贸易的发展

大力发展服务创新，不但能够推动服务贸易产业规模的快速扩张，提升服务贸易产业整体质量，同时还能够加快新兴产业战略布局，实现中国制造向中国创造的转变。从国家领导人的重要讲话和制定的大政方针政策可以看出，我国已经开始重视服务创新的重要性，并从政策上加以倾斜扶持。习近平总书记指出："实施创新驱动发展战略决定着中华民族前途命运。"《国民经济和社会发展第十三个五年规划的建议》首次提到了五大发展理念，并把创新排在第一位。要"坚持创新发展，培育发展新动力，以扩大服务消费为重点带动消费结构升级"。2016 年 2 月 14 日召开的国务院常务会议决定在 10 个省市和 5 个国家级新区开展服务贸易创新发展试点，探索服务贸易制度建设，有序扩大服务业开放准入，推进外贸转型增强服务业竞争力。① 2016 年 5 月印发的《国家创新驱动发展战略纲要》提出要推动商业创新模式、现代服务技术以及高级化经济形态的发展，建立网络技术和信息技术为核心的现代化服务业技术，到 2020 年，"知识密集型服务业增加值占国内生产总值的 20%"，"到 2050 年建成世界科技创新强国"。《"十三五"国家科技创新规划》更是明确提出要"促进科技金融产品和服务创新"。2017 年 4 月印发的《"十三五"现代服务业科技创新专项规划》，进一步明确了"十三五"时期现代服务业领域科技创新的目标、任务和方向。2018 年 4 月 10 日，习近平总书记在博鳌亚洲论坛开幕式上发表了《开放共创繁荣　创新引领未来》的主旨演讲，明确提出要"加强知识产权保护"，"勇于变革创新"。2018 年 5 月 23 日召开的国务院常务会议决定，将服务贸易创新发展试点从 15 个省市（区域）扩围至 17 个，在重点领域进一步推出开放举措。

在国家大力倡导加大"软性投入"、减少"硬性投入"，创建环境友好节约型社会的背景下，具有低能耗、高辐射和高增值特征的服务业正成为区域产业结构调整的有力杠杆，对经济结构调整具有重要战略意义。因此，我国既要发挥服务业传统优势，又要提高服务业知识技术含量，不断创造出新的优势，只能加快服务创新的步伐。由此，我国财政部和商务部联合相关金融机构设立的总规模为 300 亿元的服务贸易创新发展引导基金于 2018 年 1 月 5 日正式启动，这是国内第一只专注于服务贸易领域的国家级政府投资基金，以期通过服务创新激发服务贸易发展的潜力。

① 《增强服务贸易竞争力，提升规则制定话语权》，载于《21 世纪经济报道》2016 年 2 月 16 日。

二、研究的理论意义

我国服务贸易发展的实践，特别是由于新兴服务业态不断涌现，服务创新的技术手段不断产生，服务业与制造业之间区分的界限越来越模糊，服务类别的不断分化和交融，迫切需要我国刚刚起步的服务创新研究领域能够尽快扩展研究服务贸易，以提供理论支撑。

目前，国内外的文献尚缺乏以服务创新的视角对服务贸易竞争力的研究。近20年来（1999年8月26日~2018年8月26日），在CNKI全文数据库中可检索到的篇名、关键词或摘要中出现“服务贸易竞争力”的论文分别为672篇、856篇和1158篇，检索到的“服务创新”的论文分别为9591篇、4695篇和15443篇，而检索词为“服务贸易竞争力+服务创新”的论文分别为0篇、0篇和8篇，具体的检索情况如表0-1所示。从文献检索结果可以看出，将服务创新和服务贸易竞争力结合起来研究的文献鲜有涉及。因此，本书立足于中国经济转型、服务业大发展的独特背景，从服务创新的视角来研究中国服务贸易竞争力的提升，具有重要的理论意义。本书通过对文献的梳理和理论的构建，具体研究了服务贸易竞争力、服务创新、服务创新与服务贸易竞争力的关系，尝试厘清服务创新对中国服务贸易竞争力的影响机理，弥补相关研究的不足。

表0-1　CNKI全文数据库相关主题研究检索情况

检索词	篇名	关键词	摘要
服务贸易	9980	14569	15266
服务贸易竞争力	672	856	1158
服务创新	9591	4695	15443
服务贸易+服务创新	3	4	37
服务贸易竞争力+服务创新	0	0	8

三、研究的现实意义

近年来，全球服务业增长迅速，在经济活动中逐渐取得主导地位，全球服务贸易蓬勃发展，增长速度远远超过全球货物贸易的增长，全球竞争的焦点已经逐渐从商品转向服务。在这样的国际背景下，我国提升服务业的国际竞争力至关重要。服务业的国际产业转移和全球服务贸易的高速增长趋势无疑为中国实现经济的持续稳定增长提供了新的机遇。努力推进中国服务业的国际化水平，积极提升中国服务贸易竞争力，既是紧跟当前全球经济发展的潮流趋势，更是国家发展对外贸易的必然要求。

尽管当前服务贸易在我国的贸易结构中并不占主导地位，但是中国对外贸易将不可避免地走向服务贸易和货物贸易并重的时期，进而最终实现以服务贸易为主、货物贸易为辅的模式。这既是国际贸易发展的必然趋势，也应成为中国外贸长期奋斗的方向和目标。[①] 鉴于服务创新是服务贸易的源泉，推进服务创新是提升服务贸易竞争力的根本途径。因此，以服务创新为视角，系统梳理和研究我国服务贸易竞争力的概况，借鉴国际上一些国家基于服务创新培育服务贸易竞争优势的成功做法和经验，充分发挥后发优势，提升服务贸易进出口在我国贸易进出口中的比重，可以有效地转变我国在服务业和服务贸易方面存在比重较低、对促进经济发展以及就业贡献方面比较小的情况，在国际市场布局逐步实现均衡[②]。不断改善服务经济发展的外部条件，致力于提升服务业和服务贸易业国际竞争力，对于我国深化改革开放、加快经济结构战略性转移、扩大国际合作具有重要的意义。

第二节 国内外文献综述

一、服务创新的文献综述

随着第三产业的快速发展，服务创新逐渐引起了学术界和产业界的重视，近年来已成为研究热点。但服务创新仍然是一个比较新的研究领域，再加上服务的无形性、易逝性和不可分离性，使得服务创新比制造创新更难研究。总体上，服务创新理论的演进与服务业的发展壮大相伴随但又相对滞后于实践。

① 郑吉昌、夏晴：《服务贸易竞争力：影响因素与模型》，载于《价值工程》2004 年第 4 期。

② 杨红：《美国服务贸易竞争力的影响因素研究》，载于《吉林大学博士论文》2015 年。

(一) 国外关于服务创新的研究现状及趋势

从国际范围来看，对服务创新理论的研究从 20 世纪 70 年代研究某些服务部门的创新问题开始，如卡恩（Kahn，1972）、贝尔（Bell，1973）、格舒尼（Gershuny，1978）等研究关于信息技术在服务业中的应用，哈道夫（Hardouin，J. C.）[①] 以及德赛和洛（M. Desai，W. Low.）[②] 分别在 1973 和 1987 年论述了金融服务创新问题；到了 20 世纪 80 年代开始有学者研究服务创新的一般问题，如巴勒斯（Barras，1984）[③] 的“逆向产品周期”（RPC）模型；随后，在个别国家、欧盟等完成了一系列服务创新数据调查的基础上，20 世纪 90 年代开始出现了一大批服务创新理论和实证研究成果。

1. 服务创新模式的研究

服务创新模式就是把解决服务创新问题的方法论上升到理论高度。阿德里安（Adrian Payne）认为拉夫格（Lovelock C. H.）[④] 于 1984 年提出的“创新的六种途径”适用于服务创新，可以直接应用于服务创新的研究。巴勒斯（Barras，1984）认为服务创新的具体特征与服务的信息强度（information-intensity）有关，并提出了“逆向产品周期”（reverse product cycle，RPC）模型，他认为是“技术波”（technology wave）推动了新的逆向周期的形成，即渐进过程创新⟶根本性过程创新⟶产品创新$\xrightarrow{\text{(新技术波作用)}}$渐进式过程创新（新周期）……桑博和加卢（J. Sundbo and F. Gallouj，1998）[⑤] 在对多个欧洲国家服务企业进行调研的基础上，总结出服务创新的驱动力模型。2000 年，又通过对服务创新模式进行了系统的归纳和总结，提出了六种创新模式。赫托格（Den Hertog，2000）[⑥] 认为服务创新应关注生产与交付的四个不同构面，并由此形成了服务创新的“四维度模型”理论。范阿克等（B. van Ark et al.，2003）[⑦] 提出服务创新三构面理论，

---

① 蔺雷、吴贵生：《服务创新研究方法综述》，载于《科研管理》2004 年第 3 期。

② M. Desai，W. Low，“Measuring the Opportunity for Product Innovation”. In：De Cecco，M.（Eds.），Changing Money：Financial Innovation in Developed Countries. Basil Blackwell，1987.

③ Barras，R.，“Growth and Technical Change in the UK Service Sector”，Research Report TCCR – 83 – 015，Technical Change Centre，London，1984.

④ Lovelock C. H.，“Developing and Implementing Services” in George，W. R. and C. E. Marshall（Eds），Developing New Services，American Marketing Association，Chicago，IL. 1984，44 – 64.

⑤ J. Sundbo，F. Gallouj，“Innovation in Services” SI4S Project Synthesis，Work Package，1998，3/4，8.

⑥ Pim Den Hertog，Erik Brouwer，“Innovation Indicators for the Retailing Industry：a Meso PersPective”，Dialogic/Center for science & Policy，Utrecht，University，Utrecht，December 2000.

⑦ B. van Ark et al.，“Services Innovation，Performance and Policy：A Review”，June，Research Series No6，The Hague，2003.

分别为新的商业模式或概念、新的顾客或分销界面、新服务产品的提供。伊凡等（Ivan K. W. Lai et al.，2012）[①] 提出知识即服务模式（knowledge as a service，KaaS），该模式促进了知识网络成员之间的互操作。

2. 服务创新的 KIBS 研究

KIBS 即知识密集型商务服务，是“knowledge intensive business services”的简称，是服务创新系统中最重要的一个概念。迈尔斯（Miles et al.，1995）[②] 最先提出 KIBS 这个概念，并界定了其三个特征：第一，私人组织或企业；第二，对专业知识依赖程度高；第三，以知识为基础提供中间环节的产品和服务内容。加卢（F. Gallouj，2002）提出了一项 KIBS 交易一般包括三个要素：知识投入的来源方（S）、知识产出的接受者（R）和知识投入的加工者（P）。赫托格（Den Hertog，2000）认为 KIBS 与客户公司之间的知识流动有四种形式。施特兰巴赫（Simone Strambach，2008）[③] 采用知识演化和知识组织的研究方法，认为 KIBS 是一个生产、使用和转移知识的行业，能在多个层面上作为创新动力机制的驱动器。[④]

3. 服务创新的调查和实证研究

服务创新活动的大规模调查及其数据的获取，是开展服务创新研究的基础平台。意大利国家统计局（ISTAT）和国家研究委员会科学研究与数据部于 1995～1997 年进行的服务创新调查，是第一次大规模的、试图收集服务部门创新活动信息的统计工作，通过调查得到的结论对之后服务创新的研究起到了很大的影响，例如，绝大多数服务企业可以在服务创新与过程创新间加以区分；服务企业依赖一系列的创新源，而且经常同时有几个创新源等。欧盟 SI4S 项目是一个跨国家的服务创新调查，通过标准化的文件、运用电子邮件的方式收集包括国家宏观层面、产业中观层面和企业微观层面这三个层面的数据。SI4S 调查得到了诸多结论，这些结论极大地推动了服务创新的研究。希普等（Hipp et al.，2000）[⑤]

---

① Ivan K. W. Lai; Sidney K. T. Tam，Michael F. S.，“Chan Knowledge Cloud System for Network Collaboration: A Case Study in Medical Service Industry in China”，*Expert Systems with Applications*，2012，39（15）：12205－12212.

② Miles I.，Rush H.，“Services and the Knowledge－Based Economy: Not so Peculiar After All”，Paper Presented at the Seventh International Forum for Technology Management Kyoto，Japan，1997，11：3－7.

③ Simone Strambach，“Knowledge－Intensive Business Services KIBS as Drivers of Multilevel Knowledge Dynamics”，*International Journal of Services Technology and Management*，2008，10：152－174.

④ 江小涓等：《服务经济：理论演进与产业分析》，人民出版社 2014 年版。

⑤ Tether，B. S.，Hipp，C.，Miles，I.，“Standardization and Particularization in Service: Evidence from Germany”，*Research Policy*，2001，30（7）：1115－1138.

借助于对创新的开放式问答，对德国包括私人服务部门在内的产业创新进行调查，考察了组织创新、产品（服务）创新和过程创新。

4. 服务创新绩效的研究

与传统有形产品的绩效评价相比，评价服务创新的绩效更加困难，因而它是当前服务创新研究的重点领域之一。沃斯等（Voss et al.，1992）① 从一个广泛的视角探讨并发展了服务创新绩效的衡量指标，将服务创新的绩效衡量分为结果（outcome）和过程（process）的衡量。克里斯托弗·梅耶（Christopher Meyer，1999）② 认为硅谷有效的创新主要有以下标志：（1）向传统的地位挑战，鼓励发散性思维与实用主义的结合。（2）以闪电般的速度创造高质量。（3）创造阻力最少的多功能相关路径。（4）对变化作出迅速的反应，但也不必太敏感以至于对每一个变化都有所反应。（5）孕育有关创新的新知识，包括重新创造创新过程本身。（6）用图形或图表简洁明了地表述，并提出了质量和时效两个度量指标。G. 迈克兰德（Goran Marklund，2000）对服务创新做出三方面的测评标准认定：经济效益指标、投资指标和能力资源指标。斯托里和凯莉（Chris Storey and David Kelley，2001）③ 借用平衡计分卡（Balanced Score Card，BSC）的概念，将服务创新绩效的衡量指标分为个别项目层次及计划层次。赫布乔恩和波尔（Herbjorn and Per，2007）根据企业创新战略目标的不同，将服务创新绩效分为短期创新绩效、长期创新绩效和间接绩效。

在过去的几年中，服务创新已经在创新研究中占据了更为显著的地位，但这一现象并没有在创新政策中得到反映。当前，创新政策并没有对服务创新给予高度重视，服务创新的特定要求也经常会被忽略。现在仍然缺乏创新政策影响服务业的相关研究，更谈不上对服务相关政策的探讨了。截至目前，大多数的研究和管理描述都是基于制造业和高技术部门的实践，就一般性的创新研究而言，服务创新研究已经越来越关注创新网络和创新系统。

（二）国内关于服务创新的研究现状及趋势

国内学者对于服务创新的研究起步较晚，20 世纪末、21 世纪初才开始涉足该领域。自 2003 年起，清华大学的蔺雷博士和吴贵生教授、浙江大学的魏江教

---

① C. A. Voss.，"Measurement of Innovation and Design Performance in Services"，*Design Management Journal*，1992，3（1）：40－46.

② 克里斯托弗·梅耶：《创新增长》，吉林人民出版社 1999 年版。

③ Chris Storey，David Kelley，"Measuring the Performance of New Service Development Activities"，*Service Industries Journal*，2001，21（2）：71.

授、电子科技大学的鲁若愚教授等先后出版了《服务创新》《知识密集型服务业与创新》《多主体参与的服务创新》等服务创新的相关专著，这些成果对开展服务创新的研究起到了重要的推动作用。但总体来说，现有研究偏向于对国外研究的追踪，对我国国内服务创新与服务业发展的相关问题的探讨研究较为缺乏，相关案例分析和大样本的实证研究也不多。

1. 服务创新的分类

戴延寿（2003）[①] 从服务运作过程、服务系统、服务管理职能、实施对象等多个不同角度对企业的服务创新进行了分类。张宇和蔺雷（2005）在比尔德贝克、赫托格和豪克内斯等（Bilderbeek，Hertog and Hauknes et al.）的研究基础上，将服务创新分为过程创新、重组创新等九类。王琳、魏江和胡胜蓉（2009）[②] 通过走访调研和案例分析，从实证的角度将服务创新分为两类：概念创新和传递创新，并分析两种服务创新之间的关系。

2. 服务创新模式

田吉生（2003）[③] 等认为服务模式的演进是从被动到主动，从单向到双向个性化，从基本服务扩展到知识服务，从广泛的管理到优质的服务和服务品牌。王甜和钟宪文（2005）从创新动力出发，提出四类典型的服务创新模式。姜红和蒋锵（2005）参考相关文献，将服务创新模式分为动态服务创新模式、功能型服务创新模式等四类。郑吉昌和夏晴等（2005）基于四维度模型，分析了一般性维度及其关联在服务企业创新活动中的表现。高顺成（2013）[④] 从企业服务创新原始创意来源构成及其基本演进路径出发，构造出基于创新源的“企业服务创新等级演进三维度模型”。林子华和黄新焕（2013）基于区域生产率促进中心创新服务的视角，研究了区域虚拟科技园区的模式选择及效率探析。

3. 服务创新绩效评价

舒伯阳（2005）将学习成长、财务、内部流程和客户这四类指标引入“服务创新四维度模型”，运用平衡计分卡评估方法构建了服务创新成长绩效的综合评估矩阵。辛枫冬（2010）建立了知识密集型服务企业服务创新能力的模糊综合评价指标体系。卢俊义和王永贵（2011）在研究中以知识转移作为创新绩效和顾

---

① 戴延寿：《论企业服务创新与核心竞争力》，载于《漳州师范学院学报（哲学社会科学版）》2003年第1期。

② 王琳、魏江、胡胜蓉：《服务创新分类研究》，载于《技术经济》2009年第2期。

③ 逄锦荣：《基于服务模式创新的物流业与制造业协同联动体系研究》，北京邮电大学博士论文，2012年。

④ 高顺成：《企业服务创新源泉及其发展演进研究》，东华大学博士论文，2013年。

客参与服务创新之间的中介，在此基础上构造了相关理论模型，探讨了因果模糊性和创造性冲突在此模型中的调节作用。王西（2013）[①] 通过分析，得出影响现代物流企业服务创新的 12 个内部因素和 5 个外部因素，并设立了 76 个二级指标，采用熵权法分别赋值，构建了引入贴进度的改进的熵权—双基点法的现代物流企业服务创新绩效评价的理论模型。孙永波和王晶（2013）运用德尔菲技术和层次分析法，构建了零售企业服务创新能力八大评价指标体系。

4. 服务创新的调查研究

张红琪（2012）[②] 运用问卷调查、设计模型等方法实证分析了多主体参与的服务创新影响机制。杨潇和池仁勇（2012）[③] 通过对长三角科技服务企业发放问卷调查，收集了 199 家企业内部创新资源和 6 个外部结点的数据，构建了创新绩效为因变量，外部结点、内部资源和企业其他特征为自变量的回归模型。赖然（2014）[④] 从导向机制、激励机制和保障机制三个方面研究服务企业员工服务创新行为的管理机制。张芮（2014）[⑤] 通过案例分析、模型构建、问卷调查实证分析了创新氛围对服务创新绩效影响的作用机理。

回顾国内外研究现状，对服务创新的研究从总体上来看，无论是研究的对象与主题，还是研究的思路与框架，以及理论体系的构建，都还处于发展阶段。特别是由于新兴服务业态不断涌现和服务创新的不断发展，越来越难区分服务业与制造业之间的边界，服务业类别的不断分化和交融，要形成系统的服务业创新理论体系还十分困难，要建立与制造业创新理论交相辉映的服务创新理论，仍任重道远。

二、服务贸易竞争力的文献综述

自 1972 年经济合作与发展组织（Organization for Economic Co-operation and Development，OECD）首次提出服务贸易这个概念以来，服务贸易发展步入了“快车道”。随着服务贸易对经济贡献的增加，作为评判一国经济综合实力的重要

① 王西：《基于熵权—双基点法的现代物流企业服务创新绩效评价研究》，吉林大学博士论文，2013 年。

② 张红琪：《多主体参与的服务创新影响机制研究》，电子科技大学博士论文，2006 年。

③ 杨潇、池仁勇：《外部结点、内部资源与企业创新绩效的关系研究：以长三角地区 199 家科技服务业企业为实证》，载于《研究与发展管理》2012 年第 1 期。

④ 赖然：《服务企业的服务创新管理机制研究》，东华大学博士论文，2014 年。

⑤ 张芮：《创新氛围、知识二元性与服务创新关系研究》，浙江工商大学博士论文，2014 年。

组成部分，西方学者展开了对服务贸易的理论研究，并为服务贸易竞争力研究奠定了基础。我国的服务业发展相对落后，20 世纪 80 年代对服务贸易的重视相对不足，因此与西方学者对服务贸易的研究相比，中国学者晚了 15～20 年。但随着研究的深入，近年来我国也涌现了大量的研究成果。

（一）国外关于服务贸易竞争力的研究现状及趋势

对国外学者关于服务贸易竞争力研究的梳理，大致可以从服务贸易竞争力的理论基础、影响因素和评价方法这三个方面进行分析。

1. 服务贸易竞争力的理论基础

西方学者在这个方面的研究，主要是探讨现有的由货物贸易发展起来的比较优势理论、规模经济理论等是否适用于服务贸易。这方面的研究主要有三种观点：第一，不适用。迪克和迪科（Dick R. and Dicke H.，1979）① 通过对经合组织的 18 个国家进行实证分析得出结论，认为没有证据可以表明或论证比较优势在服务贸易理论基础的决定中发挥了作用。美国经济学家菲克特库迪（Feketekuty G.，1988）② 认为，服务贸易同货物贸易相比的独特性决定了传统国际贸易原理不适用于服务贸易。桑普森和斯内普（Simpson G. and Snape R.，1985）③ 则认为要素禀赋理论的基本前提是生产要素不能在国际间流动，因此其不足以解释国际服务贸易的基础。第二，完全适用。拉尔（Lall S.，1986）④ 通过对发展中国家的实证研究，认为传统国际贸易原理是适用于服务贸易的。理查德·库伯（Ricard Kumpe，1988）认为无论是货物贸易还是服务贸易，比较优势理论是普遍有效的。萨皮尔和卢茨（Spair and Lutz，1981）搜集了保险业中的有关数据，沃尔特（Walter I.，1988）⑤ 搜集了银行业和证券业的数据，他们通过实证研究论证了比较优势理论适用于金融服务贸易。文格尔（Jan ter Wengel，1995）⑥ 分

① Dick R. and Dicke H.，"Patterns of Trade in Knowledge"，International Economic Development and Resources Transfer，Tubingen，1979：346.

② Feketekuty G.，"International Trade in Services：An Overviewand Blueprint for Negotiations"，Cambridge，MA：American Enterprise Institute and Ballinger. 1988.

③ Simpson G. and Snape R.，"Identifying the Issues in Trade in Services"，The World Economy，No. 8，1985.

④ Lall Sanjaya，John Weiss，Jinkang Zhang，"The Sophistication of Export：A New Trade Measure"，*World Development*，2006（34）：222－237.

⑤ Walter. I.，"Global Competition in Financial Services"，Ballinger Cambridge. M. A，1998.

⑥ Jan ter Wengel，"International Trade in Banking Services"，*Journal of International Money and Finance*，1995，14（1）：47－64.

析了141个国家的双边贸易模式，结果表明规模经济理论可最好地解释国际银行业以代表处、分行、子行三种商业存在形式提供跨国服务的动因。第三，需要修正。迪尔多夫（Deardorf A.，1985）[①]、塔克和森德伯格（K. Tucker and M. Sundberg，1988）[②]、伯格斯（David F. Burgess，1990）[③] 等分别通过研究，都认为传统国际贸易理论是适用于分析服务贸易理论的，但他们也都指出了这些理论用于分析服务贸易时的局限性。为了克服这些局限性，必须在应用时多关注相关的市场结构和需求特征。萨加里（Sagari Silvia B.，1989）[④] 在赫－俄－萨定理当中增加了技术差异，并认为国家金融服务贸易比较优势的重要来源在于熟练劳动和技术差异。

2. 服务贸易竞争力的影响因素

在定性分析方面，迈克尔·波特（Michael E. Porter，1990）[⑤] 在其著作《国家竞争优势》中分析了影响国际竞争力的六大因素，由此提出了“钻石模型”。马蒂桑等（Matthyssens et al.，1998）[⑥] 为了解释服务贸易竞争力的来源，通过回顾以往有关竞争力理论分析的文献，筛选出最直接的影响因素构建了服务贸易竞争力的构成要素模型。鲍恩和莱因巴克（John T. Bowen and Thomas R. Leinbach，2006）[⑦] 基于波特的“钻石模型”和全球生产网络模型，对运输服务贸易竞争力的影响因素进行了分析。在实证研究方面，里德尔（D. I. Riddle，1986）[⑧]、杰姆斯R. 梅尔文（James R. Melvin，1989）[⑨] 通过实证分析认为，人力资源能够作为服务贸易竞争力高低与否的关键性影响因素，因此想获取比较优势的国家应该提

---

① Deardorff A.，“Comparative Advantage and International Trade and Investment in Services in Trade and Investment in Service”，Canada/US－Perspectives. Toronto：Ontario Economic Council，1985.

② K. Tucker，M. Sundberg，“International trade in services”，NewYork，1988.

③ David F. Burgess，“Is Trade Liberalization in the Service Sector in the National Interest?”，Oxford Economic Papers，1995，47（1）：60－78.

④ Sagari Silvia. B.，“International Trade in Financial Services”，Policy Planning and Reserch Working Parers，1989.

⑤ Michael E. Porter.，“Competitive Advantage of Nations”，*Competitive Intelligence Review*，1990，1（1）：14.

⑥ Matthyssens P.，“Vandenbempt K. Creating competitive advantage in industrial services”，*The Journal of Business and Industrial Marketing*，1998，13（45）：339－355.

⑦ John T. Bowen，Thomas R.，“Leinbach. Competitive Advantage in Global Production Networks：Air Freight Services and the Electronics Industry in Southeast Asia”，*Economic Geography*，2006，82（2）：147－166.

⑧ D. I. Riddle.，“Service－Led Growth：The Role of the Service Sector in World Development”，U. S. A Pager Publishers，1986.

⑨ James R. Melvin，“Trade in Producer Services：A Heckscher－Ohlin Approach”，*Journal of Political Economy*，1989，97（5）：1180－1196.

高教育质量。弗朗索瓦等（Francois et al.，1993）[①] 根据对美国进出口数据的分析，发现影响服务贸易发展的关键先决条件是国家的相似性，这里的相似性尤指收入水平的相似。科南和马斯库斯（Konan and Maskus，2006）[②] 通过 CGE 模型对比分析了服务贸易和货物贸易自由化的影响因素，结果表明减少贸易壁垒可以使贸易双方国家（或地区）获得更多的福利。沃尔兹（Worz J.，2008）[③] 对 25 个欧盟国家 1995 ~2005 年的面板数据进行实证分析，发现影响欧盟新老成员国服务贸易竞争力的因素并不一致。

3. 服务贸易竞争力的评价方法

当前研究文献中，服务贸易竞争力的评价方法主要有三个，分别是单一指标评价法、多指标评价法和综合评价指标法。因为单一指标评价方法只从单一角度来衡量服务贸易的竞争力，得出的结果太片面，所以现在较少被采用。单一指标评价法和多指标评价法的文献很多，例如，沃尔拉特（Vollrath Thomas L.，1991）[④] 在文章中列出了目前文献中常用的 10 个竞争力评价指标，分析了指标之间的关系、衡量关键点以及适用范围等，为服务贸易竞争力的后续研究奠定了坚实的理论基础。赫克曼等（Hoekman et al.，1992）[⑤] 采用 RCA 指数分析了收入水平差异对各国（或地区）服务贸易竞争力的影响。博布尔卡和米克洛斯（Bobirca，A. and Miclaus，P. G.，2007）[⑥] 建立了囊括 RCA 指数、TO 指数、CEP 指数和 ES 指数的综合指标评价体系，对比分析了保加利亚和罗马尼亚在欧盟及国际上的贸易竞争力。综合评价指标法主要代表是世界经济论坛（WEF）和瑞士洛桑国际管理开发学院（IMD）每年一度的竞争力评价报告。世界经济论坛发布的《全球竞争力报告》目前采用两种不同但相互补充的方法分析竞争力：经济增长竞争力指数（GCI）和微观经济竞争力指数（MICI）。瑞士洛桑国际管理开发学院自 1989 年开始每年出版《世界竞争力年鉴》，其评价体系均建立在对企业

① Francois, Joseph, Kenneth Reinert., "The Role of Services in the Structure of Production and Trade: Stylized Facts from Cross – Country Analysis", *Asia – Pacific Economic Review*, 1996 (2): 35 –43.

② Denise Eby Konan, Keith E. Maskus, "Quantifying the Impact of Services Liberalization in A Developing Country", Fournal of Development Economics, 2006, 81 (1): 142 –162.

③ Worz J., "Austria's Competitiveness In Trade in Services", FIW Research Report, 2008 (10).

④ Vollrath, Thomas L., "U. S. trade in competitive world markets", *Food Review*, 1991, 14 (1): 26.

⑤ Bernard Hoekman, Carlos A, Primo Braga, "Protection and Trade in Services: A Survey", *Open Economic Review*, 1997, 8 (3): 23 –31.

⑥ Ana Bobirca, Paul – Gabriel Miclaus, "A Multilevel Comparative Assessment Approach to International Services Trade Competitiveness: The Case of Romania and Bulgaria", *International Journal of Human and Social Sciences*, 2007, 1 (1): 1.

竞争力与国家竞争力及其相互联系的理论框架之上，构成了一个比较完整的支撑企业竞争力的国家竞争力评价体系。

国际竞争力的发展过程同时也是一个制度优化的过程。服务贸易竞争力是国际竞争力的有机组成部分，服务本身的特殊性质决定了服务贸易竞争力的提升离不开人力资源的支持，而人的经济选择与自身的文化背景以及制度的优劣有着紧密的关系。这也说明制度活力是服务贸易竞争力的重要源泉之一。诺斯认为，制度既包括法律、法规、组织等正式制度，也包括惯例、习俗、道德、宗教等非正式制度[①]。正式制度对经济发展绩效的影响已经得到广泛的认同，近年来经济学家的研究兴趣逐渐转移到非正式制度对经济发展的影响上。

（二）国内关于服务贸易竞争力的研究现状及趋势

国内服务贸易的研究开始较晚，直到 20 世纪 90 年代，国内学者才开始涉猎这一领域，但是由于当时我国服务业发展比较滞后，因此这一阶段相关研究的广度和深度有限，研究成果也很少。直至 20 世纪末 21 世纪初，我国服务业在国民经济中的占比有了大幅提高，服务贸易在国际上也占有了一席之地，再加上加入世贸组织谈判牵涉很多服务业开放承诺问题，此时服务业和服务贸易的发展吸引了越来越多学者的关注。随着对服务业和服务贸易业相关研究的不断深入，我国服务贸易理论和实践在这一阶段涌现了丰富的研究成果。在中国知网上检索并下载 2001 ~2016 年[②]发表在 CSSCI 期刊且篇名为“服务贸易竞争力”的论文，进行对比分析后发现，这期间的论文发展变化大致可以分为三个阶段：

2001 ~2004 年，以单一指标进行对比分析为主，大部分采用 TC 指数（贸易竞争优势指数）进行对比分析。2008 年之前发表的论著里该指数又称为比较优势指数（comparative advantage index，CAI）、净出口比率（net export ratio，NER）、服务贸易专门化指数（trade specialization coefficient，TSC）或可比净出口指数（normalized trade balance，NTB）等，称呼不同但含义都是一样的。2008 年以后发表的论著，学者都统一把该计算公式称为 TC 指数。康承东（2001）、杨颖（2001）、谭小芬（2003）、邓世荣（2004）、王小平和高钟庭（2004）、王萍（2004）、王小平（2004）均采用 TC 指数对中国服务贸易竞争力进行国际比较，区别主要在于选取对比的样本国家和时间跨度不同而已，因此，这个阶段关于服

① 刘向：《人性论下中国式管理的路径锁定与对策》，载于《特区经济》2008 年第 3 期。

② 检索时间：2016 年 8 月 27 日。

务贸易竞争力的研究成果相对少而且研究方法单一。

2005~2009年，多指标进行对比分析为主。这阶段的论文中出现的指标有10多种①，最常见的是RCA指数和TC指数。蔡茂森和谭荣（2005）、王庆颖（2005）、邓小华和马广源（2006）、殷凤（2007）、马承文（2007）、李秉强（2008）、赵放和冯晓玲（2008）、刘凤颖（2009）、杨丽琳（2009）等采用这两个指数来衡量服务贸易竞争力强弱。王绍媛（2005）、董小麟和董苑玫（2006）、郭清根（2008）、冯晓玲（2008）、车文立（2009）等的文章里除了这俩指数外，多了国际市场份额指数（market shares，MS）分析。鲁晓东（2007）② 运用CA、RCA、MS指数分析了1997~2005年我国与发达国家服务贸易总体及分部门竞争力，得出比较优势原则仍将是我国制定服务贸易发展战略的重要参照标准的结论。余道先和刘海云（2008）③ 运用MS指数分析了2004年10个国家服务出口的国际市场占有率，并用TC、MI指数分析了1997~2006年我国服务贸易各部门的竞争力情况后得出结论，认为我国服务贸易发展不平衡，总体竞争力较弱，资本、技术密集型服务业处于竞争劣势。武力超（2008）④ 利用RCA、TC、SO、MS四项指标分析了我国服务贸易竞争力现状并回归分析了影响我国服务贸易竞争力的6个因素，提出了提升我国服务贸易的对策。殷凤和陈宪（2009）⑤ 用RCA、CA、NRCA三个指数对14个主要服务贸易经济体1990~2005年的面板数据进行比较研究，采用时间序列法总结了我国服务贸易的影响因素，由此提出我国服务贸易国际竞争力低下的原因。

虽然这个阶段的研究成果数量较之前多很多，但研究大多局限于以指标测算来评价我国服务业国际竞争力的强弱，理论探讨较少。而且指标法中各指标代表的绝对意义不同、各有侧重，评价出来的竞争力强弱情况通常表现为非同步性，

① 这阶段的论文中出现的指标有国际市场份额指标（market shares，MS）、固定市场份额模型指标（the constant market share model，CMS）、显性比较优势指标（revealed comparative advantage，RCA）、贸易竞争优势指数（trade competitiveness，TC）、产业内贸易指数（index of intra-industry trade，IIT）、显性竞争优势（competitive advantage index，CA）、相对贸易优势指数（relative trade advantage index，RTA）、对称性显性比较优势指数（symmetric revealed comparative advantage，SRCA）、拉菲指数（lafay index）、Michaely指数（michaely index，MI）、出口相似指数（export similarity，ES）、出口市场占有率（export market shares，EMS）、净出口显示性比较优势指标（net revealed comparative advantage，NRCA）等。

② 鲁晓东：《我国服务贸易竞争力的实证分析》，载于《国际经贸探索》2007年第10期。

③ 余道先、刘海云：《我国服务贸易结构与贸易竞争力的实证分析》，载于《国际贸易问题》2008年第10期。

④ 武力超：《中国服务贸易的国际竞争力现状与提升对策分析》，载于《首都经济贸易大学学报》2008年第1期。

⑤ 殷凤、陈宪：《中国及上海服务贸易国际竞争力研究》，载于《世界经济研究》2008年第10期。

分析意义比较有限。韩岳峰和张龙（2013）[①] 通过对中国和日本服务贸易竞争力进行对比研究时，发现竞争力互补性与竞争优势互补性在很大程度上是不具同步性的，TC 指数与 RCA 指数测算出来的结果之间存在偏差，这在很大程度上说明竞争力与竞争优势不具有必然联系。

2010～2016 年，分析性指标归纳分析逐渐增多。有些学者开始跳出传统的指标方法，构建综合评价指标体系进行度量。肖德和叶茂升（2010）[②] 在 TCA、NRCA、MS、TS 计算结果的基础上，通过主成分因子分析法构建了我国服务贸易竞争力的综合指标，对 1982～2007 年之间的样本数据进行分析后认为我国服务贸易综合竞争力并没有出现多数文献所认为的持续恶化现象。周超和章家清（2011）[③] 基于 IMD“钻石方法”构建了一个包含 30 个指标的服务贸易竞争力评价体系，利用主成分分析法对 30 个国家 2008 年的数据进行比较研究后发现我国服务贸易存在结构失衡、研发总支出多但人均研发资金偏低、政府参与度不高和外资利用不充分等问题。王宁（2013）[④] 借鉴引力模型，整理出各样本的引力关系后，采用相应的聚类分组方法，从指标的差异性得出了群体的差异性，分析了江苏地区 2009～2012 年国际经贸往来中具有交易关系的关联群体行业竞争力，得出了我国宏观跨境服务业竞争力偏弱，但微观主体之间寻找商机的能力并不弱的结论，建议政府部门从战略高度和政策层面加强引导和扶持。庄惠明和包婷（2014）[⑤] 选取 3 个单一指标 RCA、TC 和 CA，借鉴 AHP 层次分析法计算出服务贸易竞争力的综合指标 CSI 作为因变量，选取 5 个影响服务贸易竞争力的因变量进行回归分析。作者在文末提出基于“钻石模型”选取的影响因素变量在多大程度上反映竞争力，需要在作用机理上深入分析，这是未来进一步研究的方向。汪艳（2015）[⑥] 基于 IMD“钻石方法”构建了 1 个一级指标、4 个二级指标和 20 个三级指标的综合指标体系，对中国与东盟 2012 年的相关数据进行主成分分析后得出结论并提出相应的建议。张龙、韩岳

---

① 韩岳峰、张龙：《中日服务贸易竞争力、互补分析及政策比较》，载于《现代日本经济》2013 年第 3 期。

② 肖德、叶茂升：《我国服务贸易竞争力评价及影响因素的实证研究》，载于《国际商务》（对外经济贸易大学学报）2010 年第 6 期。

③ 周超、章家清：《基于钻石模型的中国服务贸易竞争力影响因素分析》，载于《全国商情（理论研究）》2011 年第 5 期。

④ 王宁：《服务贸易竞争力价值关系解读》，载于《中国金融》2013 年第 7 期。

⑤ 庄惠明、包婷：《基于服务贸易开放度的中国服务贸易竞争力研究》，载于《华东经济管理》2014 年第 1 期。

⑥ 汪艳：《中国与东盟服务贸易竞争力的比较研究》，载于《经济纵横》2015 年第 4 期。

峰和张鑫（2015）[①] 运用恒定市场份额模型和波特竞争优势理论，就中日两国1998～2012年劳动密集型和知识密集型服务贸易竞争力进行CMS分阶段分析，得出两国服务贸易竞争力的决定因素、出口倾向、生产和出口结构存在差异等结论。喻春娇和李家荣（2015）[②] 以波特的钻石理论为理论依据构建了金砖国家服务贸易国际竞争力的18个评价指标体系，因子分析后得到3个公共因子，方差贡献率为权数计算2013年竞争力排名，提出相对于印度、俄罗斯而言，中国在服务贸易出口供给能力方面存在明显弱势，在涵养支撑服务贸易发展的高级要素方面仍需增强力度。

梳理发现，分析性指标归纳分析的论文在这个阶段有所增加，但集中于此的服务贸易竞争力的相关研究成果数量与传统的指标法分析相比还太少，在未来服务贸易竞争力研究方面应该成为一个重要的方向。这类文章主要是基于迈克尔·波特的“钻石模型”分析影响服务贸易竞争力的因素，并多以“四因素”论划分各个因素，以此来衡量一国（或地区）服务贸易竞争力状况。这种研究的本质是在模糊分析的基础上发展而来的更为明确的研究方法，需要特别关注“钻石模型”六大因素的变量选择以及每个变量的合理性和解释力度。

三、对现有研究的总体评述

相对于传统的商品贸易，服务贸易在西方发达国家的理论研究界是一个相对新的议题。对其进行系统的研究始于20世纪70年代，经过40余年的快速发展，关于服务贸易的理论研究已呈现出欣欣向荣之势，现有的研究成果对服务贸易的实践具有深刻的指导意义。然而，40余年之于服务贸易理论研究的漫漫求索道路而言，只是一个开始，国际服务贸易发展的新问题需要人们不断去认识。总体而言，笔者认为，现有研究文献尚未涉及以下几个问题：

（1）尽管现有文献在贸易与投资的一般均衡模型框架下结合跨国企业理论分析方面已经做了相当多的工作，但这仍然是两个相对较新的研究领域，需要投入更多的努力，特别是在现有模型下对不同类型的贸易与投资政策所产生的不同效应的分析。

① 张龙、韩岳峰、张鑫：《中日分类服务贸易竞争力分解研究》，载于《世界经济研究》2015年第5期。

② 喻春娇、李家荣：《金砖国家服务贸易竞争力比较及其启示》，载于《湖北大学学报》（哲学社会科学版）2015年第5期。

（2）现有文献中关于服务提供的四种模式之人员跨国界流动和消费者跨国界流动（即境外消费）的研究几乎为空白，此外尚无模型能够分析四种提供模式之间的内在联系。

（3）许多研究分析了放松要素跨国界流动的管制所产生的效应，但这些研究没有首先在模型中阐述为什么政府要限制要素的流动，为什么允许熟练劳动力而不是非熟练劳动力的跨国界流动以提供服务。这些问题在现有模型中尚未得到充分的说明。

（4）现有研究大多集中探讨单个服务部门，然而 WTO/GATS 框架下的服务贸易自由化是按照渐进的、分部门的原则推进的，这意味着某些服务部门自由化程度高于另外一些服务部门。因此探讨分项、分部门的服务贸易自由化具有怎样的潜在跨部门溢出效应将是今后服务贸易理论研究的重要领域。①

第三节 研究思路与方法

一、研究目标

以马克思主义唯物史观和唯物辩证法为根本指导，从服务创新的视角对中国服务贸易的发展水平、竞争力的国际比较、国际经验的借鉴和竞争力提升的措施建议等方面进行系统研究。

二、研究内容

本书以服务创新为视角，首先梳理服务贸易竞争力和服务创新的相关文献和概念，阐述了服务创新与服务贸易竞争力之间的逻辑关系。其次分析了改革开放以来我国服务业发展概况、服务贸易发展水平和特征，并从理论和实证两个方面论证服务创新对我国服务贸易竞争力的影响。最后回顾了 1980 年以来国际服务贸易的发展轨迹，阐明服务创新如何推动国际服务贸易发展以及对提升国际服务贸易竞争力的重要作用，同时对引入服务创新因素的服务贸易竞争力理论模型进行探讨，构建了服务贸易竞争力评价指标体系，进而对中国与

① 陈贺菁：《国际服务贸易自由化：理论、路径与收益分配》，厦门大学出版社 2009 年版。

G20 国家服务贸易竞争力进行横向比较，分析我国服务贸易竞争力在国际上所处的地位及其优劣势。本书还分析和借鉴了一些国家基于服务创新提升服务贸易竞争力的实践经验。在此基础上，进一步提出提升我国服务贸易竞争力的措施建议。

三、研究方法

本书以马克思主义唯物史观和唯物辩证法作为根本指导，借鉴西方经济学相关理论的合理部分，在研究过程中主要运用了系统研究法、规范研究与实证研究相结合等研究方法。

1. 系统研究法

本书通过收集和梳理国内外有关服务创新、服务贸易、服务贸易竞争力的文献资料，包括政策法规、著作图书、学术论文、研究报告、报刊资料等，既系统回顾相关理论的发展历史又紧跟前沿热点，厘清服务创新与服务贸易竞争力之间的逻辑关系和全书的分析框架。从服务创新的视角对中国服务贸易的发展水平、竞争力的国际比较、国际经验的借鉴和竞争力提升的措施建议等方面进行系统研究。

2. 比较研究法

在对改革开放后相关数据梳理的基础上，对我国服务业和服务贸易业的产业发展情况和就业情进行纵向比较，得出我国服务业和服务贸易业发展的总体特征；通过与国际服务贸易和 G20 国家的横向比较，得出我国服务业和服务贸易业的发展水平；根据服务贸易竞争力评价指标，对中国与 G20 国家之间的服务贸易竞争力进行对比评价，客观分析我国服务贸易竞争力在国际上的地位及其优劣势。

3. 规范研究与实证研究相结合的方法

本书坚持规范研究与实证研究相结合，尝试对服务、服务贸易、服务贸易竞争力、服务创新等几个重要概念下定义；从理论和实证两方面论证了服务创新对我国服务贸易竞争力的影响；基于引入服务创新要素的服务贸易竞争力理论模型——“加核钻石模型”，构建服务贸易竞争力评价指标体系，通过实证分析明确了我国在世界服务贸易竞争中所处的地位；在总结和借鉴世界一些国家基于服务创新提升服务贸易竞争力的实践经验基础上，提出我国提升服务贸易竞争力的措施建议。

四、研究技术路线

本书的研究技术路线如图 0－1 所示。

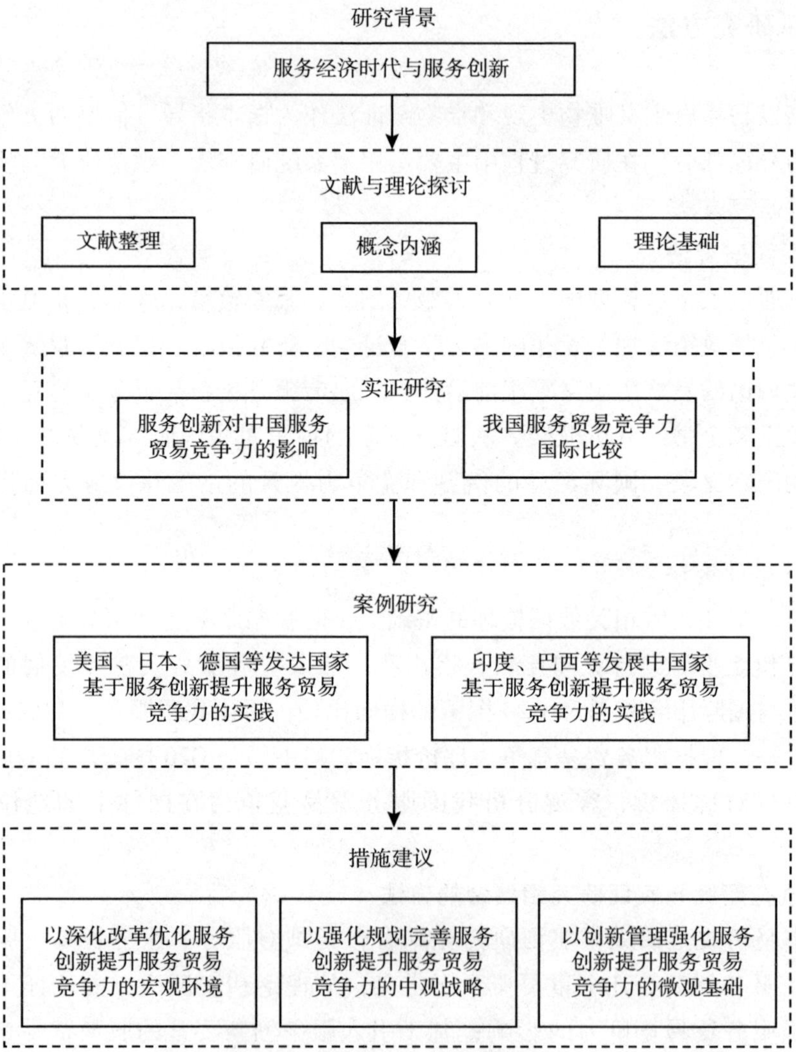

图 0－1　研究技术路线

第一章

相关概念与理论基础

本章是全书的理论基础部分，首先对竞争力、服务、服务业、服务贸易和服务贸易竞争力、服务创新等几个重要概念进行了界定，概述了服务创新的特征和动力因素。其次介绍了马克思的服务经济理论、国际贸易理论、竞争理论和创新思想。最后介绍了比较优势理论、竞争优势理论、技术创新理论和新增长贸易理论。

第一节 服务贸易竞争力的内涵

一、竞争力的概念和内涵

亚当·斯密（Adam Smith，1776）提出的“绝对优势理论”（theory of absolute advantage）和大卫·李嘉图（David Ricardo，1817）提出的“比较优势理论”（theory of comparative advantage），就是最早有关国际竞争力的分析。20 世纪以来，国外一些著名学者，如约瑟夫·熊彼特（Joseph Alois Schumpeter）、罗伯特·索洛（Robert M. Solow）、迈克尔·波特（Michael Porter）等纷纷提出了许多理论来探讨国际竞争力。我国学者对于国际竞争力的研究，始于 20 世纪 90 年代。时至今日，到底什么是“国际竞争力”，学者们仍是众说纷纭。由于对国际竞争力的定义不同，关于国际竞争力的理论分析框架以及指标体系便各不相同。

竞争力是一个非常复杂的概念，有学者认为，竞争力不可触知，不能度量，难以管理。[①] 美国哈佛大学教授迈克尔·波特是国际公认的竞争力专家。从 20 世纪 90 年代开始，他开国家竞争力研究之先河，提出了著名的“产业国际竞争力国家钻石模型”。在服务贸易中，国际竞争力理论对其影响的研究主要包含两个方面：第一是国际竞争力理论与服务贸易之间的关系；第二是有何举措能够提升服务贸易的竞争力。波特提出，要基于产业分类来选择竞争优势的提升途径，同时还要突出协调性竞争优势，发挥出政府所具备的协调管理能力。有关服务贸易竞争力的理论框架建立，波特作出了突出贡献，他对竞争力从产业角度进行了研究并且得到了突破性成果。莫利和纳尔逊（Molly and Nelson，1999）通过对各国产业演化历史的案例研究得出结论，竞争力来自企业、地区、国家和联结各不同层次的部门支持系统的作用，以及它们之间的相互作用。

从现有研究资料来看，对于竞争力的定义可以分为两种：第一种是从绝对角度出发的定义，它是一种带有计量单位的客观数值，包括了对个人、国家等各种各样不同的主体的竞争力大小的表示。第二种是从相对角度出发的定义，竞争力可以从要比较的不同主体各自的竞争力大小来衡量它们之间的相对位置。竞争力主体分析上包括了国家、产业、企业以及产品四个层次。产品的市场占有率直接体现了产品的竞争力，企业的盈利能力体现了企业的竞争力，而生产增加值的能力则体现了产业的竞争力，国家在社会协调发展、环境得到保护的情况下保证其 GDP 增长的能力则体现了国家竞争力。

本书所讨论的是长期的宏观层次的竞争力，而非短期的价格竞争力。在传统的需求管理理论下，如果利率下降同时对外净投资额增加，则导致本国货币贬值，这样就可以说是本国生产的商品或服务的价格“竞争力”上升了，因为以外国货币衡量的出口价格下降了，以本国货币衡量的进口价格上升了。然而，这类型的竞争力并不是可持续的，尤其是当进口价格上涨引发国内通货膨胀时，或者是外来净投资额降低对国内生产率的增长产生了不利影响时。因此，我们需要正确看待竞争力。

为评估各主体在提高能力以实现创新和增长这一过程中的表现，“竞争力”应包括对增长率的比较和对绩效的基准衡量。“竞争力”绝不是指竞争主体间互相损害，一方提高而另外一方下降的能力，这是一种对竞争力的错误解释，曾遭到克鲁格曼（Paul R. Krugman，1996）[②] 的批评。我们可以认为，至少在平均意义上，如果某一地区或某一主体提升竞争力上有良好表现，那么这个地区或主体

---

① ［英］安德鲁·艾贝尔：《核心能力战略》，东北财经大学出版社 1999 年版。

② 保罗·克鲁格曼：《流行的国际主义》，中国人民大学出版社 2000 年版。

对其他地区或主体所产生的外溢效应往往大于投入成本。不管分析的主体是世界经济竞争中的国家还是某一产业中的企业，这种观点都是成立的。

综上所述，本书所讨论的竞争力，是指在国际市场上，竞争主体所拥有的使经济长期可持续增长的能力。这里的主体，可以是国家、产业、集群或单个企业。

二、服务、服务业与服务贸易

20 世纪中叶之前，经济学家们曾经普遍认为服务是不太重要的，在经济领域只是无足轻重的部分。被誉为“经济学之父”的亚当·斯密认为，工业和商业才是生产性的行业，而服务不创造价值[①]。但随着服务业的迅猛发展，其在国民经济中的地位愈来愈重要，为社会创造了大量的就业机会。由此，服务及服务业的相关研究日益丰富起来，既见之于专业文献中，也出现在通俗读物里，许许多多与之相关的书籍、文章、科研成果不断问世。大家各执一词，至今学术界对服务、服务业的定义都没有形成统一的共识。

（一）服务概念的界定

经济学中的“服务”概念，至今没有形成一个被普遍接受的权威观点，许多专家学者从不同的视角对“服务”这个词做了不同的描述。

1. 从形态对比的角度定义服务

在服务经济研究的早期，部分学者认为服务就是有形商品的对立物，是无形的且极易消逝，通常在创造的同时就被消费，或者创造过程与消费过程几乎是同步的。一般来说，这类定义的含义范围比较狭窄。维克多·富克斯（Victor R. Fuchs，1968）[②] 研究了美国第二次世界大战后经济，开创了现代服务经济理论。他指出了服务的特性：服务是在消费者参与的情况下才能够提供的，服务不能够积累存储和运输，服务会在生产的一刹那间消失。《企鹅经济学词典》（1972 年版）将服务定义为一种不可捉摸的，在生产出来的同时就被消费的产品。布罗伊斯（Blois，K. J.，1974）[③] 认为，服务是可以用于销售，能够满足一定需求或创

① 肖祥辉、李忠民：《服务经济理论研究述评》，载于《西部论坛》2005 年第 4 期。

② ［美］富克斯：《服务经济学》（中译本），商务印书馆 1987 年版。

③ Blois，K. J.，“The Marketing of Service：An Approach”，*European Journal of Marketing*，1974，8：137 – 145.

造利益的特定活动，它不会出现具体的物理性的外在改变。希尔（Hill，1977）将服务定义为发生在特定经济主体上的一种状态变化，这种状态变化是由另外一个经济主体的劳动所引起的，从逻辑上来看，服务是无法储存的，它的生产和销售过程要有消费者的参与，这和服务的物理性质没有任何关系。

2. 从产品的角度定义服务

这类定义认为无论是制造业还是服务业所提供的产品实际上都是“有形产品 + 无形服务”的混合体，只不过各自所占的比例不同，也就是说，一个产品是由一定比例的实际产品和无形服务所叠加而成的混合体，可以明确感知到的内容为有形产品，同样不可以明确感知到的产品为无形产品。[①] 意大利学者 G. 佩里切利（G. Perricelli，1999）认为产品是各种因素组合的结果，可分为以可触知内容为主的产品和以不可触知内容为主的产品——服务。菲利普·科特勒（Philip Kotler，2000）[②] 则直接区分了从纯商品变化到纯服务的四种类型：一是纯有形商品，产品没有附带服务，如香皂、牙膏、盐等。二是为吸引顾客在有形产品中附带服务内容，如彩电和计算机等。三是在服务之中附带少量商品，例如，飞机头等舱和维修服务。四是纯服务，如照顾小孩和心理治疗。经济合作与发展组织（OECD）在 2000 年发表的《服务经济》中将服务定义为，不直接与货物发生关系的变化多端的经济活动群，服务的主要内容是通过娱乐、劳动、调解等形式来提供人的附加价值。

3. 从营销管理的角度定义服务

美国市场营销学会（Amercican Marketing Association，AMA，1960）认为服务是一种不可感知的活动，直接提供满足或者与有形商品一起提供满足。厄尔·萨瑟（Earl Sasser，1978）研究的服务是那种与有形产品相关联的服务。他运用有形产品的管理理论，认为服务管理包括生产管理、传递管理、运营管理，并强调分析和界定服务要从服务特性入手。在 ISO9000 系列标准中将服务定义为在同顾客的接触中，供方的活动和供方活动的结果是为了满足顾客的需要。[③] 克里斯琴·格罗路斯（Christian Gronroos，2000）[④] 认为服务是一种或一系列行为，可以为客户解决一些问题，并在服务提供者与客户之间的互动过程中满足客户的需求。卡尔·阿尔布瑞契特和让·詹姆克（Karl Albrecht and Ron Zemke，2004）从

---

① 鲁若愚：《多主体参与的服务创新》，科学出版社 2010 年版。

② Kotler，P.，“Marketing Management”，Millennium edition，Prentice Hall，2000.

③ 程龙生主编：《服务质量评价理论与方法》，中国标准出版社 2011 年版。

④ Gronroos，C.，“Service Management and Marketing”，England：John Wiley &Sons，Ltd，2000.

商业角度进行考察，认为从一个人的工作到整个组织转移价值给客户等，都可以被视为一种服务，不管这个人或组织的工作是什么内容。蔡（Chae，2012）认为服务是一个从不同经济角色和资源环境中催生的动态性集合，因此市场和顾客的需要是不断更新变化的，新的服务应以适应顾客新的需要和期望为导向。

4. 从服务过程的角度定义服务

从过程的角度看，服务就是满足顾客需要的过程。这类定义强调的是服务的无形性和交互性，是在顾客参与下共同形成的，能够满足需求或创造利益的活动。[①] 贝森（Bessom，1973）[②] 认为服务是能够为消费者提供一种消费者本身不愿意去完成的能够满足他们相关利益的活动，这种活动可供出售并能产生价值。内蒂诺恩（Lehtinen，1983）[③] 将服务定义为一种能够为消费者带来满足的人与人之间或者人与有形设施之间的相互影响过程的行为。费兹西门斯（Fitzsimmons，2000）认为服务是由消费者和服务提供者互动共同产出的一种易逝的无形体验过程。我国学者陈觉（2003）[④] 对服务的定义与费兹西门斯的相近，他认为服务是一种消费者参与生产并从中获得体验的过程，在服务提供者及服务提供系统的帮助下解决某种问题。叶万春（2003）[⑤] 认为服务虽然具有无形的特征，但却是一种或一系列可供有偿转让的能够给消费者带来满足感或某种利益的活动。

5. 从内在经济属性的角度定义服务

这类定义认为，虽然顾客在享受服务过程中可能与物质产品发生关系，但是服务的本质是无形的，通常不会导致实体产品所有权的转移。A. 佩恩（A · Payne，1993）在对各国学者就服务所下的定义进行梳理和总结之后指出，服务是一种涉及某些无形因素与顾客或他们拥有财产的相互活动，这种活动不会造成财产所有权的更换。服务产出随着条件的变化，可能或不可能与物质产品紧密相连。[⑥] 日本学者近藤隆雄（1994）在谈到价值开发的时候对服务定义如下：所谓服务就是指对个人或组织带来某种便利的活动或功能，而且在市场上可作为交易的活动。国内学者黄少军（2000）[⑦] 认为，服务是经济主体之间受让经济要素使用权，在

---

① 李朝鲜：《理论与量化：现代服务产业发展研究》，中国经济出版社 2006 年版。

② Bessom，Richard，"Unique Aspects of Marketing Services"，*Arizona Business*，1973，20：8 – 15.

③ 转引自 K. Rama Mohana Rao，"Service Marketing"，Dorling Kingdersley（India）Pvt. Ltd，2007. 6.

④ 陈觉：《服务产品设计》，辽宁科学技术出版社 2003 年版。

⑤ 叶万春：《服务营销管理》，中国人民大学出版社 2003 年版。

⑥ 张明新、王虹、宋影：《服务业中服务的市场化和非市场化研究》，载于《长春理工大学学报》（社会科学版）2012 年第 7 期。

⑦ 黄少军：《服务业与经济增长》，经济科学出版社 2000 年版。

使用过程中获得运动形态的使用价值。尼密·乔杜里（Nimit Chowdhary，2007）认为服务的生产不要求是否使用有形产品，即使使用，也不会产生所有权的转移。

还有部分学者从简洁、抽象的角度定义服务。穆尔狄克等（R. Murdick et al.，1990）[①] 认为服务就是提供时间、空间、方式或是心理效用的经济活动。伦纳德·贝里（Leonard L. Berry，1999）教授把服务描述为“一种行为、一种操作，或是一份努力”。雷森摩尔和比特勒（Zeithaml and Bitner，2000）[②] 认为服务是行动、过程和绩效。

从以上专家学者对服务的定义可以看出，服务的概念界定主要包括以下内涵和特征。（1）服务的目的是满足顾客的需要。这里的“顾客”不仅包括最终的消费者，也包括需求方；不仅包括企业外部服务的最终接受者，也包括企业内部的顾客。（2）服务的条件是供需方共同参与，具有交互性。这种交互可能是人与人的交互，也可能是人与物的交互。（3）服务的结果是创造价值。该价值既满足顾客的价值需求，也给提供者带来经济价值。（4）服务是一种无形的过程和行为，具有不可分割性、不可保存性和多变性。由此，本书将服务定义为，服务是为满足顾客需要由供需双方共同参与所进行的创造价值的活动。

（二）服务业概念的界定

20 世纪 70 年代中期以后，与经济学有关的文献之中才逐渐出现了“服务业”这个名词，并于20 世纪 80 年代中期开始替代了“第三产业”这个术语。最近几年，出于同国际统计术语接轨的考虑，中央文件和政府部门主要使用服务业概念，兼用第三产业概念，但对服务业，无论是狭义服务业还是广义服务业，都没有做过统计学意义上的界定。基于上述原因，本书把第三产业与服务业当作同义词使用，在论述时主要使用服务业概念，兼用第三产业概念。服务业的定义与服务一样，迄今为止也没有取得一致认识的范畴。

第三产业这个术语最早由英国经济学家、新西兰奥塔哥大学教授费希尔（A. G. B. Fisher）于 1935 年在《进步与安全的冲突》（The Clash of Progress and

① Robert Murdick，Barry Render，Roberta S. Russel，“Service Operations Management”，Boston：Allyn and Bacon，1990.

② Valarie A. Zeithaml and Mary Jo Bitner，“Service Marketing：integrating Customer Focus across the Firm”，2nd ed，New York：Irwin McGraw-hill，2000.

Security）一书中提出。他在书中开创性地将整个经济中的所有产业直接分类为三种：第一次产业、第二次产业和第三次产业。[①] 费希尔教授把三次产业分类作为描述人类经济发展历史阶段的框架，认为人类经济发展经历了三个分别以第一次产业、第二次产业和第三次产业为主的阶段。这个经济发展的三阶段理论提出以后，分别由克拉克（Colin Clark，1940）、弗拉斯特耶（1949）、罗斯托（Walt Whitman Rostow，1953）以不同方式加以改造。最初，第三产业只被当作经济统计分析需要的结果，这之后的相当长时间内，很少有学者深入研究该产业的相关问题。富克斯（Victor R. Fuchs，1968）在其著作《服务经济学》（*The Service Economy*）中首次提出服务经济（service economy）这个术语，并将服务业研究不受重视的原因归纳为四点[②]：（1）只有当人均收入达到高水平时，服务业的重要性才会凸显；（2）某些古典经济学家认为服务业在某种意义上是“寄生性”的；（3）数据资料难以收集；（4）许多服务部门属于非营利部门。第二次世界大战后，随着生产力的发展，世界各国的第三产业呈现迅速发展、后来居上的态势。服务业飞速发展，越来越多的学者开始关注。谢尔普（Shelp，1984）[③] 将服务业形象地比喻成是把工业和农业发展黏合起来的灰泥（mortar）。里德尔（Riddle，1986）也同样认为服务业是促进其他部门增长的过程产业（process industries），促进了其他部门或行业之间的交流，便利于一切经济交易的产业。

21 世纪后，发达国家的服务业占 GDP 的比重大都超过 70%，其对经济发展的重要性不言而喻，因此学界的相关研究非常丰富，对服务业的定义大都与前面服务的定义一样，各有角度且多种多样。基于前文对“服务”的定义，本书认为服务业是指为满足顾客需要由供需双方共同参与所进行的创造价值活动的产业。

（三）服务贸易概念的界定

由于服务本源的庞杂性，人们对服务贸易的认识莫衷一是，定义也是多种多样，再加上当服务跨过境交易所表现出来的有别于国家内部贸易的复杂性，因此理论界对“国际服务贸易”的定义也有不同的表述形式。桑普森和斯内普（G. Sampson and R. Snape，1985）将国际交易定义为两国之间的居民进行的交

① 沈鸿：《产业结构服务化与经济增长的关系——一个文献综述》，载于《特区经济》2014 年第 5 期。

② 富克斯：《服务经济学》（中译本）商务印书馆 1987 年版。

③ Shelp R.，“The Role of Service Technology in Development—in Service Industries and Economic Development – Case Studies in Technology Transfer”，NY：Praeger Publishers，1984.

易，这种交易可以直接在交易双方任意一方的国土内进行。斯特恩和霍克曼（Stern and Hoekman，1987）将服务贸易定义为国内要素因自身提供的服务而获得的来源于非居民的收入。格扎（Geza，1988）将国际服务贸易定义为国内部门的产出向国外居民进行销售的行为。汪尧田和周汉明（1992）从狭义上来看，服务贸易指的是涉及两个或两个以上国家的无形商品的交易活动。而从广义的角度来看，除了上述交易活动类型之外，服务贸易还包括了非实体性接触条件下进行的双方交易，如卫星转播或传送、技术专利贸易等。陈宪（1995）认为国际服务贸易是不同国家服务进出口的集合。薛永久（1993）认为国际服务贸易实际上是指国家之间通过劳动交易进行价值创造的过程。于维香（1995）将国际服务贸易认定为国与国之间或者不同国别的个人与国家之间，或者不同国别的个人与个人之间进行购买服务的活动。杨圣明（1999）[①] 认为国际服务贸易是国家之间服务价值有偿交换的过程。庄丽娟（2007）认为服务贸易是指不同国家之间的服务提供者和服务消费者之间进行的运动形态的使用价值的交易过程。

对国际服务贸易的定义，国际经贸理论界与国际经济组织之间也有不同看法。《美加自由贸易协定》（1989，第 14 章第 1 条）：“服务贸易是指由或代表其他缔约方的一个人，在其境内或进入一缔约方提供所指定的一项服务。”国际货币基金组织（IMF）《国际收支手册》（第五版），1993：“服务贸易是指一定时期内一国居民与非居民之间的服务输出入。”联合国贸易与发展会议（UNCTAD，1994）利用过境现象来阐述服务贸易，据此将国际服务贸易定义为：借助各种劳动及生产要素提供服务给不同国家（地区）的居民以获得利益的活动，也就是国家（或地区）之间交换服务的过程。《服务贸易总协定》（GATS）规定，服务贸易的范围包括除政府当局实施政府职能提供的服务外的任何服务（如图 1 - 1 所示），包括以过境支付、境外消费、商业存在和自然人流动这四个形式进行的各国间服务的交易，不管这些贸易的发生地在哪里。

对国际服务贸易所下的各种不同的定义，反映了人们的认识差别和理解深浅，也体现了人们不同的视角或定位。从总体上看，可以将国内外理论界与国际经济组织提出的各种定义分为两大类：一类是从特征上判定服务贸易，如斯特恩和霍克曼（Stern and Hoekman，1987）、格扎（Geza，1988）及联合国贸易和发展会议（UNCTAD，1994）的定义；另一类则是以服务贸易总协定（GATS）为代表的分类式定义。本书认为特征式定义无法或不足以直接用于解释服务贸易现象，不利于具体理解复杂多样的国际服务贸易；而分类式定义则从服务提供方式

① 杨圣明：《服务贸易：中国与世界》，民主与建设出版社 1999 年版。

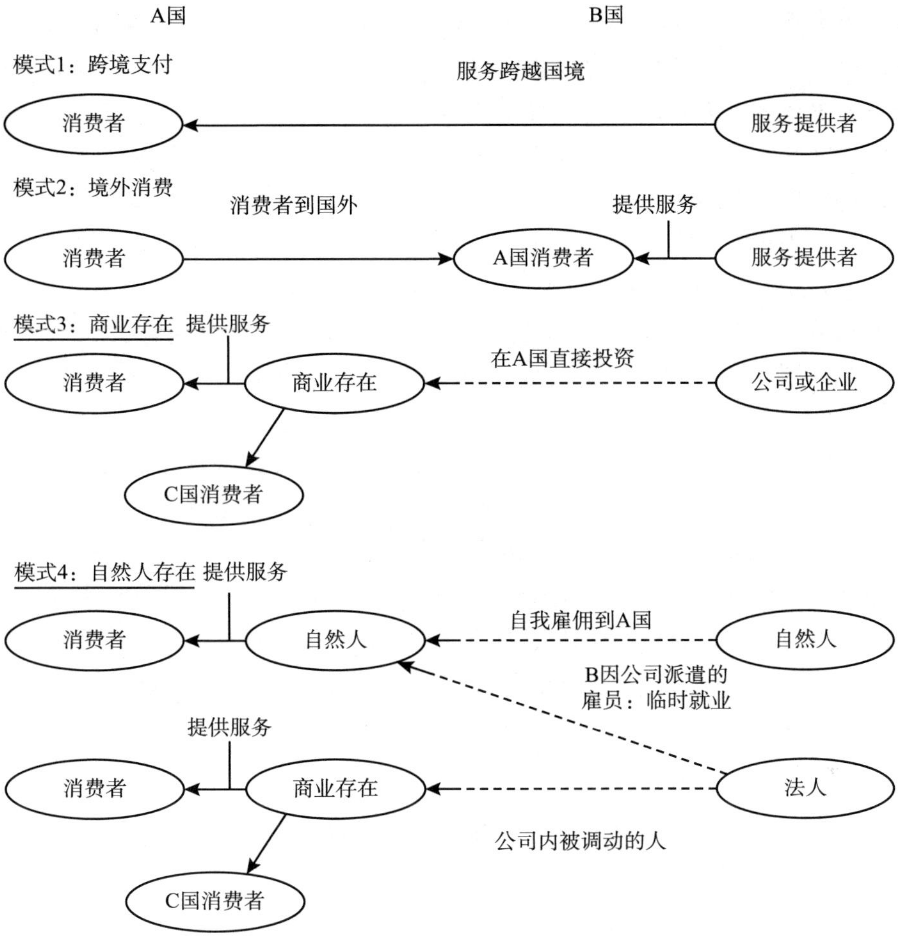

图 1-1　GATS 中的服务贸易定义

资料来源：WTO，“Measuring Trade in Services：A Training Module”，2010，November.

角度对国际服务贸易进行描述性解释，缺少对服务贸易的性质判定。因此，服务贸易的定义必须基于实质性概念的逻辑起点上。根据前文对“服务”的定义，通过辨析各种观点后，笔者认为服务贸易是指为满足跨境顾客需要由供需双方共同参与所进行的服务产品的进出口活动。

三、服务贸易竞争力的概念界定

随着经济全球化带来的全球产业结构重心从制造业向服务业转移，作为建立在新技术革命和产业升级基础上的新兴贸易形式——服务贸易迅速发展起来，受到人们越来越多的关注，并成为衡量一国国际竞争力高低的重要指标之一。从宏微观来看，国际服务贸易竞争力的内容主要包括国际服务贸易产业竞争力、国际服务贸易企业竞争力、国际服务贸易产品竞争力。

一个国家（或地区）综合竞争力在各个产业中的具体体现便是该国（或该地区）国际服务贸易产业竞争力，即一国（或地区）某产业能够比其他国家（或地区）的同类产业以更有效的方式提供市场所需服务的能力。国际服务贸易企业竞争力是一国（或地区）服务贸易企业能够长期以比其他一国（或地区）企业（或竞争对手）更有效的方式，提供市场所需要服务的能力。一国（或地区）某服务贸易产业的主要企业或多数企业所具有的竞争力水平，决定了该国（或该地区）服务贸易竞争力整体水平。国际服务贸易产品竞争力是一国（或地区）某个服务产品以其顾客满意度上的优势而获取的在国际服务贸易中的竞争能力，是国际服务贸易竞争力最基本的载体。离开了国际服务贸易产品竞争力这个基础，国际服务贸易产业竞争力就成了空中楼阁。

综合以上分析和前文对“竞争力”和“服务贸易”的界定，本书认为服务贸易竞争力是指在自由公平的国际市场竞争中，一国（或地区）为满足跨境顾客需要由供需双方共同参与所进行的服务产品的进出口活动，并因此获得经济长期可持续发展和增加本国（或地区）国民收入的能力。

第二节　服务创新概述

一、服务创新的定义

最早提出服务创新概念的是贝茨（Betz，1987），他认为服务创新不单是产品形态上的创新，或者是生产程序和技术上的创新，本质上是以市场竞争为背景，利用技术引入为导向的服务。在对服务创新 40 多年的研究中，有不少学者对服务创新的概念作了界定。但服务业的复杂性和服务创新的多样性极大地增加了对服务创新进行界定的难度，因此到目前为止也没有一个被普遍接受的权威的定义。

1. 从技术角度看

服务创新是一种软技术创新，最终目的就是满足需求。1995 年，欧盟进行了欧洲服务业创新系统研究项目（SI4S）的调查研究，结果发现熊彼特所提出的创新这一概念虽然可以引入服务行业，但是服务创新有其特点。SI4S 通过对部分典型服务企业的深入调查研究之后从技术角度重新定义了服务创新的概念，即利用新技术提高产品或服务，或者优化原有技术应用。加卢（Gallouj，1997）等人提出，服务与产品实际上就是许多过程、技术、服务特性的综合，组织的核心能力、结构特征、服务技术等都会由于服务创新而产生一定的变化。

2. 从价值角度看

所谓的服务创新指的是利用非物质方式来增加特定产品或服务的附加经济价值的过程。佩顿和麦克劳克林（Paton and McLaughlin，2008）[①] 服务创新就是通过全新的，更加有效的服务方式，充分发挥其市场价值的活动。桑博（Sundbo，2008）[②] 提出，服务创新就是企业在为用户提供服务时，通过引进新技术和指导思想，完善服务过程和各环节，提高产品质量和服务效率，为企业和客户创造更高的经济增值，最终转化为独特的企业核心竞争力。布拉泽维奇和利文斯（Blazevic and Lievens，2008）[③] 认为服务创新是以开拓市场范围，提高服务水平为最终目标而对服务要素进行特定的变革和优化，同时还需要检测原有的服务系统，对其进行升级维护，把专用问题的解决方法统一化，来解决其他的问题。

3. 从方法论角度看

服务创新也就是寻找一切能够提高产品或服务的附加价值的途径与方法。蒂德和赫尔（Tidd and Hull，2003）在他们的研究中提出，服务创新的概念就是针对服务传递流程、服务传统概念的改变和创新，在现有方案的基础上进行改良优化，从而给用户提供更高的产品及服务附加价值，吸引更多客户群体，提高企业竞争力。托塞尔（Thorsell，2007）在他们的研究中提出，从实质上来看，服务创新的过程就是知识从不可编码状态转化为可编码状态。服务创新离不开信息和通信技术（ICT），它在这一过程中打破了知识的转化界限。所谓的服务创新，即学习和累积知识的一种良性循环。奥克（Oke，2007）认为服务创新产生于服务过程，它是服务和产品传递过程中出现的新方式。埃森杰瑞克等（Eisingerich et al.，2009）认为服务创新是一种以客户为导向的典型代表，它根据新市场的客户需求提供服务过程的创新和方法的创新。

---

① Paton，R. A. And Mc Laughlin，S.，"Services innovation：knowledge transfer and the supply chain"，*European Management Journal*，2008，27（2）：77－83.

② Sundbo，J.，"Customer-based innovation of knowledge e-services，the importance of after-innovation"，*International Journal of Services Technology & Management*，2008，9（3）：218－233.

③ Blazevic，V. & Lievens，A.，"Managing innovation through customer co produced knowledge in electronic services：An exploratory study"，*Journal of the Academy of Marketing Science*，2008，36（1）：138－151.

4. 从营销管理的角度

范阿克等（B. van Ark et al.，2003）[①] 将服务创新解释成单独或组合型的发生在技术概念、服务理念、服务交付、客户沟通等方面的一种具有意义的全新改变。服务创新往往会给企业技术技能、内部结构、组织能力、人力资源等带来一定的变化，设计新型的服务功能及产品，也会给市场上流通的服务造成影响。许庆瑞（2003）提出，所谓的服务创新是指服务型的企业或组织以获取更多利益为目的，在原有的传统服务中引入新型技术和思想，进一步优化服务产品流程，创造自身服务的差异性，提高服务产品的附加价值，使企业在市场竞争过程中保有独特的竞争优势，吸引更多客户群体。

5. 从多角度分别界定

服务创新简单来说就是一切创新活动限制在服务或与之相关的领域中，实际上就是指服务行业的创新行为（蔺雷和吴贵生，2007）。佩顿和麦克劳克林（Paton and McLaughlin，2008）[②] 收集整理了大量有关服务创新的文献资料和调查研究，从多个角度对服务创新的内涵进行了阐述：用经济视角来解释，服务创新就是利用一切非物质方式来提高产品与服务附加经济价值的活动；用技术视角来解释服务创新就是服务业软技术创新，其目的就是更好地满足市场需求；用社会视角来解释，服务创新就是挖掘和发挥自身社会价值，进一步提高生存质量和水平，优化社会环境；用方法论的视角来解释，服务创新就是创造和增加产品附加价值的所有途径与方法的集合。

结合上述学者的研究，本书认为服务创新是指服务主体对服务系统进行有目的、有计划、有组织的改变，从而创造新价值的动态过程及效果的总和，这里的主体可以是国家、产业企业组织或个人。

二、服务创新的特征

1. 服务创新具有很强的针对性，通常以获取更多利益为目的，产生的结果应能够有效促进组织或企业的发展

一般情况下，接受服务型企业产品的客户主要是人，所以服务创新的结果可

---

① B. van Ark et al.，"Services Innovation，Performance and Policy：A Review"，June，Research Series No6，The Hague，2003.

② Paton，R. A. And McLaughlin，S.，"The Services Science and Innovation Series"，*European Management Journal*，2008，26（2）：175－176.

以产生社会效益和良好的社会舆论，从而促进客户消费，为企业带来经济效益。因此，企业的经济利益和社会利益在某种程度上是一致的。

2. 服务创新维度多样化

新项目的诞生往往需要引进多样化的新元素，这些元素包括了销售方式、和顾客的互动方式、新的服务交付系统（表现为新的工作程序）、新的组织概念或后台设置、对新一代信息通信技术或个性化软件包的需求等。由此看出，服务创新的外在表现形式多种多样，技术仅是其中一个较小的模块，更为重要的还是一些非技术性或者社会性的服务创新，所以单从技术角度来定义服务创新是不准确的。

3. 服务创新的过程大多是循序渐进的

虽然服务创新涉及的范围非常大，但这并不意味着颠覆原有的一切，而是在之前的基础上略加修缮，全新模块只占据很小的比例。它的最终目的就是增加产品附加价值，提高差异化，减少产品成本，增强客户黏度，拓展市场范围，提高企业的灵活性和应变能力。服务创新的关键是要给企业创造竞争力，如果企业只是修改了一些无关紧要的东西，无法对市场需求及客户需求造成任何影响，那么就不能将这些活动归入服务创新的范畴。

4. 服务创新和过程创新是紧密联系在一起的

从表现形式来看，服务创新涵盖了产品设计、技术研究、生产过程、交付流程等多方面创新。服务业的一大重要特征就是不可储存性，所以产品和流程之间就不可能相互独立，要进行服务创新活动，首先需要改变的就是流程。而且任何服务创新活动通常都会贯穿于产品的整个生产流程。服务创新是一个动态的、持续性的过程，一次的改变无法保障企业长期生产经营，所以企业必须根据实际情况，不断进行服务创新。

5. 以客户定位为中心

服务创新一般是由客户需求驱动的，关注客户的需求对服务创新有着积极的推动作用。顾客导向是服务创新内在动力的重要因素，企业制定服务创新战略时必须以满足顾客的需求为基础，对顾客的想法和行为加以分析，对顾客需求的变化及时作出反应和调整。如果企业能够准确把握客户和市场的需求，那么一旦需求发生任何变化，企业都可以从容应对。一般来讲，客户需求包括潜在需求、外在需求两部分，服务于客户的外在需求能够应付当前情况，而挖掘和分析客户的潜在需求，就能够走在行业创新的前端，因此，服务企业在进行客户需求分析时，必须同时考虑这两方面的需求。而且需求本身是动态变化的，企业应该定期进行客户需求调查，善于利用调查结果进行改进优化。

6. 每次服务创新的所需周期不会太长

不像传统的科学研究，服务创新往往不需要概括性的整理长篇大论的调查报告，所以时间周期较短。创新活动的模式与企业规模、所属服务部门以及服务导向等变量有关，服务业各部门之间存在相当大的差异性，但其内部的某些关系可以描述如下：（1）在贸易、交通与通信、技术服务和其他商务服务部门中，采取整体标准化的企业的创新（特别是服务创新和过程创新）要低于平均创新水平。（2）其他的贸易、交通与通信企业以及“其他服务”企业的创新接近于平均创新水平。与此相比，提供个性化和预订服务的交通与通信企业更乐于创新（特别是过程创新）。（3）银行和保险以及软件企业（包括整体标准化的企业）是高度创新的（特别是服务创新和过程创新对银行和保险企业来说，还有组织创新）。①

7. 服务创新组织内部结构灵活

一般服务企业不会专门设置研究与开发（R&D）部门，通常都是在启动一个项目时从其他各个部门抽调具有较高专业知识和素养的员工组建创新小组，专门针对这一项目创新构思、绘制蓝图，当所有工作全部完成之后，这个临时的创新小组也就随之解散。② 这种灵活的组织形式没有规范的模式，也没有统一的平台，它会因为具体行业的具体特点而进行高效组合。例如，主要依靠大规模的网络技术从内外部获得信息的航空、银行、通信技术等行业，是以技术创新和网络影响为其服务创新的主要表现形式③。如果某一社会服务或者个体服务依赖于外部技术，那么其创新形式突出地表现为社会创新。

8. 服务质量是服务创新的核心和关键

公认的服务质量的概念是顾客实际获得的服务感知与其期望中的服务感知的区别和距离，为保障服务质量，企业必须以科学的服务理念为指导，结合自身生产经营状况，制定合理的服务战略。客户作为企业的服务对象，将全程参与服务，而企业的服务价值就是通过这一过程来体现的，客户感知就是衡量服务质量的主要指标，这个指标带有强烈的主观色彩。通常客户可以从服务质量的保证性、有形性、功能性、舒适性、响应性、经济性、可靠性等维度来衡量实际服务质量的高低。服务企业在经营过程中必须充分重视客户感知，因为它将影响企业

---

① ［法］盖雷、加卢著；李辉、王朝阳、姜爱华译：《服务业的生产率、创新与知识：新经济与社会经济方法》，格致出版社、上海人民出版社 2012 年版。

② 陈劲、陈钰芬：《赢在服务创新》，机械工业出版社 2004 年版。

③ 张哲：《基于三重螺旋模型的服务创新体系研究》，载于《经济论坛》2011 年第 5 期。

的后期发展，同时也会直接影响服务企业的业绩和利益。客户感知质量是利润率的关键变量，这是服务企业获得竞争优势的关键。

三、服务创新的动力因素

欧盟 SI4S 项目组织通过跨国收集了大量的服务创新数据后，通过分析得出服务创新的动力模式，如图 1－2 所示。服务创新的动力因素包括两个方面：内部动力和外部动力。内部因素是主要驱动力，包括公司的管理和战略、员工和经理以及研发部门。外部动力源泉可分为轨道和作用者。轨道是分散在社会系统中的思想和逻辑，可以反映服务创新的特点，指出创新的方向，包括制度、技术、服务专业化、管理和社会五方面的轨道系统，这些轨道彼此间不是相互独立的，而是相互影响、相互渗透的。术语“作用者”是指对服务公司的销售和服务创新活动的可能产生重要影响的人、公司或组织，包括竞争者、顾客、公共部门和供应商，他们都在创新活动中发挥重要作用。

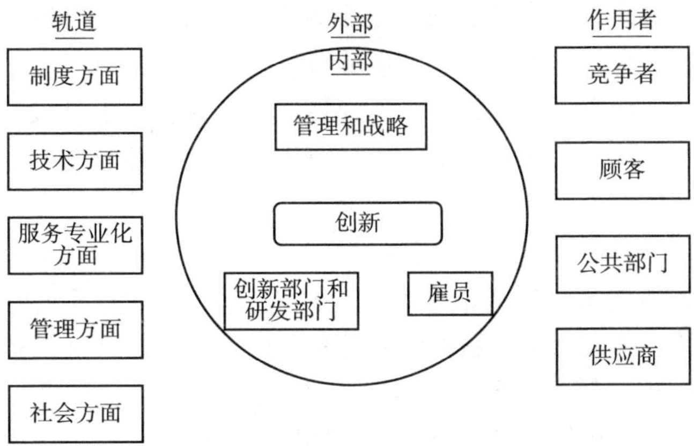

图 1－2　服务创新动力模式

资料来源：J. Sundbo，F. Gallouj，“Innovation in Services”，SI4S Project Synthesis，Work package，1998，3/4，8.

（一）内部动力因素

内部动力因素首先是企业战略的制订和管理，所谓的战略指的是企业立足于自身当前发展情况，结合未来发展计划，针对市场上同行业的竞争者而制订的中长期发展规划，它是各项经济活动的执行纲领。创新意识较强的企业通常会在战略规划中加入服务创新部分，从而树立良好的形象，拓展市场范围，提高竞争力。服务创新的另一大助推力就是管理，也就是服务企业高层管理人员以及营销部门管理人员的相关活动。市场是服务创新的内在驱动力，企业各部门中，和客户接触最多的就是营销部门，营销部门会以其专业的市场知识和敏锐的洞察力掌握客户需求和市场需求并作出反应，从而刺激服务创新活动。而高层管理人员除了及时应对市场需求进行服务创新之外，还可以改变组织结构，开发新市场，催生服务创新活动。企业的创新需要战略、管理两者的共同推动，只有同时结合这两者，才能激发高效的服务创新。① 一线员工作为连接企业和客户之间的桥梁，承担着重要的沟通交流作用，是企业价值创造的内在动力。因此，企业的服务创新活动也离不开一线员工，他们可以提供有价值的创新方向和思路，同时在创新服务落实过程中推动其进一步发展。

（二）外部动力因素

1. 轨道

通俗地讲，轨道就是整个社会系统中用于约束和规范的通道。它对于服务创新的影响非常关键，有时候特定服务企业的创新虽然会影响既定轨道，但是轨道的约束力更大，它会将这些服务企业的服务创新活动限制在一定的范围内。限制服务创新的主要轨道有五种。第一，专业轨道，专业轨道也是最基本的轨道，指的是各个服务专业特定的知识、准则、方法等。行业特性与企业的部门特性是决定专业轨道的基本因素，任何服务创新都不能脱离专业轨道而存在。第二，技术轨道，这里的技术轨道是以创新经济学为理论指导的，指的是企业在生产产品及服务时所需的各种技术，如通信技术、计算机技术等。21 世纪以来，服务创新活动的发展得益于移动通信、数据处理等技术的发展，以及远程监控、远程诊断等全新技术的诞生。第三，制度化轨道，及企业外部制度环境，例如，政治环境、法律体系等的变化规律及趋势。制度环境的变化给服务企业带来的影响要远远大于制造企业，而且这种影响有正面的，也有负面的，有时候会抑制企业的服务创新；有时候会成为服务创新的助推力。第四，社会轨道，即人类社会长期发展过程中所形成的统一的规则或惯例，就像保护环境的意识，有可能极大影响企业服务创新。第五，管理轨道，即特定行业长久以来形成的具有行业针对性的管理方法，如管理信息系统、企业激励制度等。许多知识密集型行业的管理轨道和专业轨道往往会发生高度重叠。以上所说的五种轨道一般都会相互作用、相互干

① 原毅军：《服务创新与服务业的升级发展》，科学出版社 2014 年版。

扰，同时影响企业服务创新。

2. 作用者

服务对象、企业竞争对手、政府等行为者都会对企业的服务创新产生重要影响。(1) 服务创新活动所需的创新思想及信息的主要来源就是客户，客户还会全程参与服务创新活动，同时影响活动。服务创新活动诞生的“实验室”就在服务企业与顾客之间，所以客户是激发企业创新活动的外部助推力。(2) 企业一般不会使用具有较强攻击性的创新战略，他们往往会模仿竞争对手，循序渐进，进行服务创新。所以企业的服务创新活动，可以说是起源于“示范效应”。另外，创新思想和信息的另外一个重要来源就是供应商，服务企业可以从供应商方面寻找创新思想，设计服务创新。许多服务企业在创新服务过程中都和技术供应商有着密切的合作关系。① (3) 服务企业的创新活动在一定程度上还会受到公共部门的影响。通过开展有关服务创新的分析调查，公共部门能够给服务企业提供专业的管理知识和经验。所以政府等行为者实际上是服务企业创新活动的间接推动者，一般不会直接付诸行为。同时公共部门也会制定规则管制服务企业，这一过程也会催生创新思想。

第三节　马克思的相关理论

一、服务经济理论

马克思所处的时代，服务业不像现在这样发达，其关于服务的观点主要散见于他的《资本论》《剩余价值理论》以及其他经济学手稿中。马克思认为服务本质上是一种劳动，它与商品作为实际物品的性质不同，服务是无形的；但是服务与商品相同的性质是都具有自己的特殊使用价值，能够换取其他价值②。

（一）服务产品

1. 服务产品具有价值和使用价值

服务产品是具有有用性的商品，既可以作为消费资料又可以作为生产资料，

---

① 原毅军：《服务创新与服务业的升级发展》，科学出版社 2014 年版。

② 马克思、恩格斯：《马克思恩格斯全集》（第 26 卷）人民出版社 1973 年版。

满足人们的生活需要和生产需要。只有在使用或者消费之中，服务产品的使用价值才能够得以实现。使用价值既构成了财富的物质内容，同时也是交换价值的物质承担者①。我们可以根据是否有形存在而将这些被用来消费的商品分成两种，即有形的商品和无形的服务产品。马克思在《资本论（第二卷）》“流通时间”这章的阐述过程中曾举例：“消费者只有作为生产当事人给自己生产了商品形式的等价物，或者要么凭法律证书（例如作为生产当事人的股东等），要么靠个人服务，从生产当事人那里占有了这种等价物，他才能支付这种报酬。”② 可见，服务产品具有商品的属性。但是服务这种“物”，实际上只存在于消费或使用的过程之中，在使用前或者消费之后此“物”都不存在。不论服务产品是无形的还是有形的，它们都是凝聚了一定量的无差别的人类劳动，都要耗费一定的体力劳动或脑力劳动，所以说服务产品具有价值和使用价值。“资本家或是用这个货币……来支付他自己的尊体或家庭的服务费用。”③ 在市场经济条件下，服务产品通过市场进行交换，进而表现为一定的交换价值。

2. 从功能来看，服务产品的使用价值存在特殊性

不管是商品还是劳务，“服务无非是某种使用价值发挥效用”。④首先，服务具有降低交易费用、提高市场效率的使用价值。如法律咨询服务可以减低交易过程中因合同不完全导致的违约风险，降低合约双方的交易成本。其次，服务具有降低信息不完全和信息不对称性、调整市场运行偏差的使用价值，这个最好的实例就是通信行业和邮政行业。最后，特定的服务存在着重复传播的性质，这有助于提升社会整体学习能力。知识生产出来之后，要提高知识的社会生产力，需要不间断地对知识进行重复传播，如教育服务就是提高社会学习能力的最有效手段。

3. 不同的服务参与社会再生产过程的范围、程度和方式不同，其价值形成的过程和形式也不同

运输、餐饮等服务业提供服务的使用价值同有形商品的生产相关联，能够将服务产品的价值直接追加或转入相关的有形商品中。但是对于提供服务的使用价值与有形商品的生产过程不直接相连的服务行业，如教育、金融等，人们很难看到这种服务对社会物质财富的增进作用。马克思指出，从整个国民经济的角度来看，这类服务不仅能对人才培养和促进精神财富增加起到重要作用，而且也能创造价值，所以这些服务所形成的价值应当纳入全社会创造的新价值的核算中，是

---

①④ 马克思：《资本论（第一卷）》，人民出版社 2004 年版。

②③ 马克思：《资本论（第二卷）》，人民出版社 2004 年版。

一定时期内新创造价值的一部分。[①]

（二）服务劳动

1. 服务劳动从属分工体系

服务劳动是社会分工引起并不断地变化发展的活动，服务业是社会分工发展的产物。马克思认为分工会造成这样的结果："由资本的职能决定的技术性业务"，会慢慢集中到一类代理人手中，或者成为专门的只能来替全社会的资本家完成这部分业务；出现了一种"特殊的营业"，这种"特殊的营业"是替整个资产阶级的货币机构服务的。这种"特殊的营业"会集中起来，大规模地进行，同时在内部又分工成了许多不同的互相独立的部门，在这些部门内部形成了专门机构，如拥有人数众多的会计员和出纳员的大型事务所。这就使得在"技术性的业务"上，如"货币的收付、差额的平衡、往来账的登记、货币的保管等等"，必然导致必要行为的分离，进而让预付职能中所存在的资本变为了经营资本。[②] 从马克思对"货币经营业"产生的分析和对"服务"的定义，其实已经内在地包含了服务劳动是分工体系的一部分这个结论。陈征教授[③]通过研究马克思《剩余价值理论》中对服务劳动的相关片段性分析，结合当代经济发展形式，认为社会分工的发展对整个产业之间的分工都具有巨大的推动作用，也促进了第三产业即服务业的内部分工。陈征教授把服务劳动分为六类：生产性服务劳动、生活消费性服务劳动、经济性服务劳动、社会性服务劳动、公共性服务劳动、政府提供的非交易性的环保、生态以及政府有关工作等服务劳动。

2. 生产性服务和非生产性服务

以服务是与资本相交换、还是与收入相交换为标准，马克思把服务劳动分为"在物质生产领域中"和"在物质生产领域以外"两种类型，即生产性服务和非生产性服务。生产性服务是与资本相交换，作为物质生产过程的中间投入的服务，属于非最终消费服务，是能够为资本家带来剩余价值或利润的服务。他肯定斯密的观点并指出，"'服务'只要是直接加入生产的"，不论是体力劳动者还是脑力劳动者都是"生产劳动者"。[④] 而非生产性服务则是与收入相交换的服务，属于最终消费服务。马克思在论述绝对剩余价值和相对剩余价

---

① 原毅军：《服务创新与服务业的升级发展》，科学出版社 2014 年版。

② 马克思：《资本论（第三卷）》，人民出版社 2004 年版。

③ 陈征：《论现代服务劳动》，载于《当代经济研究》2003 年第 10 期。

④ 马克思、恩格斯：《马克思恩格斯全集》第 26 卷（第 1 册），人民出版社 1973 年版。

值的生产时，多次以教员、厨师、歌女、医生等职业的服务劳动作为例子说明了这个分类。例如，一个教员如果只是“训练孩子的头脑”而不与资本相交换产生剩余价值的话，那这个教员的服务劳动属于非生产性服务，只有当这位教员“还为校董的发财致富劳碌时”，他的服务劳动才属于生产性服务，“他才是生产工人”。[①] 马克思认为非生产性劳动者的报酬只能来自生产工人创造的剩余价值，生产工人是所有非生产劳动者生存的物质基础。他通过教师和医学为例加以说明，他们的劳动不会直接创造出用来支付他们报酬的费用，即便是两者的劳动“加入一般说来是创造一切价值的那个基金的生产费用，即加入劳动能力的生产费用。”[②]

服务业是服务贸易发展的产业基础，对服务贸易的研究必须根植于服务经济研究中。服务贸易本质上跟马克思对服务的界定一样，都是一种劳动，具有自己的特殊的价值和使用价值，在国际市场上能够换取其他价值。因此，马克思的服务经济理论是服务贸易竞争力研究的重要理论基础。

二、国际贸易理论

马克思关于国际贸易理论的论述散见于他的全部著作中，是马克思经济学理论体系的一个重要组成部分。他从辩证唯物主义和历史唯物主义的角度探讨了国际贸易的起源和发展，未来的变化和发展趋势；使用逻辑分析的方法，从简单到复杂，从抽象到具体，深入研究国际贸易的性质与资本主义生产方式之间的本质关系。

（一）国际价值理论

国际价值理论是马克思国际贸易理论的基础，是马克思劳动二重性学说在国际范围内的应用。具体劳动创造使用价值，抽象劳动创造价值，国际价值就是生产某种商品所消耗的世界劳动或国际社会的人类抽象劳动的凝结。[③] 马克思认为不同的国家（或地区）有不同的劳动中等强度，有些国家（或地区）高，有些国家（或地区）低。以世界劳动的平均单位作为计量单位，各国的劳动中等强度

① 马克思：《资本论（第一卷）》，人民出版社 2004 年版。

② 马克思、恩格斯：《马克思恩格斯全集》第 26 卷（第 1 册），人民出版社 1973 年版。

③ 尹栾玉：《马克思国际贸易理论对外贸增长方式转变的启示》，载于《高校理论战线》2008 年第 11 期。

平均数形成了一个阶梯。在同一时间内，国民劳动强度高的国家（或地区）会比国民劳动强度相对较低的国家（或地区）生产出更多的价值，这表现为更多的货币。[①] 商品的国际价值是由“世界劳动的平均单位”来决定的，而不再是由某个国家（或地区）的社会平均劳动时间决定。其中，“劳动强度”具体指的是劳动生产效率，而并非单纯的劳动紧张程度。因为不同国家或地区的劳动强度存在差异，所以在创造出同等价值的过程中，需要消耗的劳动时间也会存在差异。一般劳动强度越高的国家和地区，其劳动生产率水平也越高，完成同一国际价值商品所需的时间越短，而劳动强度越小的国家和地区所需要的时间则越长。马克思认为在资本主义生产比较发达的国家和地区，其国民劳动强度情况以及生产率水平情况会超过国际平均水平。因此，在不同国家或地区消耗同等的劳动时间所生产出来的商品是不等量的，具有的国际价值也是不同的，从而表现为不同的价格，即表现为“按各自的国际价值而不同的货币额。”[②] 所以，马克思认为在国际贸易过程中，虽然两个国家（或地区）根据利润规律进行交换，可以使两国（或地区）都获利，但是比较贫穷的国家（或地区）就会总是吃亏，比较富有的国家（或地区）可以不断攫取比较贫穷国家（或地区）的“一部分剩余劳动而在交换中不付任何代价。”[③]

20 世纪以来的世界发展史表明，国家之间发展的不平衡性便是经济全球化进程中的显著特征之一。在资本主义主导的世界生产体系中，发达国家与不发达国家之间形成“中心—外围”的圈层状态，生产力水平较为落后的国家普遍地依附于发达国家，并与之存在着不平等的交换关系。随着资本主义的发展，正如农村屈服于城市的统治一样，它使得那些没有开化或者半开化的国家对文明的国家有较强的依赖性，“使农民的民族从属于资产阶级的民族，使东方从属于西方”。[④]

（二）国际分工理论

随着世界生产力水平的不断提高，机器大工业逐渐取代了资本主义工场手工业，为此马克思指出，交换作为媒介的社会分工已经日趋成熟，出现国际分工是大势所趋。世界贸易量逐渐增加，越来越多的商品涌出国界。任何一个国家或民族的生产力发展水平，可以从该国或该民族分工发展程度上看出来。人类历史上

①② 马克思：《资本论（第一卷）》，人民出版社 2004 年版。

③ 马克思、恩格斯：《马克思恩格斯全集》（第 46 卷）（下），人民出版社 1980 年版。

④ 马克思、恩格斯：《马克思恩格斯选集》（第 1 卷），人民出版社 1995 年版。

最初的分工，是“由于天赋（例如体力）、需要、偶然性等等而自发地或‘自然地产生的’分工”。[①] 随着生产力进一步发展，第一次社会大分工开始出现，即畜牧业和农业的分工，之后是手工业和农业的分工，商人阶层的出现，等等，随后国内分工开始走向国际分工。但是直到机器大工业蓬勃发展，才形成了真正的国际分工，是资本主义主导的社会分工超越国界所形成的“生产的国际关系”。生产力发展水平及其相应的生产方式，决定了国际分工发育程度和国际分工的格局。而通信手段、生产要素的相对稀缺、自然条件等其他因素都属于自然从属因素，不会对国际分工产生决定性的影响。

马克思强调，资本是国际贸易和国际分工的推动力。资本的利益直接决定了贸易机制和现实的分工，资本运动和扩张本能是形成世界市场和国际分工深化的最根本的驱动力。同时，资本利益的实现也离不开分工，现实的分工格局首先决定于资本主义大工业生产格局。国际贸易发展史证明，国际资本利益的实现是不择手段的，是不会拘泥于所谓的比较优势的[②]。因此，我国提升服务贸易竞争力，也不能拘泥于比较优势。

（三）国际市场理论

任何一个国家或地区在特定的地理空间进行经济活动，都会受到自然资源禀赋的约束。人们对自然资源的开采能力随着经济的发展而日益增长，工业发展使人工合成的资源增多，从而使经济发展的另一方面——市场需求对生产增长的约束问题逐渐显现。由于技术进步和规模经济优势的作用，生产相对于市场需求而言，似乎有着无限扩大的趋势，但制约市场需求的社会购买力，却遇到收入分配制度和私有产权制度的制约，不能与供给水平同时扩展。市场需求的瓶颈使生产和需求之间的矛盾越来越大，人类的经济活动受到的市场约束越来越大，使得市场开拓成为经济发展的重要问题。民族国家凭借自身的竞争力向世界市场拓展，进行国际贸易以谋求更多的增长机会便成为一种必然的选择。

马克思对资本生产方式的深刻分析，尤其是对资本主义经济危机的揭露，很早就说明了市场，从而揭示了经济竞争问题的存在。按马克思的分析，市场狭小的矛盾主要受两个规律的制约：

---

① 马克思、恩格斯：《马克思恩格斯全集》（第3卷），人民出版社1960年版。

② 刘厚俊、袁志田：《马克思国际贸易理论与西方国际贸易理论的比较》，载于《当代经济研究》2006年第1期。

1. 科技进步使资本有机构成不断提高，从而必须使社会经济剩余的相当一部分成为资本所有者分配的份额

从长期来看，增长的资本投资对生产供给能力是起促进作用的，扩大了的供给能力需要相应数量的社会需求能力与之相适应。但在社会经济剩余的分配当中，以资产者利益优先的资本生产方式和分配制度，必然是优先考虑资本在技术进步中有机构成提高的要求，忽略长期中社会购买力不能相应增长的总需求与总供给的矛盾。以资本效益优先的生产方式和分配制度，使作为社会最大的消费群体的雇佣劳动者，只能分享社会经济的有限的成果，这样势必造成相对于社会供给能力而言，社会需求不足。

2. 资本积累规律的作用结果

资本的生产方式是建立在一种扩张机制上的资源配置方式。马克思将这种扩张机制描述为“内在的冲动”加“外在的压力”的双重作用力的结果。资本家是资本的人格化，资本家对使用价值的追求是资本本质属性的表象化。资本关系的扩展像蔓延生成的藤蔓植物，只有不断占据更大的空间才能最大限度地吸收雨露和阳光。经济竞争的本质是对市场空间的争夺，企业占据的市场空间越大，能够获取的成长机会就越大。①

马克思通过对资本主义生产过剩必然性的分析，深刻指出了世界市场对资本主义经济发展的重要意义。马克思曾指出：“对外贸易的扩大，虽然在资本主义生产方式的幼年时期是这种生产方式的基础，但在资本主义生产方式的发展中，由于这种生产方式的内在必然性，由于这种生产方式要求不断扩大市场，它成为这种生产方式本身的产物。”②

（四）对外贸易政策

马克思认为，资本主义各国（或地区）生产力相对发展水平的高低是对外贸易政策的决定因素，各国经济发展水平的变化决定了各国在不同发展阶段是采取自由贸易政策还是保护贸易政策。从本质而言，资本主义对外贸易政策是为垄断资本的需要而服务的，不管采用什么样的政策和手段，最终都是“在现代资本主义生产制度的范围内兜圈子”③，是资本追逐剩余价值的自由。

马克思对外贸易政策理论包括两个基本内容：自由贸易政策理论以及关税保

① 俞梅珍：《服务业与当代国际经济竞争》，中国物资出版社 2002 年版。

② 马克思：《资本论（第三卷）》，人民出版社 2004 年版。

③ 马克思、恩格斯：《马克思恩格斯全集》（第 21 卷），人民出版社 1965 年版。

护政策理论。在自由贸易政策理论这部分，马克思认为资本自由是自由贸易的本质，消除一些仍然阻碍着资本进步的国家或民族壁垒，只是为了让资本完全自由流动。只要雇佣劳动和资本的关系继续存在，不管国际贸易过程中商品交换条件如何有利，资产者和无产者的关系永远只能是以剥削阶级和被剥削阶级的对立关系而存在着[①]，而且自由贸易只能加剧这两个阶级的对立关系。马克思在《关于自由贸易的演说》中揭示了“在自由贸易的情况下工人一定要经受经济规律的全部灾难”。同时借助资本输出，自由贸易政策将资本剥削扩展至全球范围，国际贸易中少数发达国家凭借资本优势和生产效率优势剥削落后国家，以此获得大量的超额利润。总而言之，自由贸易政策的本质是将阶级剥削扩大至世界范围内，实现了富国对穷国的剥削，这样做的后果是将经济危机直接扩散到了世界市场。

就关税保护政策而言，从封建社会开始就有着统治阶层向其统治范围内的商人收取税款的现象发生，也就是变相地向过往商人收取保护费。从此之后在各城市间也同样收取这样的税款，在当代资本主义政权建立以后，这样的税收方式是增加国家财政储备的最直接方法。打着为了保障无产阶层权益的旗号征收保护性关税，只不过是资产阶级“聚集自己的力量实现国内自由贸易的手段”，是资产阶级“反对封建主义和专制政权的武器”而已。马克思指出，保护关税制度就是工厂主剥夺劳动者，使国民生活和生产资料向资本转化，并且通过暴力方式缩短旧生产方式向现代生产方式过渡的时间。

无论是自由贸易政策还是关税保护政策，都只是资本主义政权根据自身的利益需要而制定的。所以马克思直指事情的本质，不管资本主义政权实行哪一种对外贸易政策，都是以服务资本为前提的，无产阶级被压迫的情况是无法得到改善的，只是在当代资产阶级画好的圈子里原地打转罢了。只有也只能通过革命推翻资本主义政权，才能改变无产阶级贫穷、困苦、受压迫的现状。因此，我们在进行服务贸易双边或多边谈判过程中，要特别重视互利共赢，从更大范围、更高水平、更深层次全面开展全球性区域合作。

三、竞争理论

马克思指出：“只有了解了资本的内在本性，才能对竞争进行科学的分析，正像只有认识了天体的实际，但又直接感觉不到运动的人，才能了解天体的表面

① 马克思、恩格斯：《马克思恩格斯全集》（第 4 卷），人民出版社 1958 年版。

运动一样”。[①] 竞争理论是马克思主义经济学的有机组成部分，始终贯穿并融合于马克思主义的整个理论体系之中。马克思以唯物史观为基础，从商品分析入手，层层递进[②]，深刻地揭示了竞争在资本主义经济运行规律中的作用。马克思在其论著中考察了多组竞争关系，本书主要从以下几点进行阐述。

（一）工人与工人、工人与机器之间的竞争

马克思指出，竞争可以提高每个人的工作效率，工人与工人之间的竞争加强了资本家对工人的剥削。马克思在分析计时工资时发现，由于工人与工人之间的竞争，如果一个工人超额完成了自己的工作量，那么即使劳动力市场上的供给不变，此时劳动的供给还是增加了，这就使资本家能够压低劳动价格，由此加强了对工人的剥削。“推动不等量活劳动的资本会生产出不等量剩余价值”，这个的前提是剩余价值率相等或者劳动剥削程度相同，抑或者其中即便有差距也会通过一些实际的或者想象的（习惯的）补偿理由而拉平。“而这又以工人之间的竞争，并以工人不断地由一个生产部门转移到另一个生产部门而达到平衡为前提。”[③]

对于工人来说，机器是一个强大的竞争者，随时可以使得雇佣工人“过剩”，工人与机器之间的竞争加大了资本家对工人的剥削，“劳动资料一作为机器出现，立刻就成了工人本身的竞争者，”[④]给“旧有手工业和工场手工业中的工人产生灾难性的影响”。[⑤]随着机器在资本主义生产领域的逐渐普及，“它给同它竞争的工人阶层造成慢性的贫困。”[⑥]不只是工资因为机器的竞争而降低了，连“空间、光线、通风设备等”必不可少的劳动条件也被剥夺了，同时还大大增加了职业的不稳定性。原本只有男工才能承担的重体力活的工作，现在少女和年轻妇女通过操作机器便能轻易胜任。“如果说，一方面许多工作机在比较大的手工工场中的集中促进了蒸汽力的应用，那么另一方面，蒸汽同人的肌肉的竞争则加速了工人和工作机在大工厂的集中。”[⑦]机械化大生产导致了工业和农业都出现了大量的“过剩”的劳动力，“工人之间的竞争必然达到顶点。”

（二）市场竞争的供求关系

1. 考察供给方

马克思指出，“自由竞争使资本主义生产的内在规律作为外在的强制规律对

---

①④⑤⑥⑦　马克思：《资本论（第一卷）》，人民出版社 2004 年版。

②　王秋苹：《开拓马克思主义经济竞争理论研究的新领域——访经济学家李建平》，载于《海派经济学》2007 年第 3 期。

③　马克思：《资本论（第三卷）》，人民出版社 2004 年版。

每个资本家起作用。"① 这些竞争是在三个层面上展开的：第一是单个资本家为追逐超额剩余价值不断提高劳动生产率而进行的成本竞争。"竞争首先在一个部门内实现的，是使商品的各种不同的个别价值形成一个相同的市场价值和市场价格。"② 第二是为实现商品价值不断提高使用价值、改善商品质量而进行的质量竞争。在充分竞争的市场环境下，生产同类产品的不同生产商，为了使自己生产的产品的市场价格同市场价值一致，吸引更多的消费者以销售更多的商品，从而获得更多的剩余价值，会在各生产商之间形成规模生产以降低成本的压力，从而市场上就会出现足够的"按市场价值支付的商品量"。③第三是为瓜分剩余价值不断提高资本流动性而进行的部门之间的竞争。由于不同的生产部门资本有机构成不同，导致生产商的投资利润率各不相同，这些不同部门的不同利润率在竞争过程中趋于平均化，最终出现一般利润率，"而一般利润率就是所有这些不同利润率的平均数。"④某一市场竞争的激烈程度，与该市场上竞争资本的数量成正比，并与竞争资本的规模成反比。许多较小的资本家在激烈的市场竞争中垮台，"他们的资本一部分转入胜利者手中，一部分归于消灭。"⑤这三种基本竞争形式是围绕不同的核心开展的，分别是价值决定、价值实现以及剩余价值分配。

2. 考察需求方

在市场上，生产者和消费者对商品都有一定的需求，生产者的需求主要是生产资料，消费者的需求主要是生活资料，马克思以棉花为例进行解释。棉纺织业的生产商和工人阶级都需要棉花，在其他条件不变的情况下，棉纺织厂每年都要按一定的规模进行再生产甚至扩大再生产，这就需要追加棉花量；人口每年都在增长，因此对生活资料的需求量也是增长的。对于棉花的销售者来说，购买者购买棉花后用作什么用途是无所谓的，但是对于棉纺织业的生产商来说，购买者的真实需求对销售会有很大的影响。同一商品的市场需求和社会需求之间存在着一定数量的差距，不同商品的"这种差距"是各不相同的，马克思认为"这种差距"主要是受以下两方面的影响，"一方面是实际需要的商品量；另一方面是商品的货币价格发生变化时所需要的商品量，或者说，买者的货币条件或生活条件发生变化时所需要的商品量。"⑥

3. 考察供给和需求之间的竞争状况

马克思指出，商品的市场价值是由商品供求平衡决定的，随着供求变化，商品的市场价格围绕着市场价值上下波动。要是市场上的商品供过于求，那么就势

---

①⑤ 马克思：《资本论（第一卷）》，人民出版社 2004 年版。

②③④⑥ 马克思：《资本论（第三卷）》，人民出版社 2004 年版。

必造成商品的产量过剩从而导致商品贬值；同样的道理，要是商品的产量太小，换句话说就是市场上的竞争压力并没有让厂商推出更多能够满足于市场需求的商品量，此时商品将会高出市场价值的价格完成交易。假如市场价值出现变动，那么商品总产量在出售条件方面也将会发生变化。[①] 通常而言，具备支付能力的社会需求是会不断扩大的，因此能够消化一定程度的扩大再生产的商品数量。但是如果商品的价格提高了，等量的货币就只能购买到较少的同种商品，这样必然会导致该商品的社会需求总量下降，厂商的部分商品销售不出去被迫降价，市场价格回归市场价值这个中心。

从短期来看，竞争过程当中出现的供求关系的改变会对商品价格波动产生影响，此时价格和价值将会呈现出偏离的情况，偏离的程度表明价值的实现程度；从长期来看，在供求均衡的前提下，商品本身的价值变化是引起其价格波动的根源。因此，国际服务贸易竞争过程中，服务贸易产品的价格波动也是由服务产品价值本身变化引起的。

（三）世界市场的竞争

在《资本论》第一卷中，马克思提道："积累啊，积累啊！这就是摩西和先知们。"形象地表达出资本家对于积累的不可抗拒性。由于竞争，资本家们被迫不断地积累用于扩大再生产，而资本主义生产方式所固有的扩大再生产的必要性，促使了世界市场的形成和不断扩大，同时世界市场了又成为"资本主义生产方式的基础和生活条件"。[②] 工业革命以后，由于欧美国家的工业迅速发展，世界市场上的竞争大大加剧了。《资本论》第三卷的脚注中提道：弗·恩·[③]认为，在资本主义生产力快速发展并且日趋壮大的今天，资本家们清晰地感受到和认识到这个事实——"现代生产力已经逐步跨越了资本主义商品交换规律的范围"。他从以下两方面的现象明确地说明了这一问题。首先，庇护性税收政策被狂热地广泛采用和施行。新的庇护性税收与以往的庇护性税收政策有着较为明显的差异在于：新型税收政策大多数庇护的都是能够对外出口的产品。其次，所有的制造业生产厂商为了控制产品的市场价格和销售利润，组成卡特尔或托拉斯调节产量。当然，这样调节生产的组织机构只有在"经济气候比较有利"的时候才能正常运行。马克思认同弗·恩·的以上观点。

几乎可以说，自从工业资本主义产生以来，伴随市场的开拓，国际竞争就开始了。在一个国家或一个经济体内部的企业竞争，主要是企业发展空间的争夺，

---

①②③ 马克思：《资本论（第三卷）》，人民出版社 2004 年版。

这种竞争反映的是企业之间市场利益的分割；而在国与国之间的经济竞争中，民族国家的利益始终占主导地位（这里民族国家的含义是指具有独立经济、政治利益的单个国家）。无论是发展国际贸易、国际投资还是进行国际竞争合作，每个国家，都是为了拓展国际市场，以为本国谋得更多的发展机会。

“在资本主义生产方式内发展的、与人口相比显得惊人巨大的生产力，以及虽然不是与此按同一比例的、比人口增加快得多的资本价值（不仅是它的物质实体）的增加，同这个惊人巨大的生产力为之服务的、与财富的增长相比变得越来越狭小的基础相矛盾，同这个日益膨胀的资本的价值增殖的条件相矛盾。”[①] 世界市场竞争不断推动生产的无限扩大，与资本主义社会劳动人民购买力相对缩小的矛盾不断升级，世界经济危机由此发生。

马克思在竞争理论发展史上第一次揭示了竞争过程的动态性质，始终把竞争看作动态的竞争，重视技术进步引起的劳动生产率的提高对价值形成和价值实现的影响，并把这一影响看作是规律性的、长期性的必然趋势。马克思的竞争理论是适用于一切产业的，自然也包括服务贸易产业。因此，技术进步引起的劳动生产率的提高对于服务贸易产业来讲就是服务创新，即服务创新对服务贸易产品的价值形成和价值实现的影响是规律性的、长期性的必然趋势。

四、创新思想

马克思主义经济学的研究对象是生产关系，但马克思一贯都是联系生产力的发展来研究生产关系的变迁的。研究生产力的发展，马克思又主要地以劳动工具的变革来作为分析事实、判别社会形态更替的首要原因。因此，马克思从科学技术能促进生产力的角度就已经指明了创新劳动对提高劳动生产率的作用，他在不同场合使用不同的词，如以“机器”“发明”“科学技术”“技术”等表达技术的意思，以“资本有机构成的变化”“机器为基础的生产方式的变革”“劳动资料的革命”“技术变革”“劳动条件的革命”表示现代经济学意义上的“技术创新”，用“劳动生产率”的变化与“资本有机构成”的变化来衡量技术创新的进步程度。[②] 可见，马克思把发明和创新看作是一个社会过程，他清楚地看到了科学技术对经济增长和社会发展的巨大作用。

---

① 马克思：《资本论（第三卷）》，人民出版社 2004 年版。

② 任力：《马克思对技术创新理论的贡献》，载于《当代经济研究》2007 年第 7 期。

何荣天①博士利用福建师范大学经济科学实验室研制的"《资本论》电子版"的高速检索和统计功能可以得到表1-1。通过表1-1我们可以清楚地看到，马克思在研究生产关系的时候，高度关注"科学""技术""知识""教育"等在生产力发展中的作用，透过这些词其实就已经表明创新的重要作用。马克思把科学、创新看成是一种独立的生产能力，对生产力的发展有巨大的推动作用，他指出："大工业则把科学作为一种独立的生产能力与劳动分离开来，并迫使它为资本服务。"②"劳动生产力是随着科学和技术的不断进步而不断发展的。"③

表1-1　相关词组在《资本论》各卷中出现的频次　单位：次

检索词组	第一卷	第二卷	第三卷
科学	97	11	34
技术	87	21	67
知识	13	1	6
教育	61	0	9
技术基础	17	1	4
生产方式+技术基础	4	0	0
科学+技术	12	0	1
生产力+技术	11	2	6
生产方式+技术	13	3	4
生产力+科学	12	0	7
生产方式+科学	11	0	11

资料来源：何荣天：《产业技术进步论》，经济科学出版社2000年版。

（一）创新主体

创新主体，即从事创新的主要社会实体，从马克思的整个理论体系来看，创新主体主要有资本家、工人和职业创新者三类。

1. 资本家

马克思认为资本家主要进行两种创新：一种是劳动力节约型的创新，另外一种

① 何荣天：《产业技术进步论》，经济科学出版社2000年版。
② 马克思：《资本论（第一卷）》，人民出版社2004年版。
③ 马克思：《资本论（第一卷）》，人民出版社1975年版。

是“机器、工具、器具等等”劳动资料的创新。“资产阶级人士也懂得：‘工人的无酬劳动是他们进行竞争的基础’。”为此，资本家大量引进机器代替工人，试图节省劳动工资开支。“在大工业本身内，机器的不断改良和自动体系的发展”，使得“机器、工具、器具”等劳动资料不断取代劳动工人，马克思称这种现象为“劳动资料扼杀工人”，这种情况“在新采用的机器同传统的手工业生产或工场手工业生产发生竞争时”表现得最明显。当“效率更高的、从功效来说更便宜的机器、工具、和器具等等”被发明创造出来，“旧的机器、工具、器具等等”就会被代替，这就迫使生产“机器、工具、器具等等”劳动资料的厂商不断改进技术和发明创造，使得“旧的资本以生产效率更高的形式再生产出来。”①

2. 工人

工人作为创新的主体，一方面是因为其是机器的生产者。马克思认为“机器体系不可能自由发展”，“大工业特有的生产资料即机器本身”需要工人操纵他们的小工具——“发达的肌肉、敏锐的视力和灵巧的手”才能生产出来，即机器的生产需要工人的力量和技巧，不然“大工业也就得不到充分的发展。”另一方面，工人是机器的使用者。虽然资本家为了节省劳动工资开支而大量引进机器代替工人，但是使用、操作、维护、修理机器等这些劳动都需要工人来完成，而且这些工人不是普通的劳动工人，“他们的职业带有半艺术性”。因此“用机器进行生产的工业扩大”没办法一蹴而就的根本原因在于，这类技术工人“只能逐渐地增加而不能飞跃地增加。”②

3. 职业创新者

科学技术随着社会的不断发展而不断推陈出新，技术创新已成为一种专业化的职业，与其他职业相分离。马克思指出，当资本将自然科学用作致富的手段，科学本身也就成为那些发展科学的人获得财富的手段，所以那些搞科学的人为了获得更多的财富而不断探索科学的实际应用，由此形成了相互之间的竞争。另外，技术创新已经成为一种特殊的职业。因此，随着资本主义生产的扩张，科学因素第一次被自觉广泛地发展、应用和体现在生活中，科学技术如此大的发展规模，放在以往是不可想象的。③

（二）创新动力

马克思指出，创新是由许多因素驱动的，如资本主义的内部动力、外部压力

①② 马克思：《资本论（第一卷）》，人民出版社 2004 年版。

③ 马克思：《机器、自然力和科学的应用》，人民出版社 1978 年版。

和内部压力等。[①]

1. 资本家追求额外利润的内在动机

当某一商品的市场价格已定时，个别厂商利用“新的生产方法、新的投资、新的冒险”，使得该种商品的“个别价值压低到它的社会平均价值以下”，由此取得“某种不以一般平均水平为转移”的超额利润，所谓的“新的生产方法、新的投资、新的冒险”，马克思指的就是创新。当同行业的其他厂商发现并采用这个“新的生产方法、新的投资、新的冒险”，超额利润就会逐渐消失。利润率一下降，“资本就紧张起来”，便会促进资本家进一步创新以获得额外利润。

2. 资本主义竞争的外在压力

“竞争使资本主义生产方式的内在规律作为外在的强制规律支配着每一个资本家”。[②] 随着资本主义生产的不断发展，工业企业扩大再生产需要更多地运营资金，这就迫使资本家增加资本积累的比例来扩大生产资本。对超额利润的追逐和激烈的市场竞争，刺激资本家们采用“新的机器、新的改良的劳动方法、新的结合”[③]，使得生产的商品的“个别价值压低到它的社会平均价值以下”。所谓“新的机器、新的改良的劳动方法、新的结合”，就是指资本家在外在竞争压力下采取的创新。

3. 市场需求的内在压力

马克思在《共产党宣言》中指出，扩大贸易与海外市场带来的经济机遇，为资本主义技术的增长提供了原动力。随着资本主义经济的发展和帝国主义的海外殖民扩张，工场手工业已经无法满足日益增长的市场需求，原有的动力——“牲畜、风以至水”等，亦无法满足扩大再生产的需要。这时，工业革命首先出现在了工场手工业的棉纺织业，紧接着蒸汽机的出现大大推动了机器的发展和普及，现代大工业代替了工场手工业。可见，市场需求是创新的社会条件。资本家想要获得剩余价值，就必须生产并出售满足市场需求的商品；而为了获得更多的剩余价值，就必须创新商品满足市场多样化的需求，或者改进机器设备、生产流程等以降低商品成本。所以，市场需求是创新的内在驱动力。

服务创新是创新范畴的重要组成部分，因此马克思的创新思想是适用于服务创新理论的，是能指导服务创新理论发展的。与马克思提出的创新对劳动生产率的作用一样，服务创新可以极大提高服务劳动生产率。服务创新主体可以是国

---

① 任力：《马克思对技术创新理论的贡献》，载于《当代经济研究》2007 年第 7 期。

② 马克思：《资本论（第一卷）》，人民出版社 2004 年版。

③ 马克思：《资本论（第三卷）》，人民出版社 2004 年版。

家、产业企业组织或个人，其动力因素主要包括内部和外部两个方面。

第四节 西方经济学相关理论

一、比较优势理论

比较优势理论（comparative advantage）一般是指英国古典政治经济学家大卫·李嘉图的比较成本理论和瑞典经济学家赫克歇尔－俄林的要素禀赋理论。其中，比较成本理论在亚当·斯密的“绝对成本学说”基础上发展起来的，是以各个国家劳动生产率存在的差异作为前提的。亚当·斯密认为不同的地域和自然条件会形成商品的绝对差异，应该基于此差异进行国际分工，即一国（或地区）出口的商品一定是生产成本绝对比其他国家低，在生产上具有绝对优势的产品，如果各国（或个地区）都按照这种绝对优势去生产和彼此交换商品，这将会使各种人力、物力资源生产效用最大化，从而有效地提高生产效率，增加参与国际贸易国家（或地区）的物质财富，提高整个社会的福利。虽然绝对优势理论能够解释国际贸易产生的重要原因，但是如果一个国家在生产任何一种商品上都不具备绝对优势，则绝对优势理论是难以解释该国是否还能参与国际分工这个问题。大卫·李嘉图的比较优势理论很好地解决了这一问题。假如某国在生产一种商品的机会成本中存在着低于其他国家的情况，则该国在这种商品生产上就存在着比较优势，而这一优势来源于各国在生产同一产品时劳动生产率方面的差异。他认为只要有比较优势差异的存在，在资本和劳动力不变的情况下，通过对外贸易交换那些本国（或地区）相对弱势的商品，这样形成的国际分工能增加生产总量进而提高社会福利水平，对贸易各国都有好处。但是，李嘉图的比较优势理论并没有从根本上解释造成各国比较成本差异的原因，也不能很好地解释区域间发生的贸易和产业竞争力的来源。

20 世纪 30 年代，赫克歇尔（Eli F. Hechscher，1879 ~ 1952 年，瑞典经济史学家）和俄林（Bertil Ohlin，1899 ~ 1979 年，瑞典经济学家）在系统研究国际贸易理论和实践基础上，进一步发展了李嘉图的“比较成本学说”，创立了“要素禀赋理论”。该理论假定两国的生产技术是相同的，即劳动生产率本身并不存在差异，这是不同于李嘉图比较成本学说的重要之处，同时还假设生产要素在一国内部可以自由流动，但在两国之间完全不能流动，在这两个重要假定下，赫克歇尔和俄林通过运用多种生产要素理论，发展并替代了李嘉图的单一生产要素理论。[①] 他们认为比较成本的差异是由国家要素禀赋的相对差异引起的，要素禀赋即要素价格的高低是由该国（或地区）要素的稀缺或富余决定的，而要素价格又决定了商品的生产成本，从而决定了商品的国际竞争力。因此，国际贸易的原则应该是，每个国家出口充裕要素密集的商品，进口稀缺要素密集的商品。赫克歇尔－俄林定律强调对要素的合理配置，以创造国际竞争比较优势。[②]

比较优势理论和要素禀赋理论虽然能够成功解释现实中的某些贸易格局，但是这些理论的假设前提都是各国的供给、生产条件不可改变、资源和生产要素不能在国际间流动，在世界贸易竞争环境风云变幻的背景下，这种具有静态特征的理论存在着一定的局限性。在经济全球化的条件下，产业竞争中生产要素的竞争地位开始下降，价值也出现了消退迹象。随着科学技术的不断发展，新能源、新材料、新生产手段不断诞生，使得那些原本在传统资源方面有比较优势的国家受到巨大的冲击。谁能想象黄沙遍地的以色列竟然成为高效率的农业生产国。比较优势为劳动成本或自然资源的产业，由于其资金周转率较低，因此比其他产业更容易引发价格战，常常处于失去竞争力的威胁中。而且人力资源相比其他要素具有更大的流动性和不稳定性，一国（或地区）的人力资源状况通过培训和教育就会发生改变，不同国家或地区的工作、生活环境或人才政策变化等也会引起高技术人才的流动。[③] 随着技术进步和经济发展，当产业竞争的比较优势转为产品开发的时效与特性时，以劳动成本或自然资源等生产要素为比较优势的国家就会陷入困境。

在确定比较服务优势时，对服务生产率的计量很困难。具体地讲，计量服务生产率的困难主要表现在以下几个方面：第一，在某些服务领域里，服务的实际产出是很难获得的。例如，利用互联网可以使人们迅速获得许多有用的信息资料，学到很多新的知识，但是确切计量使用计算机服务的产出是很难的。第二，服务的实际效用难以用现有的计量方法进行衡量或数量分析。服务对人们的健康、学习、生活等的实际效用究竟有多大贡献的实际数据及信息很少，所以很难做出准确判断。第三，把消费者在服务生产过程中的作用纳入计量模型中是一个很复杂的问题[④]，很难在计量模型中体现出来。因此，学术界对于国际贸易的

① 黄欢：《垂直专业化对中国制造业国际竞争力影响研究》，浙江工业大学硕士论文，2009 年。

② 俞梅珍：《服务业与当代国际经济竞争》，中国物资出版社 2002 年版。

③ 王粤：《服务贸易——自由化与竞争力》，中国人民大学出版社 2002 年版。

④ 郑聪慧：《山东省旅游服务贸易竞争力研究》，中国海洋大学硕士论文，2012 年。

基本原理对服务贸易的适用性是有争议的。迪尔多夫（A. Deardorf）运用传统的 2×2×2 H－O 模型，从三个方面分析了比较优势理论的适用性。

1. 对伴随货物贸易的服务贸易比较优势分析

对此迪尔多夫提出了三种情况：第一种情况为封闭状态，即无货物或服务贸易发生，迪尔多夫用数学公式证明了，货物和服务在闭关自守的状态下出口，其价格远不如进口的货物和服务，以此论证了服务贸易与货物贸易一样，是符合传统比较优势理论的；第二种情况是在自由贸易的状态下，即货物与服务都可以自由流动，他证明了通过服务的出口，可以达到利润最大化；第三种情况为在半封闭状态（只有货物可以自由贸易），迪尔多夫证明在这种情况下，即使伴随性的服务是不可贸易的，也不影响比较优势理论在服务贸易上的适用性。

2. 要素移动的服务贸易

迪尔多夫认为，一些种类的服务贸易，其比较优势要显示出来，必须放松要素不能流动的约束条件。例如，允许生产要素跨国移动，一些服务的不可贸易性就可以变成可贸易的了。如某些餐饮服务，其所需生产要素主要是技术劳动力（厨师）和非技术劳动力（服务员）两种，而且这种服务一般为非技术劳动密集型部门。如果某国拥有独特技能的厨师，可以提供某种特色餐饮服务，而非技术劳动力相对稀缺，在不允许要素流动的情况下，该国的餐厅将以较高的价格提供这种特色餐饮服务；如果允许厨师跨国流动，在另一个非技术劳动力（服务员）相对充裕的国家，餐厅就能以较低的价格提供这种特色餐饮服务。迪尔多夫指出这就是比较优势发挥作用的结果，因为实际进行贸易的并不是餐厅，而是服务生产要素之一的技术劳动力。①

3. 在某种服务要素可由国外提供的情况下（迪尔多夫称之为含有缺席要素的服务贸易），比较优势原理仍然可以发挥作用

假设甲乙两国都生产两种商品，分别为 A 贸易品、B 非贸易品。从需求结构上看甲乙两个国家相同，并且 A、B 两种产品的生产都需要劳动 L 和管理 M 这两种生产要素。假设管理 M 能借助通信技术进行远程操作，不能流动也能进行国际贸易。闭关自守的状态下，以下三种情形都将会导致甲国的服务价格低于乙国：第一，甲国在 M 上比较丰富，同时 B 为 M 密集型服务部门的产品；第二，甲国拥有着丰富的 L，且 A 为 L 密集型服务部门产品；第三，甲国在 B 的生产中具有希克斯中性技术优势，也就是保持 M 和 L 投入不变的情况下，使产出倍增，从而产生技术差异。如果实现自由贸易，第一、二种情况都与比较优势原理相

① 张健：《我国卫生服务贸易的竞争优势和对策分析》，山东大学硕士论文，2005 年。

符，第三种情况比较优势理论会遇到障碍，但迪尔多夫认为这并不影响比较优势在国际服务贸易中的适用性。①他提出是因为甲乙两国在管理者工资方面没有体现技术差异，从而导致第三种情况的矛盾，因此不影响适用性。

在国际服务贸易的现实格局中，比较优势理论对于大多数传统服务贸易项目来说还是普遍适用的。这主要表现在运输、旅游、国际工程承包、劳务输出等服务贸易部门对劳动力成本以及自然资源的依赖程度比较高。在旅游服务贸易业中，历史资源、自然资源都是影响出口的重要因素；在运输服务贸易业中，气候、地理位置，如一国海岸线构成了发展海运业的前提。优越的地理位置，也是发展转口贸易的有利条件。大多数发展中国家都只是在这几个领域拥有一定竞争优势。在绝大多数知识与技术密集型服务贸易领域，传统的比较优势原理很难发挥作用。从金融领域、法律领域、会计领域、电信领域、互联网领域等专业服务领域来看，高素质的人力资源和先进的技术是赢得竞争优势的关键。传统比较优势理论所依赖的是外生性要素，而技术进步、人力资源则是内生性的。

值得注意的是，在当代服务贸易发展中，由于信息技术对服务业普遍的渗透，在资源与劳动力密集的服务领域，出现了内生性要素对外生性要素替代的趋势，这对发展中国家服务贸易的发展是极其不利的。如在国际工程承包中，总承包越来越盛行，为了节省成本，提高项目投产的时效性，业主希望由一个总承包商负责工程项目的前期规划、总体设计、设备采购甚至施工管理，这样，就对承包商提出了更高要求。要求承包商具备科研设计开发能力、工程管理能力、投融资能力。这就提高了工程竞标的难度。发展中国家廉价劳动力优势在这种贸易方式下就失去了优势。在零售业、银行业，由于信息技术设施的使用，产业特性逐渐由劳动密集型向资本和技术密集型转变。运输服务贸易，对运输管理水平、运输销售能力、运输营运能力的设计都提出了更高的要求，只有拥有高素质的人才和高效的管理，才可能建立强而有力的揽货网络和运输信息中心。②

二、竞争优势理论

竞争优势理论是由美国著名管理学家迈克尔·波特教授于 20 世纪 80 年代提出来的，他在考察了以生产要素为基础的比较优势理论后发现：企业最基本的竞争优势是所在国家的综合实力；在全球资本自由流动的背景下，创新不存在国界

① 陈宪等：《国际服务贸易——原理·政策·产业》，立信会计出版社 2000 年版。

② 俞梅珍：《服务业与当代国际经济竞争》，中国物资出版社 2002 年版。

问题；不断更新变化且日趋激烈的竞争是国家竞争层面优势理论的前提，在该前提下，科学技术进步和创造、创新是尤为重要的要素。由此他认为，当代竞争理论必须从比较优势理论提升到国家竞争优势理论，进而提出了影响竞争优势的“四因素”论，也即“钻石理论”。波特认为一国（或地区）生产率的高低决定了该国（或该地区）财富的多寡，生产率根植于一国（或地区）的竞争环境，而竞争环境则产生于某一框架，这一框架仿若钻石的四个基本面，这也正是“钻石理论”名称的来源。国家竞争优势“钻石模型”框架中的每个基本面代表了对国家竞争优势起关键作用的某个因素，其产生的整体效应直接决定了一个国家是否具备竞争优势的有利环境。国家竞争优势“钻石模型”如图 1 – 3 所示。

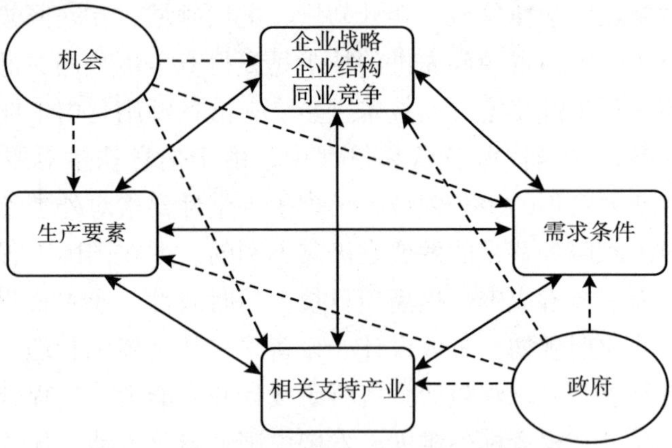

图 1 – 3　波特国家竞争优势的“钻石模型”

资料来源：［美］迈克尔·波特著，李明轩、邱如美译：《国家竞争优势》，中信出版社 2012 年版。

（一）生产要素对竞争优势的影响

波特把生产要素分为基础要素和高等要素两种。基础要素是指不需要付出太大代价就能够先天获得的要素，如自然资源、地理环境和气候等。① 他认为，基本要素大多数属于外生性，是既定的先天条件决定的。高等要素则具有内生性，需要通过长期投资和后天开发创造出来，如先进的研究机构、现代信息网络技术、高科技人才等。与“要素禀赋理论”不同的是，波特强调要创造国际竞争优势，除了配置已有的生产要素外，更重要的是改善要素质量、提高要素效率并创

① 彭磊：《贸易结构优化三阶段论及我国所处阶段的实证检验》，载于《国际经贸探索》2004 年第 1 期。

造新要素。高级要素间的差距是拉大国与国、企业与企业间竞争力差距的关键，因为高级要素能够充分填补基本要素不足带来的差距。但是如果高级要素处于劣势，则无法找到其他有效的方式予以补偿。高级要素具有稀缺性，一方面人、财、物的大量投资是开发这些要素的前提；另一方面高级要素的获取需要高级人力和技术的支撑，这使得获取高级要素十分不易。[①]

（二）需求因素对竞争优势的影响

企业都是以获取最大利润为经营目的的，基于理性的考虑，通常其投资生产和市场营销首先是针对本国国内市场来考虑的，由此可见国内需求是任何一个企业提升竞争优势的最大动力，往往国内需求越大，就越容易促成规模效益，越有利于形成竞争优势。他强调，国内需求的类型构成影响着国内产品发展、科学技术创新和产品质量提高。波特将国内需求细分为三类：细分的需求、老练挑剔的需求、前瞻性的需求。通常当一个国家（或地区）在一个特定的细分市场所占有的市场份额比重越大的时候，就说明该国（或该地区）在这个细分市场优势越大。老练挑剔的需求是指消费者往往以更高的标准来评判企业提供的产品是否令其满意，一旦达不到这类消费者的需求，企业就会流失客源，挑剔需求消费者就在一定程度上倒逼企业提供质量更优的产品，给企业造成无形的压力，从而促进了企业的革新。一个国家前瞻性需求所占的比重越大，就越有可能引领新产品的开发，而能在产品开发中走在前头的企业，就比其他企业更具有领先进入国际市场的竞争优势。欧洲斯堪的纳维亚地区有大量老练挑剔的消费者，这些消费者倒逼当地的电信企业改革创新，其中受益最大的是瑞典的爱立信和芬兰的诺基亚两家企业，这两家企业率先投资并运用大规模移动电话技术。最终，瑞典爱立信、芬兰诺基亚和美国摩托罗拉成为当时移动领域的领跑者。

（三）相关和支持产业的发展与竞争优势

企业竞争优势不仅取决于自身的综合实力，还取决于所在行业和上下游相关行业的企业的整体实力；同理，行业的竞争优势不仅取决于该行业综合实力，还受到该行业的支持产业和相关行业国际竞争能力高低的影响。所谓支持产业，是指波特提出的“五力分析模型”中的上游产业，具有较好竞争优势的支持产业能以最有效的途径、最短的时间、最低的成本为下游行业提供中间投入；所谓相关产业，是指拥有相似技术、相似销售渠道、相似上游行业等相互联系的产业，这

---

① 俞梅珍：《服务业与当代国际经济竞争》，中国物资出版社 2002 年版。

些产业由于其高度的相似性或互补性能够较好地开展各类交流和合作。一个国家（或地区）如果拥有数量较大的富有竞争力的相互关联产业，就很容易产生新的有竞争力的产业。规模化产业集群一方面能降低运营和信息交流的成本，另一方面还在创造整体知名度和专业化制度上具有得天独厚的效果，从而能够产生强大的国际竞争优势。这便是为什么诸多国家和地区会大力培育产业园，将体系健全且国际竞争优势明显的相关行业聚集在一起的原因。这个问题是比较优势理论所未曾涉及的。服务业相关和支持产业主要表现在：(1) 制造业和服务业相辅相成，互相促进。制造业的技术创新可以为服务业所利用，从而改善服务业发展方式；制造业商品贸易需要购买相关服务作为中间投入，随着商品贸易的增长，与之相关的服务贸易也同时发展起来。(2) 在服务业内部，不同专业领域的部门发展产生相互间的带动作用，例如，通信和计算机服务的发展对专利服务产生正向带动作用，旅游服务的发展对运输服务产生正向带动作用，等等，同时，优势领域间的相互促进会产生“集聚”效应，从而提升整个行业的竞争优势。

（四）企业组织、战略和竞争程度与竞争优势

这一因素涉及企业是如何建立、组织和管理的，以及企业所在行业的竞争状态。波特认为企业的竞争优势来源于激烈的市场竞争环境。国内市场竞争越激烈，产商面临的压力越大，科技创新和组织创新的要求越迫切，从而推动他们提升自身的组织管理与经营运作效率，这有利于该国建立该产业的国际竞争优势。每个国家的企业组织活动、企业战略都会有各自特点，只有将国家的资源优势运用到企业的发展战略上，才能形成国际竞争优势。例如，美国公司的机构投资行持股、日本的终身雇用制等都符合各自的国情，这是它们能获得国际竞争成功的原因之一。目前比较流行的竞争优势战略是差异化战略、成本领先战略，除此之外还有目标集聚战略。波特这些竞争战略原理，对服务企业建立自己的竞争优势是同样有效的。①

除了以上提到的四大要素外，波特认为机遇和政府这两个辅助要素对竞争优势也有很大影响。如技术的革新、石油危机、国家冲突，利率变动等对企业或国家发展来说都有可能是机遇。一国政府可以通过宏微观调控来影响该国的国际竞争优势的基本因素，如国际经济管理办法、外贸政策、税收政策、相关法律法规，等等。

---

① 俞梅珍：《服务业与当代国际经济竞争》，中国物资出版社 2002 年版。

产业竞争力的核心是竞争优势的形成及发挥，因此，一国服务贸易是否具有国际竞争力要看该国服务业是否具有竞争优势并能有效发挥竞争优势。竞争优势理论详细分析了影响一国产业竞争优势的因素，分析了产业竞争优势的来源，为一国某个产业获取竞争优势、提高国际竞争力提供了完整的分析框架，为各国产业结构的调整提供了有益的参考。服务业作为一国的主要产业之一，和其他产业一样自然也成为产业竞争优势理论的实践者。与迈克尔·波特的研究结果相同，服务业的发展受多方因素影响，例如，国内外的需求情况、服务行业的发展情况、企业的战略结构变化，除此之外还有国家的宏微观调控、市场机遇等。因此，对于服务业国际竞争力的研究，竞争优势理论同样是适用的。

考虑20世纪90年代以后，以跨国公司为载体的国际资本流动对世界各国经济发展影响日益突出，邓宁（J. Dunnin，1993）对“钻石模型”进行了补充和修正，将跨国公司商务活动作为另一重要的变量引入模型，从技术外溢、企业经营组织与市场结构以及产业结构三个方面分析了跨国公司对东道国产业结构升级的推动作用，从而加强了东道国的产业竞争实力，如图1－4所示。

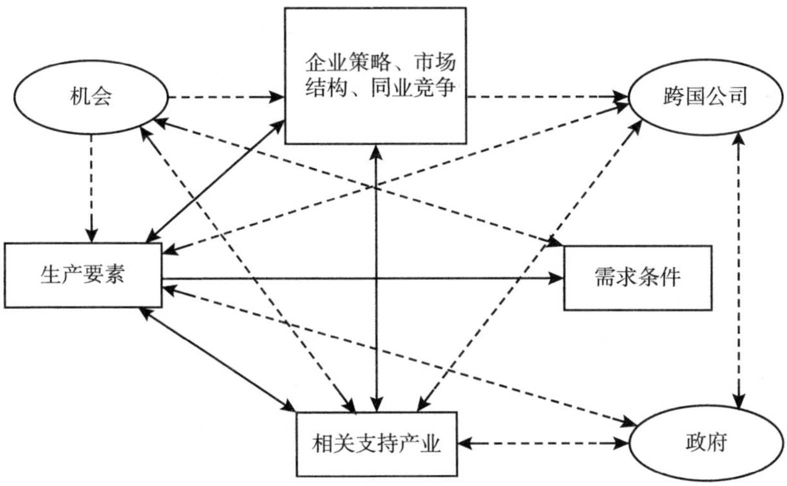

图1－4　波特—邓宁产业竞争力模型

在不同形式的服务贸易中，各因素发挥的作用是不同的。在吸引外国客户主动前往的“国内消费”形式，生产要素往往是国际竞争优势的关键。例如，观光业对气候和地理环境具有很强的依赖性，教育和医疗保健服务则要靠当地人员的训练和素质。再如，工程咨询等主要依靠母国的设备和人员完成的“自然人存在”和“跨境提供”形式，对国内生产要素也具有很强的依赖性。但是，像到国外开办银行、商店、旅馆等“商业存在”形式，大部分的雇员是当地人，母国的生产要素所发挥的作用就不那么重要，而需求条件和相关产业则成为国际竞争优势的决定性因素。结合波特的国家竞争优势理论和邓宁对“钻石模型”的补充，郑吉昌①将服务贸易的优势要素概括为如表 1－2 所示。

表 1－2　　　　影响服务贸易竞争优势的要素

<table>
<tr><td rowspan="5">基础要素</td><td rowspan="2">生产要素</td><td>基本生产要素</td><td>自然资源、地理位置、气候条件、初级劳力、文化资源等</td></tr>
<tr><td>高等生产要素</td><td>现代化的电信网络、高科技人才、研发中心等</td></tr>
<tr><td>需求要素</td><td colspan="2">需求管理、消费者满意等</td></tr>
<tr><td>相关产业的支持</td><td colspan="2">服务业内部各业的支持；第一、第二产业对服务业的支持</td></tr>
<tr><td>企业组织、战略和竞争程度</td><td colspan="2">企业经营管理、专业素质、差异化程度、企业形象及知名度、企业创新、人力资源等</td></tr>
<tr><td rowspan="3">辅助要素</td><td>机遇</td><td colspan="2">重大技术革新、加入 WTO 经济全球化等</td></tr>
<tr><td>政府作用</td><td colspan="2">规则的完善、监督管理、税收优惠、投资倾斜等扶持和激励</td></tr>
<tr><td>跨国公司</td><td colspan="2">技术外溢、企业组织管理和市场结构、产业结构</td></tr>
</table>

资料来源：郑吉昌：《服务经济论》，中国商务出版社 2005 年版。

三、技术创新理论

美籍奥地利经济学家、哈佛大学教授约瑟夫·熊彼特（Joseph Alois Schumpeter，1912）是第一位从经济学角度提出创新理论的。熊彼特在其论著《经济发展理论》（*Theory of Economic Development*）中指出，不是资本和劳动力，而是技术创新，才是经济增长的主要源泉。所谓创新，是指一种从来没有过的关于生产要素的“新组合”引入生产体系，这些新组合包括新技术的融入、新产品的开发、新市场的开辟以及原材料市场的开拓，除此之外还有引入新的工业流程等②。

创新是一种智慧创造，是活动主体在原有知识或思想理论积累的基础上对传统观念、理论体系、科学技术等进行的一种革命性的扬弃，用新的方式、途径解

① 郑吉昌：《服务经济论》，中国商务出版社 2005 年版。

② 约瑟夫·熊彼特著，何谓等译：《经济发展理论——对于利润、资本、信贷、利息和经济周期的考察》，商务印书馆 1997 年版。

决新的问题，从而产生新的认知、新的突破或新的发展。对企业而言，创新是企业以获得商业利益为目标，通过重新配置生产资源或生产要素，组建低成本高效率的生产经营体系，完成技术、组织、市场和文化等一系列创新活动，以实现价值增值的综合过程。熊彼特提出没有创新的经济是没有增长的经济，经济体系在大多数情况下处于非均衡状态，不断受到“技术创新”的扰动，从而产生“经济长波”。①

自熊彼特提出创新理论奠定了技术创新研究的基础之后，许多学者投入该领域的研究中，提出了关于技术创新的各种表述。美国经济学家罗伯特·索罗（Robert Solow，1951）认为技术创新的重要前提是，思想的来源以及后续的实践环节。但20世纪50～60年代关于创新的研究分散，多从创新主体的组织结构变动、风险决策行为及经营管理方式的角度进行研究，无完整理论框架，以案例分析、总结为主要研究方法。直至1980年以后，原来受限于其他领域与学科领域的技术创新开始脱离了这些束缚，慢慢形成自己的理论体系，从不同层面与层次对技术创新的研究对象进行了更为细致的划分，研究方法以理论推导和抽样调查为主，在研究过程中广泛吸收了其他学科的理论和方法。学者们在现有研究范围内挑选并提出重点和热点专题进行研究，创新研究向综合化方向发展，更加注重研究内容和成果对实际经济活动的指导意义。弗里曼（Freeman，1982）指出，“技术创新是指新产品、新过程、新系统和新服务的首次商业化应用”。蒂德（Tidd，1997）认为，“创新是一个存在于由组织提供的物品（产品或服务）当中的变化及其创造和传递的方式上发生的变化”。彼得·德鲁克（Peter F. Drucker）认为可以增加创造财富能力的过程或行为都可以认为是创新，这是创业家独有的工具。

技术创新从不同的角度有不同的分类。根据《奥斯陆技术创新统计手册》（1993），技术创新可以划分为产品创新和工业创新，其中产品创新根据是否有显著差异又可分为重大产品创新和渐进产品创新。英国苏塞克斯（Sussex）大学的科学政策研究所（Science Policy Research Unit，SPRU）将技术创新分为四种类型：突破型创新（radical innovation）、积累型或渐进型创新（incremental innovation）、技术系统的变革（change of technology system）和技术—经济范式变革（change of techo-economic paradigm）。

随着科学技术的不断发展，技术创新的发展日新月异，这就促进了创新过程模型研究的深入。罗艾·劳斯韦尔（Roy Rothwell）系统梳理了从熊彼特提出技

① 汪宇萍：《电力设备制造企业服务创新研究》，华北电力大学硕士论文，2014年。

术创新理论以来的创新过程模型，并将这些模型分成了以下五代①。

（1）20 世纪 60 ~70 年代早期，简单的线性“技术推动”创新模型。该模型认为，创新构思的主要来源是研究开发。基础研究在经过开发生产以及售后之后将技术创新的成果推向市场，作为市场只是被动地接受来自技术研究开发的各种成果。

（2）20 世纪 70 年代初至 70 年代中期，简单的线性“市场拉动”创新模型。该模型的核心思想是市场需求拉动了产品的技术创新，刺激研究人员为满足市场需求开发新技术。这种方法使创新适于某一特定的市场需求。

（3）20 世纪 70 年代末至 80 年代中期，创新过程的交互作用模型。以往的技术推动模型中，投入研发的资源与形成创新的数量并不是成正比关系的；而市场拉动创新模型中，格外重视市场的需求，从而导致破坏性创新性不足。因此这个时期的学者认为，单纯的技术推动或市场拉动模型是技术和市场交互作用模型的极端和特例，② 只有科学基础和市场以及组织能力之间相互作用才是创新的源泉。创新过程在这一模型之中被称为相互作用、职能各不相同但是又能相互独立的阶段。市场拉动模型中，技术和营销的连接受到来自创新交互作用模型的加强作用，因此创新管理实质性环节是新技术和能力相匹配在营销和研究开发之间的反馈。通过研究表明，要产生更大的创新性，要将拉动因素和驱动创新决策的推动因素相结合。相对于单纯的技术推动和市场拉动对于创新构思的产生以及创新是否成功具有更加重要的作用。

（4）20 世纪 80 年代末至 90 年代初，一体化的创新过程模型。该模型主要是把创新与生产制作过程、研究开发过程以及销售过程等因素有机地结合在一起，标志着人类对创新观念的转变。这一模型强调顾客和企业之间的密切合作，制造和研发之间的界面交融。要求服务逆向与供应商之间进行联系，并且顺向与早期顾客进行联系。

（5）20 世纪 90 年代中期至今，创新的战略集成与网络模型。创新的信息化和电子化过程，在该模型中得到了显著的表现。③ 该模型的特征是与领先用户进行了密切的联系，开发工作由专家系统来进行辅助。创新从线性向网络化过程发展是必然趋势，在创新过程网络模型之中得到了反映。

波特认为，创新不仅指技术上的改善，而且指做事方法上的改进。如促销方

---

① 陈劲、陈钰芬：《赢在服务创新》，机械工业出版社 2004 年版。

② 欧阳红军：《重大科研项目协同创新管理》，载于《国防科技》2012 年第 4 期。

③ 徐盟：《产业集群内创新网络运行机制研究》，山东大学博士论文，2009 年。

法上的创新、组织方式上的创新等。竞争双方的优劣，可以通过其中一个企业在对手没有发觉的情况下采用新的创新观念来改变，可见新的创新观念的重要性。波特认为，在创新时要将国内和国外市场需求统一考虑到，只有这样，才能为进入国际市场参与竞争做好准备。如果一个企业只注重了国内市场的需求而忽略了国际市场的需求，这将会损害国际市场的竞争力。其根本原因是国内市场与国际市场对于同一种产品的需求是存在差异的。通常情况下，国内市场带来的创新压力相对于国际市场较小，所以动力也相对较弱。通过对国内外学者创新研究的综合发现，技术创新其实是一种新兴思想的产生，以及开发和制造，再到商业化的完整过程。与此同时，技术创新也是一个系统化、复杂化的过程，技术创新需要在经济、工艺、开发、工程、用户以及市场之间不断进行互动。

四、新增长贸易理论

新增长理论的主要思想是：一个国家只有技术进步才能长期维持该国的经济增长，技术创新才是核心因素而并非是其他外在的因素。新增长理论的系列模型中，边干边学和技术扩散模型是集中关注贸易与经济增长之间关系的，在此基础上形成的新增长贸易理论，已经成为当今国际贸易理论的重要组成部分。与传统自由贸易理论着重讨论静态的贸易利益不同，新增长贸易理论侧重讨论“技术外溢”与“贸易增长”的动态比较利益。从研究侧重点来看，新增长贸易理论可以分为以下几种研究方式。

（一）新增长理论与经济一体化

罗默（Rohmer P. M.，1986）① 通过研究发现，贸易自由化不仅扩大了市场范围，而且在经济一体化发展过程中促进了技术的发展和跨区域传递。技术知识基础的市场扩大一体化的整合过程本身有利于技术扩散和溢出的共享；国际竞争将激励所有制造商生产创新产品，并节省开发成本；市场扩张带来消费规模的扩大，由此产生规模效益经济，从而提高企业研发和创新的动力。无论经济一体化采取商品贸易的形式，还是思想的自由流动，或两者兼有，在经济一体化的内生增长模式中，只要经济一体化扩大了市场的范围，使每个经济体的总生产函数表现出越来越大的回报规模，仅此便能提高各经济体长期经济增长率。

---

① Rohmer P. M.，“Increasing Returns and Long - Run Growth”，*Journal of Political Economy*，1986，(94)：1002 - 1037.

罗默认为开展国际贸易有利于知识在全球范围内加速积累，这点对不发达国家推动经济增长具有重大意义，理由有二：一是不发达国家可以通过引进新技术来提高劳动生产率，由此提高国内生产总值；二是新技术引进节约了不发达国家在相关技术方面的研发成本，如果能将节约下来的研发资金用于资本投入，那么不发达国家的经济就能在技术进步和增加投入的双重作用下取得快速增长。因此，不发达国家或发展中国家参与国际贸易，在经济一体化的过程中不仅能拥有更广阔的市场，还能分享国际贸易带来的知识效应和新技术成果，缩短与发达国家的经济差距。

（二）贸易的技术转移与经济增长

贸易自由化不仅扩大了市场范围，而且在经济共生发展过程中促进了技术的发展和跨区域传递。克鲁格曼（P. Krugman，1979）以产品的种类数为模型的变量，最早提出了北方和南方贸易过程中技术转移的一般均衡模型，即南北贸易与技术转移第一代模型。他在文章中阐述了创新技术从发达国家转移到发展中国家的整个变化周期，并分析了由此引起的投资变化和南北收入变化。[①] 史格斯罗姆等（Segerstrom et al.，1990）[②] 则在克鲁格曼的研究基础上发展起来的第二代南北贸易与技术转移模型中强调，在市场环境稳定的情况下，与技术创新的成本相比，技术模仿和转移的成本低很多，也因为有这样的成本差异导致南北之间的贸易一直维持在技术创新、转移与模仿的状态。格罗斯曼和赫尔普曼（Grossman G. M. and Helpman E.，1991）[③] 在内生经济增长模型中融入技术与技术传播因素，详细说明了全球各国的贸易交易增长情况、创新情况、模仿情况与各国贸易宏观条件变化之间的关联，建立了开放经济条件下经济增长的一般均衡模型（南北贸易与技术转移第三代模型）。

随着贸易全球化的快速发展，国际贸易推动技术在不同国家之间创新、转移和模仿。地区性协同创新需要打破机构、行业、区域的界限，通过创新要素整合构建创新网络，但是目前各国（地区）政府制定的创新政策大都囿于本地区的创新发展。如何在保护服务创新成果和创新者利益的同时，又不影响这些服务创新

---

① 肖奎喜、沈建国、杨义群：《技术创新和国际贸易互动关系的理论述评》，载于《技术经济》2004年第7期。

② Segerstrom，P. S.，and Anant，T. C. A.，and Dinopoulos，E.，“A Schumpeterian Model of the Product Lift Cycle”，*American Economic Review*，1990，99（4）：807 - 827.

③ Grossman G. M.，and Helpman E.，“Innovation and Growth in the Global Economy”，Cambridge，MA：MIT Press，1991.

知识的交流和创新系统共生发展，需要不断加强顶层沟通。

（三）人力资源积累与贸易发展

人力资源对贸易进出口中学习效应和技术扩散效应的影响，使得国际贸易对经济增长产生动态影响。内生经济理论对这种动态影响的解释是，资本的增值需要两个基本组成部分：一是资本的投入，二是人力资源的投入。因为积累的人力资源有影响贸易外溢的能力，而且人力资源的增加与贸易增长呈正相关，从而可以转变如今的资本规模结构。

阿罗（Kenneth J. Arrow，1962）在其文章《边干边学的经济含义》中用内生技术进步解释经济增长模型，即“干中学”模型。卢卡斯（Robert E. Lucas，1988）① 认为“干中学”是人力资源的“外部效应”，并在阿罗“干中学”模型的基础上构建了“专业化人力资源积累的增长模型”，又称为“卢卡斯模型”。卢卡斯认为“干中学”是人力资源积累最重要的方式，当这种学习大规模发生时，劳动力会不断向前沿产品生产转移，这就需要该国（或地区）具有相当的出口规模，以便在不断生产过程中不断积累对应于特定产品生产的专业人力资源。因此，相对落后的国家（或地区）应该扩大对外开放的程度，通过吸收新技术和人力资源，间接积累本国（或地区）的人力资源。阿温·杨（Young，Allyn A.，1993）② 则从“干中学”的角度进一步解释了人力资源积累、国际贸易与经济增长的关系，他认为产品规模报酬与学习效率是正相关的，自由贸易的开放使不发达国家有超越发达国家的可能。另外他还分别深入分析了发达国家、发展中国家以及新兴工业化国家技术进步和产业发展的情况。分析结果显示，发展中国家只有在走出低级产业后，才能通过技术进步寻求机会步入较高级产业。

---

① Lucas. R.，“On the Mechanics of Economic Development”，*Journal of Monetary Economics*，1988，22（1）：783－792.

② Young，Allyn A.，“Invention and Bounded Learning by Doing”，*Journal of Political Economy*，1993，101（3）：443－472.

第二章

服务创新与服务贸易竞争力的关系

本章通过对相关文献的梳理和理论的构建，研究了服务创新与服务贸易竞争力的关系，尝试厘清服务创新、服务贸易竞争力与国际服务贸易发展的机理。通过研究，本书提出服务创新与服务贸易竞争力的关系是：服务创新是服务贸易的源泉，推进服务创新是提升服务贸易竞争力的根本途径；服务创新的根本目的是提高服务企业的核心竞争力，提升服务贸易竞争力是服务创新的动力。

第一节　服务创新是提升服务贸易竞争力的根本途径

创新是人类文明进步的不竭动力，服务创新是提升一国（或地区）服务贸易竞争力的根本途径。一方面，消费者虽然存在特定的消费趋势：个性化、自我选择、信息化及柔性化等，但是人口老龄化、技术市场化和社会经济趋势（如收入水平、对于环境和生态平衡的关注）不断影响着消费者的需求和偏好，服务贸易企业只有不断通过服务创新才能满足顾客日益多样化的需求；另一方面，随着信息与通信技术（ICT）的不断发展，计算机芯片的信息处理能力、微型化和定位技术不断增强，服务、安全及自然界之间日益增加的可操作性在任何地方、任何时间都能使成熟的体系结构和平台成为知识共享、合作及电子商务交易平台，服务贸易企业只有不断提高服务创新的能力，才能在激烈的国际竞争中保持优势。

一、服务创新提高了服务的可贸易度

服务创新提高了服务的可贸易度，使服务产品交易的市场得到极大的扩展。服务参与到国际市场交易所具有的可行性就是服务的可贸易性，也可以理解为服务在国际贸易当中所具有的前景和发展潜力。相比于货物的可贸易性，服务的可贸易性所包括的内容更为广阔，但是由于服务的特性，如“异质性”“无形性”以及“不可储存性”和“生产消费过程的不可分割性”等，都使得服务参与“跨境交付”的难度远超过货物贸易。通过服务创新可以促进服务革命，使得服务具备跨国传输的能力。通过低成本、高带宽的信息设备以及完善的软件系统，可以为许多跨国服务活动提供支持。如远程技术使部分服务的生产与消费在空间上出现了分离，这就使得其国际贸易参与度大大增加了；信息存储技术的发展，使部分服务开始呈现实体化趋势，如软件、光盘等，这进一步提升了其参与国际贸易的程度。

服务创新为跨界贸易提供了机会，但在具体的创新运用中我们必须具体情况具体分析，不同的服务行业具有不同的特点和贸易性质，只有在充分了解其内涵的情况下才能为其更好地提供支持。例如，培训机构、律师事务所一类的服务贸易行业，其专业性和针对性较强，所以其服务的可贸易性就相对较弱，它往往需要外部设备和技术的支持才能实现贸易过程。但是像电信、移动等通信行业就在基础设备上已经具有优先条件，因此其在服务贸易上具有明显的优势。而像旅游业、跨界电商等行业因其面向对象就是界外，所以其具备的可贸易性是很强的。服务创新的过程中，不仅要专注于对服务本身的改革和更新使其更加优质，还要注重外部支持技术、设备和手段的提升。在电信行业，信息技术的发展，使通信系统可以传送可视图像、数据和各种信号，因而各种“增值通信网络服务”得到迅速发展，这些服务不仅仅是传送信息，还有储存与加工信息、利用数据库、提供电子邮寄服务等功能；金融服务方面，银行利用计算机、电子通信和交易系统也推送出许多新业务，如家庭银行业务（通过个人电脑将客户同他们的存款及经纪业务账户联系起来）、信用证的电子签发（允许客户通过因特网进入银行计算机进行信用证的签发）等。此外，通过全球网络提供跨国远程医疗和教育的活动也在增长。

二、服务创新促进服务贸易内部结构的优化

服务创新不仅在微观企业层次上显示其重要性，在产业层次上也有重要意

义，它是优化服务业内部结构、促进服务业升级的重要手段。伴随着服务创新的开展，服务业新型商业模式也崭露头角。在新的商业模式的带动下，传统服务业部分业务会进行重新配置，形成新的业务环节，并且因为新的服务模式的出现，社会活动和劳动分工也会随之发生相应的改变。

服务创新在促使新兴产业诞生的同时，也积极地改造着原有的传统的服务业和服务贸易产业部门。在实践当中，若是一个服务部门的创新密度非常低，而且还具备显著的生产标准化特征，一般就认为该部门已经具备了成熟产业的特点。通过服务创新，这类成熟产业可以重新焕发出生机和活力。服务创新使得传统服务产业部门有可能采用新技术、新工艺或新兴设备来提高其服务水平、改变其生产或服务面貌，促进原有服务部门和产品的更新换代。因此，传统服务业者不能将服务创新视为敌人，因为其结果不是为了将一些传统产业消灭，反而是为了能够让这些传统产业在新服务产业结构当中展现出新的元素，甚至使之成为某些新兴产业赖以建立的重要物质条件之一。这样，服务创新实际上是使整个服务贸易产业结构的内涵具有了新的内容。

服务创新是导致产业关联变动的重要因素。在国民经济的大体系中，任何一个产业部门都不可能独立生存，都与其他产业和部门存在关联关系，服务业尤为如此。当一个产业受一项服务影响时会随之发生相应的改变，而与其联结的相关服务项目也会为了适应此变化而进行服务创新。按照这样的传递机制，服务创新就能够扩散到其关联产业，进而促进服务业实现革新和扩张。不同服务部门之间通常具有明显差异，在任意特定时期，创新在这些服务部门中的分布都是不平衡的，有些部门发展得快，有些部门发展得慢。创新活动活跃的部门，其竞争力也较强，发展较快，价值创造能力强。一般来说，创新性强的服务贸易企业会开展较多的服务创新活动，因此其价值创造能力和竞争力也相对较高。许多服务创新的实例是从服务企业进行效率提升时实现的，为了提高工作效率，服务企业会适时改变工作模式和内部结构来提升服务效益。如果面对激烈的国际竞争环境而不做出创新和改变，不仅会影响到该服务贸易企业或服务贸易行业的运营，而且还会限制整个服务贸易业的生产效率和生产能力的提高。服务创新的诱导机制和产业部门之间的关联机制的复合作用推动着服务贸易产业结构的变动。

服务创新还可以刺激需求结构发生变化，从而促进产业结构的变化。服务创新可以创造新的市场需求，并使一部分潜在的市场需求转换为现实的市场需求。服务创新利用服务产业的需求弹性差异，通过国际市场需求刺激服务贸易产业进行有规则的扩张或收缩以实现优胜劣汰，从而推动服务贸易产业结构的升级。无论从服务业内部各部门的发展速度，还是从国际服务贸易的结构变化看，技术、知识密集型的新兴服务业发展最为迅速。从服务业内部各部门的产出与就业情况看，以金融、保险、信息技术和商务服务为主的知识密集型的现代服务业在增加值与就业中的比重增加最多。如图 2－1 所示，G20 国家上述四类服务业出口在服务贸易出口总额中的比重从2005 年的38. 68% 上升至2016 年的45. 35%，上升了6. 67 个百分点。在出口服务类别中，电信、计算机和信息服务贸易出口增速最快，2016 年出口额比 2005 年增加了 36. 34%。

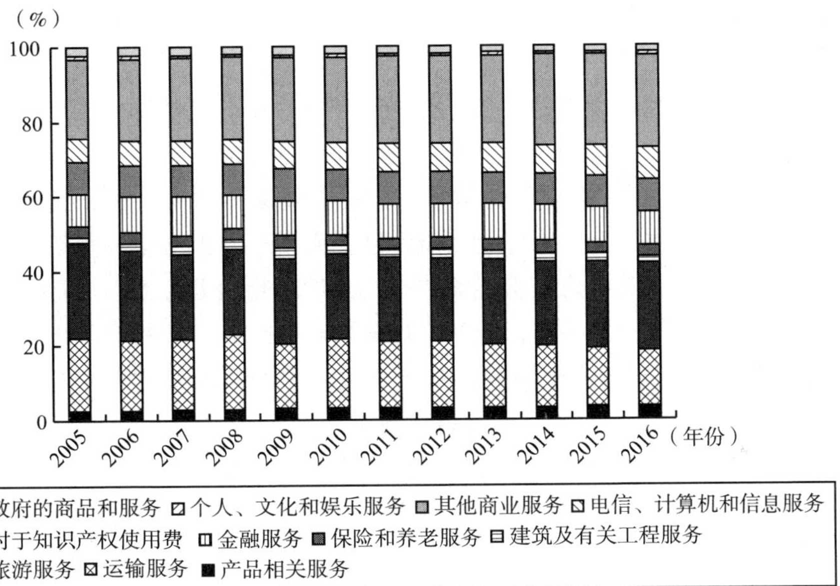

图 2－1　2005～2016 年 G20 国家服务业出口结构变动

资料来源：根据联合国贸易和发展组织数据库相关数据整理。

三、服务创新成为服务贸易市场垄断的主导力量

服务创新成为服务贸易市场垄断的主导力量，知识型服务业垄断性趋强。通常垄断是指一个企业或一种行业在竞争中取得至高的控制权，进而独占市场。这类企业一般具有独一无二的技术优势或者规模，这两种因素能够帮助企业在众多企业中脱颖而出。有的企业是因为其规模效应而取得规模垄断；有的企业是因为其具备先进的技术条件和设备而取得技术垄断，而极个别企业则具有两种垄断优势。在市场演化过程中，企业越来越偏爱技术垄断，所以逐步摆脱规模垄断而进行内部结构和技术的改革和优化。

与规模垄断的保守性、封闭性不同，创新垄断具有一定的开放性，使得企业的学习成本逐步降低，从而增加了垄断成本。一般来说，以服务创新为核心的市场垄断主要集中在知识型服务业领域。由于信息技术在提高服务业企业竞争力方面的作用日益突出，知识型服务业领域已经出现了竞争和垄断同时被强化的态势。也就是说，产业在市场中的自由程度越高①，那么其面临的竞争也更加开放，其结果是更加促进了服务创新的积极性。但是随着服务创新的日益演化，它会使得优势企业更具优势而导致新一轮的垄断，这种垄断机制在开放自由的竞争环境下会导致行业竞争愈加激烈。在这样的市场环境中会产生一种新的垄断形式，即为竞争性垄断。

受资源的稀缺性和成本的约束，传统服务贸易业的交易价格能比较好地反映国际市场的供求关系，即通过价格和数量的变化就可以很好地表达供给和需求的市场均衡。② 信息资料和数据资料是知识型服务贸易的主要资源，这些资源已经足够丰富且价格成本较低，因此就一定程度上来讲，知识型服务贸易是不受资源稀缺条件的约束的，其规模经济能够在一定条件下趋向无穷大。这是传统经济从未有过的经历，即使自然垄断行业的平均成本和边际成本递减趋势也不是无限延伸的③。如城市中基础性水电服务，其运营过程中涉及的相关产业较多，不仅需要前期设备、技术的投入和生产资料，还需要后期输送管道和管理部分等的配合。知识型服务贸易所利用的资源形式比较简单，获取渠道多样，并且不需要复杂、繁多的实现载体，所以其成本相对来说非常低，能够帮助知识型服务贸易企业取得较高的经济效益。

对于知识型服务贸易产品来说，价格不再主要由成本基础和国际供求关系来决定，个别服务贸易企业的价格控制能力就被强化。如软件系统、技术产品等受市场供求关系的影响会比较小，贸易优势也相对高很多，这可以从近些年来美国微软等诸多高新技术企业的快速发家史中得到验证。随着平均成本和边际成本下降幅度达到一定程度时，知识型服务贸易产品提供商还可以利用优惠措施和倾销等方式扩大市场范围或强化市场地位。④ 因为知识型服务贸易具备成本低、风险低等优点，所以其竞争和控制力度逐步被这类服务贸易企业所掌控，此时垄断就

① 方磊：《中国电信业迎接新经济的到来》，对外经济贸易大学硕士论文，2003 年。

② 马飞雄、张建华：《基于网络正外部性的信息产品定价策略研究》，载于《生产力研究》2007 年第 8 期。

③ 曲振涛、尹妍：《新经济条件下竞争性垄断市场结构的出现》，载于《商业研究》2005 年第 6 期。

④ 李怀、高良谋：《新经济的冲击与竞争性垄断市场结构的出现——观察微软案例的一个理论框架》，载于《经济研究》2001 年第 10 期。

产生了。但是这也不是说知识型服务贸易企业可以随意控制价格，价格的高低是由该产业整个市场的国际供求所决定的，所以它需要关注的重点便是客户的消费体验和服务产品优化，等等。

四、服务创新推动服务贸易企业网络组织的发展

中小服务贸易企业推动服务创新的发展，服务创新推动服务贸易企业组织网络化。服务产品由末端消费需求主导的属性，决定了服务的竞争优势主要来源于为实现差异产品而展开的非价格竞争。中小型企业所受体制的限制小，人才培养和知识管理的重视程度较高，因此这类企业更具有创新活力，也更具备创新条件，它对推动服务创新的发展具有极其重要的作用。之所以中小型服务贸易企业更偏爱创新是因为其需要面对大型服务贸易企业在内的整个市场的竞争环境，只有采取创新才能克服生存危机。一旦其掌握关键的突破性技术，那么就能在激烈的竞争中脱颖而出，在市场上取得一席之地。这种突破性技术一般是该行业的核心技术的简化和升级，能够使得成本更低、效率更高，帮助企业实现最大化的经济效益。与此同时，中小服务贸易企业创新活动的成功实施能够引导周边中小企业向它看齐，积极打破传统模式的束缚进行创新活动。而处于垄断地位的大型服务贸易企业迫于压力也会加快结构改革以及创新，进而消除中小服务贸易企业带来的竞争威胁，中小企业由此便发挥了一种类似于“牵引”的作用。从世界范围内看，知识型服务业领域的创新成果主要源于中小服务贸易企业。

为了追求企业资源的配置效率，服务贸易企业一个非常重要的变革是企业组织的网络化。网络型服务产业可以分为传输网络和提供具体服务产品两个部分。因为网络型服务产业的服务产品都必须通过固定网络来传输，所以这些传输网络的部分还被称为网络型服务产业的基础设施或“瓶颈”①。网络型服务产业的市场结构一般具备以下三大特点：第一，网络型服务产业具有较强的自然垄断性。考虑到传输网络的高成本和规模经济效益等因素，由一家服务企业垄断经营会避免低效率的重复建设，例如，公共服务领域始终保持着垄断型的市场结构。第二，网络型服务产业具有较强的竞争性。在具体服务提供的部分一般保持着竞争型的市场结构，如铁路交通，铁路是共享的，基本上属于垄断资源，但具体的营运公司之间却存在着较强的竞争关系。第三，网络型服务产业存在着纵向关联市场。所谓纵向关联是指最终服务的提供由“上游”至“下游”的不同业务按一

① 肖兴志、陈艳利：《纵向一体化网络的接入定价研究》，载于《中国工业经济》2003 年第 6 期。

定的顺序联结而完成[①]，如网络游戏是经开发商、运营商、渠道商、网络环境（移动、电信等）等环节最终将游戏呈现给用户。

近几年由于信息技术的快速发展使得电子商务取得了跨越式的进步，相关的服务贸易企业和服务项目得到了发展和完善，在相关联的各个环节都发展得较为完善之后便形成了一个网络化的信息系统。从而使服务贸易企业组织具有较强的网络化特征，主要体现在：（1）在企业运营上实现了时间与空间的可压缩性。网络化企业在进行运用管理时有效突破了时间和空间的限制，使其变得更加灵活，能够适应于企业的经营。这种模式将企业管理对象限定于一个可控的时间和空间范围内，形成一个灵动的关系网。（2）网络化企业更能轻易实现文化型组织管理的模式。该类型的企业具备自组织、自学习、自适应等能力，所以能够协调企业的运作机制。有学者将网络化组织看作一个高效、优质的乐团，其中企业的运营和管理专家就是乐团中的指挥，他们掌握着网络的来龙去脉，下达相应的指令。这些指令相当于网络中的脉流，联系着网络关系中的各个环节。而企业中的普通工作者则相当于乐手，负责接收信息指令进行相应的操作。这些都是组成文化的相关因素，也是形成文化组织的必要成分，在文化企业的网络关系中这些因子能够有序地运作。（3）网络化企业是一种创新模式的企业形式，所以其对应的管理方式也需要对应的改进。在这个既是技术系统，又是社会系统之中，管理者的管理观念和行事风格对企业和员工的管理具有关键影响。优质、高效的管理方式能够适应网络化企业的要求，不仅可以促进员工的工作积极性，还可以协调企业的整体运营，提高企业文化实力和综合竞争力。在这样的环境下，服务贸易企业才能更加快速地成长，进而形成竞争优势。

服务业组织的网络化发展趋势，决定了服务业的产业转移将不同于制造业的梯度转移特征，服务产品的无形化特征，决定了服务业的产业转移更多地依赖"消费心理鸿沟"，而非技术性的交易环节。

因此，在知识经济与全球化背景下，服务创新能力的高低往往决定着服务贸易竞争的胜败，推进服务创新是提升服务贸易竞争力的根本途径。服务创新能产生价值创造，也是提升服务贸易企业市场绩效和顾客价值的途径之一。在全球竞争日趋激烈的情况下，通过服务创新提高服务贸易核心竞争力、缩减成本、提高效率是极为必要的。服务创新可以让国家和企业在国际服务市场占据优势地位，不仅可以获得更多的出口收益，而且能够控制经济发展的关键性资源，如对资金、知识、信息等重要资源的控制。通过服务创新，可以提高服务产品的竞争

---

① 肖兴志、陈艳利：《纵向一体化网络的接入定价研究》，载于《中国工业经济》2003 年第 6 期。

力，调整和优化服务贸易产业结构，为服务经济创造新的增长点。

第二节　提升服务贸易竞争力是服务创新的动力

服务创新在很大程度上受使用者和竞争策略驱动，服务创新的根本目的是提高企业的核心竞争力。

一、服务业和服务贸易业是服务创新最主要的使用者

服务业和服务贸易业是服务创新最主要的使用者，一旦新的技术或是服务内容被服务企业和个人推广普及，项目的创造者将会得到丰厚的回报，最终实现项目的循环创新和推动发展。而服务贸易企业的成功则在于高技能的管理和创新，特别是后者，是作为服务贸易企业生存发展的重要动力源泉。所以越来越多的服务贸易企业关注服务创新，一方面不断地深化服务产品技术和相关服务理念；另一方面不断地拓宽思路寻找新的突破点。

提高服务贸易竞争力要求创造出在国际竞争环境下保持服务贸易持续增长所需的本地化特殊能力，这种能力就是通过服务创新来培养的，并且由于能力的多样性和差异性，形成能力的创造性学习过程是自由和开放的，可以有多种途径获得，所以可以有多个参与者同时提升自己的竞争力。服务创新是一个正和博弈，博弈过程中有许多参与者在努力开拓新的价值创造领域。尽管总有一些参与者受到损失或遭受失败，但平均来讲，博弈过程中创新的互补或溢出效果要大于负面效应或替代效应。

二、服务贸易的发展方向是服务创新的方向

服务贸易的发展方向是服务创新的方向，服务业和服务贸易业的新需求是现有技术研究和开发的方向，对服务创新的发展起着重要作用。服务创新是服务企业为了提高服务质量、创造新的市场价值，对服务系统进行有目的、有组织的改进的动态过程。① 服务创新可能是技术创新，但更多的是非技术或社会性创新。这些服务创新工作根据服务贸易的发展需要，利用新服务产品的推出、行动步骤

① 王佐宁：《自助式循环型职教扶贫工程服务创新模式研究》，广东工业大学硕士论文，2007 年。

的改动和交付流程的突破等方面来实现渐进式变动。

服务创新本身是不能创造出利润的，必须通过市场转化为价值才能创造利润。获得超额利润是服务贸易企业进行服务创新的根本目的，而市场是服务创新的内在驱动力。服务贸易企业会以其专业的市场知识和敏锐的洞察力掌握客户需求和市场需求并作出反应，从而刺激服务创新活动。而高层管理人员除了及时应对市场需求进行服务创新之外，还可以改变组织结构，开发新市场，催生服务创新活动。国际市场风云变幻，服务贸易的发展方向便是服务创新的方向。服务贸易企业在运营过程中会力争根据创新服务的特征、自身能力特点、竞争者的状况、市场环境的变化确立自己可能获取的竞争优势来源，并在创新过程中努力将竞争优势的潜在来源转变为实际优势。服务贸易企业要形成独特的服务创新能力，是一个长期的过程，但它对企业在激烈多变的市场竞争中取胜起着至关重要的作用。而服务贸易业的这个发展过程，也是服务创新的发展方向。

三、服务贸易是服务创新最重要的推广途径之一

服务贸易是服务创新最重要的推广途径之一，特别是从事技术服务所支持的服务贸易企业。服务贸易企业的企业家和员工对创新的追求是企业创新内动力的重要来源，服务贸易企业的领导层对服务创新的态度决定了该企业是否具备创新精神和创新氛围。因此，服务贸易企业领导对于创新重要性的认识，并且能带动员工们一起进行创新，是促进一个创新型服务贸易企业发展的关键。服务创新并不是个人的事情，只有企业内部所有员工产生共识，共同努力，善于接纳新知识、新思想，包容并学习别人的创新想法，才能在企业内形成良好的创新氛围。服务贸易企业对服务创新的激励可以提高员工参与创新活动的积极性，推动了服务创新的发展，而服务创新成果通过服务贸易在国内外市场上得到更为广泛的推广。

服务创新是服务企业持续发展的永恒力量。对一个产品而言，其生命周期是以导入期为起始点，在历经了成长期与成熟期之后，于衰退期终结。尽管服务贸易企业同样具备生命周期特征，但其却能够借助于服务创新实现永续发展。可以说，对于服务型企业而言，服务创新是其实现永续发展的内在要求，是提高服务质量和服务水平，获得竞争优势的关键。[①] 由于服务的特性，尽管在服务贸易行业竞争中存在着诸多无形要素，不过竞争对手依然能够选择一些解码的方法实现

---

① 高飞：《河北省服务业竞争力与服务创新研究》，河北工业大学硕士论文，2007 年。

复制。因此，服务贸易企业想要在国际竞争中脱颖而出，获得更高的顾客满意度，就必须通过持续不断的服务创新形成更多竞争对手无法模仿的能力，如独特的技术特点、独特的服务能力或独特的公司网络资源等。

四、服务贸易为不同服务创新间的交流与合作提供了平台

服务贸易为不同技术创新之间的交流与合作提供了一个平台，例如，运输和仓储业中就涉及了信息技术、运输以及仓储管理等多种技术领域。[①] 服务创新的技术手段不断产生，服务业与制造业之间的边界日益模糊，服务类别不断分化和交融。服务贸易企业要想取得长足发展，就必须进行服务创新，这是企业的要求，也是时代的要求。只有进行服务创新，才能整体改变服务质量，提高服务水平，进而提高顾客的忠诚度，使自己在竞争中尽可能地处于优势地位。总的来说，服务创新的最终目的就是提高服务企业的核心竞争力。

服务创新实际贯穿于服务贸易企业的整个经营管理过程之中，创新的过程就是建立新的资源整合模式的过程。蔺雷等[②]认为，服务创新已经成为当今企业重要的竞争手段，而服务创新管理则是在企业整体战略指导下，对服务创新的决策、过程、模式和产出等进行管理的原则、工具与方法。

第三节 服务创新、服务贸易竞争力与国际服务贸易发展

总体来说，国家服务贸易的发展变动主要有两条线：横向中心轴线是由企业、国家和区域组织三层次构成的；周围环线是由竞争力和服务创新构成的循环网络（如图 2－2 所示），由此可以对国际服务贸易发展过程中，服务创新与服务贸易竞争力的关系机理做如下概括。

第一，世界服务贸易的发展是围绕企业、国家、区域三层次展开的，三者互相推动形成了总体的发展主线。服务贸易的广泛开展对世界各国服务业的发展起到了重要的推动作用，各国服务业企业所面对的不仅是国内的消费市场，还有更为广阔的国际市场，服务贸易企业从生产到销售，都需要进行全球资源的整合与

① 胡昭玲等著：《经济全球化与中国产业国际竞争力提升》，中国财政经济出版社 2006 年版。

② 蔺雷、吴贵生：《服务管理》，清华大学出版社 2008 年版。

配置，这使得服务业的发展越来越离不开服务贸易的支撑。而国家政策和区域的合作框架在中间也起到了至关重要的作用，贸易自由化的程度决定了服务贸易的走势。随着国际贸易在形式和内容等方面的不断发展，越来越多的国家通过垂直型国际分工与水平型国际分工深入地参与到国际贸易中。受地缘关系的影响，各国在经济发展过程中通过与周边经济体的协调和互补寻求更大的发展空间。区域板块的整合促进了该地区各国在贸易自由化领域的进程，不仅减弱了贸易壁垒，而且带动了整个区域经济的发展，客观上为区域合作和服务贸易发展提供了良好平台。从近期的发展来看，区域间紧密合作的趋势还在进一步加强，各区域间经济合作组织依然不断涌现。企业、国家、区域三个层次的紧密结合，形成了服务贸易发展的国际格局。

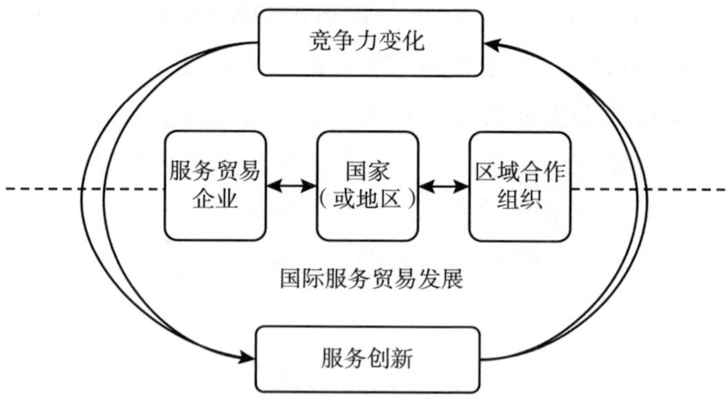

图 2-2　服务创新与服务贸易竞争力的关系机理

第二，服务创新的发展引起企业（国家或区域）竞争力的变化，竞争力的变化推动企业（国家或区域）服务创新的发展。具体来说，某一服务贸易企业通过服务创新开发了新的服务贸易项目，或者提升了服务贸易产品质量，抑或是降低了贸易成本等，从而获取超额收益提升了国际竞争力。但是由于服务创新的特性，这一创新很容易被同业竞争者所获取或者所模仿，激烈的市场竞争就会刺激服务贸易企业为了提升竞争力不断地进行服务创新，那么所有参与服务创新的服务贸易企业都能从交互创新过程中获益，从而提升了整体服务贸易竞争力水平。从国家层次上看，由于科学和工程共同体越来越国际化，跨边界的知识流动变得越来越普遍，因此各国为提高本国服务业企业的国际竞争力而采取的服务创新措施就越来越重要。世界服务贸易的内部结构高级化趋势明显，其围绕的核心就是服务创新。信息服务、版税、许可证服务等以技术、知识密集为核心的新兴服务贸易业发展迅速，成为决定一国（或地区）服务贸易竞争力的重要指标。

第三，国际服务贸易的发展过程是呈螺旋上升的，其波动所掩映的是服务创新与竞争力的变动。据世界银行统计，国际服务贸易进出口总额占世界贸易进出口总额的比重在 1980 年为 21. 50%，1993 年上升至 26. 99%，而到 2011 年则下降至 21. 81%，2015 年恢复至 25. 97%，2016 年却又比 2015 年下降了 2. 27%。这一表现显然与世界人口城市化、经济运行市场化、经济交往货币化、经济生活服务化的潮流不相吻合，与世界经济结构调整和产业升级的趋势不相符合，而这其中掩映着的问题是在整个国际贸易的能力框架中，大多数国家尤其是发展中国家的能力优势在于制造，而少数发达国家的能力优势已经调整为服务与创新，以少数国家为主的服务贸易当然无法从数量上逆转多数国家在货物贸易上的升幅。从产品附加值的“微笑”曲线看，产品在生产和销售阶段增值较低，但在深加工和后期服务阶段则增值较高，这表明以创新和深层服务为核心的服务贸易必然拥有较高的附加值。因此从长期来看，国际服务贸易的变动基础就是服务创新与竞争优势的国际性演变，其发展是螺旋式上升的。

第三章

服务创新对中国服务贸易竞争力的影响

服务产业是服务贸易发展的产业基础，因此对服务贸易竞争力的研究要从服务业入手。本章从我国服务业增加值比重与就业比重的变化情况、服务业内部产出结构和就业结构的变化情况，以及我国服务业发展水平的国际比较来衡量我国服务业发展概况。接着分析了我国服务贸易发展的总体水平和特征，指出了我国服务贸易发展存在的问题，从六个方面具体分析了服务创新对中国服务贸易竞争力影响的主要表现。最后在借鉴全球创新指数（GII）的基础上构建了服务创新动力因素指标体系，运用灰色关联分析进行实证分析，论证了服务创新对服务贸易竞争力的核心作用。

第一节　中国服务业发展概况

当今世界服务贸易强国的发展历程表明，服务业首先是在国内形成竞争优势，然后才逐步走向世界的。服务产业是服务贸易发展的产业基础，因此对服务贸易竞争力的研究要从服务业入手。衡量一个产业在国民经济中的地位，一般使用两个指标，即就业比重和产值比重。衡量一个社会进入服务经济社会的两大基本标准是，服务业比重不小于 60%，服务业就业人口不小于 60%。我国已经进入决胜全面建成小康社会、夺取新时代中国特色社会主义伟大胜利的历史阶段，经济结构正处于战略性转型的重要历史时期。因此，大力促进服务业发展，是推进国家战略实施的必然要求，是促就业调结构落实供给侧改革的关键。

一、中国服务业增加值比重与就业比重的变化情况

自新中国成立到改革开放之前，我国选择的是一条计划配置资源的道路。在这种体制下，各种各样的生产单位和事业单位取代了企业和组织等微观经济主体，各单位不论规模大小都自成系统，产业分工和部门分工的情况非常落后。由于各经济单位无法从市场上获得必要的社会服务，只好自办服务体系，形成“大而全”“小而全”的经济单位格局，导致社会分工难以深化和发展。更重要的是在思想观念上，把服务产业看作是不创造价值、不创造财富的非生产性部门，导致片面强调工业生产的增长速度，服务业的发展因此受到严重抑制。1952～1980年，中国服务业就业比重仅增加了4个百分点，增加值比重由27.9%下降至21.4%。从整个社会经济的发展效率看，一方面由于各生产单位和事业单位得不到高质量的社会服务，从而影响了服务创新和技术进步；另一方面，由于各生产单位本身受“大而全”“小而全”的机构臃肿所累，使工业企业难以全力发展生产，阻碍了生产率的提高。大量的医疗、养老和部分教育服务在企业内部进行，还有分配的实物化和福利化倾向，这些非专业化的服务提供，造成了社会资源的大量浪费。自1979年开始的经济体制改革和新一轮的工业化发展，使中国经济运行特征发生了变化，市场化在经济改革和经济开放的基础上得以发展。资源配置方式的变化，引起资源配置空间的拓展，由此相关的服务产业部门得到了较快发展。从我国服务业当年价（名义）产出比重趋势看（如表3－1、图3－1所示），1980～2016年我国服务业的发展大致可以分为五个阶段。

表3－1　　1980～2016年我国服务业增加值比重与就业比重　　单位：%

年份	服务业增加值（当年价，亿美元）	服务业增加值占GDP比重（当年价，%）	服务业增加值（按2010年美元不变价格计，亿美元）	服务业增加值占GDP比重（按2010年美元不变价格计，%）	服务业就业人数（年底数，万人）	服务业就业占全社会总就业比例（%）
1980	426.40	22.31	1104.87	32.37	5532	13.1
1981	444.87	22.71	1210.14	33.71	5945	13.6
1982	463.35	22.59	1363.70	34.87	6090	13.5
1983	535.24	23.20	1563.62	36.07	6606	14.2

续表

年份	服务业增加值（当年价，亿美元）	服务业增加值占GDP比重（当年价，%）	服务业增加值（按2010年美元不变价格计，亿美元）	服务业增加值占GDP比重（按2010年美元不变价格计，%）	服务业就业人数（年底数，万人）	服务业就业占全社会总就业比例（%）
1984	663.60	25.53	1866.88	37.41	7739	16.1
1985	908.42	29.35	2204.91	38.94	8359	16.8
1986	897.64	29.85	2476.30	40.15	8811	17.2
1987	828.74	30.36	2839.44	41.22	9395	17.8
1988	975.69	31.24	3213.20	41.93	9933	18.3
1989	1143.86	32.89	3401.53	42.61	10129	18.3
1990	1168.52	32.38	3492.31	42.10	11979	18.5
1991	1321.77	34.48	3812.96	42.05	12378	18.9
1992	1517.89	35.55	4293.92	41.46	13098	19.8
1993	1534.98	34.51	4816.42	40.85	14163	21.2
1994	1939.10	34.36	5364.02	40.24	15515	23
1995	2471.88	33.65	5904.87	39.92	16880	24.8
1996	2899.52	33.57	6448.61	39.66	17927	26
1997	3366.04	35.00	7121.77	40.10	18432	26.4
1998	3811.80	37.04	7719.60	40.31	18860	26.7
1999	4220.01	38.57	8434.29	40.90	19205	26.9
2000	4819.52	39.79	9258.11	41.38	19823	27.5
2001	5521.25	41.22	10208.45	42.12	20165	27.7
2002	6212.60	42.25	11278.55	42.64	20958	28.6
2003	6977.70	42.03	12354.45	42.45	21605	29.3
2004	8052.50	41.18	13605.15	42.45	22725	30.6
2005	9448.98	41.33	15286.60	42.82	23439	31.4
2006	11508.22	41.82	17447.08	43.36	24143	32.2
2007	15223.22	42.86	20250.78	44.06	24404	32.4
2008	19687.97	42.82	22372.63	44.39	25087	33.2
2009	22652.44	44.33	24517.66	44.46	25857	34.1
2010	26887.72	44.07	26887.72	44.07	26332	34.6

续表

年份	服务业增加值（当年价，亿美元）	服务业增加值占 GDP 比重（当年价，%）	服务业增加值（按 2010 年美元不变价格计，亿美元）	服务业增加值占 GDP 比重（按 2010 年美元不变价格计，%）	服务业就业人数（年底数，万人）	服务业就业占全社会总就业比例（%）
2011	33444. 03	44. 16	29439. 35	44. 06	27282	35. 7
2012	38784. 90	45. 31	31797. 82	44. 12	27690	36. 1
2013	44862. 53	46. 70	34437. 34	44. 34	29636	38. 5
2014	50144. 65	47. 84	37126. 11	44. 55	31364	40. 6
2015	55584. 06	50. 24	40168. 37	45. 09	32839	42. 4
2016	57825. 34	51. 63	43283. 70	45. 54	33757	43. 5

资料来源：(1) 世界银行网站数据库。(2) 国家统计局编：《中国统计年鉴 2017》，中国统计出版社 2017 年版。(3) 国家统计局编：《中国第三产业统计年鉴 2016》，中国统计出版社 2017 年版。

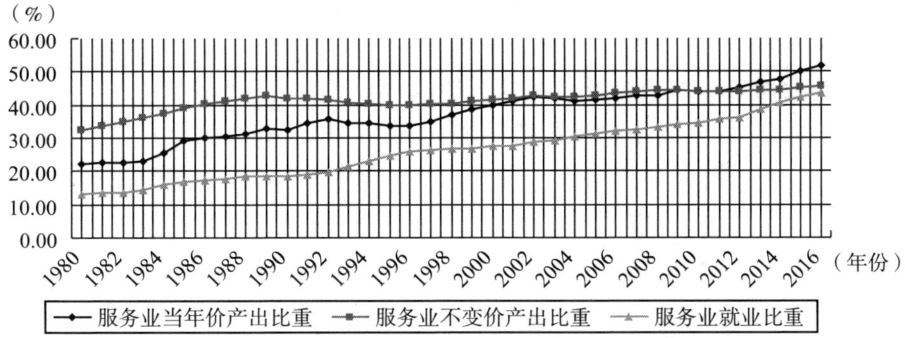

图 3-1　我国 1980 ~ 2016 年服务业产出比重与就业比重的演变趋势

资料来源：根据表 3-1 的数据计算整理绘制。

1. 服务业比重较快上升期（1980 ~ 1992 年）

自 1979 年开始的经济体制改革和新一轮的工业化发展，使中国经济运行特征发生了变化，市场化在经济改革和经济开放的基础上得以发展。资源配置方式的变化，引起资源配置空间的拓展，对服务业逐步有了正确的认识，服务业的发展环境日益改善，使改革开放前成为国民经济发展“瓶颈”的服务产业获得长足发展的机会，1989 年服务业增加值超过 1000 亿美元。该时期服务业占 GDP 比重由 1980 年的 22. 23% 上升至 1992 年的 35. 57%，上升了 13. 34 个百分点，平均每年约 1. 03 个百分点。

2. 服务业比重处于下降趋势（1992～1996年）

1992年邓小平发表南方谈话后，中国确立社会主义市场经济体制的目标，引发了新一轮的改革开放浪潮。各地纷纷加速发展短期见效快的加工制造业，与此同时，相当多的服务产业领域实行严格的进入管制，从而使得工业名义比重上升、服务业名义比重相对下降，服务业占GDP比重由1992的35.57%逐年下降至1996年的33.57%。学界认为这一时期，服务业比重下降的原因主要有二：一是由于经过多年的发展，传统服务业市场基本饱和，我国服务业原有主体行业失去了继续高速增长的市场基础，服务业实际产出比重下降；二是服务产品供给缓慢，抑制了服务需求的增长。

3. 服务业比重快速上升（1996～2002年）

2001年12月11日，我国正式加入世界贸易组织（WTO），成为该组织第143个成员国。9天以后，国务院办公厅转发了《关于“十五”期间加快发展服务业若干政策措施的意见》，这是自1992年以来党中央、国务院第二次专门就服务业发展问题转发的政策性文件。2002年的服务业比重比1996年增加了8.37个百分点，平均每年上升约1.20个百分点。

4. 服务业比重呈波浪前行（2002～2011年）

加入WTO对我国服务业的发展带来了巨大的机遇和挑战，从图形上看，这个阶段的服务业比重在略升略降中震荡上行。2002年之后的几年里，服务业的发展近乎“波澜不惊”，由此国家加大了对服务业发展的支持力度，国务院及其相关部门（单位）出台了一系列的政策文件，例如，2004年国家发改委制定了《国家服务业发展引导资金使用管理办法》，2007年国务院出台了《国务院关于加快发展服务业的若干意见》，2009年财政部印发了《中央财政促进服务业发展专项资金管理办法》等。受益于国家的大政方针，我国服务业在经历了全球金融危机以后，虽期间有所起伏，但仍能保持总体向上的趋势，2006年我国服务业增加值突破1万亿美元。该时期服务业占GDP比重由2002的42.3%，上升至2011年的44.32%。

5. 服务业比重持续上升（2011～2016年）

该阶段是服务业作为国家发展战略的重点发展阶段。《“十二五”规划纲要》设定的发展目标中，明确提出了服务业增加值占国内生产总值比重5年内提高4个百分点，成为三次产业中比重最高的产业。2012年，国务院印发了《服务业发展“十二五”规划》，确定了这5年来我国服务业的发展重点。同年，我国服务业增加值占GDP比重上升至45.5%，首次超过第二产业成为拉动中国经济增长的第一大产业。之后更是持续高歌猛进，不仅提前完成了“十二五”制定的目标，至2015年服务业附加值达54848.16亿美元，占GDP比重更是超过了50%。我国服务业的多项指标自2011年以来都发生了非常大的变化，随着服务业的快速发展和量变的不断累积，可以预见“十三五”时期我国服务业发生质变是高概率事件①。

将服务业按不变价计占GDP比重与按当年价计占GDP比重进行对比分析可以发现，2000年之前按当年价计比重低于按不变价计比重，年代越往前这个差距就越大。2000～2010年按当年价计比重和按不变价计比重之间的差距很小，而2010年之后服务业按当年价计比重则高于按不变价计比重。这说明相较20世纪八九十年代，服务消费价格在2000年以后有了较大幅度上升。

从就业比重趋势上看，服务业就业比重整体上呈现上升趋势，未见明显的振荡期。2016年服务业就业比重达43.5%，较1980年上升了30.4个百分点，上升相对幅度达232.1%。从图3－1上可以明显看出，1992年之后服务业就业比重增速明显加快。这主要是由于之前政府对服务业采取限制性的政策较多，一直到1992年才第一次进入政府工作的视野，并发布了《中共中央、国务院发布关于加快发展服务业的决定》，这对推动我国服务业的发展起了很大的作用。更为重要的是，这一文件的发布，停止了对服务业发展问题上的理论争论，转入实践发展中，即侧重点不应是讨论服务业应不应该发展的问题，而是应该探讨如何发展，甚至是如何更快发展的问题。与此同时，国家确立了社会主义市场经济体制改革目标，国企改革进程加速导致了大量下岗工人转向服务业就业，加之人们的观念不断转变，愿意在服务行业就职的人数显著增加。

二、中国服务业内部产出结构和就业结构的变化情况

改革开放初期，中国服务业的高速增长主要依靠餐饮商贸、交通运输等传统服务业的拉动。例如，1980～1992年，仅批发零售、交通运输、住宿餐饮这三个行业对我国服务业的增长贡献率达50%。1992年以后，传统服务业的增长贡献率开始下降，2016年，批发零售、交通运输、住宿餐饮这三个行业对服务业增长贡献率降为30.65%。而包含现代生产性服务业和新兴服务业的社会服务、科学研究和综合技术服务、房地产等行业增长迅速，1992～2016年，这些

① 夏杰长：《“十三五”中国服务业将发生五大变化》，载于《经济参考报》2016年2月19日。

行业的增长速度接近第二产业的增长速度，超过了 GDP 的增长速度。1980～2016 年我国服务业内部产出结构演变趋势的主要特征归结如下：（具体数据如表 3－2 和表 3－3 所示）

表 3－2　按当年价计算 1980～2016 年我国服务业分部门占 GDP 产出比重　单位：%

年份	批发和零售业	交通运输、仓储和邮政业	住宿和餐饮业	金融业	房地产业	其他
1980	4.2	4.7	1.0	1.9	2.1	8.0
1981	4.7	4.5	1.1	1.9	2.0	8.2
1982	3.2	4.6	1.2	2.4	2.1	8.7
1983	3.3	4.6	1.2	2.8	2.0	8.9
1984	5.0	4.7	1.3	3.2	2.2	8.8
1985	8.8	4.6	1.5	3.2	2.4	8.4
1986	8.2	4.8	1.6	3.9	2.9	8.1
1987	8.7	4.7	1.5	4.2	3.1	7.8
1988	9.8	4.5	1.6	4.3	3.1	7.5
1989	8.9	4.7	1.6	6.3	3.3	7.7
1990	6.7	6.2	1.6	6.1	3.5	8.0
1991	8.3	6.5	2.0	5.4	3.5	8.4
1992	8.8	6.2	2.1	5.4	4.0	8.5
1993	7.9	6.1	2.0	5.3	3.9	9.0
1994	7.8	5.7	2.1	5.3	3.9	9.3
1995	7.8	5.3	2.0	5.2	3.8	9.2
1996	7.8	5.3	1.9	5.1	3.6	9.5
1997	7.9	5.2	2.0	5.2	3.7	10.6
1998	8.1	5.5	2.1	5.1	4.0	11.9
1999	8.3	5.7	2.1	5.0	4.1	13.1
2000	8.1	6.1	2.1	4.8	4.1	14.1
2001	8.2	6.2	2.2	4.7	4.3	15.3
2002	8.2	6.2	2.2	4.6	4.4	16.3
2003	8.1	5.8	2.3	4.4	4.5	16.6

续表

年份	批发和零售业	交通运输、仓储和邮政业	住宿和餐饮业	金融业	房地产业	其他
2004	7.7	5.8	2.3	4.1	4.4	16.5
2005	7.5	5.7	2.2	4.0	4.5	16.9
2006	7.5	5.6	2.2	4.5	4.7	16.8
2007	7.7	5.4	2.1	5.6	5.1	16.5
2008	8.2	5.1	2.1	5.7	4.6	16.6
2009	8.3	4.7	2.0	6.2	5.4	17.1
2010	8.7	4.5	1.9	6.2	5.7	16.6
2011	8.9	4.5	1.8	6.3	5.8	16.5
2012	9.2	4.4	1.8	6.5	5.8	17.1
2013	9.5	4.4	1.7	6.9	6.0	17.7
2014	9.7	4.4	1.7	7.2	5.9	18.4
2015	9.6	4.4	1.8	8.4	6.1	19.5
2016	9.6	4.5	1.8	8.3	6.5	20.5

资料来源：国家统计局编：《中国统计年鉴2017》，中国统计出版社2017年版。

表3-3　按当年价计算1980~2016年我国服务业分部门占服务业产出比重　单位：%

年份	批发和零售业	交通运输、仓储和邮政业	住宿和餐饮业	金融业	房地产业	其他
1980	18.94	20.85	4.63	8.38	9.42	35.97
1981	20.61	19.69	4.83	8.17	8.91	35.96
1982	14.12	20.34	5.13	10.76	9.13	38.66
1983	14.22	19.69	5.19	12.09	8.72	38.30
1984	19.56	18.22	5.21	12.41	8.73	34.28
1985	30.04	15.79	5.18	11.00	8.06	28.66
1986	27.53	16.11	5.27	12.95	9.63	27.30
1987	28.67	15.38	5.06	13.69	10.35	25.68
1988	31.28	14.46	5.09	13.89	9.99	24.17
1989	27.19	14.39	4.91	19.11	10.02	23.36

续表

年份	批发和零售业	交通运输、仓储和邮政业	住宿和餐饮业	金融业	房地产业	其他
1990	20.76	19.10	4.94	18.71	10.84	24.56
1991	24.18	18.72	5.83	15.75	10.07	24.41
1992	24.87	17.47	6.05	15.32	11.39	23.87
1993	22.88	17.66	5.78	15.45	11.20	26.04
1994	22.58	16.68	6.03	15.30	11.42	27.01
1995	23.15	15.72	5.81	15.55	11.40	27.42
1996	23.23	15.69	5.55	15.34	10.86	28.38
1997	22.68	14.87	5.60	14.97	10.47	30.42
1998	21.91	14.77	5.66	13.67	10.88	32.13
1999	21.44	14.82	5.56	12.84	10.54	33.85
2000	20.45	15.44	5.38	12.12	10.40	35.32
2001	19.95	15.04	5.25	11.37	10.32	37.16
2002	19.44	14.57	5.30	10.79	10.40	38.54
2003	19.34	13.70	5.41	10.45	10.69	39.39
2004	18.69	13.96	5.50	9.88	10.76	40.13
2005	18.04	13.78	5.42	9.65	11.00	40.97
2006	18.02	13.28	5.22	10.85	11.30	40.19
2007	18.08	12.61	4.79	13.10	11.92	38.42
2008	19.14	11.96	4.84	13.39	10.77	38.79
2009	18.74	10.68	4.50	14.09	12.26	38.67
2010	19.72	10.32	4.24	14.11	12.95	37.61
2011	20.24	10.11	3.96	14.20	13.03	37.37
2012	20.35	9.71	3.90	14.37	12.76	37.84
2013	20.25	9.37	3.68	14.82	12.95	37.88
2014	20.26	9.25	3.62	15.15	12.34	38.41
2015	19.12	8.81	3.51	16.72	12.05	38.89
2016	18.51	8.68	3.46	16.17	12.53	39.76

资料来源：国家统计局编：《中国统计年鉴 2017》，中国统计出版社 2017 年版中的数据计算得出。

1. 批发和零售业、住宿和餐饮业增速减缓是经济发展阶段造成的

服务业行业结构演变遵循的一般规律是：当一国（或地区）人均 GDP 低于 600 美元时，服务业在经济发展的低水平阶段的增长主要表现为批发零售、餐饮住宿业的增长；当人均 GDP 上升至 600 ~ 1000 美元时，商业、旅馆和饭店业的比重由上升转为下降，交通运输、仓储、邮电业的比重则开始大幅度上升，并持续增长；当人均 GDP 达 2000 美元以上时，金融保险业、房地产业和工商服务业的比重随着经济的发展开始大幅上升，交通、运输仓储邮电业的比重开始下降。中国人均 GDP 达到 600 美元是在 1995 ~ 1996 年，在 1980 ~ 1995 年的 15 年，中国批发零售和住宿餐饮业呈现高速增长的态势，附加值翻了近 25 倍，年均增速高达 23.87%；1995 ~ 2016 年增长速度开始放缓，年均增长率仅为 12.79%，以 1995 年为界限，增长速度方面的差异是非常显著的。

2. 行业垄断和不完善的价格收费制度抑制了交通运输业的增长

按照世界服务业发展的常规，人均 GDP 达 600 ~ 1000 美元，交通运输、仓储业应发挥增长极作用，增速迅猛，在服务业中的比重日益提高，而我国在这一阶段（1995 ~ 2001 年），交通运输仓储业的平均增速仅为 11.55%，排在各行业最后一位，其在服务业增加值中的比重由 1995 年的 15.72% 下降至 2001 年的 15.04%，未能发挥其拉动服务业整体增长的作用。中国交通运输业的增长乏力主要是由铁路业和航空业两大主业增长乏力造成的。铁路业和航空业属于典型的自然垄断行业，特征是：市场进入门槛高，并实行政府定价制度。可见，市场化程度低、不完善的价格收费制度、投入不足及其他因素制约了中国铁路业和航空业的增长动力。

3. 金融业发展过度

我国人均 GDP 于 2006 年超过 2000 美元，我国金融业增加值占 GDP 比重于 2006 年之前一直徘徊在 5% 左右，之后便开始逐步上升，2016 年这一指标为 8.3%。2008 年全球金融危机爆发，全球经济复苏缓慢，各国实体经济的发展愈发艰辛，金融业的高收益和我国逐渐放开金融业的门槛，愈发吸引民营企业的涌入，加之 2012 年以后我国互联网企业在不断扩展“产业融合”的过程中也逐渐将金融纳入企业战略规划，这些都推动了我国金融业的快速发展。然而我们应当清醒地看到，金融业是不能脱离实体经济而单独发展的，发展不足与发展过度都有问题。单就数据来看，英国金融业增加值占 GDP 比重只有 8%、美国 7%，而日本和欧洲甚至低于 5%，相比之下，我国的金融业发展速度在大型经济体中属于名列前茅的。但是英美的国际金融业发展成熟，金融跨国服务占比高，因此与日本、欧洲等以境内服务为主的国家相比，占比会高一些。我国金融业以本国为主要服务对象，因此日本和欧洲的数据是比较有参考价值的，近乎两倍于这些国家的高占比说明我国金融业已经发展过度，经济有“脱实向虚”的倾向，需要注意尽快调整。

4. 房地产行业在整体保持快速增长的同时出现了阶段性的波动

1998 年，中国取消了延续 50 年的住房分配福利体制，开始实行货币化住房制度后，我国个人购房面积和金额持续增加。2001 ~ 2012 年，我国房地产开发投资的年增速始终高于 GDP 的增速，其间除了受金融危机影响的 2008 年和 2009 年外，其他年份的增速均保持在 20% 以上。2010 年末以来，为了抑制房地产开发投资过热的情况，国家出台了包括住宅限购等一系列房地产调控政策，缓和了市场上的供需矛盾，房地产开发投资市场出现一定程度的回调。“十二五”期间整个房地产市场处于平稳发展态势，2016 年又有小幅上升。

5. 2002 年后我国统计局采用了新的国民经济行业分类标准

与 1994 年的分类标准相比，增加了 6 个门类（（1）信息传输、计算机服务和软件业；（2）住宿和餐饮业；（3）租赁和商务服务业；（4）水利、环境和公共设施管理业；（5）教育；（6）国际组织）取消了两个门类（（1）地质勘察业、水利管理业；（2）其他行业），这 8 个被调整的门类就有 6 个与服务业相关。由于统计口径变化太大，数据缺乏可比性，因此服务业分部门总的其他类暂不分析。

三、中国服务业发展水平的国际比较

1. 我国是世界上 25 年来服务业增长速度最快的国家，但服务业占 GDP 比重偏低

从表 3 - 4 我们可以看出，除了 1992 ~ 1996 年服务业增速低于 GDP 增速，从而拉低了 20 世纪 90 年代的平均增速外，中国的服务业的增长速度在绝大部分年份比 GDP 增长速度还快，成为世界上近 25 年来服务业增长速度最快的国家。但是由于改革开放前我国服务业的基数非常低，1980 年仅 1023.4 亿元，其间增长还有起伏，因此目前服务业占 GDP 比重仍偏低。目前，全世界服务业增加值占 GDP 比重的平均水平已经超过 60%，高收入国家已经超过 70%，而直到 2015 年中国服务业占比才首次超过 50%（为 50.2%）。从 G20 国家服务业增加值占 GDP 的比重看（如表 3 - 4 和图 3 - 2 所示），在这些比较国家中，中国占比较低。1998 年之后才超过印度尼西亚摆脱倒数第一的位置，之后便与沙特阿拉伯一起在倒数第二和倒数第三间徘徊。2016 年的比重只超过印度尼西亚，位居倒数第二，比英国、美国、巴西、意大利、日本还低了 20 ~ 30 个百分点。这说明我国在经济的服务化方面与世界先进水平还有很大差距。

表 3 - 4　　G20 国家 GDP 和服务业增长速度对比　　单位：%

国家	GDP 增长速度（期间平均值）			服务业增长速度（期间平均值）		
	1980 ~ 1990 年	1991 ~ 2000 年	2001 ~ 2016 年	1980 ~ 1990 年	1991 ~ 2000 年	2001 ~ 2016 年
中国	9. 2366	10. 4606	9. 4807	11. 7973	10. 2595	10. 1415
阿根廷	-0. 8783	4. 6822	2. 6254	0. 4335	4. 7209	2. 7849
澳大利亚	3. 3845	3. 3207	2. 9261	3. 8465	3. 6291	3. 133
巴西	2. 4332	2. 5984	2. 4447	3. 5403	2. 7039	2. 6382
加拿大	2. 6262	2. 8702	1. 9392	null	null	1. 9248
德国	2. 2559	1. 9867	1. 2265	null	2. 6905	1. 3269
法国	2. 4098	2. 1020	1. 1427	2. 7351	2. 3360	1. 3991
英国	2. 4869	2. 4425	1. 7385	null	3. 1231	2. 2204
印度尼西亚	6. 6167	4. 4266	5. 3134	7. 2828	4. 4698	6. 8348
印度	5. 6757	5. 5994	7. 281	6. 2098	7. 4792	9. 3094
意大利	2. 5001	1. 6566	0. 0888	null	1. 9094	0. 3777
日本	4. 4779	1. 1381	0. 7902	4. 2476	2. 1085	0. 8197
韩国	8. 6848	6. 6311	3. 8886	7. 5391	5. 8249	3. 6442
墨西哥	2. 5454	3. 6384	2. 179	2. 7711	3. 7306	2. 7574
俄罗斯	-3. 0000	-3. 6060	3. 6072	null	-3. 6342	4. 3081
沙特阿拉伯	0. 1833	2. 7552	3. 8886	2. 2273	2. 4645	5. 8913
土耳其	4. 5702	3. 7292	5. 0206	5. 1838	4. 4670	4. 6573
美国	3. 0315	3. 4494	1. 8143	null	4. 1803	1. 8938
南非	2. 0032	1. 8378	2. 8816	2. 2696	2. 1663	3. 6383

注：null 表示无此项数据。
资料来源：世界银行网站数据库。

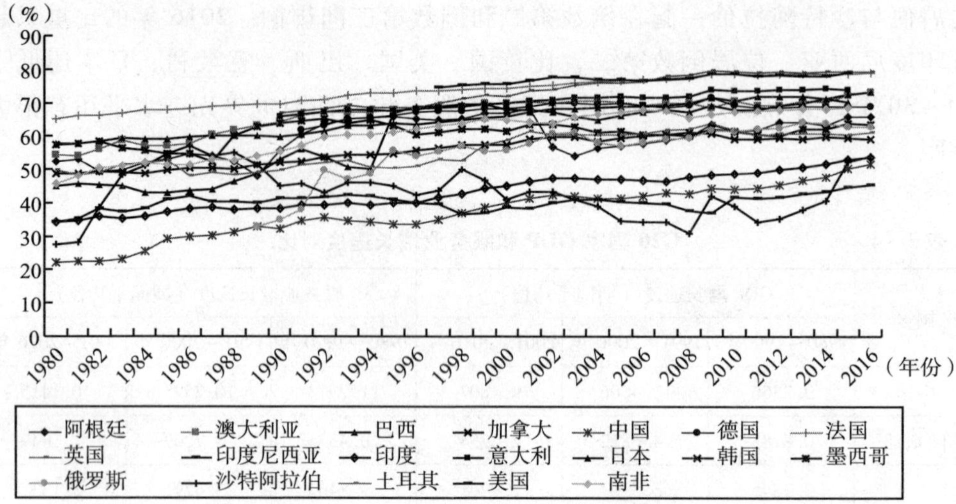

图 3－2　1980～2016 年 G20 国家服务业增加值占 GDP 比重变化

资料来源：世界银行网站数据库。

2. 服务业吸纳社会就业人数占总就业人数的比重较低，但吸纳总量最大

无论是与高收入国家相比，还是与低收入国家相比，中国的服务业就业比重较低，在 G20 国家中的排名长期垫底，1993 年之后超过印度成为倒数第二，2015 年之后彻底赶超了印度尼西亚才坐稳了倒数第三的位置（如图 3－3 所示）。在过去 30 多年，中国服务业就业比重比服务业增加值比重平均低 10 个百分点左右。但由于我国是人口大国，从吸纳就业的总量看，中国是最高的（如表 3－5 所示）。2017 年我国服务业从业人员比 1990 年增长了近 3.3 倍，是同为人口大国印度的两倍有余。据统计，我国服务业每万美元的就业吸纳能力是美国、英国、日本等发达国家的数十倍。这说明我国服务业的劳动生产率远远落后于发达国家，产业素质问题已经影响了我国服务业参与世界竞争。如果说农业是最为关注的国内产业问题，那么服务业最为突出的就是产业的国际问题。服务业问题比工业问题更为隐蔽、严重。我国服务业的发展现状，不仅不能满足国内社会经济发展的需要，更不适应参与全球竞争的需要。[①] 但是，如果把服务业增加值占比与服务业就业占比进行比较，我们也可以发现，2016 年我国占全部就业人数 47.3% 左右的服务业就业人员，创造了服务业增加值占 GDP 的比重为 51.63%，体现出我国服务业的劳动生产效率还是比较高的。

① 任旺兵：《我国服务业发展的国际比较与实证研究》，中国计划出版社 2005 年版。

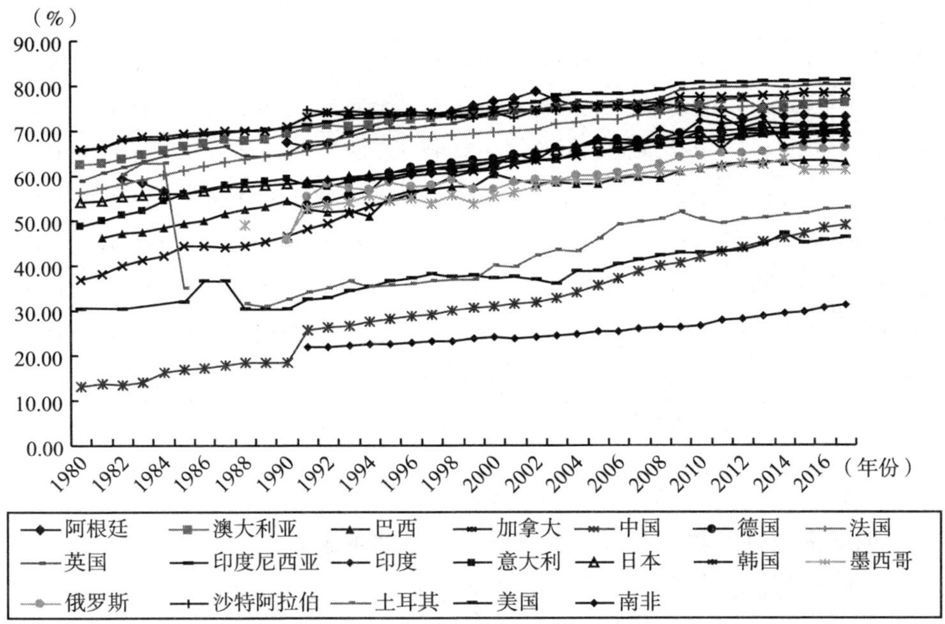

图 3－3　1980～2017 年 G20 国家服务业就业人员占就业总数比重变化

资料来源：（1）世界银行网站数据库。（2）国家统计局编：《中国第三产业统计年鉴 2016》，中国统计出版社 2017 年版。

表 3－5　　1990～2017 年 G20 国家服务业从业人员数　　单位：万人

国家	1990 年	1995 年	2000 年	2005 年	2010 年	2015 年	2016 年	2017 年
中国	11838. 9	19268. 8	22706. 9	27282. 3	32680	37230. 3	38016. 3	38563. 1
阿根廷	911. 53	1082. 39	1259. 06	1338. 44	1375. 93	1428. 38	1442. 33	1454. 83
澳大利亚	588. 92	651. 61	702. 94	792. 81	885. 12	948. 27	963. 77	976. 38
巴西	3266. 49	3826. 52	4791. 55	5282. 03	5993. 71	6496. 19	6533. 42	6590. 42
加拿大	1041. 93	1113. 88	1204. 66	1333. 66	1467. 68	1545. 82	1563. 17	1571. 62
德国	—	2407. 45	2568. 11	2797. 48	2941. 15	3028. 87	3081. 46	3091. 02
法国	1693. 07	1802. 89	1912. 58	2101. 33	2236. 59	2318. 32	2326. 8	2332. 26
英国	1884. 68	2006. 37	2147. 38	2337. 05	2544. 84	2672. 64	2703. 93	2722. 83
印度尼西亚	2204. 2	3128. 22	3693. 41	4155. 46	5018. 84	5503. 94	5704. 96	5872. 56
印度	—	8321. 86	9773	11747. 1	12471. 1	15014. 2	15690. 7	16230. 2
意大利	1418. 37	1367. 71	1470. 1	1588. 62	1650. 46	1753. 61	1772. 21	1767. 39
日本	3717. 41	4050. 49	4276. 77	4484. 89	4653. 22	4605. 61	4652. 35	4636. 64

续表

国家	1990 年	1995 年	2000 年	2005 年	2010 年	2015 年	2016 年	2017 年
韩国	895.89	1163.99	1396.02	1585.57	1730.47	1912.08	1940.36	1959.72
墨西哥	1401.9	1955.96	2230.61	2654.12	3108.4	3439.54	3493.55	3559.86
俄罗斯	3482.85	4240.83	4231.88	4504.21	4932.74	5042.66	5029.35	4990.57
沙特阿拉伯	—	414.51	473.86	603.15	727.73	925	957.65	987.74
土耳其	637.39	745.62	856.58	1022.12	1265.96	1535.99	1611.27	1654.48
美国	9045.36	9964.72	11007.6	11895.7	12655.9	13022.2	13222.5	13281.6
南非	—	834.1	976.65	1194.44	1342.67	1431.64	1466.42	1490.11

资料来源：（1）世界银行网站数据库。（2）国家统计局编：《中国第三产业统计年鉴 2016》，中国统计出版社 2017 年版。

3. 服务业内部结构不合理，新兴服务业发展不足

任旺斌[①]通过对世界主要国家服务业发展的长周期考察发现，从当年价格反映的产出结构变动看，发展中国家的服务业结构会随着国民收入的不断增加和经济不断发展，呈现出一定的变动规律：当人均收入水平较低时，服务业的发展主要依靠住宿和餐饮业；当人均 GDP 上升至 600 ~ 1000 美元时，住宿和餐饮业的比重由上升转为下降，运输业、仓储业和邮电业的比重较快提升；当人均 GDP 超过 2000 美元，邮电、仓储以及运输业比重将会出现稳步下降，而不动产、工商服务以及金融保险的比重则会出现持续的较大幅度的提升；进入发达阶段，金融业、房地产业、租赁和商务服务业、居民服务和其他服务业等推动服务业比重不断增加。从西方发达国家服务结构变化规律来看，基本是高收入发展中国家的延续，另外一种趋势是居民服务和其他服务业的比重明显增加，相对而言政府服务业的比重就有所减少。如果以不变价格对服务业结构进行长期考察，那么不管是发展中国家还是发达国家，在服务业结构变化方面的变动趋势大体和上面分析的一致，只不过发达国家的变动幅度相对较小。而且以不变价格考察服务业的结构变动和以当年价格考察相比，发展中国家在人均收入上升至较高水平时，交通运输、仓储和邮政业是继续保持上升态势的，并没有转为下降。

我国目前多数大城市人均 GDP 已经超过了 11000 美元（1990 年不变价），按照任旺斌的结论和国际经验看，我国服务业占 GDP 比重应超过 60% 进入发达阶

① 任旺兵：《我国服务业发展的国际比较与实证研究》，中国计划出版社 2005 年版。

段，但现在全国只有不到一半的大城市的服务业占 GDP 比重超过 50%。从我国目前服务业内部结构的变动情况来看，虽然 1990 年以后传统的、低端的劳动密集型服务业占服务业总产值的比重已经有所下降，但从绝对数来看仍占主导地位。传统服务业如住宿和餐饮业、运输、仓储和邮政业、批发零售业等所占比重在 40% 左右，再有金融保险业在传统服务业产品中的比重较高，这样合起来传统服务业比重超过了六成以上；而 IT 行业、科学研究领域、信息传输领域、技术服务和地质勘查业等新兴服务业虽然近年来发展较快，但所占比重不到 30%，信息服务业比重仅为 5% 左右。新兴服务业发展缓慢，不仅严重影响了我国服务贸易国际竞争力的提升，也直接制约了我国工业国际竞争力的提升。这主要是因为新兴服务业主要是生产性服务业，集中于为生产者服务的领域，特别是现代物流业、信息传输、IT 行业、科学研究、经营管理咨询服务业等新兴服务业的发展水平，对于提高一国综合国力和国际竞争力具有突出战略作用。

第二节　中国服务贸易发展水平和特征

一、我国服务贸易发展总体水平

改革开放之前，在计划经济体制下，中国经济的市场化、专业化程度很低，服务产业的发展受到严重抑制，在此基础上的服务贸易规模也非常小。1978 年之后随着整个国民经济对外开放度的加大以及服务产业的快速发展，对外服务贸易也得到较大发展。我国成功加入世界贸易组织后，服务业和服务贸易业出现了大幅的增长。服务贸易进出口总额从 2001 年的 726.01 亿美元上升至 2016 年的 6615 亿美元，增长了近 10 倍。以 2008 年为界，我国服务业国内市场结束了深度开放的过渡期，市场开放程度和开放范围大幅胜过加入世贸组织之前，结束了对一些敏感领域的保护，取消了对外资进入的股权限制、数量限制和地域限制。[①] 我国服务贸易进出口总额实现了大幅增长，世界排名于 2012 年首次进入前三位，2014 年上升至第二位，2016 年约占全球服务贸易进出口总额的 6.84%，是世界上第五大服务贸易出口国和第二大服务贸易进口国。

① 张磊：《中国参与下一阶段多哈回合谈判：策略与选择》，载于《世界经济研究》2006 年第 12 期。

（一）我国服务贸易发展的阶段划分

由于国际几个权威网站上，我国服务贸易至1982年才开始有统计数据，为了便于比较，我们从1982年开始分析。结合表3-6至表3-10的数据情况，我国服务贸易的发展总体可分为以下四个阶段。

表3-6　1982~2016年中国服务贸易额与货物贸易额总体情况

年份	服务贸易额（亿美元）			货物贸易额（亿美元）			服务贸易总额与货物贸易总额之比（%）
	出口额	进口额	总额	出口额	进口额	总额	
1982	25.12	20.24	45.36	223.21	192.85	416.06	10.90
1983	24.79	19.94	44.73	222.26	213.9	436.16	10.26
1984	28.11	28.57	56.68	261.39	274.1	535.49	10.58
1985	30.55	25.24	55.79	273.5	422.52	696.02	8.02
1986	38.27	22.76	61.03	309.42	429.04	738.46	8.26
1987	44.37	24.85	69.22	394.37	432.16	826.53	8.37
1988	48.58	36.03	84.61	475.16	552.68	1027.84	8.23
1989	46.03	39.10	85.13	525.38	591.42	1116.8	7.62
1990	58.55	43.52	102.07	620.91	533.45	1154.36	8.84
1991	69.79	41.21	111.00	719.1	637.91	1357.01	8.18
1992	92.49	94.34	186.83	849.4	805.85	1655.25	11.29
1993	111.93	120.36	232.29	917.44	1039.59	1957.03	11.87
1994	166.20	162.99	329.19	1210.06	1156.15	2366.21	13.91
1995	191.30	252.23	443.53	1487.8	1320.84	2808.64	15.79
1996	206.01	225.85	431.86	1510.48	1388.33	2898.81	14.90
1997	245.69	279.67	525.36	1827.92	1423.7	3251.62	16.16
1998	238.95	266.72	505.67	1837.12	1402.37	3239.49	15.61
1999	262.48	315.89	578.37	1949.31	1656.99	3606.3	16.04
2000	304.31	360.31	664.61	2492.03	2250.94	4742.97	14.01
2001	333.34	392.67	726.01	2660.98	2435.53	5096.51	14.25
2002	397.45	465.28	862.73	3255.96	2951.7	6207.66	13.90
2003	467.60	553.06	1020.66	4382.28	4127.6	8509.88	11.99

续表

年份	服务贸易额（亿美元）			货物贸易额（亿美元）			服务贸易总额与货物贸易总额之比（%）
	出口额	进口额	总额	出口额	进口额	总额	
2004	649.13	727.21	1376.34	5933.26	5612.29	11545.55	11.92
2005	784.69	839.71	1624.39	6948.703	5647.415	12596.118	12.90
2006	940.71	1008.38	1949.09	8976.604	6819.743	15796.347	12.34
2007	1254.47	1291.26	2545.73	11316.06	8198.908	19514.968	13.05
2008	1453.43	1563.97	3017.4	13499.74	9900.876	23400.616	12.89
2009	1225.63	1459.79	2685.42	11271.6	8836.139	20107.739	13.36
2010	1783.39	1934.01	3717.4	14864.12	12399.86	27263.98	13.63
2011	2010.47	2478.44	4488.91	18078.06	15791.05	33869.11	13.25
2012	2015.76	2813	4828.76	19735.16	16619.47	36354.63	13.28
2013	2070.06	3306.08	5376.14	21485.89	17896.08	39381.97	13.65
2014	2191.31	4328.23	6519.53	22437.61	18087.2	40524.81	16.09
2015	2175.56	4358.47	6534.03	21427.54	15665.62	37093.16	17.62
2016	2084.88	4530.14	6615.01	19895.19	14954.42	34849.61	18.98

资料来源：(1) 联合国贸易和发展组织数据库。(2) 1982～2004 年服务贸易统计数据依据的是国际收支和国际投资头寸手册第五版（BPM5）；2005～2016 年服务贸易统计数据依据的是国际收支和国际投资头寸手册第六版（BPM6）。

表 3－7　　1983～2016 年中国服务贸易与商品贸易发展状况比较　　单位：%

年份	服务贸易增长速度			货物贸易增长速度			GDP 增长速度
	出口增长率	进口增长率	总额增长率	出口增长率	进口增长率	总额增长率	
1983	－1.31	－1.48	－1.39	－0.43	10.92	4.83	10.84
1984	13.39	43.28	26.72	17.61	28.14	22.77	15.14
1985	8.68	－11.66	－1.57	4.63	54.15	29.98	13.44
1986	25.27	－9.83	9.39	13.13	1.54	6.10	8.94
1987	15.94	9.18	13.42	27.45	0.73	11.93	11.69
1988	9.49	44.99	22.23	20.49	27.89	24.36	11.23
1989	－5.25	8.52	0.61	10.57	7.01	8.66	4.19
1990	27.20	11.30	19.90	18.18	－9.80	3.36	3.91

续表

年份	服务贸易增长速度			货物贸易增长速度			GDP增长速度
	出口增长率	进口增长率	总额增长率	出口增长率	进口增长率	总额增长率	
1991	19.20	-5.31	8.75	15.81	19.58	17.56	9.29
1992	32.53	128.93	68.32	18.12	26.33	21.98	14.22
1993	21.02	27.58	24.33	8.01	29.01	18.23	13.87
1994	48.49	35.42	41.72	31.90	11.21	20.91	13.05
1995	15.10	54.75	34.73	22.95	14.24	18.70	10.95
1996	7.69	-10.46	-2.63	1.52	5.11	3.21	9.93
1997	19.26	23.83	21.65	21.02	2.55	12.17	9.23
1998	-2.74	-4.63	-3.75	0.50	-1.50	-0.37	7.84
1999	9.85	18.44	14.38	6.11	18.16	11.32	7.67
2000	15.93	14.06	14.91	27.84	35.85	31.52	8.49
2001	9.54	8.98	9.24	6.78	8.20	7.45	8.34
2002	19.23	18.49	18.83	22.36	21.19	21.80	9.13
2003	17.65	18.87	18.31	34.59	39.84	37.09	10.04
2004	38.82	31.49	34.85	35.39	35.97	35.67	10.11
2005	20.88	15.47	18.02	28.42	17.59	23.16	11.40
2006	19.88	20.09	19.99	27.17	19.93	23.81	12.72
2007	33.35	28.05	30.61	25.95	20.80	23.64	14.23
2008	15.86	21.12	18.53	17.23	18.45	17.77	9.65
2009	-15.67	-6.66	-11	-16.01	-11.18	-13.88	9.40
2010	45.51	32.49	38.43	31.30	38.80	34.72	10.64
2011	12.73	28.15	20.75	20.32	24.87	22.46	9.54
2012	0.26	13.5	7.57	7.92	4.30	6.19	7.86
2013	2.69	17.53	11.34	7.82	7.24	7.55	7.76
2014	5.86	30.92	21.27	6.03	0.47	3.43	7.30
2015	-0.72	0.7	0.22	-2.94	-14.27	-8.47	6.90
2016	-4.17	3.94	1.24	-7.73	-5.46	-6.05	6.69

资料来源：（1）根据联合国贸易和发展组织数据库相关数据计算整理。（2）1982~2005年服务贸易统计数据依据的是国际收支和国际投资头寸手册第五版（BPM5）；2006~2016年服务贸易统计数据依据的是国际收支和国际投资头寸手册第六版（BPM6）。

表 3-8　　1982~2016 年中国服务贸易额占国际服务贸易额的比重　　单位：%

	1982	1983	1984	1985	1986	1987	1988	1989	1990	1991	1992	1993
中国出口/国际出口	0.63	0.64	0.71	0.74	0.79	0.77	0.76	0.66	0.70	0.80	0.95	1.13
中国进口/国际进口	0.45	0.46	0.64	0.57	0.46	0.42	0.54	0.53	0.50	0.45	0.94	1.19
	1994	1995	1996	1997	1998	1999	2000	2001	2002	2003	2004	2005
中国出口/国际出口	1.53	1.57	1.56	1.79	1.72	1.83	2.00	2.19	2.43	2.47	2.82	2.96
中国进口/国际进口	1.49	2.03	1.72	2.07	1.97	2.21	2.37	2.55	2.87	2.97	3.26	3.22
	2006	2007	2008	2009	2010	2011	2012	2013	2014	2015	2016	
中国出口/国际出口	3.14	3.51	3.62	3.42	4.55	4.56	4.45	4.29	4.25	4.47	4.27	
中国进口/国际进口	3.45	3.74	3.99	4.19	5.06	5.79	6.34	7.03	8.54	9.16	9.44	

资料来源：（1）联合国贸易和发展组织数据库。（2）1982~2004 年服务贸易统计数据依据的是国际收支和国际投资头寸手册第五版（BPM5）；2005~2016 年服务贸易统计数据依据的是国际收支和国际投资头寸手册第六版（BPM6）。

表 3-9　　1982~2013 年中国服务贸易各部门增加值（BPM5）　　单位：亿美元

年份	运输服务	旅游服务	通信服务	建筑及有关工程服务	保险服务	金融服务	计算机和信息服务	特许权使用费和许可费	其他商业服务	个人、文化和娱乐服务	政府服务
1982	25.60	7.69	0.33	—	2.91	—	—	—	6.88	—	1.95
1983	26.94	8.20	0.31	—	3.13	—	—	—	4.48	—	1.67
1984	25.74	10.72	0.39	—	3.45	—	—	—	13.87	—	2.51
1985	28.26	12.93	0.20	—	2.65	—	—	—	7.82	—	3.93
1986	28.35	15.35	0.30	—	3.11	—	—	—	9.26	—	4.66
1987	29.87	20.80	0.26	—	3.94	—	—	—	10.81	—	3.54
1988	43.38	24.30	0.35	—	5.58	—	—	—	6.86	—	4.14
1989	44.86	19.17	1.34	—	5.19	—	—	—	9.69	—	4.88
1990	59.51	22.08	1.72	—	3.21	—	—	—	12.09	—	3.46
1991	45.19	28.57	2.36	—	5.56	—	—	—	26.33	—	2.99
1992	64.04	60.42	4.21	—	7.60	—	—	—	46.88	—	3.68
1993	74.09	74.80	5.56	—	8.14	—	—	—	62.96	—	6.74
1994	107.00	103.59	8.52	—	35.80	—	—	—	66.44	—	7.84
1995	128.78	124.18	9.73	—	61.25	—	—	—	106.70	—	12.89

续表

年份	运输服务	旅游服务	通信服务	建筑及有关工程服务	保险服务	金融服务	计算机和信息服务	特许权使用费和许可费	其他商业服务	个人、文化和娱乐服务	政府服务
1996	133.82	146.74	4.49	—	3.56	—	—	—	140.75	—	2.50
1997	129.00	202.04	5.62	17.99	12.19	3.52	3.15	5.98	142.25	0.54	3.08
1998	90.63	218.07	10.26	17.14	21.42	1.90	4.67	4.83	134.00	0.54	2.21
1999	103.19	249.62	7.83	25.25	21.25	2.78	4.89	8.67	147.43	0.41	7.05
2000	140.67	293.45	15.87	15.97	25.79	1.75	6.21	13.61	146.22	0.49	4.57
2001	159.60	317.01	5.97	16.77	29.38	1.76	8.06	20.48	159.52	0.78	6.68
2002	193.32	357.83	10.21	22.10	34.55	1.41	17.71	32.47	183.76	1.26	8.12
2003	261.39	325.93	10.66	24.73	49.03	3.84	21.38	36.55	277.98	1.03	8.13
2004	366.11	454.76	10.23	28.06	65.04	2.32	28.90	47.33	362.31	2.17	9.09
2005	438.80	510.55	10.89	42.12	77.49	3.05	34.60	54.79	397.37	2.88	11.17
2006	553.84	582.71	15.02	48.02	93.86	10.37	46.97	68.39	495.78	2.59	10.85
2007	746.00	670.19	22.56	82.87	115.68	7.87	65.53	85.35	708.39	4.70	14.09
2008	887.46	770.00	30.80	146.92	141.26	8.80	94.17	108.90	849.44	6.73	15.86
2009	701.43	833.77	24.08	153.30	129.12	9.99	97.44	114.95	797.59	3.76	17.89
2010	974.67	1006.94	23.57	195.67	174.82	27.18	122.22	138.70	865.14	4.94	21.02
2011	1160.15	1210.49	29.17	184.53	227.55	15.96	160.26	154.49	978.90	5.22	18.18
2012	1247.74	1520.28	34.41	158.65	239.29	38.12	182.97	187.93	1089.76	6.90	20.30
2013	1319.35	1802.89	32.86	145.37	261.33	68.53	213.65	218.77	1269.68	8.99	23.63

注：—表示（Not available or not separately reported）数据不可得或不单独报告。
资料来源：根据联合国贸易和发展组织数据库相关数据计算整理。

表 3-10　　2005~2016 年中国服务贸易各部门增加值（BPM6）　　单位：亿美元

年份	产品相关服务	运输服务	旅游服务	建筑及有关工程服务	保险和养老服务	金融服务	对于知识产权使用费	电信、计算机和信息服务	其他商业服务	个人、文化和娱乐服务	政府的商品和服务
2005	133.15	438.80	510.55	42.12	77.49	3.05	54.79	45.49	304.90	2.88	11.17
2006	144.5	553.84	582.71	48.02	93.86	10.4	68.39	61.99	371.93	2.59	10.9
2007	199.4	746	670.19	82.87	115.7	7.87	85.35	88.09	531.46	4.7	14.1

续表

年份	产品相关服务	运输服务	旅游服务	建筑及有关工程服务	保险和养老服务	金融服务	对于知识产权使用费	电信、计算机和信息服务	其他商业服务	个人、文化和娱乐服务	政府的商品和服务
2008	233.7	887.46	770	146.9	141.3	8.8	108.9	124.97	572.85	6.73	15.9
2009	216.3	701.43	833.77	153.3	129.1	9.99	114.95	121.52	383.42	3.76	17.9
2010	252.9	974.67	1006.9	195.7	174.8	27.2	138.7	145.79	—	4.94	21
2011	267.2	1160.2	1210.5	184.5	227.6	16	154.49	189.43	1055.7	5.22	18.2
2012	258.7	1247.7	1520.1	158.7	239.3	38.1	187.93	217.37	933.76	6.9	20.3
2013	233.4	1319.7	1802.4	145.5	260.9	68.8	219.2	247.22	1045.6	9.3	24.2
2014	215.3	1343.8	2713.5	202.2	270.2	94.7	232.86	309.16	1096.4	10.5	30.8
2015	255.4	1239.5	2948.7	268.8	138	49.8	231.15	360.11	980.05	26.3	36.3
2016	258.7	1145.3	3059.1	211.8	169.7	52.2	251.49	381.93	1012.1	28.9	43.9

资料来源：根据联合国贸易和发展组织数据库相关数据计算整理。

1. 低起点规模小的顺差阶段（1982～1991 年）

1982 年，中国服务贸易出口额仅为 25.12 亿美元，1991 年上升为 69.79 亿美元，年均增长速度约为 19.76%；服务贸易进口额则从 20.24 亿美元增加至 41.21 亿美元，年均增长速度约为 11.51%，出口增长速度明显快于进口增长速度。除了 1984 年小额逆差外，这是我国改革开放以来以顺差为主的阶段。从图 3－4 我们可以看出，1982～1991 年中国服务贸易总额的增长速度高于同期国民生产总值增长速度，但低于货物贸易的增长速度。服务贸易总额与货物贸易总额之比，从 1982 年的 10.9% 降至 1991 年的 8.18%。这一时期服务贸易的领域还是比较狭窄，国际货物运输、国际旅游、对外工程承包和劳务合作占绝对比例。

2. 飞速发展但由此转入逆差阶段（1992～1997 年）

1992 年，随着中国申请恢复关税及贸易总协定（GATT）缔约方地位谈判的深入，中国对服务市场开放作出初步承诺，从而促进服务贸易的进一步发展。当年服务贸易总额增长率以 68.32% 创下了最高峰值，但这个高峰值来自 1992 年服务贸易进口额近乎 1.5 倍的增长，进口增长率是出口增长率的 4 倍，由此拉开了中国服务贸易逆差的序幕。1997 年的服务贸易额为 525.36 亿美元，是 1992 年的 2.8 倍，而 1997 年的货物贸易额仅为 1992 年的 1.96 倍，从表 3－7 和图 3－4 我们可以发现，这一阶段的服务贸易年增速基本都超过货物贸易，服务贸易总额与货物贸易总额之比由1992年的11.29%增长至1997年的16.16%。但是这一阶段的服务进口增长速度大大快于出口，我国服务贸易自1992年首次出现逆差之后只在1994年转为顺差，1995年之后便持续逆差至今，并且呈不断扩大之势。这种现象与1992年之后中国服务产业对外开放的扩大是密切相连的。由于中国服务产业总体发展水平与国际水平相比差距太大，中国服务企业国家竞争力不强，扩大开放之后，服务进口的增长远远快于服务出口，从而形成较大的贸易逆差。

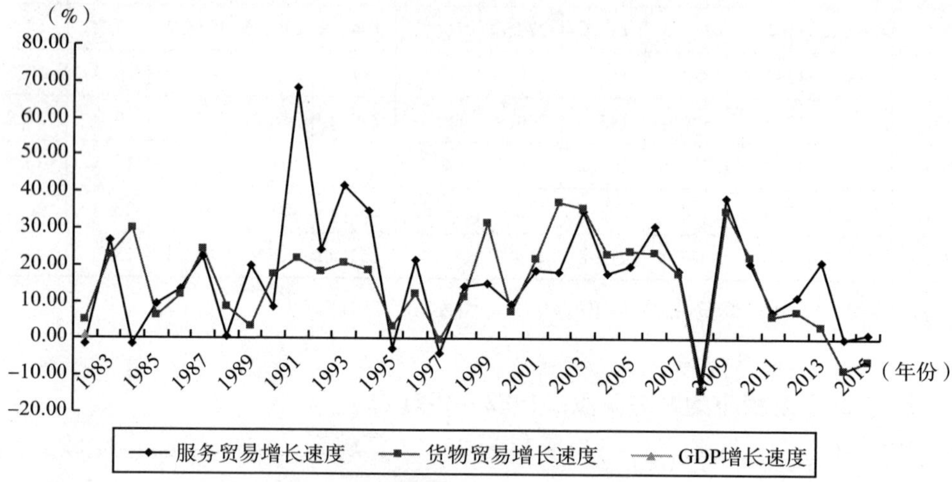

图3-4　1983～2016年中国服务贸易、货物贸易与GDP的增长速度变化比较

资料来源：(1) 联合国贸易和发展组织数据库。(2) 1982～2005年服务贸易统计数据依据的是国际收支和国际投资头寸手册第五版（BPM5）；2006～2016年服务贸易统计数据依据的是国际收支和国际投资头寸手册第六版（BPM6）。

3. 震荡起伏但总体加速前进阶段（1998～2010年）

国际贸易进出口额受国际经济环境影响很大，这个阶段由于1998年亚洲金融危机和2008美国次贷危机持续加剧引发了全球金融危机的发生，中国服务贸易进出口增速于1998年和2009年均大幅下滑回落为负值。但除了这两个年份外，我国服务贸易均保持较快发展速度，占世界服务贸易份额持续增加。特别是2001年加入世贸组织以来，中国的服务贸易出现了大幅的增长，2003年服务贸易总额突破1000亿美元，2010年达3717.4亿美元。这个阶段的服务贸易发展速度很快，但货物贸易发展速度更快，服务贸易总额与货物贸易总额之比不断下滑，由1997年的16.16%下降至2010年的13.63%，差距拉得更大。

4. 增速总体超过货物贸易但逆差加剧（2011～2016年）

这个时期，世界经济才刚从2008年全球金融危机中稍微回暖，但加剧复苏总体乏力，国内外环境变化对中国货物贸易产生较大的影响，年增速回落，因此服务贸易总额增速超过了货物贸易。但是，我国这个阶段服务贸易进口增速大大快于出口增速，逆差情况加剧。服务贸易长期一直处于逆差状态，这一方面说明我国国内服务产品供给不足需要通过进口加以弥补；另一方面也说明我国服务产业竞争力弱，难以利用国际市场对服务产品的需求来扩大我国的总需求。① 而且，国民收入用于支出服务贸易进口的部分远超过服务贸易出口带来的收入额，这便大大减弱了服务业和服务贸易对经济增长的拉动作用。

（二）中国服务贸易发展总体水平的国际比较

我国服务贸易发展总体水平的国际比较大致可以从服务贸易占 GDP 比重、服务贸易份额以及服务贸易增长率三个方面来看。

1. 服务贸易占 GDP 比重的比较

服务贸易开放度是判断服务贸易竞争力的重要前提，没有开放的市场，就没有市场化的竞争力。② 一国（或地区）服务贸易进出口总额占 GDP 的比重越高，说明该国（或地区）服务贸易的开放度越高，因此服务贸易占 GDP 的比重可以看作我国服务贸易开放度的重要指标，这个数值越大则说明我国经济增长对国际服务贸易市场的依赖程度越高。从表 3 - 11 服务贸易进出口额占 GDP 比重来看，中国在 G20 国家中位列倒数，不到英国的 1/3，甚至不到同为发展中国家的印度和沙特阿拉伯的 1/2，数值与印度尼西亚和巴西相近。从图 3 - 4 可以看出，我国服务贸易的增长速度绝大多数年份要快于 GDP 的增长速度，服务贸易占 GDP 的比重从 1985 年的 1.83% 迅速上升至 2007 年的 7.93%。2008 年受全球金融危机的影响开始出现下滑，2014 年的占比较之前有所回升后又小幅下降。

表 3 - 11　　2005 ~ 2016 年 G20 国家服务贸易额占 GDP 的比重　　单位：%

国家	2005年	2006年	2007年	2008年	2009年	2010年	2011年	2012年	2013年	2014年	2015年	2016年
阿根廷	6.93	6.89	7.16	6.83	6.74	6.52	6.14	5.65	5.33	5.35	5.03	5.91
澳大利亚	8.08	8.10	8.35	8.72	8.11	7.59	7.49	7.65	7.94	8.11	8.70	8.69
巴西	4.36	4.21	4.38	4.58	4.48	4.15	4.26	4.80	4.97	5.30	5.89	5.48

① 俞梅珍：《服务业与当代国际经济竞争》，中国物资出版社 2002 年版。

② 史索索：《提升我国服务贸易竞争力问题研究》，东北财经大学硕士论文，2011 年。

续表

国家	2005年	2006年	2007年	2008年	2009年	2010年	2011年	2012年	2013年	2014年	2015年	2016年
加拿大	10.72	10.58	10.45	10.61	11.06	10.87	10.76	11.03	11.03	11.09	11.53	11.59
中国	7.04	7.03	7.13	6.55	5.24	6.13	5.97	5.63	5.58	6.19	5.86	5.81
德国	12.91	13.54	13.70	14.12	13.84	14.29	14.53	15.44	16.00	16.24	16.76	17.04
法国	13.03	13.38	13.72	14.31	13.71	14.47	15.30	16.28	17.13	18.52	19.52	19.26
英国	16.29	17.13	17.32	18.26	18.94	18.67	19.07	19.24	20.04	19.23	19.42	20.28
印度尼西亚	11.56	8.54	8.07	8.08	6.33	5.74	6.00	6.31	6.35	6.41	6.17	5.81
印度	13.89	15.73	15.19	15.46	13.37	14.05	14.09	14.79	14.35	13.96	13.22	12.99
意大利	10.09	10.75	11.11	10.40	9.47	10.07	10.07	10.49	10.48	10.67	10.88	11.22
日本	5.07	5.54	6.20	6.35	5.29	5.25	5.14	5.19	5.94	7.35	7.79	7.29
韩国	12.31	12.62	13.94	18.88	17.20	16.52	16.14	17.36	16.39	16.15	15.27	14.59
墨西哥	4.46	4.10	4.04	3.93	4.46	3.91	3.93	3.91	4.08	4.22	4.82	5.51
俄罗斯	9.07	8.28	8.04	8.11	8.93	8.16	7.36	7.89	8.90	9.20	10.58	9.73
沙特阿拉伯	13.56	16.92	19.11	16.28	19.75	16.60	13.37	11.51	11.89	15.00	15.69	12.65
土耳其	8.23	7.21	7.10	7.57	8.61	7.68	8.03	8.18	8.83	9.64	9.69	8.42
美国	5.14	5.44	5.91	6.36	6.20	6.46	6.81	6.82	6.92	7.00	6.83	6.73
南非	9.30	10.01	10.38	10.81	9.66	9.50	9.18	9.22	9.49	9.64	9.72	10.04

资料来源：根据联合国贸易和发展组织数据库相关数据计算整理。

2. 服务贸易出口份额的比较

国际市场占有率是一国（或地区）出口总额占世界出口总额的比例，反映一国（或地区）出口的整体竞争力。[①] 2016 年我国服务贸易进出口总额比 2015 年增长了 1.24%，达 6615.01 亿美元。2016 年我国服务贸易出口 2084.88 亿美元，比上年下滑了 4.17%，世界排名保持在第 5 位；服务贸易进口 4530.14 亿美元，比上年增长了 3.94%，世界排名保持在第 2 位。从表 3 - 12 和表 3 - 13 可以看出，我国服务业出口市场占有率从 2005 年的 2.96% 上升至 2016 年的 4.27%，处在长期上行的通道中，英国、法国、德国等国则总体处于下降趋势，美国在全球服务贸易格局中始终表现出了强大的竞争力，2016 年国际市场占有率高达

① 季米特：《基于钻石模型视角的义乌市外贸竞争力研究》，载于《产业与科技论坛》2011 年第 10 期。

15.42%。从表3－12可以看出，我国服务贸易进口份额逐年上升，而服务贸易出口份额则波动起伏涨幅较小。同时，我国服务贸易出口增长优势指数变化比较快，每次波动的幅度也很大，该指指标数值越大说明该产业的出口增长越快，这表明外在因素对我国服务贸易量的影响很大，我国货物贸易的发展情况、跨国公司来华直接投资额的增减、世界贸易环境的变化等都会明显地对我国服务贸易的规模和结构造成影响。

表3－12　　2005～2016年中国服务贸易与市场占有率相关的指标

年份	服务业出口市场占有率（%）*	服务贸易进口份额（%）**	服务贸易出口份额（%）***	服务贸易出口优势增长指数****
2005	2.96	12.94	10.15	2.08
2006	3.14	12.88	9.49	0.80
2007	3.51	13.61	9.98	1.37
2008	3.62	13.64	9.72	0.80
2009	3.42	14.18	9.81	1.14
2010	4.55	13.49	10.71	1.27
2011	4.56	13.57	10.01	0.53
2012	4.45	14.48	9.27	0.04
2013	4.29	15.59	8.79	0.31
2014	4.25	19.31	8.90	1.15
2015	4.47	21.77	9.22	0.10
2016	4.27	23.25	9.49	0.84

注：*服务业出口市场占有率＝我国服务出口总额/世界服务出门总额；**服务贸易进口份额＝我国服务进口总额/我国总进口额；***服务贸易出口份额＝我国服务出口总额/我国总出口额；****服务贸易出口优势增长指数＝我国服务出口增长率/我国总贸易增长率。

资料来源：根据联合国贸易和发展组织数据库相关数据计算整理。

3. 服务贸易增长率的比较

国际市场占有率是一个静态的指标，若从动态的观点来看，一国服务贸易进出口的年增长率能反映出该国服务贸易发展的趋势。① 从表3－7可以看出，中国服务贸易进口和出口的增长趋势是一致的，1982～2016年大部分年份里保持两位

① 史索索：《提升我国服务贸易竞争力问题研究》，东北财经大学硕士论文，2011年。

数的增长，虽然2015和2016年增速大幅下滑，但是随着我国对服务业发展的重视和服务贸易创新发展试点的开展，商务部发布的数据显示，2017年我国服务贸易进出口总额同比增长6.8%，服务出口增幅更是高达10.7%，7年来首次高于进口增幅。从世界范围来考察（见表3－13），与世界前六位服务进出口国家或地区相比，我国服务贸易起步晚，能占据目前的市场份额，主要依靠首屈一指的进出口增长情况。

表3－13　　2016年世界前六位服务进出口国家或地区的增长率

出口					进口				
排名	国家	金额（10亿美元）	份额（%）	增速（%）	排名	国家	金额（10亿美元）	份额（%）	增速（%）
1	美国	752.41	15.42	0.21	1	美国	503.05	10.49	2.95
2	英国	327.18	6.71	－5.03	2	中国	453.01	9.44	3.94
3	德国	272.74	5.59	3.08	3	德国	312.07	6.51	4.30
4	法国	236.76	4.85	－1.97	4	法国	235.68	4.91	1.69
5	中国	208.49	4.27	－4.17	5	英国	198.65	4.14	－5.59
6	日本	173.82	3.56	6.85	6	日本	184.71	3.85	3.41

资料来源：根据联合国贸易和发展组织数据库相关数据计算整理。

4. 主要服务贸易部门发展水平的比较

从各个服务贸易部门的占比来看，我国得天独厚的旅游资源并没有得到充分的发挥，旅游服务贸易进口额占服务贸易总额的比重低于全球平均值，在保险、金融等极具成长性的服务贸易领域的发展也不尽如人意。第一，通信、计算机等服务贸易领域。虽然在国家政策支持和企业自身努力的共同作用下，我国的计算机及信息服务部门的竞争力已得到了大幅度的提高，世界银行网站数据库显示，2016年的贸易出口达254.25亿美元，比2005年翻了近十一番，贸易顺差为126.56亿美元，成为我国国际收支平衡的新生力量，但与其他国家比还有一定的差距。从表3－14中可以发现，印度在该领域表现出来强大的竞争优势，我国计算机和信息服务贸易出口占服务贸易总额的百分比大约只有其1/3。这在一定程度上与印度优先发展技能密集型产业的发展模式选择有一定关系。第二，保险金融服务贸易领域。全球化竞争环境在20世纪90年代以后越来越开放，我国保险、金融服务贸易出口从原先的较快增长转为增速下降，2006 年以前该部门的出口占全部服务贸易出口的比重越来越低。加入世贸组织以后，这两大部门在全球化竞争环境中加大改革和调整力度，2007 年以后又恢复了上升趋势。但是与其他国家相比，保险、金融服务贸易的发展还比较滞后，在 G20 国家中处于中下游。第三，作为传统服务贸易部门，交通运输服务出口的比重在 2009 年以后呈波浪下降，2016 年所占的比重只有 2008 年的一半，与 G20 国家相比，我国运输服务贸易出口占服务贸易总额的百分比排名第九。这一方面是受全球金融危机和货物贸易波动的影响；但另一方面更主要的原因是我国交通运输部门存在着运营效率低下、运营成本高企、冗员现象突出等问题，导致了我国交通运输服务出口缺乏竞争优势①。第四，旅游服务贸易情况。从 1980 年以来的贸易数据变化情况看，旅游服务贸易出口一直都是我国服务贸易出口中的排头兵，但是 2008 年全球金融危机爆发以后，在外汇市场上人民币相对美元连年升值，出境旅游的成本下降使得更多人走出国门，旅游服务贸易进口增速远超过出口，2009 年以后该部门从原来的顺差大户变成我国服务贸易逆差不断扩大的“罪魁祸首”。究其原因，除了外汇市场上人民币的价格波动，更主要的是我国虽然拥有自然资源禀赋和人文历史遗存这样的比较优势，但是宣传力度不够、相关配套服务没有跟上。

表 3－14　　2016 年 G20 国家出口服务类别占服务贸易总额百分比　　单位：%

国家	运输服务贸易出口占比	旅游服务贸易出口占比	建筑服务贸易出口占比	保险服务贸易出口占比	金融服务贸易出口占比	专有权利使用费和特许费服务贸易出口占比	计算机和信息服务贸易出口占比	其他商业服务贸易出口占比	个人、文化娱乐服务贸易出口占比	政府服务出口占比
中国	16. 24	21. 32	6. 08	1. 95	1. 53	0. 56	12. 19	27. 80	0. 36	0. 58
美国	11. 25	27. 49	0. 27	2. 36	12. 86	16. 24	4. 95	18. 08	0. 33	2. 64
英国	10. 76	12. 13	0. 49	6. 16	21. 72	4. 52	7. 25	33. 02	1. 57	1. 07
阿根廷	18. 24	30. 20	0. 05	0. 24	0. 09	1. 49	11. 80	34. 58	1. 76	1. 55
澳大利亚	10. 08	61. 17	0. 21	0. 74	5. 06	1. 51	4. 67	13. 87	1. 16	1. 41
巴西	15. 19	18. 09	0. 44	2. 35	2. 22	1. 95	5. 42	49. 32	1. 70	2. 20

① 黄静：《中国服务贸易的出口潜力估计》，江西财经大学硕士论文，2010 年。

续表

国家	运输服务贸易出口占比	旅游服务贸易出口占比	建筑服务贸易出口占比	保险服务贸易出口占比	金融服务贸易出口占比	专有权利使用费和特许费服务贸易出口占比	计算机和信息服务贸易出口占比	其他商业服务贸易出口占比	个人、文化娱乐服务贸易出口占比	政府服务出口占比
加拿大	15.24	22.53	0.46	1.74	9.99	5.52	8.26	30.59	2.26	1.46
法国	17.24	17.98	1.08	3.63	4.91	6.60	7.14	33.48	1.21	0.48
德国	18.83	13.72	0.72	4.10	8.58	6.18	12.00	28.51	0.68	1.80
印度	9.39	13.86	1.28	1.33	3.14	0.33	34.18	32.87	0.86	0.37
印度尼西亚	14.77	50.53	0.98	0.22	1.09	0.19	4.06	21.95	0.34	2.81
意大利	13.68	40.23	0.45	2.07	4.57	3.23	9.07	22.17	0.18	0.83
日本	18.21	17.69	5.40	0.98	6.70	22.44	2.18	22.25	0.47	2.93
韩国	28.48	18.54	11.80	0.67	1.90	7.13	3.85	22.24	1.22	1.11
墨西哥	5.76	81.22	—	11.95	—	0.67	0.41	—	—	—
俄罗斯	33.72	15.42	7.04	0.82	2.32	1.08	7.79	23.09	0.83	1.63
沙特阿拉伯	19.33	69.53	—	1.39	3.59	—	1.71	0.13	—	4.32
南非	15.23	55.15	0.12	1.34	5.59	0.76	4.01	13.51	1.37	2.70
土耳其	34.62	49.80	2.40	2.89	1.80	—	0.44	1.66	4.22	1.64

资料来源：根据联合国贸易和发展组织数据库相关数据计算整理。

二、中国服务贸易发展的特征

我国服务业和服务贸易虽然起步较晚，基础相对薄弱，但发展速度较快，随着我国经济发展水平的不断提高，服务贸易国际竞争力也提升到了一个新的水平。但是相较于发达国家和新兴工业化国家，我国服务业的发展还相对滞后，服务贸易发展水平和国际竞争力水平仍处于劣势。通过以上对我国服务贸易发展总体情况的分析，大致可以归纳出以下几个特征：

1. 我国服务贸易发展迅速，国际地位逐步提升

根据联合国贸易和发展组织数据库公布的数据（如表 3 – 6 所示），我国的服务贸易进出口总额已经从 1982 年的 45.36 亿美元增加至 2016 年的 6615.01 亿美元，34年间增长了144.83倍。其中，服务贸易出口额从1982年的25.12亿美元增加至2016年的2084.88亿美元，增长了82.0倍；服务贸易进口额则从1982年的20.24亿美元增加至2016年的4530.14亿美元，增长了222.82倍（如图3-5所示）。从图3-6我们发现，我国服务贸易出口年增长率和服务贸易进口年增长率由之前的此起彼伏、交错发展到2010年之后，服务贸易进口增速表现出持续快于服务贸易出口增速的趋势，这件事值得我们警惕，也说明了我国提高服务贸易竞争力的紧迫性。

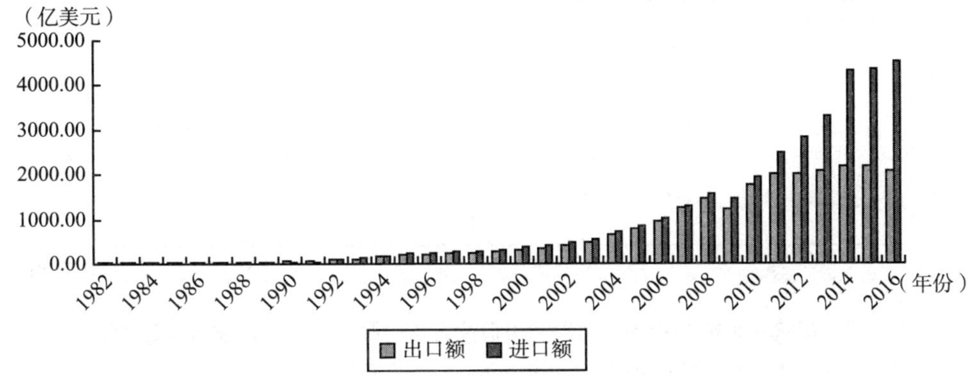

图3-5 1982~2016年我国服务贸易进出口金额的变动情况

资料来源：联合国贸易和发展组织数据库。

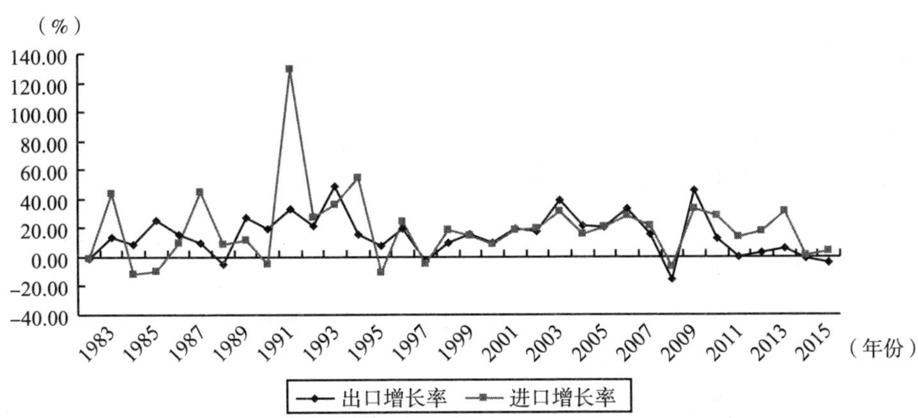

图3-6 1983~2016年我国服务贸易进出口增长率变动情况

资料来源：（1）根据联合国贸易和发展组织数据库相关数据计算整理。（2）1982~2005年服务贸易统计数据依据的是国际收支和国际投资头寸手册第五版（BPM5）；2006~2016年服务贸易统计数据依据的是国际收支和国际投资头寸手册第六版（BPM6）。

根据世界贸易组织的统计数据，1982 年我国服务贸易出口世界排名第28 位，2005 年则上升至第 8 位，2008 年中国服务贸易出口世界排名由 2007 年的第 7 位上升至第 5 位并保持至今。尤其值得注意的是，从 2010 年以来的年均增长率看，我国服务贸易增长率为 8. 88%，为同期全球平均增长率的两倍，虽增速放缓，但整体向上。相应地，我国服务贸易占全球服务贸易的比重也迅速加大，如图 3 －7 所示。

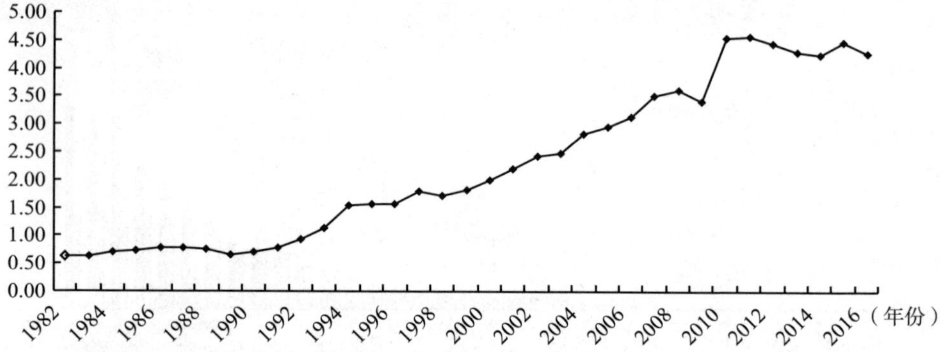

图 3 －7　1982 ~ 2016 年中国服务贸易出口额占世界服务贸易出口额比重变化情况

资料来源：根据联合国贸易和发展组织数据库相关数据计算整理。

2. 服务贸易发展落后于货物贸易发展，两者没有实现良性互动

我国是货物贸易顺差大国，但也是服务贸易第一逆差大国。中国服务贸易与改革开放以来货物贸易的发展相比，规模扩张显得滞后；与世界水平相比，也显得非常落后，与我们这样一个经济大国的地位很不相称。虽然我国服务贸易近年来增长迅速，从 1982 年占世界服务贸易的 0. 59% 上升至 2016 年的 6. 84%，但相对货物贸易来说，仍然偏低。2016 年国际服务贸易与货物贸易的平均比例为 1∶3. 2，而我国为 1∶5. 3。2016 年，尽管我国货物贸易进出口值都出现了下降，但我国的出口表现明显好于全球主要经济体，出口市场份额达 11. 2%，而我国服务贸易额占世界服务贸易额的比重还很小，2016 年出口额只有世界服务贸易总出口额的 4. 3%。服务出口发展滞后，表明我国服务业总体竞争力不强，距离世界贸易强国还有相当长的路要走。① 我国服务贸易由 1992 年起从顺差变成逆差，之后便长期逆差，且趋势不断扩大的现实也反映了发展的

① 李瑜：《服务驱动型企业价值创造模式创新理论研究》，载于《技术经济与管理研究》2014 年第 12 期。

难度（如图3－8所示）。出现这种状况除了与加入WTO后服务业对外开放、国内服务业需求旺盛有关，其根本原因是服务产品总体竞争力比较低，服务贸易与货物贸易没有实现良性互动。这说明我国企业在发掘货物贸易中蕴含的服务贸易机会方面，不够重视或者是能力还比较缺乏。尽管我国货物出口规模早已全球第一，但却没有充分带动服务出口，服务贸易和货物贸易发展比例严重失调。服务贸易发展滞后，也导致了我国货物贸易的总体结构水平偏低，成本上升，综合效益不高。

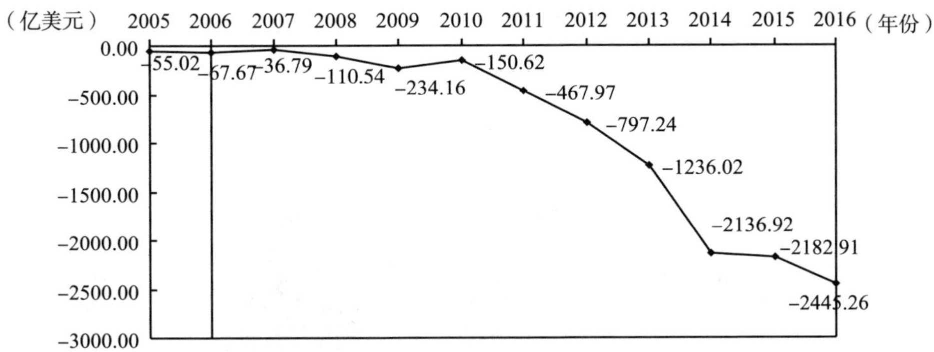

图3－8 2005～2016年中国服务贸易进出口差额

资料来源：根据联合国贸易和发展组织数据库相关数据计算整理。

3. 服务业总体水平低，服务贸易内部结构不合理

虽然我国服务业增长迅速，但服务业比重偏低，直到2015年占GDP比重才刚刚超过一半，同期发达国家服务业占GDP的比重大都为70%～80%。从近几年的数据来看，我国服务贸易逆差不断扩大，甚至还出现连年加速的情况。不仅如此，从我国服务贸易各部门的交易数据可以看出，服务贸易内部结构不合理，比重大的全部是一些劳动密集型服务业或资源禀赋优势服务业，如运输、旅游、其他商业服务等传统贸易部门。与发达国家服务贸易出口结构相比，新兴服务贸易部门的占比不高，高端服务贸易出口占出口总额的比例就更小了，整体处于明显劣势，而这与我国的外商直接投资管制有一定关系。改革开放以后，各级各地方政府以出口为导向，加强了为制造业招商引资的力度，吸引大量外资持续流入，提高了我国货物贸易国际竞争力。相比之下，我国服务业很多部门准入门槛高，导致大部分外资流入房地产服务业。因此，对外商直接投资的管制，也阻碍了中国服务业和服务贸易业的结构调整和升级。

从2016年中国服务贸易出口构成（如图3－9所示）可以看出，旅游、其他服务、运输分列前三名，其中其他服务以加工服务为主；而在全球贸易量最大的金融、保险、知识产权、技术等以资本密集型、知识密集型和技术密集型为主的新兴服务业方面，我国仍处于初步发展阶段，使服务的供给无法对不断增长的需求作出及时反应。[①] 我国服务业内部结构不合理，服务种类不齐全，不仅使我国服务贸易出口受到极大制约，而且还给国外服务业以可乘之机。[②] 服务贸易的大量逆差说明了国内巨大的服务需求是通过国外服务业满足的，他们趁机占领我国服务市场，进一步加剧了我国服务贸易的逆差状态。从图 3－10 我们可以看出，在服务贸易进口中，旅游和运输占了 76%，其中旅游服务贸易进口连年大幅上涨是导致我国逆差不断扩大的主要原因。

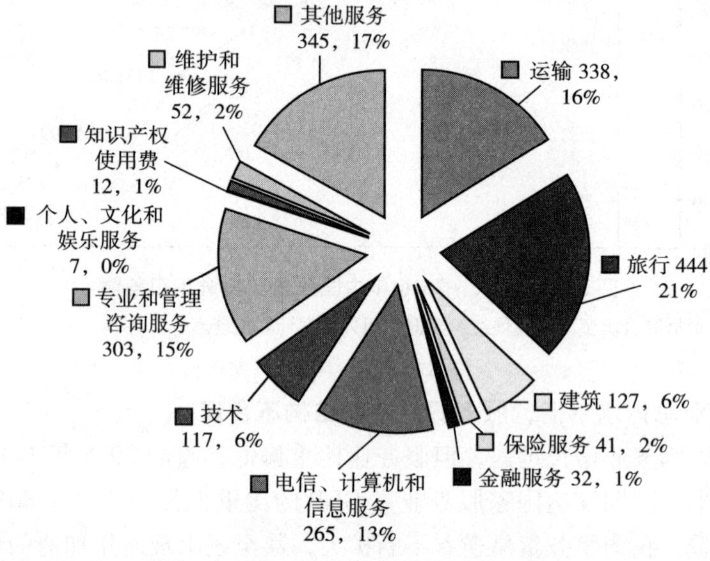

图 3－9　2016 年中国服务贸易出口构成

资料来源：中华人民共和国统计局编：《中国统计年鉴 2017》，中国统计出版社 2018 年版。

从我国 2005～2016 年服务贸易分部门进出口差额情况看（如表 3－15 所示），服务贸易进出口逆差主要来自运输、旅游、保险服务及专有权利使用费和特许费，顺差主要来自产品相关服务、其他商业服务，计算机和信息服务。其中旅游服务是我国服务贸易进出口逆差扩大的重要推手，2008 年全球金融危机爆发

① 杨丹萍：《我国国际服务贸易发展存在的问题及对策研究》，载于《当代财经》2004 年第 2 期。

② 高文志、余建星、王庆云：《我国发展服务贸易的对策研究》，载于《石家庄经济学院学报》2004 年第 6 期。

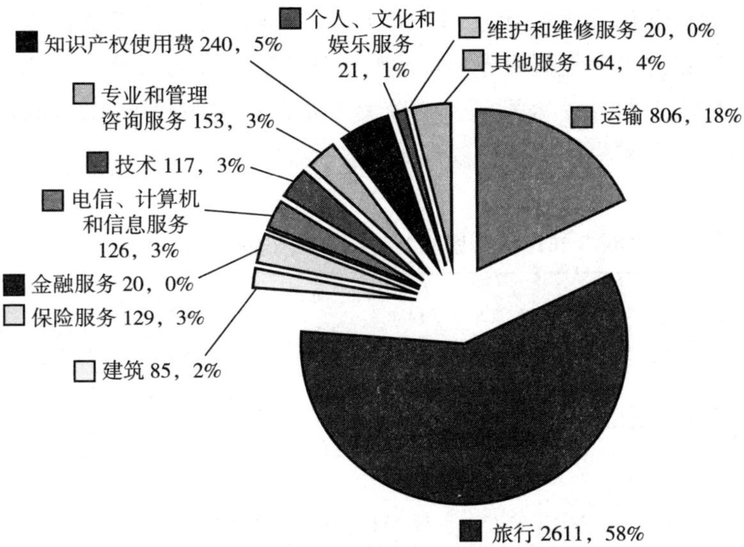

图 3-10　2016 年中国服务贸易进口构成

资料来源：中华人民共和国统计局编：《中国统计年鉴 2017》，中国统计出版社 2018 年版。

后我国人民币依然保持坚挺使得出境游成本下降，这导致了近年来原本就已经大热的出境旅游发展更为迅猛，2008 年之后旅游国际服务贸易由顺差变为逆差，之后以很快的速度扩大这一趋势。2009 年旅游服务贸易逆差仅为 40.27 亿美元，2016 年高达 2170.22 亿美元，6 年间逆差扩长了 53.89 倍。保险服务逆差由 2014 年的 178.77 亿美元大幅缩窄至 2016 年的 88.38 亿美元，金融服务更是于 2016 年由逆差转为 11.45 亿美元的顺差。令人惊喜的是，随着我国对计算机及信息计算领域支持力度的加大，相关企业的不断成长，该部门的出口增长状况总体保持逐年顺差。2016 年，产品相关服务顺差为 216.16 亿美元，是顺差最大的服务贸易项目；其他商业服务顺差为 147.17 亿美元，排名第二，其中管理咨询和公共关系服务顺差占有 78.9%；电信、计算机和信息服务顺差为 126.56 亿美元，排名第三，但其中信息服务能力比较弱，金额较小且为逆差。建筑服务顺差由 2014 年的 104.81 亿美元降至 2016 年的 41.85 亿美元；个人、文化和娱乐服务的逆差不断扩大。

近几年来，软件、信息技术、专业和管理咨询等新兴服务业出口势头良好，成为对外服务贸易的新亮点和转型升级的新引擎。但从服务贸易出口的行业结构来看（如表 3-16 所示），我国服务出口主要集中在旅游、交通运输和其他商业服务等传统服务业部门，可见，具有劳动密集型和资源密集型的旅游和运输行业在我国服务贸易中仍是占较大比重。而从 IT、金融服务、版税许可费等领域来看，这些知识和技术密集型服务出口尽管有所提升，不过在出口规模以及服务出口比重上，相比于西方发达国家还有较大差距，这说明我国新兴的技术密集型、知识密集型和资本密集型服务贸易还缺乏竞争力，比重较低。

表 3-15　　2005~2016 年中国服务贸易分部门进出口差额情况　　单位：亿美元

年份	产品相关服务	运输服务	旅游服务	建筑及有关工程服务	保险和养老服务	金融服务	对于知识产权使用费	电信、计算机和信息服务	其他商业服务	个人、文化和娱乐服务	政府的商品和服务
2005	133.07	-130.27	75.37	9.74	-66.50	-0.14	-51.64	1.02	-24.18	-0.20	-1.28
2006	144.44	-133.54	96.27	7.03	-82.76	-7.46	-64.30	11.93	-40.17	0.16	0.72
2007	199.15	-119.52	74.47	24.67	-97.60	-3.26	-78.49	22.30	-57.09	1.63	-3.04
2008	233.15	-119.11	46.86	59.65	-113.60	-2.51	-97.49	31.47	-148.05	1.63	-2.54
2009	215.00	-230.05	-40.27	35.95	-97.06	-2.86	-106.36	32.68	-40.47	-1.81	1.10
2010	251.32	-290.46	-90.66	94.23	-140.28	-0.56	-122.09	63.74	—	-2.48	-1.93
2011	263.39	-448.75	-241.21	109.96	-167.20	1.03	-139.63	88.74	71.59	-2.77	-3.12
2012	256.25	-469.49	-519.49	86.27	-172.71	-0.40	-167.05	107.57	86.69	-4.39	-0.50
2013	231.78	-566.78	-769.12	67.73	-180.97	-5.06	-201.46	94.74	99.09	-6.36	0.39
2014	213.01	-579.06	-1832.68	104.81	-178.77	-4.09	-219.34	94.23	281.70	-6.98	-9.73
2015	225.75	-468.00	-2048.14	64.69	-38.24	-3.00	-209.52	131.72	188.45	-11.69	-14.94
2016	216.16	-468.13	-2170.22	41.85	-88.38	11.45	-228.05	126.56	147.17	-13.99	-19.68

资料来源：根据联合国贸易和发展组织数据库相关数据计算整理。

表 3-16　　分部门服务出口额占服务贸易总额的比重　　单位：%

年份	产品相关服务	运输服务	旅游服务	建筑及有关工程服务	保险和养老服务	金融服务	对于知识产权使用费	电信、计算机和信息服务	其他商业服务	个人、文化和娱乐服务	政府的商品和服务
2005	16.96	19.66	37.33	3.30	0.70	0.19	0.20	2.96	17.89	0.17	0.63
2006	15.36	22.34	36.09	2.93	0.59	0.15	0.22	3.93	17.63	0.15	0.62
2007	15.89	24.97	29.68	4.29	0.72	0.18	0.27	4.40	18.91	0.25	0.44
2008	16.06	26.43	28.10	7.11	0.95	0.22	0.39	5.38	14.61	0.29	0.46

续表

年份	产品相关服务	运输服务	旅游服务	建筑及有关工程服务	保险和养老服务	金融服务	对于知识产权使用费	电信、计算机和信息服务	其他商业服务	个人、文化和娱乐服务	政府的商品和服务
2009	17.59	19.23	32.37	7.72	1.31	0.29	0.35	6.29	13.99	0.08	0.77
2010	14.14	19.18	25.69	8.13	0.97	0.75	0.47	5.87	—	0.07	0.54
2011	13.20	17.69	24.11	7.32	1.50	0.42	0.37	6.92	28.04	0.06	0.37
2012	12.77	19.30	24.82	6.08	1.65	0.94	0.52	8.06	25.31	0.06	0.49
2013	11.23	18.19	24.96	5.15	1.93	1.54	0.43	8.26	27.65	0.07	0.59
2014	9.77	17.45	20.10	7.00	2.09	2.07	0.31	9.20	31.45	0.08	0.48
2015	11.06	17.73	20.70	7.66	2.29	1.08	0.50	11.30	26.86	0.34	0.49
2016	11.39	16.24	21.32	6.08	1.95	1.53	0.56	12.19	27.80	0.36	0.58

资料来源：根据联合国贸易和发展组织数据库相关数据计算整理。

4. 高素质服务贸易人才不足

人力资源是一个重要的因素，能直接决定国际服务贸易的竞争实力，就这个方面来看，我国的情况不容乐观。缺少人才，导致新兴服务行业的发展受到约束，知识密集型与技术密集型产业发展所需要的高层人才更是稀缺。目前我国涉外服务人才少，缺乏能够熟练掌握国际贸易法律法规、国际金融保险、国际运输等专业知识，并将其运用到相关业务的人才。我国在服务贸易方面与发达国家的差距，归根结底还是相关人才储备不够。我国的服务贸易发展较晚，相关专业的高级人才培养相对落后，人才储备明显不足，制约了我国服务贸易竞争力的提升。我国大多数服务企业由于垄断经营和政府的过度保护，导致企业在组织规模、管理水平、经营效率和营销手段上与国外大型跨国公司相比存在较大差距。并且由于观念上的轻视和薪酬制度的缺陷，我国服务贸易业目前缺乏大量的服务管理人才。而加入世贸组织后大型跨国公司抢滩登陆，利用良好的工作环境和优厚的工资待遇不断吸引人才加入，这对我国服务贸易企业来说无疑是雪上加霜。各国服务贸易之间的竞争实际上就是各国人才之间的竞争，要想获得竞争优势扩大服务贸易出口，就必须吸引大量国际人才或提高本国服务人员的素质。我国虽然人口众多，劳动力资源丰富，但是我国不仅高端服务业人才缺乏，低端服务业劳务人员的素质普遍也不高，严重影响了我国新兴服务贸易业的发展。因此，加强服务贸易人力资源的培养势在必行，这需要服务贸易企业和政府的共同努力，不断创新人才培养模式。

第三节 服务创新对中国服务贸易竞争力影响的主要表现

一、服务创新促进服务贸易项目的开发

谢林和约翰逊（Scheuing E. E and Johnson E. M.，1989）[①] 在深入研究了金融机构的新服务开发工作过程后，提出了15个阶段的新服务开发 Scheuing - Johnson 模型，这是一个关于新服务项目开发过程比较全面的模型。约翰逊等（S. P. Johnson et al.，2000）[②] 在综合了之前的研究，创造了更具一般意义和适用性的新服务开发过程周期模型（如图3-11所示）。该模型认为新服务项目开发过程是一个围绕着系统、技术、组织环境、工具、团队、人员的循环过程，包括新服务设计、商业分析、新服务开发、全面投放这四个步骤。服务贸易企业的发展计划、目标以及生产能力决定了企业开发新服务的类型，这四个步骤适用于任何一种新服务贸易项目的开发。但是国际市场上的机遇以及竞争态势也是重要的影响因素，这就意味着服务贸易企业在开发新服务时不能僵化地套用全部步骤，还是要联系实际，根据自身情况作出调整，切忌照葫芦画瓢。换句话说，新服务贸易项目的开发是基于服务贸易企业整体服务创新战略的，必须在明确的组织战略规划与指引下进行。

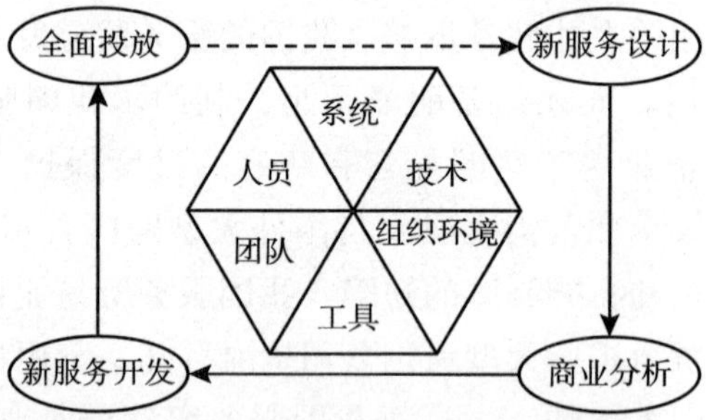

图3-11 新服务开发过程的周期模型

资料来源：辛春林、彭乔、苏颖：《新服务开发的过程、模型和影响因素——研究现状与研究视角探析》，载于《软科学》2013年第9期。

---

① Scheuing E E，Johnson EM.，"New Product Development and Management in Financial Institutions"，*International Journal of Bank Marketing*，1989，7（2）：17-21.

② SP Johnson，LJ Menor，AV Roth，RB Chase，"A Critical Evaluation of the New Service Development Process：Integrating Service Innovation and Service Design"，Thousands Oaks，CA：Sage Publications，2000.

1. 服务创新促进新服务设计

新服务设计亦可称为新服务创意，主要来源于服务贸易企业的内部和外部。企业内部，创意来源可以是一线员工、营销部门或管理者。可以设立一些专门的创新部门和相关机制，以此保证创新思想源源不断地产生。这些部门可以通过市场调研、头脑风暴、思路扩展法等方式，定期召开小组研讨会议，提高创新思想的数量和质量。如果一个创新思想得到全员的肯定，接下来就可以进行概念开发。企业外部，来源可以是顾客、竞争对手或外部专家，其中顾客是最重要的外部服务创意来源，马特兴等（Matthing J et al.，2004）① 认为顾客的创意比专业服务开发人员的创意更具有创新性。如北京小米科技有限责任公司正是相信用户就是驱动力，利用互联网首创了由“发烧友”参与开发改进手机操作系统的模式，实现了令人惊讶的销售增长速度。服务贸易企业面对的是国际大市场，各国、各地区的风土人情、风俗习惯各不相同，在知识产权保护和信息安全的前提下，创新各种方式让顾客参与新服务设计开发，不仅可以实现服务的个性化，还能增强客户的黏性，提高竞争力。

2. 服务创新促进商业分析

当确定了新服务设计概念后，就要考虑其可行性，与现有项目的兼容性和可能的系统协同效益，并评估风险和经济效益。因为服务贸易企业的战略目标和能力决定着新服务类型，所以还要确认以企业目前的资源和能力是否能满足新服务开发的需求，企业内部职能以及运营机制为了适应新服务项目需要做出怎样的调整，具体涉及需求分析、成本分析、可得资源分析、投资回报率、投资回收期分析等。新服务项目进入实施阶段前，必须完成商业分析和预测。

3. 服务创新促进服务开发

该阶段就是新服务的开发与实施阶段，新服务的所有利益相关者都要参与这一个阶段中，包括员工、顾客以及服务贸易企业各部门。在新服务的开发与实施阶段，还要对其概念进行细化，使之在实际操作中可行性更强。由于服务的无形性，再加上新服务的开发过程环节之间的联系十分紧密，因此该步骤的工作是困难重重的。为了应付这些困难，必须通过服务创新，做好新服务开发和实施过程工作人员间的协调工作，促使他们相互配合，确保整个过程良好运转。

4. 服务创新促进全面投放与评价

全面投放市场是新服务贸易项目开发的最后一个步骤，这时服务贸易企业内

---

① Matthing J，Sanden B，Edvardsson B.，“New Service Development：Learning from and with Customers”，*International Journal of Service Industry Management*，2004，15（5）：475－498.

部必须进行沟通，即提供服务的一线人员对新服务项目的认可与确认。同时服务贸易企业要在新服务投入国际市场后，结合顾客、竞争者和员工的反应，对新服务的营销手段、获利能力、服务员工技能、顾客满意度等多角度进行评价，对各种反馈信息进行收集处理并分析。企业依据评价结果完善新服务各项内容，循环至第一个步骤，不断提高服务质量。

二、服务创新提升服务贸易资源的配置效率

在服务贸易产业资源最大化的问题上，服务创新的本质在于双方乃至多方的资源共享和匹配效率。迈克尔（Michael A.，2001）[①] 认为企业资源配置是指企业对存在差异的资源进行选择、汲取和运用，使之形成核心资源体系的过程。资源本身并不能主动产生竞争优势，资源只有被激活才能发挥效益和效能[②]。而服务创新能有效地激活服务贸易企业各种显性和隐性资源、内部和外资资源、个体和组织资源等，提高资源配置的效率。第一，服务创新能加强领导者的顾客导向意识，以努力改善服务质量为目标加强内部沟通，提高内部显性和隐性资源整合的能力。第二，服务创新能引导企业根据内外部环境的变化，跨部门、跨职能团队整合企业个体和组织资源。第三，服务创新是一个正和博弈的过程，能促进服务贸易企业横向合作意识，通过加强合作运作能力和信息沟通能力，与外部企业建立长期合作关系实现内外部资源整合。第四，服务创新能保持服务贸易企业在国际竞争环境下开拓新的价值创造领域，提升企业对新资源和传统资源的配置效率。

我国中小企业多，有灵活性和管理高效性等优点，但在对外出口方面却存在着“先天不足”。国外商家希望供货企业有一定的规模、品牌，能获得较大的批量且款式齐全的货物。因此，我国企业需要一种服务资源整合或者服务链集成服务，能够将分散、独立的中小企业有机集成，通过一个牌子、一个渠道或者一个平台，满足国外商家价值链集成服务的需求。贝发的文具业出口集成供货服务就是基于服务创新提升服务资源匹配效率的成功案例。全球产量最大的三大书写工具制造商之一的贝发集团股份有限公司，原本是一家以制造业为主导的大型文具

① Michael, A., Hitt, Leonard Bierman, Katsuhiko Shimizu, Rahul Kochhar, "Direct and Moderating Effects of Human Capital on Strategy and Performance in Professional Service Firms: A Resource Based Perspective", *The Academy of Management Journal*, 2001, 1 (44): 13-28.

② 饶扬德：《企业资源整合过程与能力分析》，载于《工业技术经济》2006 年第 9 期。

生产销售公司。2008 年国际金融危机爆发后，欧美订单大幅减少导致公司开工率下降至 80%，窘迫的经济环境倒逼管理者寻找新的发展路径。贝发集团通过国内外调研发现，由于信息不对称，国际上的文具采购商虽然控制销售渠道，但他们在中国遇到“水土不服”的问题，急需寻找中国本土的文具供应链服务商；而国内大量“质优价廉”的文具却因为销售渠道不畅的原因只能贴牌廉价卖给欧美的采购商。贝发由此发现了商机，开始从原来以单纯加工制造为主的工贸结合模式转变为以“市场采购 + 组合包装 + 出口配送”为基础的集成供货服务模式（如图 3 – 12 所示），整个业务流程通过电子商务平台进行，成为国内首家从事文具供应链运营服务的企业。贝发的分销中心仓库中有上万种样品，海外客户只要到附近的贝发分销中心去看样订货就可以了，客户的新产品订单也可以直接通过分销中心下达，这样不仅大大节约了成本，也让贝发更具竞争力。2012 年上半年，贝发传统业务订单仅增长了 30%，而集成供货服务模式的营业额则增长了 50%。[①] 目前，贝发集团已经能为客户提供“文具品类全、一站式选择”的集成供货服务模式，2017 年 1 月 3 日，贝发集团更是荣获了麦德龙集团所颁发的“高标准服务与质量奖”。贝发集团正是通过服务创新，提升了服务资源配置的效率，实现了成长模式的转变。

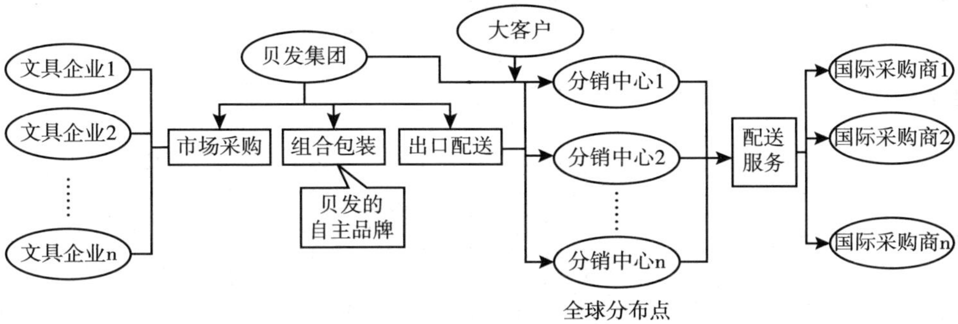

图 3 – 12　贝发文具业出口集成供货服务模式

资料来源：顾新建等：《制造服务创新方法和案例》，科学出版社 2014 年版。

三、服务创新提升服务贸易产品的质量

美国学者蔡莎曼尔（Zeithaml）、帕拉苏拉曼（Parasuranman）和贝里（Berry）等人从五个方面阐述了顾客判断服务产品质量优劣的依据：（1）可靠性。可靠性在

① 顾新建等：《制造服务创新方法和案例》，科学出版社 2014 年版。

服务业内指的是企业具备履行顾客承诺的能力，也就是一次服务到位，不拖拉，可靠地进行服务，如正确出账和在规定时间内完成服务等。(2) 反应性。反应性要求员工要在提供服务时呈现一个积极的态度，如服务的快速性、及时性以及耐心回答顾客的询问，等等。(3) 保障性。这个也是对员工的要求，指的是服务人员在面对顾客时，要表现出自己的信心，向顾客传递自己的得体、能力、知识以及专业技能。得体指的就是在与顾客接触的过程中保持良好的外在形象，举止得体、礼貌待人、诚心待人。(4) 移情性。指的是对顾客要关心，表达自己最真切最细致的关怀。员工要耐心、细心，多与顾客沟通，了解顾客的期望，向顾客传递自己的可亲近性。(5) 有形性。指的是服务过程中与顾客接触的实体，如服务凭证、工具、服务人员等。[①] 除此之外，“差距分析模型”分析方法（如图 3 – 13 所示）也是他们的科研成果，该模型分析了服务质量问题的产生的原因，五个差距分别为：管理层认知差距、质量标准差距、服务传递差距、市场营销传递差距和服务质量感知差距。

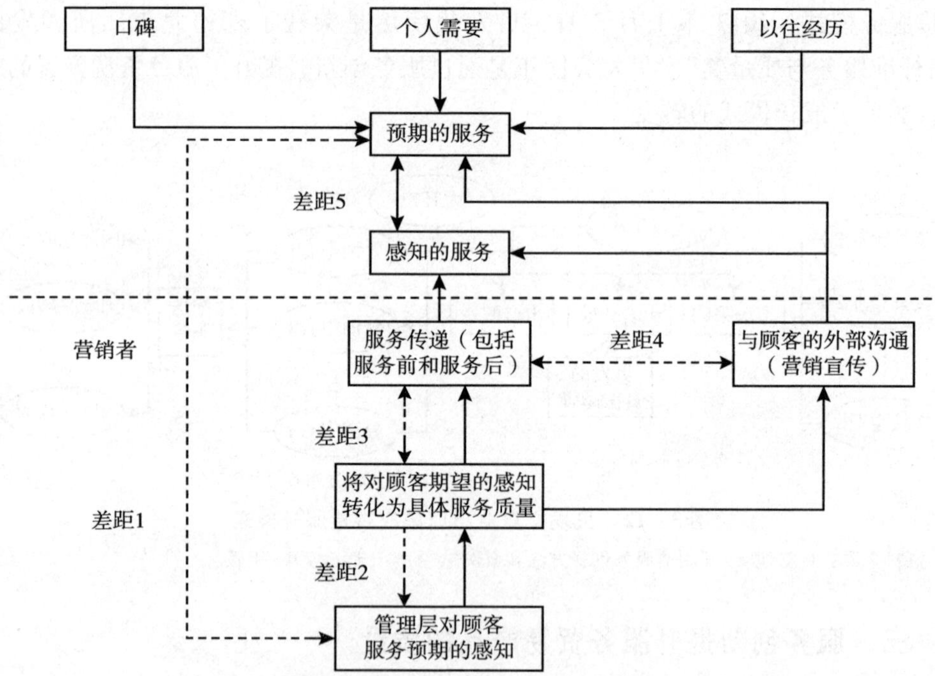

图 3 – 13　服务质量差距分析模型

资料来源：Parasuraman，A.，Zeithaml，A. and Berry，L.，“Conceptual of Service Quality and Its Implication for Future Research”，*Journal of Marketing*，1985，49（8）：41 – 50.

① 张晶敏：《现代服务企业的服务创新》，东北财经大学出版社 2012 年版。

1. 服务创新缩短管理层认知差距

服务贸易企业的管理层对顾客的期望产生了误判，使得实际服务与期望服务间产生差距。一个以提供服务为主体的企业，其管理不当，原因大多不是管理层没有能力或者管理方法不当，而是没有重视创新与国际服务竞争，对之也没有深刻认识。对于这一问题，除了要寻求改善企业管理的方法，还要提高对于服务创新的认识，提高企业的服务竞争力。当然，要增加企业对于客户的了解，平常的市场调研必不可少，可以通过网络问卷调查、市场抽样问卷调查等调查方式和建立工作成员与顾客组成的讨论小组等。为了使管理层更加了解顾客的期望，可以开通绿色通道，方便管理层与顾客间的沟通。

2. 服务创新缩短质量标准差距

服务贸易企业在得出创新概念，对之认可、开发以及实施的过程中，要考虑到自身实际情况，也就是企业的资源和能力。因为一些条件限制，实际服务质量与既定的存在差别，这就是服务质量标准差距。出现这一问题的主要原因就是企业领导层没有将质量问题放在首要地位。开发出新服务，推广时宣传十分到位，一旦投入市场，反馈的就是理想与现实存在着差距，其实主要就是领导对于顾客期望的认识不够，对于质量问题的不够重视。要缩短差距，首先质量是第一要义，企业的领导层要严控服务质量问题；其次增加自己与顾客间的互动，了解顾客的期望，制定出与其相符的服务质量标准；最后，管理者在制订规划时要充分考虑到新服务参与角色的特点，从服务人员和顾客的角度出发，尽可能协调企业内部关系并领导各部门间默契配合。同时，质量标准必须具备一定的灵活性，不然在执行的过程中容易出现矛盾问题。

3. 服务创新缩短服务传递差距

传递服务差距来源于传递服务系统本身的不确定性，实质就是服务贸易公司的服务质量标准和实际服务时的质量存在差距。要使实际服务尽可能地与公司的标准持平，需要管理层重视对企业的监督控制系统的检查，除了使服务质量计划、控制系统、奖励系统与服务质量标准的制定有机统一，还要使管理人员在采用管理方法时考虑到一般员工的实际情况。在进行员工招聘时，要清楚说明对于员工的各方面要求以及员工角色，确保每位员工都认识到自己工作对于顾客满意度的重要性。为了提高员工的工作能力，岗前技术培训必不可少，因为服务业的特殊性，人际交往能力也十分重要。给员工一定的发挥空间，太多的约束往往不利于员工的成长，还要重视对员工事业心和责任感的培养。

4. 服务创新缩短服务传递差距

企业通过广告、媒体推广新服务，但是顾客深受广告的影响，心中对于新服务有了自己的期望，如果实际服务达不到顾客期望，就造成了服务差距。企业可以通过建立企业内部与市场沟通协调机制，增加企业与市场和顾客的交流，有利于及时调整服务计划，缩短服务差距。在进行服务推广时，首先要明确新服务的概念以及质量标准，不夸大其词。其次在满足推广需求的基础上，尽可能吸引客户的注意。所以负责广告宣传的主管，责任重大，不仅要使广告符合服务的特点，还要表达出企业对顾客的承诺。而最高管理层还要对服务推广过程严格监督，及时发现问题，避免不准确信息传播到市场上对企业产生负面影响。

5. 服务创新缩短服务质量感知差距

感知的主体是客户，因为顾客心里的落差感，往往会使顾客不再信任企业，所以企业要以提高服务质量为首要任务，以顾客的需求为服务的改进方向，缩短服务质量感知差距。

四、服务创新影响服务贸易品牌打造

品牌是一个企业的灵魂，一个优秀的品牌更是服务贸易企业最重要的无形资产，不仅体现了顾客忠诚度的特别价值，又体现了相对于同业竞争对手的竞争优势。服务的无形性使顾客对其感知和评价的难度很大，因此服务贸易企业大力实施服务品牌战略，不仅有助于获得顾客对服务产品的认识和信任，而且有助于服务贸易企业获得有别于其他企业的差别化优势，提高服务企业与服务产品在国际市场上的知名度。[①] 美国经济学家拉里·莱特（Larry Wright）认为未来营销战争的核心关键是各品牌之间一较高下的竞争。英国英特品牌公司董事保罗·斯图伯特（Paul Stobart）在其著作《品牌的力量》中提出，品牌力可以使品牌拥有者得到高额可靠的回报。

对于服务贸易企业而言，服务产品市场已不局限于中国本身，而是走向了世界。中国企业要想打入国外市场，首先就要有一个能够被接受的品牌，这也是品牌创新的一个巨大动力。服务创新影响服务品牌打造，因为顾客评价服务品牌的方式，在很大程度上取决于他们参与提供服务的程度。

---

① 薛荣久、刘东升等：《国际贸易竞争学——世界贸易新体制下的国际贸易竞争》，对外经济贸易大学出版社 2005 年版。

成立于2006年的上海亿动广告传媒公司（简称“亿动广告传媒”，Madhouse）通过整合广告主和无线互联网络资源，充分发挥无线媒体的平台优势，为广告主提供完善的无线营销服务和领先的无线营销解决方案。根据中国无线互联网的现实情况和客户需求，亿动广告传媒开发出了很多新的无线广告产品及整合新的无线营销技术，以期最大化地利用和开发无线媒体的优势和价值，在智能投放技术和广告网络覆盖率等核心优势方面都远远领先于其他竞争对手。其依靠在技术层面、媒体资源及专业团队的优势，独创的整合型移动营销服务模式是其他同行短期内不易复制的。亿动广告传媒拥有业内领先的无线广告管理系统（MadServing）、专业出色的无线解决方案（MadSolutions）和国内最大的无线广告网络（MadNetwork），凭借对手机媒体和无线互联网广告的专注及由此形成的系列核心竞争力，已经打造成为中国最大、最智能的无线移动广告联播网络品牌①。只要一提到无线广告，大家就马上想到亿动，品牌地位深入人心。由于亿动的服务创新能力和品牌影响力，已经相继为众多国际知名品牌和4A广告公司提供了无线互联网广告的策划和发布实施方案，在无线广告网络运营管理、智能广告投放技术、新广告产品开发能力和投放管理上都处于领先的地位。

五、服务创新影响服务贸易产品价格优势的形成

服务贸易价格竞争要比货物贸易价格竞争复杂得多，从服务消费者的角度来看，他们对服务定价和商品定价的评估不同。（1）由于服务的无形性和异质性，消费者通常对服务持有不准确或有限的参考价格。（2）消费者将服务价格作为反映服务质量的关键信号。（3）对服务的消费者来说，货币价格不是唯一的相关价格，他们还要考虑参与服务或等待服务的时间成本，选择和确定所需服务的搜寻成本，以及接受服务的便利成本和精神成本。（4）由于服务的价格名称多样，如酬金、手续费、租金、运费、保险费等，消费者对这些名称认识不同。从服务提供者角度来看，虽然在商品定价中所采用的策略，如渗透定价、撇脂定价、折扣定价、心理定价等，也适用于服务定价策略，但是服务定价需要考虑的因素超过商品定价。服务提供者不仅要围绕生产和销售成本、顾客需求、竞争对手的价格三个基点来考虑，还要涉及社会学、心理学、国家的服务价格政策及各个行业和服务自身的特点，等等，这就决定了服务贸易中的价格竞争比货物贸易中的价格

① 刘建兵、王立、张星等：《高技术服务业创新：模式与案例》，科学出版社2013年版。

竞争要复杂。

相对来说，服务企业的价格优势是竞争对手看得见、摸得着的，可以轻而易举地被复制。因此，要想在服务贸易中保持竞争优势，服务提供者就必须从服务本身的特性入手，加快服务创新。产品可以制定统一的标准来检验其质量，但同一种服务的消费效果和品质会因服务的提供者和消费者不同而存在显著差别。统一的服务质量标准只能规定一般要求，无法确定特殊的、个别的需要。这就要求服务提供者利用差异化策略和创新策略，来满足消费者对于服务的多样化、个性化需求。

以旅游服务贸易为例，传统上，旅游服务贸易产业链上的航空公司和酒店支付大量佣金给代理人，是因为它们的客户来自四面八方，在世界各地部署销售网络不经济也没有这样的能力，所以采取支付佣金的方式进行合作以增加销售额。互联网出现后，他们发现自己也可以为世界各地的客户建立一个网站做直销，不仅能节省代理成本，还能自主掌握客户信息帮助跟进销售，有针对性地推荐自己的产品。但是各航空公司和酒店的大规模网络直销模式，大大增加了消费者的选择范围和时间成本。于是，2003 年以后，一种新的模式，即媒体模式逐步发展起来，帮助消费者解决这个问题。媒体模式就是把所有的信息收集起来以后站在专家的角度做比较，给消费者节约选择时间，例如，目前全球最大的中文在线旅行网站——去哪儿网。它的价值在于帮助航空公司、酒店、在线供应商等在更广泛的范围内寻找消费者，省去了中间的代理环节，进一步降低销售成本，同时为消费者提供比传统方式更丰富和全面的产品和服务信息，将消费者引导到信息来源的在线供应商网站，从而帮助直接实现商对客（B2C）交易以形成服务产品价格优势。

六、服务创新促进服务贸易商业模式发展

服务贸易商业模式就是服务贸易企业的收益来源和获取方式，即企业如何在商业活动中创造价值，并且为自己赚取利益。现代服务贸易企业的健康发展得益于商业模式不断推陈出新。商业模式的差异源自企业的战略规划，商业模式的优劣不能以短期的盈利数额来衡量，只有与服务贸易企业发展相适宜，与国际市场需求相一致的商业模式才是符合企业自身的最佳模式。

在服务贸易企业运营过程中，国际经济环境瞬息万变，企业管理者经常必须面对混沌不明确的状况，无法立刻作出最佳研判。在这种情况下，一个连贯性的商业模式有助于服务贸易企业管理者分析新的信息、明确重点、做出取舍。虽然

这种商业模式的连贯性非常有用，但它也是有代价的。管理者在选择商业模式的同时限制了其他选择，在符合逻辑的情况下，强化了某些前景，自动过滤掉一些可能性，而这些被过滤掉的可能性可能是更好的选择。商业模式的逻辑有时是一种惰性，越是成功的商业模式，惰性可能更大。[①] 商业模式带来的巨大惰性，导致企业很难根据形势的发展作出相应调整，这是很多曾经辉煌的大公司停步不前甚至最后破产被兼并的重要原因。而服务创新正是克服惰性，促进服务商业模式发展的最有利法宝，洛可可创意农业有限公司的商业模式创新就是很好的例子。洛可可创意农业有限公司与北京大学文化创意产业研究中心、台湾有机行业协会及多家有机食品企业合作，从有机食品、绿色农业、低碳乐活的生活方式等方面探索创意农业[②]，这种创新模式（如图 3－14 所示）的优点在于将设计服务贸易业定义为一种产业之间沟通的桥梁，为农产品等初级形态的材料和科学成果设计出产品化的规划图，并非简简单单的产业内产品的美化。

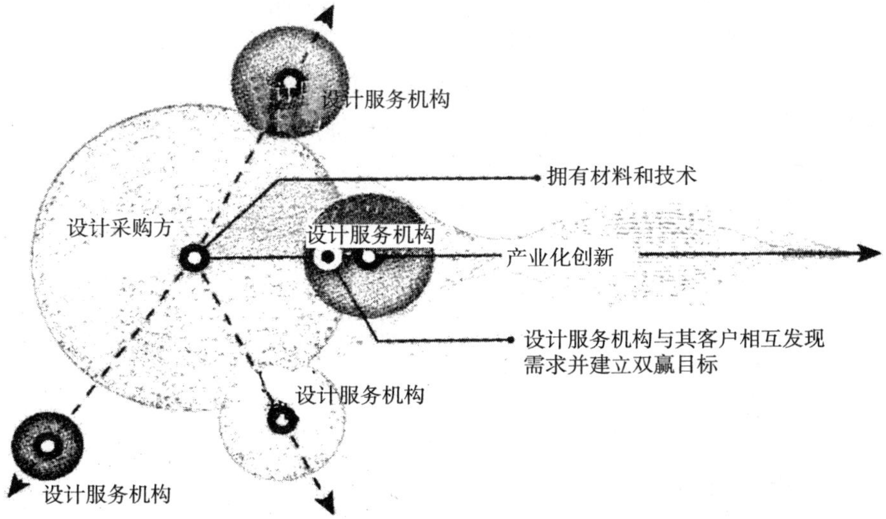

图 3－14　洛可可创意农业有限公司产业化创新模式

资料来源：刘建兵、王立、张星等：《高技术服务业创新：模式与案例》，科学出版社 2013 年版。

在这一模式中，一切从设计产业机构与其客户相互发现需求并建立双赢

① ［美］切斯布朗（Chesbrough，H.）著，蔺雷、张晓思译：《开放式服务创新》，清华大学出版社 2013 年版。

② 庄易：《创意农业：传统农业的创意革命》，载于《农经》2013 年第 3 期。

目标为路径起点。由于材料和技术的所有者（客户方）具有知识产权、原材料甚至是经济资本的综合优势，设计服务方仅有尚未被认同价值的专业相关能力和资源，往往处于劣势。在创意农业案例中，洛可可进入创意农业领域可以说是非常偶然的，甚至可以说是由于武川土豆而被动进入这个领域。因此，在这一模式中客户方选择设计伙伴是创新路径中的关键。材料技术创新模式往往是深入的设计服务开展的前置条件。客户方通常列出与其业务性质相似的设计服务方备选名单，参考它们过往的作品及看看其设计范畴是否适合。近年来，客户也在逐渐把眼光放远，不仅仅以报价高低作为决策依据，专业的设计师极可能成为他们的策略伙伴，共同去建立长线的商业策略，发展更耐用的设计。

对比来看，创新收益中材料技术拥有者获得的潜在收益最大，特别是在目前的国内知识产权体系下，客户拥有设计公司作品的完全版权，即使后期设计产品取得了非常大的成功也与设计公司没有什么关系。因此，对于设计公司来说，设计投入和设计收益很可能出现不对等状态，创新主体的创新动力不足。从政府角度来说，亟待转化的科技成果非常多，2015 年全国专利申请量超过 110 万件，专利授权量约达 35.9 万件。这些科技成果如果能够实现产业化转化，产生的生产力将是十分惊人的。因此，该创新模式的成功推广对于政府推动经济发展也是十分重要的。

第四节　服务创新对中国服务贸易竞争力影响的实证分析

一、指标选择

从前面的分析我们可以知道，服务创新的驱动力因素很多，因此构建能够如实反映或量化服务创新动力因素的指标体系成为关键挑战。本书指标选取将借鉴全球创新指数（the global innovation index，GII），这是目前国际上关于创新对竞争力和增长影响最全面的评估研究之一。[①] GII 指数涵盖了全球 132 个经济体，这些经济体的国内生产总值约占全球经济总值的 96%。各国政府可以通过 GII 研究

① 李震：《基于创新路径的经济自由对经济增长影响的研究》，南京财经大学硕士论文，2016 年。

报告了解本国经济创新能力的国际排名，以及未来改进的方向。前联合国秘书长潘基文在2013年的联合国经济和社会理事会上指出，GII是“独一无二的工具，通过它可以完善创新政策……准确地了解科学、技术和创新在可持续发展中发挥的作用”。

全球创新指数（GII）项目由杜塔教授于2007年在英士国际商学院启动，目前它由康奈尔大学、英士国际商学院和世界知识产权组织（world intellectual property organization，WIPO）共同发布。GII设立了一个1级指数、二个次级指数、七个3级支柱，每个支柱被分为三个分支柱，每个分支柱由不同的指标（2017年共有81项指标）组成的全球创新指数框架（如图3－15所示）。GII总得分是创新投入次级指数和创新产出次级指数这两个次级指数的简单平均数。创新效率比是产出次级指数与投入次级指数之比，它表明了某一国家的投入获得了多少创新产出。

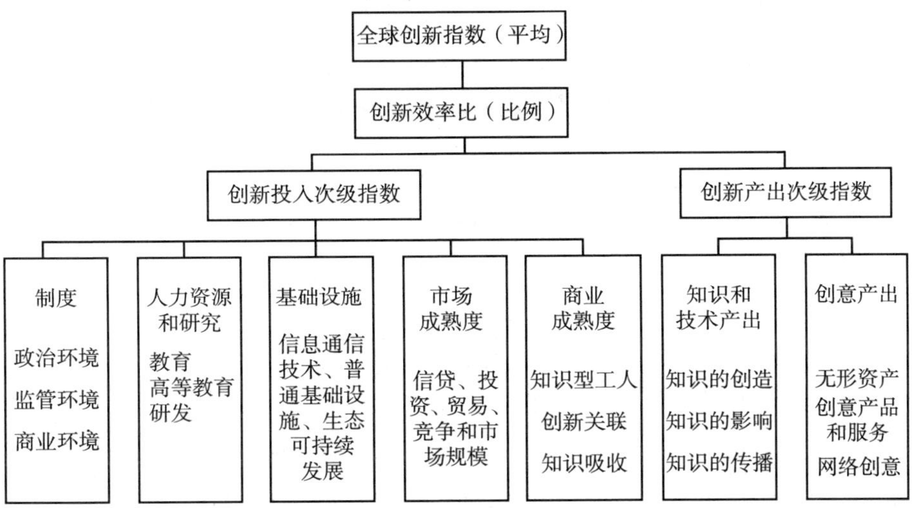

图3－15　2017年全球创新指数框架

资料来源：WIPO，Cornell University，INSEAD. The Global Innovation Index 2017.

通过对比我们可以看出，GII创新指数的七个促成支柱的设计理念与SI4S服务创新动力模式的内涵是一致的，因此我们选用制度、人力资源和研究、基础设施、市场成熟度、商业成熟度、知识和技术产出以及创意产出这七个支柱的分支柱作为我们选择服务创新动力因素指标的框架（如表3－17所示）。

表 3-17　服务创新动力因素指标体系

支柱	指标		指标说明	数据来源
支柱 1：制度	X_1	政治环境	财政支出对 GDP 增长的拉动（GDP/财政支出）	中国统计年鉴 2017[①]
	X_2	监管环境	罚没收入占财政收入比重	中国统计年鉴 2004～2017
	X_3	商业环境	总税率（占商业利润的百分比）	中国统计年鉴 2015、WB[②]
支柱 2：人力资源和研究	X_4	教育	教育支出在 GDP 中的占比	中国统计年鉴 2017
	X_5	高等教育	高等教育入学率	WB
	X_6	研究和开发（研发）	研发总支出在 GDP 中的占比	WB
支柱 3：基础设施	X_7	信息通信技术	互联网用户（每百人）	WB
	X_8	普通基础设施	固定资本形成总额在 GDP 中的占比	UN[③]
支柱 4：市场成熟度	X_9	信贷	金融机构人民币信贷年底余额	中国统计年鉴 2004～2017
	X_{10}	投资	市值在 GDP 中的占比	中国统计年鉴 2004～2017
	X_{11}	贸易、竞争和市场规模	服务贸易对外依存度	UNCTAD[④]
支柱 5：商业成熟度	X_{12}	知识型工人	R&D 研究人员（每百万人）	WB
	X_{13}	创新关联	海外供资 GERD 占比	UN
	X_{14}	知识的吸收	支付的知识产权使用费	WB
支柱 6：知识和技术产出	X_{15}	知识的创造	居民专利申请量	WB
	X_{16}	知识的影响	高科技出口在制成品出口中的占比	WB
	X_{17}	知识的传播	知识产权收入	WB
支柱 7：创意产出	X_{18}	无形资产	本地居民直接提交的商标申请	国家市场监督管理总局[⑤]
	X_{19}	创意服务	创意服务出口在贸易总额中的占比	UNCTAD
	X_{20}	网络创意	安全互联网服务器（每百万人）	WB

注：（1）中华人民共和国统计局编：《中国统计年鉴》，中国统计出版社 2004～2007 年版。（2）WB：世界银行网站数据库。（3）UN：联合国网站数据库。（4）UNCTAD：联合国贸易和发展组织数据库。（5）国家市场监督管理总局网站。

支柱 1：制度。

通过构建合理完善的制度框架，为市场运行提供良好的激励保护机制和治理环境，能吸引国内外资本投资，从而促进经济增长，这对服务创新至关重要。制度支柱包括政治环境、监管环境和商业环境。“X_1 政治环境”主要反映公共和行政服务、政策制定以及实施的质量，用财政支出对 GDP 增长的拉动（GDP/财政支出）来核算。“X_2 监管环境”是对法治的普及程度进行评估，反映私营部门对政府制定和实施的政策（在合同执行、物权、警察和法院等方面）的认知，用罚没收入占财政收入比重来核算。“X_3 商业环境”主要从纳税的角度来反映，用总税率（占商业利润的百分比）度量企业在说明准予扣减和减免后的应缴税额和强制性缴费额①占商业利润的比例。

支柱 2：人力资源和研究。

一国的教育和科研活动水平是该国服务创新能力的主要决定因素，人力资源和研究支柱包括教育、高等教育、研究和开发。“X_4 教育”反映教育支出情况，用教育支出在 GDP 中的占比来核算。“X_5 高等教育”是经济体实现创新，向价值链高端爬升的关键因素，用大学在校生总数占中学之后 5 年学龄人口总数的百分比，即高等教育入学率来核算。“X_6 研究和开发”衡量研发活动的水平和总支出，用研发总支出在 GDP 中的占比来核算。

支柱 3：基础设施。

通信、交通和能源基础设施为服务产品的生产和创新思想的交流提供了便利，并通过生产力和效率的提高、交易成本的降低、市场准入的改善和可持续增长，为服务创新体系作出贡献。GII 的第三个支柱包括三个分支柱：信息通信技术、普通基础设施和生态可持续性，然而服务业产品主要以非物质形态出现，基本不污染环境，所以我们仅选择信息通信技术和普通基础设施这两个分柱。“X_7 信息通信技术”主要反映一国网络普及情况，用每百人互联网用户数来衡量，“X_8 普通基础设施”则用固定资本形成总额在 GDP 中的占比来核算。

支柱 4：市场成熟度。

市场成熟度主要阐释了运转正常的市场通过竞争压力、效率增益和交易经济，以及通过供需平衡，为创新环境作出贡献，该支柱围绕市场条件和交易总水平设立了三个分支柱。“X_9 信贷”用金融机构人民币信贷年底余额来衡量。“X_{10} 投资”显示市场规模是否与市场动态相匹配，用市值在 GDP 中的占比来核算。“X_{11} 贸易、竞争和市场规模”用服务贸易对外依存度来衡量，表明一国服务业参与国际竞争的程度，服务贸易进出口额占 GDP 的比重越高，意味着服务贸易在

① 扣缴税款（如个人所得税）或收缴和汇给税务部门的税款（如增值税、销售税或商品及服务税）不包括在内。

国民经济中所处的地位越高，是衡量一国服务业对外开放程度的重要指标。

支柱5：商业成熟度。

人力资源和研究（支柱2）主要阐释了教育（特别是高等教育积累人力资源）和研发活动，是实现创新不可或缺的条件。商业成熟度水平（支柱5）将上述观点向前更进一步，评估服务公司通过雇用高素质人才和技术工人，在多大程度上有利于服务创新活动。①“X_{12}知识型工人”，知识型工人的量化指标用每百万人研究和开发（R&D）研究人员来核算。“X_{13}创新关联”用海外供资GERD占比来表示国内公司能够接触到全球范围内最佳研发和实践的影响。“X_{14}知识的吸收”，用支付的知识产权使用费来衡量，这对于通过知识吸收和传播实现创新是关键的一点。

支柱6：知识和技术产出。

知识的吸收和传播是支柱5和支柱6的主题，这一支柱包含了发明和创新收益。“X_{15}知识的创造”表明发明和创新活动的结果，主要用居民专利申请量来核算。“X_{16}知识的影响”显示创新活动对于微观经济和宏观经济的影响，用高科技出口在制成品出口中的占比来表示。“X_{17}知识的传播”用知识产权收入来核算，该指标和支柱5的“X_{14}知识的吸收”共同反映经济体吸收和传播知识的能力，这两个指标互为对方的镜像。

支柱7：创意产出。

创意是服务创新的重要组成部分，对创意产出的衡量主要从无形资产、创意服务和网络创意三个角度来衡量。“X_{18}无形资产”用本地居民直接提交的商标申请来衡量，“X_{19}创意服务”用创意服务出口在贸易总额中的占比进行核算，这里的创意服务统计范围包括广告、市场调查与民意调查、建筑、工程及其他技术服务、研究与开发、个人、文化和娱乐服务、视听及相关服务、其他的个人、文化和娱乐服务。“X_{20}网络创意”，用每百万人安全互联网服务器数代表通信网络等高科技要素的使用情况。

二、模型构建

灰色关联分析是指对一个系统发展变化态势的定量描述和比较的方法，对于两个系统之间的因素，其随时间或不同对象而变化的关联性大小的量度，称为关

① 《中国创新力跻身前25强 82个单项成绩不可忽视》，http：//www.360doc.com/content/16/0924/19/535749_593334327.shtml。

联度。在系统发展过程中，若两个因素变化的趋势具有一致性，即同步变化程度较高，即可谓二者关联程度较高；反之，则较低。因此，灰色关联分析方法，是根据因素之间发展趋势的相似或相异程度，亦即“灰色关联度”，作为衡量因素间关联程度的一种方法。该方法对于一个系统发展变化态势提供了量化的度量，非常适合动态历程分析。具体计算步骤：

1. 确定分析数列

确定反映系统行为特征的参考数列 $X_0=\{x_0(k)\mid k=1,2,\cdots,n\}$ 和影响系统行为的比较数列 $X_i=\{x_i(k)\mid k=1,2,\cdots,n\}$。

2. 对参考数列和比较数列进行无量纲化处理

$$x_i(k)=\frac{x_i(k)}{x_i(1)},\ k=1,2,\cdots,n;\ i=0,1,2,\cdots,m \tag{3-1}$$

3. 求参考数列与比较数列的灰色关联系数

$$\xi(k)=\frac{\min\limits_i\min\limits_k|y(k)-x_i(k)|+\rho\max\limits_i\max\limits_k|y(k)-x_i(k)|}{|y(k)-x_i(k)|+\rho\max\limits_i\max\limits_k|y(k)-x_i(k)|} \tag{3-2}$$

记 $\Delta_i(k)=|y(k)-x_i(k)|$，则

$$\xi(k)=\frac{\min\limits_i\min\limits_k\Delta_i(k)+\rho\max\limits_i\max\limits_k\Delta_i(k)}{\Delta_i(k)+\rho\max\limits_i\max\limits_k\Delta_i(k)} \tag{3-3}$$

其中 ρ 为分辨系数，取值区间为（0，1），具体取值可视情况而定，通常取 $\rho=0.5$。

4. 求关联度 r_i

$$r_i=\frac{1}{n}\sum_{k=1}^{n}\xi_i(k),\ k=1,2,\cdots,n \tag{3-4}$$

r_i 值越接近 1，说明相关性越好。

5. 依据关联度大小，进行灰色关联分析

如果 $r_1<r_2$，则参考数列 y 与比较数列 x_2 更相似。通过关联度的大小排序，即可看出相关因素序列对系统特征序列的影响程度。

三、数据来源

本书相关指标数据大部分直接来自历年《中国统计年鉴》、世界银行网站、联合国贸易和发展组织、联合国网站等权威数据库，部分指标通过这些相关数据进行计算后得出。所有的指标数据都来自国际组织或国家政府正式发布，来源可

靠，保证数据的客观权威性。由于部分指标数据的统计年份从2003年才开始，过半的指标数据最近只能采集到2015年，因此分析的时间范围为2003~2015年。其中"X_{19}创意服务出口在贸易总额中的占比"只能采集到2012年，"X_{13}海外供资GERD占比"只能采集到2014年，这两个指标之后年份的数据为SPSS软件的预测数据。具体数值如表3-18和表3-19所示。

表3-18　2003~2015年中国服务贸易出口额与服务创新动力因素指标体系统计数据

指标			2003年	2004年	2005年	2006年
服务贸易出口额（百万美元）		X_0	46759.7	64912.9	78468.7	94071.0
支柱1：制度	政治环境	X_1	5.5749	5.6812	5.5207	5.4286
	监管环境	X_2	1.9859	2.681	1.95	1.8223
	商业环境	X_3	52.97	48.61	50.96	52.16
支柱2：人力资源和研究	教育	X_4	4.5177	4.4752	4.4944	4.4729
	高等教育	X_5	15.6358	17.911	19.3359	20.4977
	研究和开发（研发）	X_6	1.1238	1.2138	1.3102	1.3713
支柱3：基础设施	信息通信技术	X_7	6.2	7.3	8.52	10.52
	普通基础设施	X_8	38.7936	40.0744	39.9309	39.1785
支柱4：市场成熟度	信贷	X_9	225313.3	262740	302042.8	365230.1
	投资	X_{10}	30.8959	22.8964	17.3129	40.7421
	贸易、竞争和市场规模	X_{11}	6.1839	7.0775	7.0357	7.0255
支柱5：商业成熟度	知识型工人	X_{12}	667.5321	713.2845	856.8455	932.3142
	创新关联	X_{13}	1.9459	1.2821	0.9261	1.6133
	知识的吸收	X_{14}	35.4813	44.966	53.2125	66.3408
支柱6：知识和技术产出	知识的创造	X_{15}	56769	65786	93485	122318
	知识的影响	X_{16}	27.3793	30.0645	30.8436	30.5144
	知识的传播	X_{17}	1.0698	2.3636	1.574	2.045
支柱7：创意产出	无形资产	X_{18}	405620	527591	593382	669276
	创意服务	X_{19}	1.183	1.4336	1.8056	1.8693
	网络创意	X_{20}	0.1413	0.2261	0.3268	0.4485

表 3－19 指标统计数据

指标	2007 年	2008 年	2009 年	2010 年	2011 年	2012 年	2013 年	2014 年	2015 年
X_0	125447.0	145343.0	122563.0	178338.9	201047.0	201576.0	207006.0	219130.6	217555.6
X_1	5.4284	5.1047	4.5751	4.5957	4.4788	4.2902	4.2453	4.2427	3.9178
X_2	1.6372	1.4649	1.4213	1.2932	1.2528	1.3303	1.2838	1.2266	1.2326
X_3	54.51	53.06	54.01	56.85	62.09	65.92	68.8	68.6	67.9
X_4	4.4954	4.5384	4.7275	4.7362	4.8782	5.3029	5.1012	5.0944	5.2433
X_5	20.8445	20.94	22.516	23.9479	24.8728	27.1844	30.1621	39.3904	43.3918
X_6	1.3742	1.4425	1.6625	1.7101	1.7765	1.9071	1.991	2.0211	2.0656
X_7	16	22.6	28.9	34.3	38.3	42.3	45.8	47.9	50.3
X_8	38.2918	39.4501	44.2432	44.3113	44.1908	44.5121	44.7315	44.2888	43.8227
X_9	454267.8	538406	681875	805879	913226	1024067	1174666	1323453	1541204
X_{10}	121.0591	37.9845	69.8803	64.2624	43.8908	42.6298	40.1645	57.8512	77.1295
X_{11}	7.128	6.5535	5.2432	6.1279	5.9676	5.6343	5.5798	6.1887	5.8557
X_{12}	1078.625	1200.295	863.9263	902.9598	977.6821	1035.879	1089.192	1113.072	1176.577
X_{13}	1.3469	1.2389	1.3461	1.3047	1.3376	0.9749	0.8936	0.8263	0.8274
X_{14}	81.9207	103.1947	110.6527	130.3955	147.0611	177.4898	210.3308	226.138	220.2237
X_{15}	153060	194579	229096	293066	415829	535313	704936	801135	968252
X_{16}	26.6624	25.5653	27.534	27.5127	25.8079	26.274	26.9655	25.3717	25.5458
X_{17}	3.4263	5.7054	4.2945	8.3048	7.433	10.441	8.8667	6.7638	10.846
X_{18}	604952	590525	741764	973462	1273827	1502540	1733364	2139973	2699156
X_{19}	2.0824	2.0653	1.9363	1.9308	2.4166	2.613	2.6131	2.7377	2.8623
X_{20}	0.6829	0.9346	1.1861	1.9205	2.4254	3.1376	3.8736	7.0382	10.1173

资料来源：（1）中华人民共和国统计局编：《中国统计年鉴》，中国统计出版社 2004～2016 年版。（2）世界银行网站数据库。（3）联合国网站数据库。（4）联合国贸易和发展组织数据库。（5）国家市场监督管理总局网站。

四、实证分析

1. 求初像值

根据式（3－1），对表 3－17 的数值进行无量纲化处理后得到初像值，如表

3－20 所示。

表 3－20　　　　初值化

指标	2003 年	2004 年	2005 年	2006 年	2007 年	2008 年	2009 年	2010 年	2011 年	2012 年	2013 年	2014 年	2015 年
X_0	1	1.3882	1.6781	2.0118	2.6828	3.1083	2.6211	3.8139	4.2996	4.3109	4.427	4.6863	4.6526
X_1	1	1.0191	0.9903	0.9738	0.9737	0.9157	0.8207	0.8244	0.8034	0.7696	0.7615	0.761	0.7028
X_2	1	1.35	0.9819	0.9176	0.8244	0.7377	0.7157	0.6512	0.6308	0.6699	0.6465	0.6177	0.6207
X_3	1	0.9177	0.9621	0.9847	1.0291	1.0017	1.0196	1.0732	1.1722	1.2445	1.2988	1.2951	1.2819
X_4	1	0.9906	0.9948	0.9901	0.9951	1.0046	1.0464	1.0484	1.0798	1.1738	1.1292	1.1277	1.1606
X_5	1	1.1455	1.2366	1.3109	1.3331	1.3392	1.44	1.5316	1.5908	1.7386	1.929	2.5192	2.7752
X_6	1	1.0801	1.1659	1.2202	1.2228	1.2836	1.4794	1.5217	1.5808	1.697	1.7717	1.7985	1.838
X_7	1	1.1774	1.3742	1.6968	2.5806	3.6452	4.6613	5.5323	6.1774	6.8226	7.3871	7.7258	8.1129
X_8	1	1.033	1.0293	1.0099	0.9871	1.0169	1.1405	1.1422	1.1391	1.1474	1.1531	1.1417	1.1296
X_9	1	1.1661	1.3405	1.621	2.0162	2.3896	3.0263	3.5767	4.0531	4.5451	5.2135	5.8738	6.8403
X_{10}	1	0.7411	0.5604	1.3187	3.9183	1.2294	2.2618	2.08	1.4206	1.3798	1.3	1.8725	2.4964
X_{11}	1	1.1445	1.1377	1.1361	1.1527	1.0598	0.8479	0.9909	0.965	0.9111	0.9023	1.0008	0.9469
X_{12}	1	1.0685	1.2836	1.3967	1.6158	1.7981	1.2942	1.3527	1.4646	1.5518	1.6317	1.6674	1.7626
X_{13}	1	0.6589	0.4759	0.8291	0.6922	0.6367	0.6918	0.6705	0.6874	0.501	0.4592	0.4246	0.4252
X_{14}	1	1.2673	1.4997	1.8697	2.3088	2.9084	3.1186	3.675	4.1447	5.0023	5.9279	6.3734	6.2068
X_{15}	1	1.1588	1.6468	2.1547	2.6962	3.4276	4.0356	5.1624	7.3249	9.4297	12.418	14.112	17.056
X_{16}	1	1.0981	1.1265	1.1145	0.9738	0.9337	1.0057	1.0049	0.9426	0.9596	0.9849	0.9267	0.933
X_{17}	1	2.2094	1.4713	1.9116	3.2027	5.3331	4.0143	7.7629	6.948	9.7598	8.2882	6.3225	10.138
X_{18}	1	1.3007	1.4629	1.65	1.4914	1.4559	1.8287	2.3999	3.1404	3.7043	4.2734	5.2758	6.6544
X_{19}	1	1.2118	1.5263	1.5801	1.7603	1.7458	1.6368	1.6321	2.0428	2.2088	2.2089	2.3142	2.4195
X_{20}	1	1.6001	2.3128	3.1741	4.833	6.6143	8.3942	13.592	17.165	22.205	27.414	49.81	71.602

2. 求序列差

以中国服务贸易出口额和服务创新动力因素指标体系 2003 年的数值为特征序列，其余变量为相关因素序列，计算序列差，如表 3－21 所示。

表 3－21　　　　序列差

$\|X_0-X_i\|$	2003 年	2004 年	2005 年	2006 年	2007 年	2008 年	2009 年	2010 年	2011 年	2012 年	2013 年	2014 年	2015 年
$\|X_0-X_1\|$	0	0.3692	0.6879	1.0380	1.7091	2.1926	1.8005	2.9896	3.4962	3.5413	3.6655	3.9253	3.9499
$\|X_0-X_2\|$	0	0.0382	0.6962	1.0942	1.8584	2.3707	1.9054	3.1628	3.6687	3.6410	3.7806	4.0686	4.0320
$\|X_0-X_3\|$	0	0.4706	0.7161	1.0271	1.6537	2.1066	1.6015	2.7406	3.1273	3.0664	3.1281	3.3912	3.3707
$\|X_0-X_4\|$	0	0.3976	0.6833	1.0217	1.6877	2.1037	1.5747	2.7656	3.2198	3.1371	3.2978	3.5587	3.4920
$\|X_0-X_5\|$	0	0.2427	0.4415	0.7009	1.3497	1.7691	1.1811	2.2823	2.7088	2.5723	2.4980	2.1671	1.8775
$\|X_0-X_6\|$	0	0.3082	0.5123	0.7916	1.4600	1.8247	1.1418	2.2923	2.7188	2.6139	2.6554	2.8879	2.8146
$\|X_0-X_7\|$	0	0.2108	0.3034	0.3145	0.1022	0.5369	2.0402	1.7183	1.8778	2.5117	2.9601	3.0395	3.4603
$\|X_0-X_8\|$	0	0.3552	0.6488	1.0019	1.6957	2.0914	1.4806	2.6717	3.1605	3.1635	3.2740	3.5447	3.5230
$\|X_0-X_9\|$	0	0.2221	0.3376	0.3908	0.6666	0.7187	0.4052	0.2372	0.2464	0.2342	0.7865	1.1875	2.1876
$\|X_0-X_{10}\|$	0	0.6471	1.1178	0.6931	1.2355	1.8789	0.3593	1.7340	2.8790	2.9311	3.1270	2.8139	2.1562
$\|X_0-X_{11}\|$	0	0.2437	0.5404	0.8757	1.5301	2.0485	1.7732	2.8230	3.3346	3.3998	3.5247	3.6855	3.7057
$\|X_0-X_{12}\|$	0	0.3197	0.3945	0.6151	1.0670	1.3102	1.3269	2.4613	2.8350	2.7591	2.7953	3.0189	2.8901
$\|X_0-X_{13}\|$	0	0.7294	1.2022	1.1827	1.9906	2.4716	1.9294	3.1435	3.6122	3.8099	3.9678	4.2617	4.2275
$\|X_0-X_{14}\|$	0	0.1209	0.1784	0.1421	0.3740	0.1999	0.4975	0.1389	0.1548	0.6915	1.5009	1.6871	1.5541
$\|X_0-X_{15}\|$	0	0.2294	0.0314	0.1429	0.0134	0.3193	1.4145	1.3485	3.0254	5.1188	7.9906	9.4259	12.4034
$\|X_0-X_{16}\|$	0	0.2901	0.5516	0.8973	1.7090	2.1745	1.6155	2.8091	3.3570	3.3513	3.4421	3.7596	3.7196
$\|X_0-X_{17}\|$	0	0.8212	0.2068	0.1002	0.5200	2.2249	1.3932	3.9491	2.6485	5.4490	3.8613	1.6363	5.4858
$\|X_0-X_{18}\|$	0	0.0875	0.2152	0.3618	1.1914	1.6524	0.7924	1.4140	1.1591	0.6066	0.1536	0.5895	2.0018
$\|X_0-X_{19}\|$	0	0.1763	0.1518	0.4316	0.9225	1.3624	0.9843	2.1818	2.2567	2.1020	2.2181	2.3720	2.2330
$\|X_0-X_{20}\|$	0	0.2121	0.6350	1.1632	2.1516	3.5077	5.7754	9.7812	12.8698	17.9009	22.9949	45.1379	66.9687

3. 灰色关联系数的计算

取 ρ＝0.5，求出服务创新动力因素对中国服务贸易竞争力影响的关联系数，如表 3－22 所示。

表 3－22　　　　灰色关联系数

&i	2003 年	2004 年	2005 年	2006 年	2007 年	2008 年	2009 年	2010 年	2011 年	2012 年	2013 年	2014 年	2015 年
&1	1	0.9891	0.9799	0.9699	0.9514	0.9385	0.9490	0.9180	0.9055	0.9044	0.9013	0.8951	0.8945
&2	1	0.9989	0.9796	0.9684	0.9474	0.9339	0.9462	0.9137	0.9013	0.9019	0.8985	0.8917	0.8925
&3	1	0.9861	0.9791	0.9702	0.9529	0.9408	0.9544	0.9243	0.9146	0.9161	0.9146	0.9080	0.9085

续表

&i	2003 年	2004 年	2005 年	2006 年	2007 年	2008 年	2009 年	2010 年	2011 年	2012 年	2013 年	2014 年	2015 年
&4	1	0. 9883	0. 9800	0. 9704	0. 9520	0. 9409	0. 9551	0. 9237	0. 9123	0. 9143	0. 9103	0. 9039	0. 9056
&5	1	0. 9928	0. 9870	0. 9795	0. 9613	0. 9498	0. 9659	0. 9362	0. 9252	0. 9287	0. 9306	0. 9392	0. 9469
&6	1	0. 9909	0. 9849	0. 9769	0. 9582	0. 9483	0. 9670	0. 9359	0. 9249	0. 9276	0. 9265	0. 9206	0. 9225
&7	1	0. 9937	0. 9910	0. 9907	0. 9970	0. 9842	0. 9426	0. 9512	0. 9469	0. 9302	0. 9188	0. 9168	0. 9063
&8	1	0. 9895	0. 9810	0. 9709	0. 9518	0. 9412	0. 9577	0. 9261	0. 9138	0. 9137	0. 9109	0. 9043	0. 9048
&9	1	0. 9934	0. 9900	0. 9885	0. 9805	0. 9790	0. 9880	0. 9930	0. 9927	0. 9931	0. 9771	0. 9657	0. 9387
&10	1	0. 9810	0. 9677	0. 9797	0. 9644	0. 9469	0. 9894	0. 9508	0. 9208	0. 9195	0. 9146	0. 9225	0. 9395
&11	1	0. 9928	0. 9841	0. 9745	0. 9563	0. 9423	0. 9497	0. 9222	0. 9094	0. 9078	0. 9048	0. 9008	0. 9004
&12	1	0. 9905	0. 9884	0. 9820	0. 9691	0. 9623	0. 9619	0. 9315	0. 9219	0. 9239	0. 9230	0. 9173	0. 9205
&13	1	0. 9787	0. 9653	0. 9659	0. 9439	0. 9313	0. 9455	0. 9142	0. 9026	0. 8978	0. 8941	0. 8871	0. 8879
&14	1	0. 9964	0. 9947	0. 9958	0. 9890	0. 9941	0. 9854	0. 9959	0. 9954	0. 9798	0. 9571	0. 9520	0. 9556
&15	1	0. 9932	0. 9991	0. 9958	0. 9996	0. 9906	0. 9595	0. 9613	0. 9171	0. 8674	0. 8073	0. 7803	0. 7297
&16	1	0. 9914	0. 9838	0. 9739	0. 9514	0. 9390	0. 9540	0. 9226	0. 9089	0. 9090	0. 9068	0. 8991	0. 9000
&17	1	0. 9761	0. 9939	0. 9970	0. 9847	0. 9377	0. 9601	0. 8945	0. 9267	0. 8600	0. 8966	0. 9534	0. 8592
&18	1	0. 9974	0. 9936	0. 9893	0. 9656	0. 9530	0. 9769	0. 9595	0. 9665	0. 9822	0. 9954	0. 9827	0. 9436
&19	1	0. 9948	0. 9955	0. 9873	0. 9732	0. 9609	0. 9714	0. 9388	0. 9369	0. 9409	0. 9379	0. 9338	0. 9375
&20	1	0. 9937	0. 9814	0. 9664	0. 9396	0. 9052	0. 8529	0. 7739	0. 7224	0. 6516	0. 5929	0. 4259	0. 3333

4. 计算灰色关联度，如表 3－23 所示

表 3－23　　服务创新动力因素对中国服务贸易竞争力影响的灰色关联度

服务创新动力因素			灰色关联度 r	按支柱加权平均的 r 值
支柱 1：制度	X_1	政治环境	0. 9382	0. 9395
	X_2	监管环境	0. 9365	
	X_3	商业环境	0. 9438	
支柱 2：人力资源和研究	X_4	教育	0. 9429	0. 9509
	X_5	高等教育	0. 9572	
	X_6	研究和开发（研发）	0. 9527	

续表

服务创新动力因素			灰色关联度 r	按支柱加权平均的 r 值
支柱 3：基础设施	X_7	信息通信技术	0.9592	0.9514
	X_8	普通基础设施	0.9435	
支柱 4：市场成熟度	X_9	信贷	0.9831	0.9596
	X_{10}	投资	0.9536	
	X_{11}	贸易、竞争和市场规模	0.9420	
支柱 5：商业成熟度	X_{12}	知识型工人	0.9533	0.9564
	X_{13}	创新关联	0.9319	
	X_{14}	知识的吸收	0.9839	
支柱 6：知识和技术产出	X_{15}	知识的创造	0.9232	0.9355
	X_{16}	知识的影响	0.9416	
	X_{17}	知识的传播	0.9416	
支柱 7：创意产出	X_{18}	无形资产	0.9774	0.9065
	X_{19}	创意服务	0.9622	
	X_{20}	网络创意	0.7800	

五、结论

通过上述对服务创新动力因素与中国服务贸易出口额的灰色关联分析，我们可以得出以下结论：

（1）由表 3 - 22 我们可以看出，服务创新动力因素指标体系与中国服务贸易出口额的灰色关联度都远远超过了 0.5，绝大部分指标甚至于都超过了 0.9，这表明所选的服务创新动力因素指标体系对服务贸易出口的影响都是显著的，意味着服务创新动力因素对服务贸易竞争力的提升有着举足轻重的作用，从实证的角度论证了服务创新对服务贸易竞争力的核心作用。

（2）按各支柱指标加权平均的灰色关联度 r 值来看，支柱 4：市场成熟度对我国服务贸易竞争力的影响最大，灰色关联度值高达 0.9596，其后依次为支柱 5：商业成熟度、支柱 3：基础设施、支柱 2：人力资源和研究。支柱 1：制度、支柱 6：知识和技术产出和支柱 7：创意产出的灰色关联度分别以 0.9395、0.9355、0.9065 居倒数三、二、一名，对我国服务贸易竞争力的影响程度没有前面几个支柱大，但也都非常显著地超过 0.9。

（3）依据灰色关联度 r 值由大到小的顺序，对服务创新动力因素对中国服务贸易竞争力的 20 个影响因素进行排序，具体结果为：X_{14}知识的吸收 > X_9 信贷 > X_{18}无形资产 > X_{19}创意服务 > X_7 信息通信技术 > X_5 高等教育 > X_{10}投资 > X_{12}知识型工人 > X_6 研究和开发（研发）> X_3 商业环境 > X_8 普通基础设施 > X_4 教育 > X_{11}贸易、竞争和市场规模 > X_{16}知识的影响 > X_{17}知识的传播 > X_1 政治环境 > X_2 监管环境 > X_{13}创新关联 > X_{15}知识的创造 > X_{20}网络创意。X_{20}网络创意的灰色关联度 r 值虽然最小，但也超过了 0.75。

（4）从服务创新动力因素对中国服务贸易竞争力的 20 个影响因素的排序结果来看，知识产权对服务贸易竞争力的影响是最大的，但这方面我们主要依靠进口，因此，知识和技术产出支柱与创意产出支柱的排名是倒数的，这说明我国服务创新的产出还远远无法满足市场需求；信贷规模的扩展或缩减对服务贸易竞争力的影响是显著的；加入世贸组织以后，我国经济主体更加注意规范，规则意识更强了，更加注重在无形资产上的投入，由此给我们的服务贸易带来了很多活力；市场环境、信息技术、高等教育和创新人才对服务贸易发展的影响是相当明显的，直接影响了服务贸易竞争力的提升；制度环境对服务企业创新活动的影响比对制造业企业的影响更大，制度环境的变化会促进大量创新的出现，也可能抑制创新活动的发生，从关联度值来看，制度支柱的排名是倒数的，这与我国政府在制定服务贸易和服务创新政策时多有滞后，政策推行经常不能得心应手大有关系，因此这方面也有很大的进步空间。

第四章

服务创新推动国际服务贸易竞争力的提升

本章首先回顾了国际服务贸易 1980 年以来的发展轨迹，总结了现阶段国际服务贸易发展的主要特点。以医疗健康服务贸易为例，论述了服务创新对服务贸易四种提供方式的影响。根据迈克尔·波特教授的"钻石模型"，并在学习和借鉴芮明杰教授的产业竞争"新钻石模型"的基础上，结合服务贸易产业的特点，引入"服务创新"这个核心要素，构建了服务贸易竞争力的理论模型——"加核钻石模型"。

第一节　国际服务贸易发展的概况

一、国际服务贸易 1980 年以来的发展轨迹

随着第二次世界大战以后世界经济结构的调整，作为建立在新技术革命和产业升级基础上的服务贸易迅速发展起来，不仅在各国（或地区）产业升级中起着重要作用，而且在各国（或地区）的国际支付平衡中发挥着重要的缓冲作用，已成为衡量一国（或地区）国际竞争力的重要标准之一。1994 年签署的《服务贸易总协定》确定了服务贸易自由化的多边原则和多边贸易框架，推动世界服务贸易规模迅速扩张。2016 年全球服务贸易额比 1980 年增长了约 10.47 倍，占全球贸易总额的比重从 17.69% 上升为 23.70%，而货物贸易额在此期间仅增长了约 6.94 倍。结合表 4－1 和图 4－1 中服务贸易与货物贸易的增长情况对比，我们按

时代对世界服务贸易的发展情况进行总体分析。

表 4-1　　1980~2016 年世界服务贸易与货物贸易发展状况比较

年份	世界服务贸易						世界货物贸易					
	出口额（百亿美元）	进口额（百亿美元）	总额（百亿美元）	出口增速（%）	进口增速（%）	总额增速（%）	出口额（百亿美元）	进口额（百亿美元）	总额（百亿美元）	出口增速（%）	进口增速（%）	总额增速（%）
1980	39.57	44.78	84.34	—	—	—	198.07	194.29	392.35	—	—	—
1981	40.75	46.86	87.60	2.98	4.64	3.86	196.45	193.52	389.97	-0.81	-0.40	-0.61
1982	40.02	45.17	85.18	-1.79	-3.60	-2.76	182.31	181.52	363.83	-7.20	-6.20	-6.70
1983	38.96	43.56	82.52	-2.63	-3.57	-3.13	177.99	176.66	354.65	-2.37	-2.68	-2.53
1984	39.83	44.51	84.34	2.24	2.18	2.21	189.69	187.71	377.40	6.58	6.26	6.42
1985	41.12	44.37	85.49	3.23	-0.30	1.37	189.78	188.27	378.04	0.05	0.30	0.17
1986	48.46	50.01	98.47	17.85	12.70	15.18	205.27	204.61	409.88	8.17	8.68	8.42
1987	57.47	58.87	116.34	18.60	17.73	18.15	243.86	241.37	485.23	18.80	17.96	18.38
1988	64.26	67.08	131.34	11.82	13.94	12.89	279.77	275.89	555.66	14.72	14.31	14.52
1989	69.97	73.46	143.44	8.89	9.52	9.21	301.87	299.30	601.18	7.90	8.49	8.19
1990	83.14	87.52	170.65	18.81	19.13	18.97	342.92	338.43	681.34	13.60	13.07	13.33
1991	87.77	92.12	179.89	5.58	5.25	5.41	350.87	347.77	698.64	2.32	2.76	2.54
1992	97.69	100.66	198.35	11.30	9.27	10.26	376.57	372.38	748.96	7.33	7.08	7.20
1993	99.38	101.13	200.51	1.73	0.47	1.09	374.83	368.13	742.96	-0.46	-1.14	-0.80
1994	108.35	109.36	217.70	9.02	8.14	8.58	423.82	415.75	839.57	13.07	12.93	13.00
1995	122.22	124.09	246.32	12.81	13.48	13.14	511.66	501.22	1012.89	20.73	20.56	20.64
1996	131.73	131.56	263.29	7.78	6.02	6.89	538.32	529.87	1068.19	5.21	5.72	5.46
1997	137.26	135.12	272.39	4.20	2.71	3.45	559.06	549.46	1108.51	3.85	3.70	3.77
1998	139.00	135.44	274.44	1.27	0.23	0.75	546.77	542.04	1088.81	-2.20	-1.35	-1.78
1999	143.56	143.08	286.64	3.28	5.64	4.44	569.06	566.86	1135.92	4.08	4.58	4.33
2000	152.20	151.94	304.14	6.02	6.19	6.11	641.87	642.95	1284.82	12.79	13.42	13.11
2001	152.51	153.78	306.29	0.21	1.21	0.71	615.72	618.10	1233.82	-4.07	-3.86	-3.97
2002	163.41	162.31	325.71	7.14	5.54	6.34	638.39	637.10	1275.50	3.68	3.07	3.38
2003	189.66	186.27	375.93	16.07	14.76	15.42	745.63	741.34	1486.97	16.80	16.36	16.58
2004	230.24	222.87	453.11	21.39	19.65	20.53	906.41	904.94	1811.35	21.56	22.07	21.82

续表

年份	世界服务贸易						世界货物贸易					
	出口额（百亿美元）	进口额（百亿美元）	总额（百亿美元）	出口增速（%）	进口增速（%）	总额增速（%）	出口额（百亿美元）	进口额（百亿美元）	总额（百亿美元）	出口增速（%）	进口增速（%）	总额增速（%）
2005	265.45	260.59	526.04	15.29	16.92	16.1	1017.37	1005.83	2023.2	13.86	13.7	11.7
2006	299.48	292.03	591.51	12.82	12.07	12.45	1176.67	1156.7	2333.37	15.48	14.64	15.33
2007	357.87	344.83	702.7	19.5	18.08	18.8	1364.03	1335.68	2699.71	15.61	15.17	15.7
2008	401.74	391.61	793.35	12.26	13.57	12.9	1572.06	1547.93	3119.99	15.18	15.73	15.57
2009	358.89	348.72	707.61	-10.67	-10.95	-10.81	1221.35	1193.61	2414.96	-22.25	-22.94	-22.6
2010	391.87	382.39	774.26	9.19	9.66	9.42	1490.21	1455.16	2945.37	21.87	21.52	21.96
2011	440.6	428.13	868.73	12.44	11.96	12.2	1795.02	1755.04	3550.06	19.85	19.42	20.53
2012	452.99	444.04	897.03	2.81	3.72	3.26	1812.95	1768.32	3581.27	0.86	1.14	0.88
2013	482.03	470.61	952.64	6.41	5.98	6.2	1853.84	1798.23	3652.07	2.47	1.64	1.98
2014	515.35	507.03	1022.39	6.91	7.74	7.32	1862.76	1811.74	3674.5	0.25	0.35	0.61
2015	486.2	475.84	962.05	-5.66	-6.15	-5.9	1620.31	1586.61	3206.92	-13.23	-12.32	-12.72
2016	487.93	479.74	967.67	0.36	0.82	0.58	1576.29	1539.32	3115.61	-3.04	-3.04	-2.85

资料来源：（1）根据联合国贸易和发展组织数据库相关数据计算整理。（2）1982~2004 年贸易统计数据依据的是国际收支和国际投资头寸手册第五版（BPM5）；2005~2016 年贸易统计数据依据的是国际收支和国际投资头寸手册第六版（BPM6）。

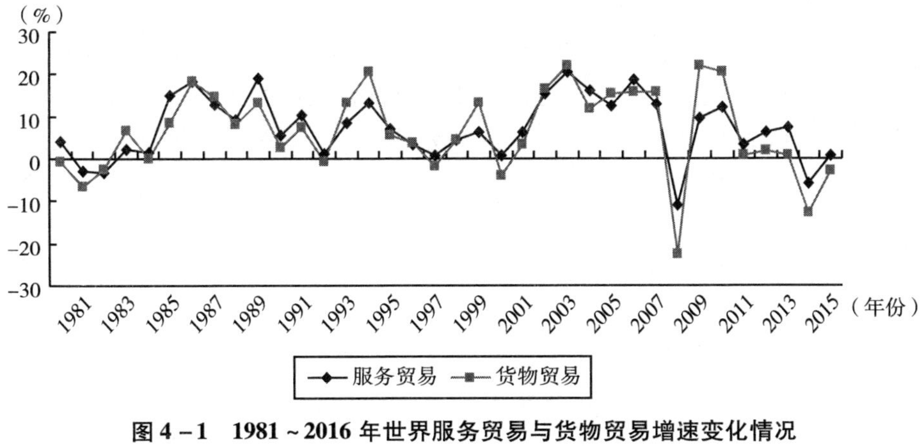

图 4-1 1981~2016 年世界服务贸易与货物贸易增速变化情况

资料来源：根据联合国贸易和发展组织数据库相关数据计算整理。

（一）20世纪80年代，世界服务贸易出口平均增速高于货物贸易

这是因为20世纪80年代以来各国政府对服务业管制的放松为服务贸易的发展创造了条件；信息技术的发展既加快了服务业的可贸易性，又大大方便了向境外市场提供服务的机会；发达国家（或地区）的服务业在国民经济中已占据了主导地位，出于自身利益的考虑这些国家（或地区）积极推动服务贸易自由化进程。从表4-1可以看出，1980~1990年，国际服务贸易的年均增长率比同期的货物贸易高1.64个百分点，特别是自1986年10月"乌拉圭回合"正式开启服务贸易谈判以后，更是以年均14.88%的增长率快速发展。1985~1990年经济合作与发展组织国家的研究、咨询、金融、商务等知识密集型服务业等年增长率为16.9%，超过服务业整体增长率（13.6%），也超过制造业的年增长率（11.6%）。据世贸组织统计，在此期间，国际贸易中的专利和技术贸易增加了20%，成为国际贸易中增长速度最快的领域之一。

（二）20世纪90年代，呈波动下降趋势，恢复到与货物贸易基本持平的状态

其中1992~1995年是服务贸易的第一次波动期，也是国际服务贸易增长最快的一个时期。其出口的年均增长量达871.25亿美元，而增速也达9.1%。这主要是受以下几点因素影响：

1. 服务贸易内部的传统行业保持了持续稳定的发展，而一些新兴服务业所形成的国际服务贸易是这一时期的主要推动力量

从运输和旅游这两个较为传统的贸易行业来看，在1992~1995年期间，随着各国（或地区）经济发展和产业结构逐步升级，均维持了稳定的增长势头。其中旅游业由于依靠较大的自然资源优势而受到国家（或地区）的重视，发展也相应较快。而一些资本、知识密集型的行业则主要由发达国家（或地区）向发展中国家（或地区）输出而形成了较高的增长速度。

2. 服务贸易自由化进程的推进以及亚洲地区经济的快速发展推动了这一阶段的高速发展

世界贸易发展的主要动力来自服务贸易，而服务贸易的深入展开则得益于其自由化程度的提高。但从各国（或地区）的国情出发，在贸易水平相差过大的情况下贸易自由化不可能得到深入展开，如美国、日本等少数发达国家（或地区）对发展中国家（或地区）的服务贸易出口所造成的巨额贸易逆差，会进一步使发展中国家（或地区）承受经济增长的压力，从而区域性贸易合作关系被越来越多

的国家（或地区）所重视和接受，亚洲服务贸易的快速发展就在这样的大环境下，通过中国、印度等国家（或地区）经济发展的带动形成了增长群，进而推动了整个服务贸易的发展。

1996～2000年，服务贸易的发展速度减缓，但依旧维持在一定的水平上。服务贸易出口的年均增量达525.2亿美元，年均增速为4.1%，相对第一阶段而言呈现出稳中有降的趋势。这是因为：

第一，亚洲地区经济危机的爆发。由于历史问题、意识形态、文化宗教、发展不平衡等问题，亚洲地区在经历了快速发展后，没有进一步地加强自身的市场开发，而是更多地注重了区域外部的合作从而使得国内经济过度膨胀，泰国爆发的金融危机引发了整个亚洲的经济危机。由于缺少了亚洲的支持，并且整体受到亚洲经济危机的影响，导致了世界服务贸易发展速度放缓。

第二，服务贸易内部行业整体发展速度减慢，但没有产生较大的波动。从1995年、1996年、1997年3年所反映出的情况看，服务贸易中运输的年均增长比例为13%、2%、2%；旅游的年均增长比例为15%、7%、1%；其他服务贸易的年均增长比例为16%、9%、6%，都呈现出下滑趋势，反映出服务贸易进入了一个调整期。

（三）跨入21世纪后，服务贸易个别年份出现了负增长，并由之前的增量波动期进入总量波动期

世界服务贸易出口增速、进口增速和总额增速于2004年分别以21.39%、19.65%、20.53%达到历史峰值后整体波浪向下，2009年分别以－10.71%、－10.87%、－10.79%跌到了历史谷底之后有所反弹。在经历2012～2014年的温和增长后，2015年再次跌回负值，2016年又稍微回暖，世界服务贸易出口增速、进口增速和总额增速分别为0.36%、0.82%、0.58%。服务贸易的这些波动，也是21世纪以来世界贸易的一个显著特征。2001年以来，世界贸易的总体状况受许多非经济因素的干扰而变得波动幅度较大。就其主要原因来看，有以下三个方面。

1. 地缘政治冲突和自然灾害频发

美国的“9·11”事件直接影响了国际旅游业和国际运输业的发展，世界服务贸易在2002年虽然总体上扭转了颓势，但是由于其他服务贸易也在贸易的诸多环节和手续上受恐怖主义影响而变得阻力增大了，因此美国“9·11”事件对其他地区经济贸易的发展产生直接影响。朝核问题、乌克兰分裂危机、欧美国家对俄罗斯的经济制裁等国际经济政治事件持续发酵；世界恐怖袭击频发，中东地

区的宗教战争、恐怖组织扩张迅速、也门战火持续等，加剧了地区形势的不稳定；2014 年西非国家爆发的埃博拉疫情、极端天气在全球肆虐等，都对世界服务贸易的发展产生负面影响。

2. 全球经济复苏不均衡，不同地区差别巨大

2009 年全球国际金融危机，直接重挫了全球服务贸易和货物贸易，国际贸易因此大幅下挫，进出口增速全部为负值。危机爆发后，世界各国（或地区）先后制订了经济复兴计划。从目前来看，美国、中国、东亚发达经济体和转型经济体对世界经济的复苏发挥了推动作用，而西欧和日本由于国内需求增长缓慢仍处于经济萧条的阶段，拉美经济还未从阿根廷和委内瑞拉的经济危机导致的困境中走出来。但从亚洲地区的发展看，其贸易的主要对象是美国为首的西方发达国家（或地区），这导致了对西方经济的严重倚赖。

3. 国别经济增长低于预期

世界经济在再平衡中艰难复苏，导致世贸组织的预测与世界贸易的实际增长之间出现了偏差。美国彻底退出量化宽松货币政策、欧洲失业率居高不下、日本政府债务高企、金砖国家等新兴经济体经济增速在整体放缓中出现分化等，这些变动影响了世界服务贸易的增长。美国政府“出尔反尔”和“任性”提出的各种条款，使“逆全球化”呈进一步蔓延趋势。

二、现阶段国际服务贸易发展的主要特点

（一）服务贸易发展不平衡情况有所缓解

在经济全球化背景下，一国（或地区）产业结构除受到本国（或本地区）需求的影响外，还受到外部需求的影响。发达国家（或地区）依靠比较优势成为世界上主要的服务输出国，服务贸易出口带动了本国（或本地区）服务业的发展，提高了本国（或本地区）服务业的比重；发展中国家（或地区）由于大量进口服务产品，产生大量逆差，不利于本国（或本地区）服务业的增长。发达国家（或地区）与发展中国家（或地区）服务贸易发展的不平衡，是当代国际服务市场不平衡竞争格局的集中体现。从表 4 -2 我们可以直观看出，2016 年世界服务贸易顺差排名中，前四名中就有三名是发达国家（或地区），而逆差前四名全部为发展中国家（或地区），更重要的是前四名美国、英国、印度和西班牙的顺差额远远超过逆差额中前四名的中国内地、沙特阿拉伯、爱尔兰和巴西。世界服务贸易顺差前 20 名中 75% 是发达国家（或地区），顺差总额为 7477. 8 亿美

元，其中为首的是美国，其服务贸易出口占世界服务贸易出口总额的比重始终保持在两位数，且存在巨额的服务贸易顺差。而世界服务贸易逆差前 20 名中 55% 是发展中国家（或地区），逆差总额 5826.9 亿美元，其中中国内地的逆差额高达 2441.6 亿美元。

表 4-2　　2016 年世界服务贸易顺差和逆差排名 TOP20　　单位：十亿美元

国家或地区	出口值	进口值	顺差	国家或地区	出口值	进口值	逆差
美国	752.37	504.65	247.71	中国内地	208.4	452.57	-244.16
英国	331.24	206.73	124.51	沙特阿拉伯	15.96	71.64	-55.68
印度	161.82	95.92	65.9	爱尔兰	146.61	191.84	-45.23
西班牙	126.89	70.25	56.64	巴西	33.3	63.75	-30.45
中国澳门	32.46	4.1	28.36	俄罗斯	50.55	74.38	-23.83
中国香港	98.82	74.41	24.41	德国	281.21	304.82	-23.61
泰国	67.68	43.46	24.22	科威特	5.53	26.35	-20.82
卢森堡	95.93	72.22	23.7	韩国	92.83	110.44	-17.61
瑞士	118.91	99.54	19.37	加拿大	81.13	97.7	-16.57
希腊	27.78	10.73	17.05	卡塔尔	15.18	31.54	-16.37
波兰	49.81	34.23	15.58	安哥拉	0.71	12.62	-11.91
土耳其	37.69	22.24	15.45	日本	173.82	184.71	-10.89
葡萄牙	29.24	14.52	14.73	挪威	37.37	48.15	-10.79
以色列	39.9	25.95	13.95	墨西哥	24.6	33.55	-8.95
奥地利	61.21	49.01	12.2	委内瑞拉	1.29	9.47	-8.19
瑞典	71.79	61.33	10.46	阿根廷	12.81	20.96	-8.14
克罗地亚	13.65	3.94	9.71	尼日利亚	3.73	11.72	-7.99
罗马尼亚	19.93	11.45	8.47	阿尔及利亚	3.43	10.88	-7.45
巴拿马	12.4	4.53	7.86	荷兰	145.37	152.46	-7.09
匈牙利	23.98	16.47	7.5	印度尼西亚	23.37	30.33	-6.96

资料来源：根据世界银行网站数据库中相关数据计算整理。

国际产业分工从原先的以产业、产品作为边界的产业链分工，随后逐渐的演变成为以要素作为边界的价值链分工。要素密集度决定国际产业分工地位的传统理论依然适用，但要素流动与组合已发生变化。在经济全球化背景下，传统要素的作用逐渐下降，知识密集型要素的作用和国际流动性则显著增强。此外，不同要素在价值链各环节的贡献程度发生变化。因此，国际产业分工更多体现为同一产品价值链上，具有技术、劳动、资本或者别的要素集中程度的各个环节之间的分工。

近几年来，越来越多的发展中国家（或地区）开始看到新一轮国际产业转移中的契机，加快服务业和服务贸易业的发展步伐，不仅在旅游领域、交通运输等传统服务贸易领域中继续保持优势地位，同时还在通信、信息技术、IT 等领域加大投资力度，积极承接发达国家的外包业务。从图 4－2 我们可以直观地看出，2011～2014 年，各大洲或区域的服务贸易增速此起彼伏，轮番超过世界平均增速。2011 年，拉美、独联体和亚洲的增速非常抢眼；2012 年，独联体、亚洲和非洲增速前三；2013 年除了非洲，2014 年除了独联体外，其他板块的服务贸易均保持了增长态势。根据世贸组织发布的《2016 年世界贸易统计数据》报告，从地区来看，北美、亚洲以及欧洲占世界贸易组织成员国货物贸易总量的 88%。近 10 年来，发展中国家（或地区）在全球出口中的占比增加了 9 个百分点，发展中国家（或地区）之间的贸易增加了 11 个百分点。2015 年世界贸易组织成员方货物整体出口规模达 16.2 万亿美元，发展中国家（或地区）占 42%，排名前十的国家货物出口量合计占世界总出口量的 52%；同年 WTO 成员方服务贸易总出口量为 4.68 万亿美元，发展中国家（或地区）占 36%，前 10 位出口国的服务贸易出口量占世界总出口量的 53%。

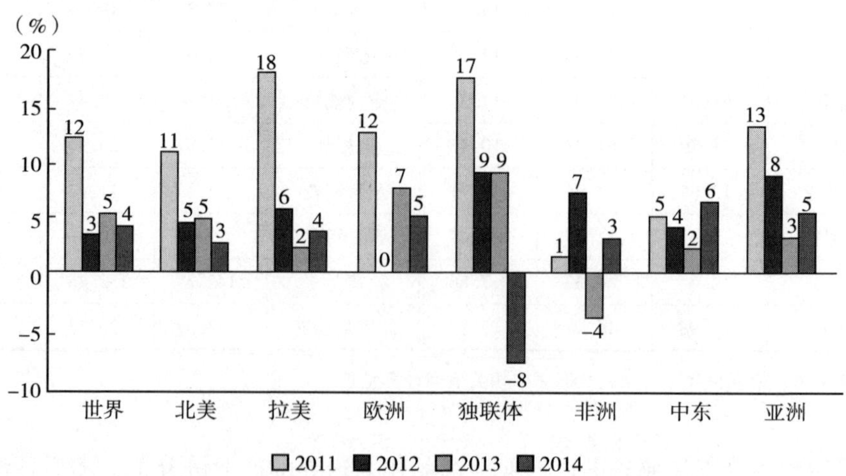

图 4－2　2011～2014 年全球服务贸易出口地区结构

资料来源：世界贸易组织与联合国贸发会议秘书处网站。

（二）国际服务贸易结构调整加快

第二次世界大战以前，国际服务贸易的主要项目是劳务输出、运输服务等；随着第三次工业革命的到来，保险、金融、电信、信息等新兴国际服务贸易业于战后迅速发展起来，世界服务贸易越来越向资本、知识和技术密集型的服务产业集聚。当代的信息通信技术使得距离和时间变得不是那么的重要，传统认知里的服务特性发生了改变，解决了服务难以运输和存储、服务生产和消费需要同时进行等贸易障碍，原本需要直接接触的服务，如教育、咨询、保险、医疗等，现在都能通过远距离信息传输的手段实现跨国贸易。随着服务创新活动的快速发展，服务贸易交易的内容、服务种类和方式越来越向技术、知识密集型方向发展，世界服务贸易内部结构逐渐由传统服务贸易为主，转向旅游、运输等传统服务贸易部门保持稳定增长，新兴服务贸易部门增速加快的阶段。

从国际贸易格局来看（如表 4－3 所示），2005～2016 年，运输服务贸易出口额在世界服务贸易出口总额中所占比率由 21.87% 下降至 17.47%，旅游服务贸易这一比率稍有减少，而以专有权利使用费和特许费、计算机和信息服务、通信、保险、金融为代表的新兴服务贸易业所占比重则从 48.62% 上升至 54.25%。近几年来，世界运输服务出口在货物贸易快速增长和运输成本大幅提升的双重推动下，一直保持稳定增长，旅游服务贸易业总体发展趋势与之相同。G20 国家 2005～2016 年服务贸易结构变动的一个基本趋势是传统的运输服务贸易的比重在下降，保险金融、通信计算机信息服务的比重在上升。同时，作为消费者服务的旅游服务所占比重上升较快，反映了随着经济发展人均收入水平的提高，消费者服务需求不断上升的趋势。

由于发达国家（或地区）信息技术与信息服务业的发展水平远远高于发展中国家（或地区），发展中国家（或地区）正面临信息贫困的新威胁。国际数据库市场的统计分析表明，发达国家（或地区）是数据库产品开发的主力，他们拥有绝大多数的数据库产品，其中北美占全球数据库总量的 64%，西欧占 28%，发展中国家（或地区）对数据库的拥有量不足 10%。由此可见，在信息资源控制上，占世界总人口 15% 的发达国家（或地区）拥有或控制着全世界信息资源总量的 80% 以上，而占世界人口绝对数的发展中国家（或地区）却拥有全球不到 20% 信息资源。

表 4-3　　2005~2016 年 G20 国家服务贸易出口结构变动情况　　单位：%

国家（地区）	年份	产品相关服务	运输服务	旅游服务	建筑及有关工程服务	保险和养老服务	金融服务	对于知识产权使用费	电信、计算机和信息服务	其他商业服务	个人、文化和娱乐服务	政府的商品和服务
全球	2005	3.51	21.87	25.99	1.71	2.51	8.19	6.19	7.64	19.22	1	2.16
	2016	3.4	17.47	24.71	1.8	2.49	8.61	6.44	10.1	22.41	0.93	1.47
中国	2005	16.96	19.66	37.33	3.3	0.7	0.19	0.2	2.96	17.89	0.17	0.63
	2016	11.39	16.24	21.32	6.08	1.95	1.53	0.56	12.19	27.8	0.36	0.58
美国	2005	2.04	14.11	27.2	0.36	2.03	10.69	19.96	4.16	15.2	0.07	4.18
	2016	3.52	11.25	27.49	0.27	2.36	12.86	16.24	4.95	18.08	0.33	2.64
英国	2005	0.13	14.29	13.2	0.47	8.48	23.1	6.57	6.11	24.31	1.81	1.54
	2016	1.31	10.76	12.13	0.49	6.16	21.72	4.52	7.25	33.02	1.57	1.07
阿根廷	2005	—	20.2	42.26	0.71	—	0.06	0.79	6.32	24.74	3.14	1.78
	2016	—	18.24	30.2	0.05	0.24	0.09	1.49	11.8	34.58	1.76	1.55
澳大利亚	2005	0.23	18.46	54.89	0.14	0.88	4.18	1.88	4.09	12.02	1.42	1.8
	2016	0.12	10.08	61.17	0.21	0.74	5.06	1.51	4.67	13.87	1.16	1.41
巴西	2005	—	20.38	25.01	0.05	0.87	3.28	0.66	2.07	39.61	0.36	7.72
	2016	1.11	15.19	18.09	0.44	2.35	2.22	1.95	5.42	49.32	1.7	2.2
加拿大	2005	2.47	17.64	22.66	0.35	1.27	5.54	4.77	8.85	30.47	3.73	2.27
	2016	1.95	15.24	22.53	0.46	1.74	9.99	5.52	8.26	30.59	2.26	1.46
法国	2005	—	—	—	—	—	—	—	—	—	—	—
	2016	6.24	17.24	17.98	1.08	3.63	4.91	6.6	7.14	33.48	1.21	0.48
德国	2005	5.01	23.43	18.27	—	2.15	9.86	3.61	6.94	25.95	0.74	4
	2016	4.85	18.83	13.72	0.72	4.1	8.58	6.18	12	28.51	0.68	1.8
印度	2005	—	12.53	14.36	0.66	1.8	2.19	0.39	32.32	34.9	0.21	0.63
	2016	0.16	9.39	13.86	1.28	1.33	3.14	0.33	34.18	32.87	0.86	0.37
印度尼西亚	2005	0.54	21.87	34.79	3.72	0.11	2.83	2.03	8.81	22.12	0.44	2.73
	2016	3.06	14.77	50.53	0.98	0.22	1.09	0.19	4.06	21.95	0.34	2.81
意大利	2005	3.91	16.29	38.37	0.24	2.32	3.69	3.5	7.23	22.85	0.28	1.32
	2016	3.52	13.68	40.23	0.45	2.07	4.57	3.23	9.07	22.17	0.18	0.83
日本	2005	0.31	35.08	12.19	7.08	0.85	4.97	17.27	1.49	18.39	0.09	2.28
	2016	0.76	18.21	17.69	5.4	0.98	6.7	22.44	2.18	22.25	0.47	2.93

续表

国家（地区）	年份	产品相关服务	运输服务	旅游服务	建筑及有关工程服务	保险和养老服务	金融服务	对于知识产权使用费	电信、计算机和信息服务	其他商业服务	个人、文化和娱乐服务	政府的商品和服务
韩国	2005	3.84	47.47	11.44	9.28	0.33	1.52	4.01	0.58	18.52	0.21	2.8
	2016	3.06	28.48	18.54	11.8	0.67	1.9	7.13	3.85	22.24	1.22	1.11
墨西哥	2005	—	8.6	75.01	—	9.85	—	0.44	3.48	—	2.37	0.25
	2016	—	5.76	81.22	—	11.95	—	0.67	0.41	—	—	—
俄罗斯	2005	8.04	31.63	20.35	11.49	1.12	1.35	0.89	3.61	20.08	0.65	0.8
	2016	6.24	33.72	15.42	7.04	0.82	2.32	1.08	7.79	23.09	0.83	1.63
沙特阿拉伯	2005	—	15.95	40.54	—	—	—	—	1.69	39.79	—	2.02
	2016	—	19.33	69.53	—	1.39	3.59	—	1.71	0.13	—	4.32
南非	2005	0.18	17.08	63.54	0.29	1.05	4.52	0.38	2.73	7.08	0.96	2.19
	2016	0.22	15.23	55.15	0.12	1.34	5.59	0.76	4.01	13.51	1.37	2.7
土耳其	2005	—	18.24	68.98	3.17	1.16	1.24	—	1.48	0.7	3.88	1.15
	2016	0.55	34.62	49.8	2.4	2.89	1.8	—	0.44	1.66	4.22	1.64

资料来源：根据联合国贸易和发展组织数据库相关数据整理。

（三）知识信息密集型的服务业成为发达国家经济的支柱

20世纪80年代，保罗·罗默（Paul M. Romer，1986）将知识（包括技术）作为内生变量引入生产函数，建立了内生经济增长模型，和罗伯特·卢卡斯（Robert Lucas，1988）一起全面修正了新古典理论。新增长理论的建立和兴起，说明了知识对于经济增长的影响已经大幅度提升，所以经济以及产业组织结构逐渐向非物质化靠拢，这重点体现在知识信息密集型新兴服务业已经成为发达国家经济发展的中流砥柱。以美国为例，服务业吸纳了全国75%以上的就业人口，消费者用于购买各种服务的花费占开支总额的60%以上。大型制造企业也不断涉足服务领域，例如，以电器和电子设备制造发家的通用电气公司（GE），目前大约40%的营业收入来自服务领域。随着信息技术的不断发展，新的服务贸易业务也将逐渐衍生出来，如数据库服务、大型呼叫中心等。

值得注意的是，在当代服务贸易发展中，由于信息技术对服务业普遍的渗透，在资源与劳动力密集的服务领域，出现了内生性要素对外生性要素替代的趋势，这对发展中国家服务贸易的发展是极其不利的。如在国际工程承包中，总承包越来越盛行，为了节省成本，提高项目投产的时效性，业主希望由一个总承包商负责工程项目的前期规划、总体设计、设备采购甚至施工管理，这样，就对承包商提出了更高要求。要求承包商具备科研设计开发能力、工程管理能力、投融资能力。这就提高了工程竞标的难度。发展中国家廉价劳动力优势在这种贸易方式下就失去了优势。在零售业、银行业，由于信息技术设施的使用，产业特性逐渐由劳动密集型向资本和技术密集型转变。运输服务贸易，对运输管理水平、运输销售能力、运输营运能力的设计都提出了更高的要求，只有拥有高素质的人才和高效的管理，才可能建立强而有力的揽货网络和运输信息中心。①

（四）跨国服务公司快速发展，商业存在成为服务贸易主要方式

因为服务产品有着无法储存性和无形性两种特质，通过商业存在跨境提供服务，对于服务提供者压缩成本、降低价格以取得规模效益是比较有利的。随着世界产业结构的进一步调整和全球范围内产业转移的加快，服务业的跨国直接投资增长率远高于世界经济和货物贸易。跨国公司作为生产、投资和贸易全球化的主角，已成为国际产业分工主体并主导着以产业链细分为特征的国际产业转移。随着跨国公司的发展和全球商业活动的加强，国际产业分工由以部门间分工和垂直分工为主，转向以部门内分工和水平分工并存的格局，产业内贸易正逐步取代产业间贸易成为国际服务贸易的主导形式。随着跨国公司内部分工链条的不断延伸，公司内分工已成为国际产业分工的新特征。

服务型的跨国公司利用自身网络、品牌、技术、信息以及资金等方面的优势，在全球范围内进行资源配置，抢占发展中国家的服务市场。② 随着全球产业结构升级加速，各国进一步降低服务业市场壁垒以加大服务业对外开放力度，将掀起以服务业为核心的新一轮国际产业转移的浪潮。一些大型服务性企业为了获取较多的市场份额，都竭尽全力创建国际化生产网络。这一方面是因为在服务生产与消费过程中，服务营销的特性需要服务提供方与顾客有着直接接触和密切联系，所以通过对外投资抢夺国外服务市场份额对企业战略实现具有重要作用；另一方面，很多服务部门享有网络型产业的性质，规模报酬递增明显，如金融、电信和交通运输等。再者，从技术实现方面看，信息和通信技术的迅猛发展，为大型跨国公司加强全球运作并监督其全球范围内的资产变化情况提供了可能性和更

---

① 俞梅珍：《服务业与当代国际经济竞争》，中国物资出版社 2002 年版。

② 王伟：《浅析现代服务业人才需求标准》，载于《商业文化（下半月）》2011 年第 3 期。

多解决方案，电子信息网络服务使得这些企业能够较好地运用一体化来节约交易成本和相关的办公费用。[①]

（五）服务外包潜力越来越大

近几年来，由于存储、系统、网络等信息技术的迅猛发展，服务外包随着跨国公司的战略调整正逐渐成为服务贸易的重要形式。发达国家和地区是主要的服务外包输出地，美国的外包支出约占全球外包总支出的2/3，欧盟和日本的外包支出合计所占比重接近1/3，其他国家在这方面的支出比较少。发展中国家为重要的外包承接地，其中亚洲外包业务中占据全球45%的比重。随着经济全球化的发展，服务外包承接方从中等发达国家向新兴发展中国家和地区扩展，也从近岸向远岸国家和地区扩展，服务外包承接国数量急剧增多，几乎遍及全球。同时服务外包多元化发展趋势明显，部分跨国公司在拓展自身业务时，把眼光转向服务外包本身，开拓服务外包业务。如IBM通过一系列兼并重组，从传统计算机制造企业转型为大量承接IT专业外包业务的巨型服务型公司。

服务外包的市场规模将会快速扩张。根据有关机构的数据统计，尽管世界经济当前增长速度低于过去30年平均每年3～4个百分点的增速，但服务外包将仍然保持超过10%的增长速度。[②] 跨国公司的经营管理理念随着服务外包的发展而发生变革，为了降低成本、提升企业竞争力，外包的内容已不再局限于非核心业务环节，关键技术研发、财务、人力等核心业务外包将会逐步提升，高附加值的知识流程外包、商业解决方案业务流程外包比重将会增加。

随着大数据、物联网、移动互联网、云计算等新兴技术的迅速发展和广泛应用，不仅为服务外包产业带来新的发展机遇，还形成了新的外包内容、交付方式以及业务流程，这为服务外包产业的发展提供了新的动力。随着新科技革命和产业变革的深入演变，经济社会信息化水平全面提升，外包行业领域不断拓宽，不仅从制造服务拓展到生活服务，更拓展到文化创意、健康护理、科技服务、休闲娱乐等新兴服务领域。随着服务外包企业的规模日益扩大，大者恒大的“马太效应”日趋明显，大型服务外包企业占据了越来越大的市场份额。以印度为例，全国排名前十的外包公司就占了整个印度IT收入的四成以上，前几名的外包企业人员规模已经超过10万人，个别甚至超过20万人。企业规模的扩大带来了行业

① 俞梅珍：《服务业与当代国际经济竞争》，中国物资出版社2002年版。

② 夏星、黄赛燕、杜衡：《国际服务外包产业发展形势分析及对策探讨》，载于《服务外包》2016年第7期。

的垄断和集中，对于中小企业以及业务初期发展中国家和地区，产生了一定的影响。

（六）对服务贸易的关注度日益增强

发达国家（或地区）由于工业化进程比发展中国家（或地区）快，较早重视服务业的开放发展，例如，美国政府20世纪50年代起就开始制订了一系列具有前瞻性的服务业发展计划。发达国家利用自身发展水平领先的优势，无论是在世贸组织新一轮的谈判还是在区域性经济合作的谈判过程中，均提出各成员国要加大服务贸易市场的开放，以此来扩大本国（或本地区）服务贸易出口规模。从国际贸易的发展来看，贸易自由化的程度关系着服务贸易今后的走势。从世界经济一体化和贸易自由化的角度看，影响其发展的主要组织形态有三个。

1. 世贸组织及其搭建的“多哈平台”

世贸组织成立以来，在一定程度上推进了贸易自由化，从而有助于世界经济的增长。乌拉圭回合开辟了贸易自由化的新领域，而多哈谈判则更有力地推动了服务贸易如金融、保险、电信等新型贸易的发展。然而作为拥有众多会员国的世贸组织，却在调和发达与发展中国家（或地区）贸易利益的进程中推动缓慢。南北之间贸易自由化的进程不平衡，是世贸组织所搭建的平台中尚未完全有效解决的问题。

2. 区域内部搭建的合作组织平台

相对于世贸组织而言，近些年来区域经济合作组织的发展却显现出越来越重要的作用，如欧盟、石油输出国组织（OPEC）、亚洲经济合作组织等在区域内部的贸易推动中发挥出了越来越重要的作用。对国家（或地区）而言，其所处的区域环境无论从贸易本身还是从政治的角度考虑都较外部更为重要，区域合作组织所提供的更深、更好的服务贸易环境也是更有效的。美国新任总统特朗普在其就职后的第二个正式工作日便签署总统令，彻底退出8年前奥巴马希望让美国主导的跨太平洋伙伴关系协定（Trans - Pacific Partnership Agreement，TPP），使得此前虽备受全球关注但在谈判过程中本就困难重重的TPP和跨大西洋贸易与投资伙伴协议（Transatlantic Trade and Investment Partnership，TTIP）前景暗淡。

3. “一带一路”，即“丝绸之路经济带”和“21世纪海上丝绸之路”

“一带一路”发端于中国，东牵亚太经济圈，西系欧洲经济圈，共65个国家44亿人口，占全世界人口的63%，经济总量约21万亿美元，分别占全球的63%和29%，是世界上跨度最长的经济大走廊。自中国国家主席习近平于2013年提出共建“丝绸之路经济带”和“21世纪海上丝绸之路”的重大倡议以来，便得到沿线国家的积极响应和支持。“一带一路”沿线各国通过携手互联互通建设，扩大区域贸易，提升各参与国的合作程度，使沿线各国成为疲软的全球经济环境下可能出现的新增长极①。从思想、经济、政治、文化等领域全面对接和耦合，增进沿线各国人民的人文交流与文明互鉴②，必将共同谱写丝绸之路的新篇章，共筑合作共赢之路！可以预见，未来的“一带一路”，将会成为国际服务贸中一条举足轻重的商贸之路。

第二节 服务创新对服务贸易四种提供方式的影响

生产一项服务意味着什么？盖雷等（Gadrey et al.，1995）认为，生产一项服务就是组织一个问题（一项处置、一种操作）的解决方案，它主要不涉及提供实物产品，而是基于客户需求把很多（组织的、人力的、技术的）能力集中起来，组织一个解决方案，这一方案的精确度可能会在很大的范围内变化。③ 服务创新很少被局限在服务产品本身特征的变化上。创新通常还伴随着产品销售、客户界面、质量控制与质量保证等方面的新模式，所以这里所涉及的各种具体模式可能存在相当大的差异。为了以一种相对一致的方式详细讨论服务创新对服务贸易四种提供方式的影响，我们以医疗健康服务贸易为例进行探讨。

随着生活水平的提高和生活方式的改变，人们越来越重视疾病预防与健康管理，以生命科学和生物技术为先导的医疗健康产业逐渐成为带动国民经济增长的强大动力。美国经济学家保罗·皮尔泽（Paul Zane Pilzer）④ 认为医疗健康服务贸易业将成为继电脑和互联网产业之后“影响世界的第五波财富”，而且随着总需求量的日益增长，在未来十年将为美国经济带来“无限广阔的、过兆亿美元的”商机。国际医疗健康服务贸易，即一国（或地区）的医疗健康服务贸易提供者，依靠自己的医疗健康知识和技能为另一国（或地区）的服务消费者提供医疗健康服务并获得外汇收入的交易过程。根据《服务贸易总协定》对服务贸易所

① 林惠玲、黄茂兴：《中国海洋文明与海上丝绸之路的复兴》，载于《东南学术》2016 年第 3 期。

② 李松：《全球治理理论在中国的发展变迁及中国参与全球治理的决策调整》，安庆师范大学硕士论文，2016 年。

③ ［法］盖雷、加卢著；李辉、王朝阳、姜爱华译：《服务业的生产率、创新与知识：新经济与社会经济方法》，格致出版社、上海人民出版社 2012 年版。

④ ［美］保罗·皮尔泽：《财富第五波：未来十年世界与中国财富大趋势》，中国社会科学出版社 2013 年版。

下的定义，服务贸易包括跨境交付、境外消费、商业存在和自然人流动四个方面。这四种提供模式的交易具体如图 4 –3 所示。

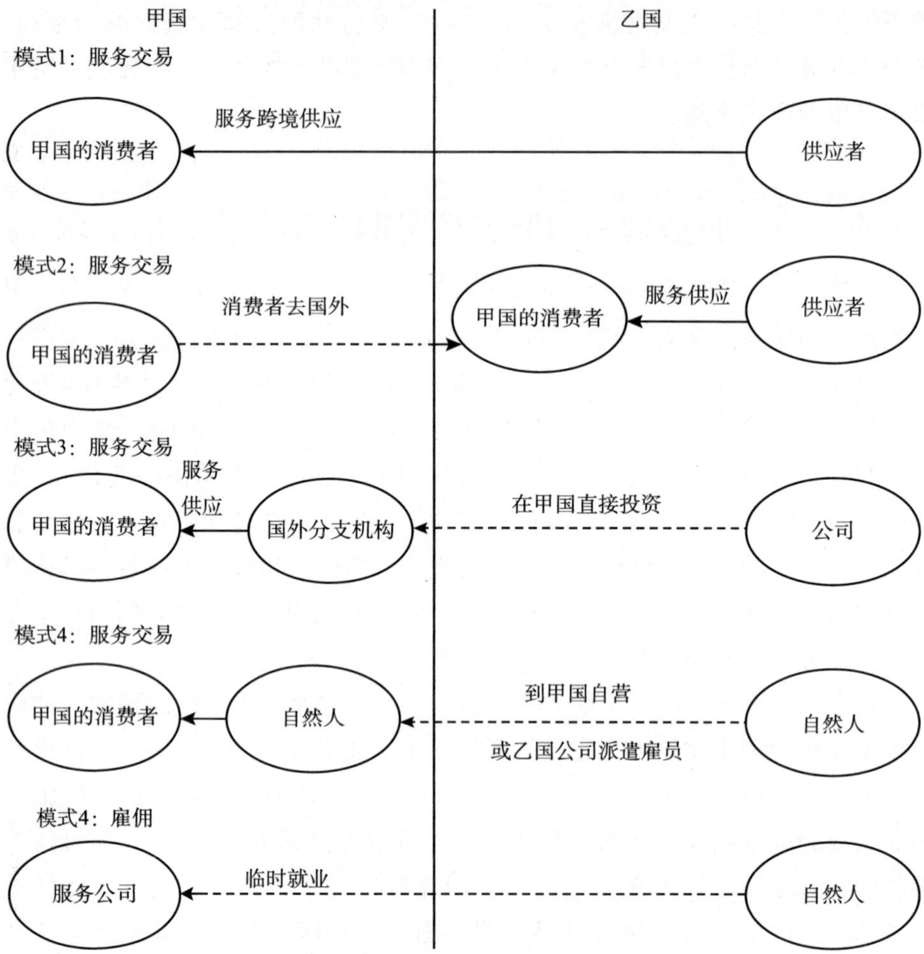

图 4 –3　服务贸易提供模式交易示意

资料来源：蒙英华：《服务贸易提供模式研究》，中国经济出版社 2011 年版。

一、服务创新对跨境交付的影响

跨境交付（cross-border supply）这种贸易提供模式并不涉及人员的流动，是指从一国（或地区）境内向另一国（或地区）境内提供服务，服务提供者和服务消费者都不需要流动出境，实际流动的只是服务。此类服务主要包括可通过互联网实现远程服务的金融服务、远程培训服务和远距离诊疗服务等，此类型贸易模式与传统意义中的货物跨境贸易有相似之处，也就是说无论是服务提供方还是服务消费方在整个交付产品的过程中，分属两个国家（或地区）也不需要跨越国境。跨境交付的媒介主要包括传真、电话、网络、其他计算机媒体的连接等，还包括用邮件方式发送文件、软盘和磁带，为支持货物贸易而发生的服务是跨境交付服务贸易的常例。①

医疗健康服务的跨境交付是指医疗服务的提供者自一成员国（或地区）境内向其他成员国（或地区）境内的自然人或法人提供医疗服务。服务创新的快速发展，尤其是信息通信技术的进步的和发展，有效缩短了服务供应方和服务需求方的距离，拓展了服务贸易的范围和医疗服务贸易跨境可交易性，具体交易类型主要包括：（1）医药研发外包（contract research organization，CRO）。CRO 是一种代表客户进行全部或部分医药研发或医学实验以获取报酬的商业化组织，全球性 CRO 以服务国际大药厂为主。（2）医疗转录（medical transcription）。医疗转录业务主要包括病理报告、历史和物理报告、咨询报告、手术记录或报告等，印度和菲律宾是当前全球医疗转录服务的主要出口国。（3）放射影像跨境传输（radiographic transboundary transmission）。随着放射信息系统（RIS）和影像归档与影像系统（PACS）的技术升级和发展，传统的放射胶片变成了可以随时通过互联网传送的数字影像，其他国家（或地区）的具有专业资格的反射医生就可以远程提供影像解读与分析服务。此外，还有远程诊断（telediagnostics）、医疗账单与保险理赔（medical billing/insurance claim）、远程病理（telepath logy）、远程咨询（teleconsultation）等。

服务创新发挥了不同国家（或地区）资本、技术、劳动力等资源禀赋的优势，促使发达国家（或地区）把相关的医疗健康服务外包给发展中国家（或地区）成为可能，扩大了医疗健康服务跨境交付的市场。例如，同样学识水平和技术能力的放射医生，在美国工作可以获得 30 万美元的年薪，在印度工作则只能获得约 2 万美元的年薪②。巨大的人力成本差别，较强的英语背景和可以每天 24 小时不间断地提供影像解读和分析服务的时差优势，使得印度成为美国最大的放射影像外包地。不仅是远程放射影像跨境传输，菲律宾、卡塔尔、古巴、马来西亚、印度等发展中国家，拥有相当数量受过良好专业教育、工资相对低廉却又掌握相关医疗健康技术的医护人员，能很好地承接医疗抄写、远程诊断、远程病

① 蒙英华、于立新：《服务贸易补贴及中国政策绩效评估》，载于《国际贸易》2013 年第 10 期。

② 景瑞琴：《GATS 与国际健康服务贸易综述》，载于《世界贸易组织动态与研究》2011 年第 4 期。

理、远程咨询等医疗健康外包服务，使得这些国家逐渐成为医疗健康服务的出口国，有效抑制了国际医疗健康服务在发达国家和发展中国家间两极分化的趋势。

二、服务创新对境外消费的影响

境外消费（consumption abroad）是指在一国（或地区）境内向其他国家（或地区）的消费者提供服务，其他国家（或地区）的消费者作为游客、外国留学生或患者等前往服务提供者境内进行服务消费。该提供模式主要依赖劳动力资源、文化资源和自然资源等比较优势，一般是通过服务消费者的跨境流动来实现的，最常见的例子便是旅游，特别是博物馆参观或是风景点观赏等。除此之外境外学习和非居民性的医疗也被划分在这种模式之中，还有一些境外船只维修等服务项目。

医疗健康服务的境外消费是指医疗健康服务提供者在一成员国（或地区）境内向来自于其他国家（或地区）的消费者提供医疗服务。全球每年约有600万人次的消费者到境外寻求医疗健康服务，国际医疗健康旅游市场整体规模超过1000亿美元，已经成为国际旅游产业的中坚力量。从客流方面看，由早期的发展中国家患者流向发达国家寻求更好的医疗诊治，发展为目前的发达国家的消费者也前往发展中国家进行医疗健康旅游的双向流动。发展中国家低廉的医疗健康费用对发达国家那些无健康保险或收入水平较低的患者，是非常具有吸引力的。例如，患者在美国做心血管成形手术的费用需要5.7万美元，同样的手术在泰国和新加坡只需要1.4万美元[①]。大力发展医疗健康服务的境外消费，不仅能增加出口国的收益，而且能极大降低进口国维护公民健康的成本。马图等（A. Mattoo et al.）通过研究发现[②]，只要有10%的美国患者愿意到国外接受那些低风险的医疗健康服务，每年就能节省约14亿美元。

在全球医疗健康旅游市场上，消费者主要根据不同国家的医疗优势和特色选择目的地，例如，约旦的心血管疾病与癌症治疗、整容手术等具有很好的优势和口碑；德国对肝脏移植、皮肤癌治疗、肺病诊治等方面需求的患者具有很大的吸引力；新加坡是有矫形外科、神经外科、心脏手术等需求患者的理想去处；泰国的按摩与SPA水疗、美容整形、变性手术等独具特色。医疗健康服务贸易出口能

① 张群：《东盟医疗服务贸易的发展及启示》，载于《对外经贸实务》2015年第3期。

② A. Mattoo and R. Rathindran, "How Health Insurance Inhibits Trade In Health Care", *Health Affairs*, 2006, 25 (2): 358-368.

带来相当可观的收益，因此，医疗旅游目的国（或地区）政府通过各种服务创新，积极推动本国医疗健康旅游服务项目的发展，包括鼓励兴建国际一流的综合性医院，发放专门的医疗健康旅游护照，资助本国医护人员进行海外研习等。例如，泰国领事馆主动提供泰国医院主要医疗项目及价格指南；新加坡政府积极推动和宣传“新加坡国际医疗项目”；印度政府给予医疗旅游项目以税收优惠、降低土地租金等政策支持。

三、服务创新对商业存在的影响

商业存在（commercial presence）是指一个国家（或地区）通过在另一个国家（或地区）境内建立商业机构，从而向东道国境内提供服务的模式。该模式的比较优势与各个国家（或地区）之间横向比较的行业水平以及行业的经营实力密切相关，同时目标市场的同行业开发状况也被考虑在内。这种模式与投资之间的关系很大，已成为发达国家（或地区）服务业中最重要的国际贸易形式。根据服务贸易总协定（GATS）的相关规定，无论是生产、销售、支付等服务，抑或是一系列子项目的营销、外资学校提供的课程以及外资银行某个国内分支机构或子公司提供的服务都是通过商业存在提供服务的实例。

医疗健康服务的商业存在是指一国（或地区）的服务提供者到另一个国家（或地区）的境内设立商业机构或专业机构，跨境为后者领土内的消费者提供服务，这种模式通常包括在海外建立医院、诊所、医疗健康中心及护理中心等机构①。相对于其他部门，WTO 成员方对个人医疗健康服务所作出的承诺是较少的，大部分国家对外资医疗健康服务机构的股权份额和人员资质都有诸多限制。如有些国家（或地区）不允许外资占比超过合资医院总股本的 50%；有些国家（或地区）则要求外资控股的医疗健康服务机构的工作人员必须以本地员工为主。这是因为，医疗健康服务项目在传统意义上属于政府所主管的福利性社会服务化部门，这与国家对社会公共目标的设置有密不可分的关系。一国（或地区）政府在该领域所作出的开放性承诺不能超过本国的现实国情，即要考虑当地的医疗服务部门实际水平，保障本国（或地区）的医疗服务系统能够正常且良性的运作，又不能过度增加其负担影响本国（或地区）公民的权益。总体来说，就医疗健康的商业存在方面，越发达的国家（或地区）限制越多，越贫穷的国家（或地区）越开放。发达国家（或地区）为了能够确保本身的社会公共性目的可以实现，维

① 蒙英华：《服务贸易提供模式研究》，中国经济出版社 2011 年版。

护本国（或地区）的医疗服务水平，在这个领域的开放问题上显得比较保守，对打算入境提供医疗服务的外国医生或医疗人员的资质审核非常严格。发展中国家（或地区）相比之下则显得比较主动，这是因为这些国家（或地区）自身的医疗资源较为缺乏，政府意图通过“引进来”来改变现有的服务水平、改善现有的医疗技术，所以会更加乐意外来医疗服务的进入。

近年来，随着服务创新的发展，医疗健康服务通过商业存在模式的发展趋势越来越明显。发达国家（或地区）的医疗健康服务贸易公司通过合资、联盟等方式加强与发展中国家（或地区）间的相互合作，构建全球经营网络。如发达国家（或地区）的大型医药公司为降低成本，提高市场竞争力，通过跨国（或地区）并购、投资或将非核心业务发包给发展中国家（或地区）的医药研发公司、仿制药生产企业或初创公司等，寻求新的利润增长点。发展中国家（或地区）为了吸引医疗健康服务外商直接投资，从而提升本国（或地区）医疗健康服务设施和培训设备，不断优化本国（或地区）医疗健康服务市场的市场化程度。为了推广和发展本国（或地区）特色医疗项目，不断尝试“走出去”，以提高医疗健康设备、管理技能。如上海中医药国际服务贸易促进中心在德国、韩国、日本、中国台湾等国家（或地区）设立了上海市研发的集中医药诊断、体质辨识、人体基本生理机能评估等为一体的服务平台，并通过电子商务形式，实现药物、食疗和非药物疗法干预的远程指导服务①。

四、服务创新对自然人流动的影响

自然人流动（movement of natural persons）是指一个国家（或地区）的个人在另一国家（地区）境内以自然人存在的形式，向东道国的消费者提供服务。这种模式的比较优势从劳动力素质中体现出来，国家的教育培训水平是其主要依赖的基础，是通过服务提供者的过境流动来实现的。该提供模式包含两层含义：一是外国的相关服务提供方是以自然人的身份前往消费者所在国，具有独立性和强流动性。例如，相关方面的工作人员个人主动前往他国，从事医疗方面的服务工作。二是个人通过接受消费国的企业机构的雇佣要约，前往他国工作实现自然人的流动。但是就目前而言，这种模式下东道国所承诺的身份是非长期就业，通常会有2~5年的年限时间，这个时间也会根据流动人口的类型作出不

① 王泽议：《中医药服务贸易　路还可以更宽》，载于《中国医药报》2014年10月22日。

同的调整[1]。

医疗健康服务的自然人流动是指医疗健康服务的提供者跨境到另一个国家（或地区），向东道国的消费者提供医疗健康服务，主要包括医生、专业医护人员、护士、培训师、与医疗相关的管理人员等人才的跨境流动。目前，医疗健康服务的自然人流动的方向主要有两种，一是发展中国家（或地区）流向发达国家（或地区）；二是发达国家（或地区）之间的双向流动。发展中国家（或地区）的医疗健康服务人员流向发达国家（或地区）的情况又可以分为两类，一类是以菲律宾、古巴为代表的医护人员相对过剩的国家；另一类是以非洲、加勒比海地区为代表的医护人员相对短缺的国家（或地区）。从流动的人员结构来看，从发展中国家（或地区）流向发达国家（或地区）的主要是护士，而发达国家（或地区）之间主要是医生移民。随着西方发达国家（或地区）人口老龄化加剧引发对护理人员需求的不断增长，发展中国家（或地区）向发达国家（或地区）输出的医护人员将不断增加，成为医疗健康服务自然人流动的主要方向。例如，美国在“婴儿潮”期间出生的人口至2025年将接近75岁，据测算，到时至少需要从其他国家引进120万名的医疗护理人员才能基本满足需求[2]。

就医疗健康服务贸易而言，四种提供模式中各国（或地区）对自然人流动的限制最为严厉。这主要是因为目前许多国家（或地区）医疗健康系统普遍存在诸如成本上升、员工短缺、服务质量没保障、卫生资源分布不均等问题，政府官员担心一旦作出开放承诺会绑住自己的手脚，因而失去运用管制措施的公共政策选择。WTO各成员方中，对自然人流动没有限制的只有2%，干脆不做承诺的6%，高达92%的国家只做部分承诺[3]。即便是作出部分承诺的成员方，也采取了种种限制措施，主要有：（1）大部分国家都要求外国医疗健康服务提供人员必须取得本国的执业资格才能在本国执业，尤其是外国执业医师，但许多国家对取得执业资格证的国籍要求、居住地要求、学历要求等设置了重重门槛，成为外国医疗健康服务人员进入该国提供服务的巨大障碍。（2）对来自没有与政府签订相关条约国家的外国医疗健康服务提供者，制定了歧视性的法律条款，如美国的医疗和联邦社会保险捐款法。（3）有些国家根据本国的实际需

---

① 蒙英华：《服务贸易提供模式研究》，中国经济出版社2011年版。

② The United States Bureau of Labor Statistics, Occupational Outlook Handbook, 2012.

③ 黄婷：《中国医疗服务贸易的发展状况及政策改革》，载于《中小企业管理与科技》（上旬刊）2012年第9期。

要，对外籍健康医护人员实施签证配额，只允许某些特定专业的医护人员进入。得到批准进入的外籍医疗健康服务提供者，也有诸如提供健康服务期限的种种限制。

撇开医疗健康服务贸易这个部门，自然人流动，无论是在 GATS 下，还是当前 TTP、TTIP、TISA 等服务规则制定中都是难题，然而服务创新发展带来了破冰的可能。签证申请具有复杂性，特别是公认的申请难度最大签证之一的申根签证，庞杂的材料准备之后面对的是高达 85% 的拒签率。但是 2015 年 6 月起蚂蚁金服[①]所推出的芝麻信用服务，为此打开了另外“一扇门”。这是一种由第三方机构通过对用户的网络交易和行为数据进行大量分析后，就其信用情况作出数据评估划分，然后通过所判断出的信用分值来给予用户一定的便利活动。例如，芝麻信用得分在 750 分以上的用户，就可以利用阿里旅游进行卢森堡“信用签证”；700 分以上的用户无须在职证明、身份证复印件、个人信息和户口本复印件等资料就可以申请新加坡签证；600 分以上的用户可以享受零押金住酒店或是在租房平台上的相关便利方案。这些都是信用生活所带来的服务创新和便利，特别是签证方面的突破。在阿里公司不断地拓展出境游工作的未来，信用签证将会被越来越多的国家所接受，从而促进自然人流动的发展。

第三节　服务创新已成为国际服务贸易竞争力提升的核心要素

一、服务创新对国际服务贸易竞争力提升的作用

随着网络技术的进步，服务创新不仅可以通过增强服务企业和产业的竞争力而创造出更多产出，还可以促进经济增长方式的转变，创造更多的就业机会，实现服务经济的跨越式发展。一方面，服务企业进行服务创新，可以提高劳动生产率，降低单位成本，从而扩大产品需求带来就业和产出的增加；另一方面，服务创新可以开发出许多新的行业和部门，从而推动社会劳动力的重新分配。例如，家政服务业的出现就吸纳了大量文化水平较低的社会劳动力，在一定程度上缓解

① 蚂蚁金服为阿里巴巴以支付宝为主体筹建的小微金融服务集团，旗下有支付宝、余额宝、招财宝、蚂蚁聚宝、网商银行、蚂蚁花呗、芝麻信用、蚂蚁金融云、蚂蚁达客等子业务板块。

了社会就业压力。美国20世纪80年代就是通过信息传输、计算机服务、软件业、科学研究、技术服务业等现代服务业形成的服务创新浪潮很好地解决了经济增长乏力的问题，使得国民经济快速走出低谷。具体来说，服务创新对服务贸易竞争力的提升作用主要有以下几点。

1. 服务创新成本低、见效快、风险小，可使服务贸易企业经济快速地形成竞争优势

相对于技术创新而言，由于服务本身的特性，服务创新具有所需投入成本低、实现过程简单、风险较低等优点。① 世界上有许多服务创新助推服务企业不断发展壮大的成功案例：花旗银行最早推出ATM服务，并凭借此项业务巩固了其市场地位，成为业内该项技术的领头羊；美国西南航空公司在规模上虽然比它的竞争对手要小得多，但是它的运营效率却是同行业中最高的，它之所以成功就是因为它在某些领域进行了服务创新，例如，它缩短了顾客的转机时间，在它的带领下所进行的这一航空领域的改革打破了原来以舒适为目标的航空业发展模式。同时，由于服务创新的易模仿性，所以它轻易就会被同行所模仿，也就是说它得到的优势持续的时间会非常短。服务贸易企业要想保持或扩大其市场份额，就必须通过持续不断的服务创新以形成竞争对手无法模仿的能力，获得更高的顾客满意度，才能具有持续的竞争优势。服务创新可以为服务贸易企业创造新的市场需求，开辟新的市场领域，为企业的发展提供更为广阔的前景。② 一项全新服务产品的推出经常会带来革命性的变化，并开辟一个全新的市场。创新，也只有创新才具有这样巨大的潜力。

2. 服务创新以差别化、个性化的服务方式，扩展了服务贸易产品整体的内涵，提升服务贸易竞争力

在现代社会快速发展的今天，消费者的需求日新月异，“以顾客为核心”始终是服务创新的基本原则。服务一般在产生的同时就马上被消费掉，具有客户体验和持续时间短等特点，所以在进行服务创新的时候需要着重考虑到交互性，将服务贴合消费者需求进行完善和革新。只有这样才能留住客户，不仅促使客户忠诚和客户创利的实现，还能促使企业竞争优势和经济效益的实现。联邦快递的在线包裹跟踪系统和快递包裹射频识别（RFID）实时追踪系统就是一个典型案例。现在客户要跟踪一件快递商品，只需要在相应的快递网站上输入快递单号，查询

① 戴延寿：《论企业服务创新与核心竞争力》，载于《漳州师范学院学报》（哲学社会科学版）2003年第1期。

② 张哲：《基于三重螺旋模型的服务创新体系研究》，载于《经济论坛》2011年第5期。

几个转站点的扫描情况，就可以知道物流运输的进度。可是在联邦快递开发在线包裹跟踪系统以前，客户要想确认联邦快递是否将自己的包裹送达目的地，需要自己联系收件人。为了确保消费者能够实时了解自己寄的包裹的位置，联邦快递对快递运作进行标准化和模块化改革，运用了实时跟踪系统并进行严格的控制管理和监督。通过在线跟踪系统，客户可以直接查询包裹的邮寄状态，联邦快递也不需任何第三方的帮助就能迅速回应客户的需求。为了满足消费者对一些特殊商品或贵重商品的包裹实时状态信息的关切需求，联邦快递于 2017 年进一步推出了快递包裹 RFID 实时追踪系统，消费者只要支付额外的费用，联邦快递便会在客户的快递包裹里安装 SenseAware 感应器，消费者可以在网站上实时追踪查看包裹的重要信息，包括确切位置、温度、是否被打开或曝光过等。因为费用成本比较高，目前主要应用于高度时间敏感的医疗包裹，当快送达时，系统会通知医生和实验室准备接受。联邦快递预测，随着这项服务应用范围的扩大，价格会随之下降。这些服务创新不仅为联邦快递降低了成本、增加了业务灵活性，同时大大提高了顾客满意度。联邦快递可以在保证质量的基础上处理更大规模的业务，同时让用户从开始输入递送单信息到最终送达的整个过程中都参与流程控制。① 服务创新作为差别化战略的重要源泉之一，正逐步成为实现服务贸易企业经营目标的有利手段。

3. 服务创新推动服务贸易企业不断形成高质量的、超值的服务，从而使其拥有了更强的市场竞争力

在服务贸易企业的运营和管理过程中，利用新的传递方式、运营模式、组织渠道、顾客接触等服务创新方式，不仅大大提升了服务水平，还使得服务传递效果大为提升。在服务中引入信息和通信技术，明显提升和改善了服务质量。服务贸易企业还可以通过组织创新等方式实现企业规模的提升，为企业发展赢得更大的空间。② 高质量的超值服务来源于企业高起点的服务创新，如电子商务，既有美学设计，也有前沿软件的创造；既包括利用交易数据的标准表述架构帮助配置内部数据库，也包括在现有技术限制下管理和维护不断改进的文档服务器和互动界面（Bolisani et al.，1999）。例如，美国苹果公司将技术创新与商业模式创新相结合捆绑了终端产品与服务，利用服务创新这个撒手锏统领了音乐产业。苹果公司利用互联网改变了音乐生产链的生存状态，绕开唱片制造商整合了消费者和

① ［美］切斯布朗（Chesbrough，H.）著，蔺雷、张晓思译：《开放式服务创新》，清华大学出版社 2013 年版。

② 张哲：《基于三重螺旋模型的服务创新体系研究》，载于《经济论坛》2011 年第 5 期。

音乐发行者，成为世界上最大的在线音乐商店（iTunes）。乔布斯（Steve Jobs）巧妙地将 iPod 播放器、iTunes 音乐下载、PC 软件三者有机结合起来，不仅为顾客打造了完整的应用模式，还控制了音乐产业的源头和终端，为公司带来了巨额的利润。苹果公司还不断改进在线音乐销售业务以提供更加便利的用户体验，如推出视频下载业务、取消 DRM 版权保护机制等，最终促使用户大规模增长。苹果公司在数字音乐领域中推出的这种结合销售模式，不但在技术上为成功奠定基础，而且在用户体验和商业模式上的创新，成为服务创新的典范。① 可见，高起点的服务创新创造出来的超值服务，能够为服务贸易企业发展壮大提供关键支持。

综上所述，服务创新对国际服务贸易竞争力的提升具有根本性的作用。从长期来看，服务贸易企业只有不断提高服务创新能力，才能在激烈的国际竞争中保持优势。发达国家（或地区）之所以具有很强的国家竞争力，主要原因就是它们具有很强的国家创新竞争力，能够持续保持创新优势。② 因此，增强服务创新，是提升服务贸易竞争力的根本途径，是加快推动经济转型升级的“法宝”。

二、服务创新与国际服务贸易竞争力理论模型的发展

哈佛大学管理学教授迈克尔·波特的竞争优势理论，详细分析了产业竞争优势的来源，为各国产业结构的调整提供了有益的参考。他认为财富是由生产率支配的，取决于由每天的工作、每一美元所投资本以及每一单位所投入的一国（或地区）物质资源所创造的价值。生产率根植于一国（或地区）的竞争环境，而竞争环境则产生于某一框架，这一框架在结构上如同一枚由四个基本面所构成的钻石，由此构建了著名的“钻石模型”（如图 4－4 所示）理论。③ 该模型指出，特定国家特定产业竞争成功的关键因素主要包括：生产要素，需求条件，相关产业和支持产业的表现，企业的战略、结构和同行竞争对手。他认为，这四个因素连同两个辅助因素（机遇和政府的作用）共同决定了一国是否能创造一个有利于产生竞争优势的环境。前述理论基础一章已经详细介绍了“钻石模型”各要素对竞争优势的影响，这里便不再赘述。

① 简兆权：《网络与关系镶嵌对服务创新绩效的影响研究》，科学出版社 2014 年版。

② 李建平、李闽榕、赵新力主编：《G20 国家创新竞争力黄皮书》，社会科学文献出版社 2011 年版。

③ 旷乾：《中国对越南保险服务贸易竞争力的分析》，载于《广西民族大学学报》（哲学社会科学版）2017 年第 2 期。

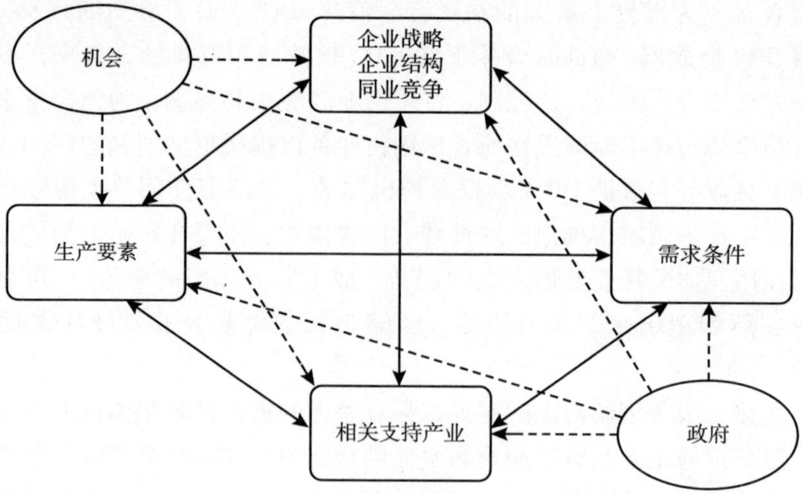

图 4-4 国家竞争优势的“钻石模型”

资料来源：[美] 迈克尔·波特著，李明轩、邱如美译：《国家竞争优势》，中信出版社 2012 年版。

服务业作为一国的主要产业之一，与迈克尔·波特的研究结果相同，其发展及竞争优势的形成受多方因素影响，例如，国内外的需求情况、服务行业的发展情况、企业的战略结构变化，此外还有国家的宏微观调控、市场机遇等。因此，对于服务业国际竞争力的研究，竞争优势理论同样是适用的。但是随着新技术革命的不断演进，当代国际产业竞争力的发展已经有显著变化，我们需要用发展的眼光看待“钻石模型”理论。复旦大学芮明杰教授在其文章《产业竞争力的“新钻石模型”》① 中就指出，产业比较优势转化为竞争优势的过程中，不仅需要现代化的基础设施、相关的支持性产业、有效竞争的市场结构等一系列条件，还需要产业知识吸收与创新能力，所以他认为迈克尔·波特的竞争优势理论不够全面。芮教授认为正是因为世界经济一体化，一个国家产业的竞争力从本源上看应该是内生的，这个内生的本源性变量就是产业知识吸收与创新能力。由此，他在迈克尔·波特教授国家产业竞争优势的四大关键要素的基础上增加了“知识吸收与创新能力”，构建了产业竞争的“新钻石模型”（如图 4-5 所示）。本书认同芮明杰教授对波特教授“钻石模型”的发展，在四要素的基础上增加“知识吸收与创新能力”要素，并由此大受启发。

① 芮明杰：《产业竞争力的“新钻石模型”》，载于《社会科学》2006 年第 4 期。

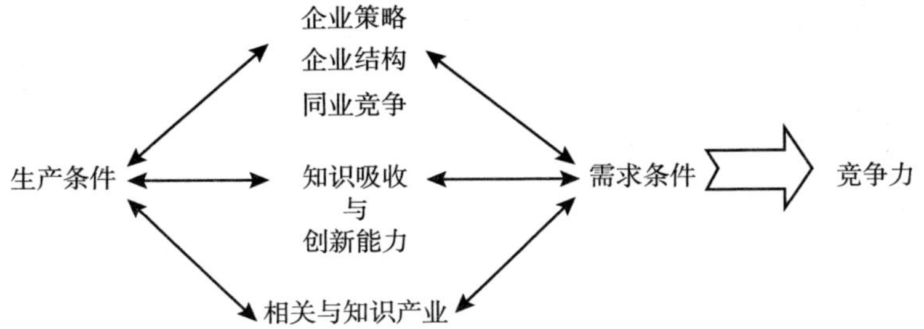

图 4-5 产业竞争的“新钻石模型”

资料来源：芮明杰：《产业竞争力的“新钻石模型”》，载于《社会科学》2006 年第 4 期。

笔者认为，将芮明杰教授的产业竞争“新钻石模型”运用到服务贸易竞争力的研究中来，其核心“知识吸收与创新能力”就是“服务创新”。从国际服务贸易实践看，服务贸易产业基于服务创新的发展、生产要素的优化、需求条件的改进、相关产业和支持产业的配套与良好合作以及企业战略结构优化而形成的竞争优势，有利于共同促进服务贸易竞争力的提升。然而，从国际服务贸易的发展趋势看，正是有了能改变服务要素质量和结构的服务创新这个核心要素，一国服务贸易产业才能有持续的竞争力，才能在激烈的国际竞争中始终保持优势。服务创新是提升服务贸易竞争力的根本途径。当然，芮教授没有把“钻石模型”中的“政府”和“机遇”这两个辅助因素放进产业竞争的“新钻石模型”中，因为他认为“机遇和政府对竞争优势的影响不是决定性的”，“能否利用机遇以及如何利用机遇还是取决于四种基本因素，政府对产业竞争优势的作用主要在于对四个关键要素的引导和促进上。”① 在这一点上，本书认为是值得商榷的。服务贸易进出口变动深受国际竞争环境的影响，国际市场汇率波动、政治环境、国家或地区的贸易政策等都对服务贸易竞争力有巨大影响。例如，美国总统特朗普在竞选时便发表了一系列贸易保护主义言论，主张对所有进口货物施加 20% 关税，特别对中国和墨西哥征收 45% 关税。美国是全球贸易第一大国，美国总统特朗普提倡的这种反贸易政策可能引发危险的贸易保护主义运动，会严重损害全球经济。如果这一新关税标准执行，将会带来一系列大多为负面的全球性经济影响。所以，政府和机遇这两个要素不是可有可无的，而是非常重要的，必须纳入服务贸易竞争力模型中。

基于上述认识，本书根据波特教授的“钻石模型”，并在学习和借鉴芮明杰教授的产业竞争“新钻石模型”的基础上，结合服务贸易产业的特点，引入

① 芮明杰：《产业竞争力的“新钻石模型”》，载于《社会科学》2006 年第 4 期。

“服务创新”这个核心要素，构建了服务贸易竞争力的理论模型。为了研究的简便起见，我们把引入服务创新这个核心要素的服务贸易竞争力理论模型简称为“加核钻石模型”，如图4-6所示。

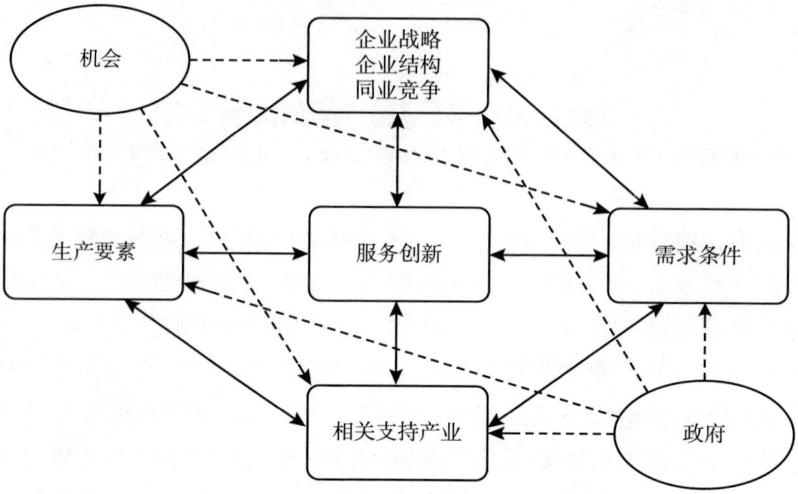

图4-6 服务贸易竞争力理论模型——“加核钻石模型”

第五章

中国服务贸易竞争力的国际比较

本章在前文理论分析的基础上，基于引入“服务创新”这个核心要素的服务贸易竞争力理论模型——“加核钻石模型”，构建服务贸易竞争力评价指标体系，运用主成分分析法得出服务贸易竞争力评价模型，对G20国家的服务贸易竞争力进行实证分析，由此明确我国在世界服务贸易竞争中所处的地位。

第一节　服务贸易竞争力评价方法

一、服务贸易竞争力评价的指标评价方法

前文对相关文献进行梳理时已经提出，国内关于服务贸易竞争力的研究多集中在指标分析方法，2005年之前以单一指标进行对比分析为主，大部分采用TC指数（贸易竞争优势指数）[①] 进行对比分析；2005年之后以多指标进行对比分析为主，最常见的是MS指数、RCA指数和TC指数，以及分部门分析服务贸易竞争优势时的D指数。

（一）国际市场份额指标（MS指数）

国际市场份额指标直接反映的是一国（或地区）某产业（或产品）出口的国际竞争力，标值越高，则说明该产业（或产品）的国际竞争力就越强。其计算

① $TC=(X_{ij}-M_{ij})/(X_{ij}+M_{ij})$，式中$X_{ij}$表示i国j产品的出口值；$M_{ij}$表示i国j产品的进口值。

方法如下：

$$MS_{ij}=\frac{X_{ij}}{X_{wj}} \quad (5-1)$$

其中：X_{ij}——i 国 j 产业的出口额；

X_{wj}——世界 j 产业的总出口额。

（二）显性比较优势指标（RCA 指数）

显性比较优势指数（revealed comparative advantage，RCA）指的是一国总出口中某产业所占份额相对于该产业在世界贸易总额中所占比例的大小，反映的是一个国家某产业的比较优势以及竞争优势所形成的实际结果。它最早是由美国经济学家贝拉·巴拉萨（Balassa Bela，1965）提出的，其具体计算公式如下。

$$RCA_{ij}=\frac{\frac{X_{ij}}{X_{it}}}{\frac{X_{wj}}{X_{wt}}} \quad (5-2)$$

其中：X_{ij}——i 国 j 产业的出口值；

X_{it}——i 国第 t 期的出口总值；

X_{wj}——世界 j 产业的出口值；

X_{wt}——世界第 t 期的出口总值。

一般认为，若 $RCA \geq 2.5$，则表示具有强的竞争力；若 $1.25 \leq RCA < 2.5$，则表示具有较强的竞争力；若 $0.8 \leq RCA < 1.25$，则表示具有一般的竞争力；若 $RCA < 0.8$，则表示竞争力较弱。同时，由显性比较优势指数 RCA 的计算方法可以看出，它一方面弥补了国际市场份额指标的部分缺陷，因为在计算 RCA 时，考虑了各国经济规模大小以及该产业或产品相对重要性等因素的影响，从而使同一产业在各国间的相对竞争力以及不同产业在一国内的相对竞争力都可用同一指标来研究；另一方面又避免出现像出口增长率优势指数为负的现象。

（三）贸易竞争指数（TC 指数）

贸易竞争指数表明的是一国家（或地区）某一产品是净进口国还是净出口国以及净进口或净出口的相对规模，含义与可比净出口（normalized trade balance，NTB）指数是一样的。其计算公式为，

$$TC=\frac{X_{ij}-M_{ij}}{X_{ij}+M_{ij}} \quad (5-3)$$

其中：X_{ij}——i 国 j 产品的出口值；

M_{ij}——i 国 j 产品的进口值。

贸易竞争指数 TC 的取值范围为［-1，1］。（1）TC 取值为（-1，-0.6）时有极大的竞争劣势；（2）TC 取值为（-0.6，-0.3）时有较大竞争劣势；（3）TC 取值为（-0.3，0）时有微弱竞争劣势；（4）TC 取值为（0，0.3）时有微弱竞争优势；（5）TC 取值为（0.3，0.6）时有较强竞争优势；（6）TC 取值为（0.6，1）时有极强竞争优势。

（四）出口增长率优势指数（D 指数）

出口增长率优势指数是指一定时期某产业的出口增长率与一国总的贸易增长率之比，反映的是某产业出口优势的变化情况，其具体计算公式如下。

$$D_{ij} = \frac{g_{ij}}{g_{it}} \times 100 \tag{5-4}$$

其中：g_{ij}——i 国 j 产业的出口增长率；

g_{it}——i 国 t 期的总贸易增长率；

D_{ij}——i 国 j 产业的出口增长率优势指数。

一般来说，若 $D_{ij}=100$，则表明 i 国 j 产业的出口增长率与该国总的贸易增长率持平；若 $D_{ij}>100$，则表明 i 国 j 产业的出口增长率高于该国总的贸易增长率，与其他产业相比，该产业的国际竞争力的提升也就更快；反之，若 $D_{ij}<100$，就意味着该产业的出口增长率低于全国贸易的总增长率，即与其他产业相比，该产业国际竞争力的提升速度较慢。但是，由于该指标涉及不同时期的增长率问题，那么就有可能会因外部冲击等不利因素而导致某产业的出口呈现负增长，但该国总贸易量仍在增长，进而就会导致出口增长率优势指数为负，而实际上该产业竞争力的水平并没有发生任何下降。

除了以上这些指标外，还有固定市场份额模型指标（the constant market share model，CMS）、产业内贸易指数（index of intra-industry trade，IIT）、显性竞争优势（competitive advantage index，CA）、相对贸易优势指数（telative trade advantage index，RTA）、对称性显性比较优势指数（symmetric revealed comparative advantage，SRCA）、拉菲指数（lafay index）、Michaely 指数（michaely index，MI）、出口相似指数（export similarity，ES）、出口市场占有率（export market shares，EMS）、净出口显示性比较优势指标（net revealed comparative advantage，NRCA）等。

多指标评价法比单一指标评价法能从更多角度评判或对比不同国家（地区）服务贸易竞争力或服务贸易各产业竞争力，由此发现问题或得出政策建议，有一定的意义和价值。但是这些指标实际上是生产领域的比较优势在流通领域的表现，只是一种外在结果的显性表现，因此得出的结论可能比较表象化，而且指标法中各指标代表的绝对意义不同、各有侧重，评价出来的竞争力强弱情况通常表现为非同步性，分析意义有限。韩岳峰和张龙（2013）通过对中国和日本服务贸易竞争力进行对比研究时，发现竞争力互补性与竞争优势互补性在很大程度上是不具同步性的，TC 指数与 RCA 指数测算出来的结果之间存在偏差，这在很大程度上说明竞争力与竞争优势不具有必然联系。

二、服务贸易竞争力评价的综合评价方法

综合评价方法即多变量综合评价方法，主要包括因子分析法、主成分分析法、数据包络分析法、模糊评价法等。从目前的文献来看，综合评价方法在服务贸易竞争力评价中的运用较少。两大权威国际竞争力研究机构——世界经济论坛（WEF）和瑞士洛桑国际管理学院（IMD），以团队化、组织化的研究方式从已有的国家竞争力评价理论中汲取可以借鉴、利用的部分，成为国家竞争力评价、研究的主流模式。从 20 世纪 80 年代开始，WEF 和 IMD 两个机构着手研究国际竞争力问题，于 1986 年和 1989 年发表了最初的两个国际竞争力报告，对有关国家竞争力进行排序，之后固定每年 9 月 1 日在瑞士洛桑公布各国竞争力的评价结果。由于研究方法上的争议，1996 年以后两大机构各自展开独立的研究。

世界经济论坛的《全球国际竞争力报告》主要采用两大指标：一个是“全球竞争力指数”（global competitiveness index，GCI），由萨克斯和麦克阿瑟（Sachs and McArthur）两位教授于 2001 年提出；另一个是“企业竞争力指数”（business competitiveness index，BCI），由迈克尔·波特于 2000 年提出。在《全球竞争力报告》的架构中，以 GCI 为主要指标，BCI 是辅助指标。GCI 又从三大层面来评估：宏观经济环境的优劣、国家政府公共部门的素质以及科技的准备程度。考虑到在各发展阶段影响经济增长的技术渠道不同，世界经济论坛从 2002 年开始把所有参评国家区分为核心创新国家和非核心创新国家。① 在讨论公共政策时，GCI 排序有助于人们了解哪些变量与最近增长率联系最强。不同的次指数是由具体的变量组合而成，然后综合成总的 GCI，这些能帮助我们分辨出增长的具体障碍，以帮助制定出消除这些障碍的政策。但这并不是说一国依据《全球竞争力报告》上所列

① 薛荣久、刘东升等：《国际贸易竞争学——世界贸易新体制下的国际贸易竞争》，对外经济贸易大学出版社 2005 年版。

高分值的标准，重新进行政策定向，就一定能快速增长，也不是说，唯有通过GCI的小组变量，才能保证国家快速增长。BCI关于竞争和经济增长的讨论大部分集中在微观经济、政治、法律以及社会环境方面，这些因素促进了经济发展。积极的财政政策和稳健的货币政策、值得信赖且有效的法律制度、系列稳定的民主制度以及社会条件的改善等，都非常有助于经济健康、稳定地增长。然而，这些条件只是必要条件，而不是充分条件，因为它们只提供了创造财富的机会，自身却不能创造财富。财富源自于经济的微观水平，它不仅和企业的营销战略、运作模式密不可分，而且还和一个企业竞争的微观经济环境的质量休戚相关。只有微观经济水平有所改善，宏观经济、政治、法制和社会改革才会收到成效。①

与WEF的评价方法相似，瑞士国际管理发展学院出版的《世界国际竞争力年鉴》，其评价指标设计也由8大要素组成，每个要素又包括若干方面，每个方面由若干具体指标组成（主要指标如表5－1所示）。在理论上，IMD假定财富创造根本上来源于企业层面，并把这个领域的研究称为“企业竞争力”。在全球化和知识经济的影响下，世界各国（或各地区）之间的国际竞争力在结构上出现了聚集的趋势，提升国际竞争力的关键要素和主要方面不断集中，竞争力要素的系统关系不断增强②。

表5－1　　IMD国际竞争力评价指标体系

指标	指标构成项目	指标	指标构成项目
国内经济	（1）增加值；（2）投资；（3）储蓄；（4）最终消费；（5）经济部门的表现；（6）生活成本；（7）适应性	基础设施	（1）基本基础设施；（2）技术基础设施；（3）商务基础设施；（4）健康基础设施；（5）能源自足；（6）环境
国际化程度	（1）经常项目差额；（2）商品及服务出口；（3）商品及服务进口；（4）汇率；（5）证券投资；（6）外国直接投资；（7）国家保护；（8）开放度	企业管理	（1）生产率；（2）劳动成本；（3）公司绩效；（4）管理效率
政府管理	（1）国债；（2）政府支出；（3）财政政策；（4）政府效率；（5）政府参与；（6）公平与安全	科学与技术	（1）R&D支出；（2）劳动成本；（3）科学环境；（4）管理效率
金融	（1）资本成本；（2）金融效率；（3）股票市场活力；（4）银行部门的效率	国民素质	（1）人口特征；（2）劳动力特征；（3）就业；（4）失业；（5）教育结构；（6）生活质量；（7）态度与价值观

① 薛荣久、刘东升等：《国际贸易竞争学——世界贸易新体制下的国际贸易竞争》，对外经济贸易大学出版社2005年版。

② 邹祖烨：《知识竞争力与创新型城市的建设》，载于《科学学与科学技术管理》2006年第11期。

这种评价指标的设计，说明一国现有的物质财富不是表现竞争力的主要方面，而重要的是创造财富的能力。上述8项指标，除第①项是国家经济发展实力的综合指标，其他7项均与服务业的发展程度相关。一国的国际化程度与贸易国际化、金融国际化密切相关；政府管理的职责主要是提供公共服务，属于服务产业的第四个层次；金融本身作为服务产业的一个行业，其发展状况是影响国家竞争力的一个大项；服务产业中有一部分属于基础设施服务业，如交通、通信等。企业管理在一定程度上与管理咨询服务业有关；科学技术与研究和开发服务的水平密切相关；国民素质即人力资源状况，直接受制于教育、卫生保健等服务业的发展状况。[①]

三、综合评价方法：主成分分析法

通过IMD国际竞争力评价指标体系我们可以发现，在研究服务贸易竞争力时，我们希望尽可能地收集相关变量以期能对竞争力有比较全面的把握和认识。[②]由于收集的变量较多，这些变量之间通常会存在或多或少的相关性，变量间信息的高度重叠或高度相关会给统计方法的应用设置许多障碍。为解决这些问题，最简单和最直接的解决方案就是降低变量维数，因子分析法和主成分分析法便是在这样的研究需求中应运而生。这两种分析方法的基本思想和基本步骤是相似的，本书将采用主成分分析法。

英国数理统计学家皮尔逊（Karl Pearson）和斯皮尔曼（Charles Spearmen）等人于20世纪最先提出主成分分析法的概念，后经美国数理统计学家赫特林等（Harold Hotelling et al.，1933）的补充、发展而日趋完善，现已成功应用于心理学、医学、气象学、地质学、经济学等领域。[③] 用主成分分析法进行系统评价的基本步骤如下。

1. 将原有变量数据进行标准化处理

设有n个样本，每个样本有p个原始变量X_1，X_2，X_3，X_4，…，X_p，于是得到原始数据矩阵：

$$X=\begin{bmatrix} X_{11} & X_{12} & \cdots & X_{1p} \\ X_{21} & X_{22} & \cdots & X_{2p} \\ \vdots & \vdots & \vdots & \vdots \\ X_{n1} & X_{n2} & \cdots & X_{np} \end{bmatrix}$$

① 俞梅珍：《服务业与当代国际经济竞争》，中国物资出版社2002年版。

② 刘安：《衡阳市县域经济竞争力研究》，中南林业科技大学硕士论文，2014年。

③ 林红：《中国服务贸易竞争力研究》，西北大学博士论文，2007年。

采用 Z - score 法，将原始数据进行标准化处理：

$$Z_{ij} = \frac{X_{ij} - \overline{X_j}}{S_j} \tag{5-5}$$

$$\overline{X_j} = \frac{1}{n}\sum_{i=1}^{n} X_{ij}\ ,\ S_j^2 = \frac{1}{n-1}\sum_{i=1}^{n}(X_{ij} - \overline{X_j})^2 \tag{5-6}$$

$$i = 1,\ 2,\ 3,\ \cdots,\ n$$

$$j = 1,\ 2,\ 3,\ \cdots,\ p$$

标准化后的数据 Z_{ij}，有：

$$\overline{Z_j} = \frac{1}{n}\sum_{i=1}^{n} Z_{ij} = 0 \tag{5-7}$$

$$var(Z_j) = \frac{1}{n-1}\sum_{i=1}^{n}(Z_{ij} - \overline{Z_j})^2 = 1 \tag{5-8}$$

2. 计算变量的简单相关系数矩阵 R

$$R = \begin{bmatrix} r_{11} & r_{12} & \cdots & r_{1p} \\ r_{21} & r_{22} & \cdots & r_{2p} \\ \vdots & \vdots & \vdots & \vdots \\ r_{p1} & r_{p2} & \cdots & r_{pp} \end{bmatrix}$$

矩阵中相关系数 r_{ij}的计算公式为：

$$r_{i,j} = \frac{1}{n-1}\sum_{k=1}^{n} Z_{ki} \cdot Z_{kj}\ (i,\ j = 1,\ 2,\ 3,\ \cdots,\ p) \tag{5-9}$$

且有：$r_{ii} = 1$，$r_{ij} = r_{ji}$

3. 求相关系数矩阵 R 的特征根 $\lambda_1 \geqslant \lambda_2 \geqslant \lambda_3 \geqslant \cdots \geqslant \lambda_p \geqslant 0$ 及对应的单位特征向量 μ_1，μ_2，μ_3，…，μ_p 和贡献率

根据特征方程式 $|R - \lambda i| = 0$，可求得 p 个特征根 $\lambda g(g = 1,\ 2,\ 3,\ \cdots,\ p)$ 将 λg 按其大小顺序排列为 $\lambda_1 \geqslant \lambda_2 \geqslant \lambda_3 \geqslant \cdots \geqslant \lambda_p \geqslant 0$，它是主成分的方差，其大小描述了各主成分在描述被评价对象上所起的作用大小。根据方程组 $(R - \lambda_g I) \cdot \mu_g = 0$ 求得特征根 λg 对应的特征向量 $\mu_g(\mu_g = (\mu_{g1},\ \mu_{g2},\ \mu_{g3},\ \cdots,\ \mu_{gp}))(g = 1,\ 2,\ 3,\ \cdots,\ p)$，即标准化向量 Z_j 在新的坐标体系下的各分量上的系数。

第 i 个主成分的方差占总方差的比例记为 α_i，即 $\alpha_i = \lambda_i / \sum_{g=1}^{p} \lambda_g$ $(i = 1,\ 2,\ \cdots,\ p)$，称此方差比例为主成分 F 的贡献率，这表明每个分量说明原始变量的信息量，即特征值的单个方差贡献率。

4. 由累积方差贡献率确定主成分个数，进行系统评价

首先，求累积方差贡献率 $\alpha(k)=(\sum_{g=1}^{k}\lambda_g)/\sum_{g=1}^{p}\lambda_g$，累计贡献率表明 F_1，F_2，…，F_m 综合原始 X_1，X_2，X_3，X_4，…，X_p 的能力。第一主成分的贡献率越大，而 F_2，…，F_p 的综合能力依次减弱。通常取前 $m(m<p)$ 个主成分，使得累计贡献率达到一个较高的百分数（一般为85%）。

其次，求出每个主成分的线性加权值 F_{ig}。

$$F_{ig}=\sum_{j=1}^{p}L_{gj}\cdot Z_{ij}\ (i=1,\ 2,\ 3,\ \cdots,\ n\quad j,\ g=1,\ 2,\ 3,\ \cdots,\ p) \tag{5-10}$$

再次，用每个主成分的贡献率做权数 $d_g=\lambda_g/\sum_{g=1}^{p}\lambda_g$，对 k 个主成分进行加权求和得综合值 F_i。

$$F_i=\sum_{g=1}^{k}d_g\cdot F_{ig}\ (i=1,\ 2,\ 3,\ \cdots,\ n\quad j,\ g=1,\ 2,\ 3,\ \cdots,\ p) \tag{5-11}$$

最后，根据 F_i 进行系统评价排序。

第二节　服务贸易竞争力评价指标体系

一、指标体系构建的原则

（一）科学性原则

服务贸易竞争力评价指标体系的构建，必须符合经济规律和服务贸易发展的客观规律，能较为客观和真实地反映服务贸易竞争的内涵、现状和发展趋势。指标体系过大或过小都会影响评价的正确性和有效性，因此从不同角度对竞争力进行评价和衡量，都应坚持采用科学性原则，做到统筹兼顾。以科学性作为选取指标的第一原则，纳入指标体系的各个指标必须有明确的含义、一致的统计口径和可比较的范围，尽可能采用国际通用的概念和名称，能较好地量化服务贸易竞争力的水平和程度。

（二）综合性原则

任何整体都是由一些要素为特定目的综合而成的，这是系统最基本的特征。服务贸易由多个产业构成，影响服务贸易竞争力的因素很多，如果单纯依靠某个要素进行分析，是难以作出正确判断的，甚至于出现误判。从整体的联系出发针对多因素开展综合性的分析，能够相对全面地反映被评价对象，尽量避免“以管窥豹”的问题。因此，构建服务贸易竞争力评价体系应当遵循综合性原则，综合平衡各要素以获得理性客观的结论。构建的指标体系虽然受数据可得性的限制，不可能涵盖影响或决定服务贸易国际竞争力的全部指标，但必须能够较全面地反映当前国际服务贸易竞争力的客观情况，即哪些关键因素影响了服务贸易竞争力，应该选择那些代表性大的指标。

（三）适用性原则

所采集的指标必须是客观的，也是可比的，这就要求指标数据能够采集到的，有权威、可靠的数据来源，指标和模型的统计、计算、比较和分析有客观依据，以保证评价工作能够顺利进行，从而保证评价结果的客观真实性。因此，服务贸易竞争力指标体系的设计要考虑到实际操作的适用性，即指标体系的构建要考虑到指标采集的现实条件与来源，根据现有条件尽可能找到与设想吻合的数据或代理指标。

（四）动态性原则

整体性的相互联系是在动态中呈现出来的，服务贸易竞争是一个动态、连续的过程，服务贸易竞争力是可变的，所以指标体系的设计必须能够体现出服务贸易竞争力动态性的特征，需要充分考虑到服务创新对服务贸易竞争力的影响，服务贸易发展的趋势和未来走向。为此，我们需要选择具有前瞻性或者预见性的指标，这些指标不仅要能够反映被评价对象的过去和当前状况，还要能够反映未来的发展趋势，同时要挖掘出我国未来增强服务贸易竞争优势的能力和潜力。[①]

二、指标体系

基于引入服务创新的“加核钻石模型”：服务创新与服务贸易竞争力模型，根据服务贸易竞争力的内涵、要素模型和特征，依照指标体系构建的原则，参考IMD国际竞争力评价指标体系构建的方法，利用生产要素、需求条件、相关支持

① 黄渭珍：《浙江省国际服务贸易竞争力研究》，南京师范大学硕士论文，2011年。

产业、企业战略、结构和同业竞争、政府、机会和服务创新这七个因素来构建服务贸易竞争力评价的指标体系，如表 5－2 所示。

表 5－2　　服务贸易竞争力评价的指标体系

理论基础		指标（单位）	指标说明	资料来源
生产要素	X_{01}	服务业从业人员比例（%）	人力要素	WB[①]
	X_{02}	从业人员中受高等教育人员所占比重（%）		ILO[②]、WB、中国人口普查资料[③]
	X_{03}	外商直接投资 FDI（亿美元）	资本要素	WB
	X_{04}	固定资本形成总值占 GDP 比重	普通基础设施	UN[④]
	X_{05}	互联网普及率（%）	现代化的电信网络	WB
	X_{06}	信息化发展指数		国际统计年鉴[⑤]
	X_{07}	安全网络服务器数量的对数值（个）	文化要素	WB
	X_{08}	人文发展指数		国际统计年鉴
需求条件	X_{09}	城镇人口占总人口比重（%）	城市化水平	WB
	X_{10}	人均 GDP（美元）	收入	WB
	X_{11}	消费者价格指数（以 2010 为基期）	消费	UNCTAD[⑥]
	X_{12}	服务贸易进口总额（亿美元）	进口消费	UNCTAD
相关支持产业	X_{13}	运输服务贸易出口占服务贸易总额的百分比（%）	相关产业	UNCTAD
	X_{14}	旅游服务贸易出口占服务贸易总额的百分比（%）		UNCTAD
	X_{15}	建筑服务贸易出口占服务贸易总额的百分比（%）		UNCTAD
	X_{16}	保险服务贸易出口占服务贸易总额的百分比（%）		UNCTAD
	X_{17}	金融服务贸易出口占服务贸易总额的百分比（%）		UNCTAD
	X_{18}	专有权利使用费和特许费服务贸易出口占服务贸易总额的百分比（%）		UNCTAD
	X_{19}	计算机和信息服务贸易出口占服务贸易总额的百分比（%）		UNCTAD
	X_{20}	其他商业服务贸易出口占服务贸易总额的百分比（%）		UNCTAD
	X_{21}	个人、文化娱乐服务贸易出口占服务贸易总额的百分比（%）		UNCTAD
	X_{22}	服务业附加值占 GDP 比重（%）		WB

续表

理论基础	指标（单位）		指标说明	资料来源
相关支持产业	X_{23}	农业增加值占 GDP 比重（%）	支持产业	WB
	X_{24}	工业增加值占 GDP 比重（%）		WB
	X_{25}	货物贸易出口额（亿美元）		WB
	X_{26}	货物贸易进口额（亿美元）		WB
企业战略、结构和同业竞争	X_{27}	服务出口的世界市场份额（%）	服务企业战略	UNCTAD
	X_{28}	对外直接投资（亿美元）		WB
	X_{29}	风险资本交易占 GDP 比重（%）		TOB⑦
	X_{30}	贸易互补性指数	市场竞争程度	UNCTAD
	X_{31}	服务业劳动生产率	服务企业管理效率	WB
政府	X_{32}	总税率（%）	营商环境	WB
	X_{33}	开办企业流程的成本（%）		WB
	X_{34}	营商便利指数		WB
	X_{35}	在线公共服务指数		UN
	X_{36}	物流绩效指数		WB
机会	X_{37}	贸易条件指数（2000 基期）	外部环境的变化对服务贸易竞争力的影响	WB
服务创新	X_{38}	科技经费增长率（%）	创新投入	UNESCO⑧
	X_{39}	研发支出占 GDP 的比例（%）		WB
	X_{40}	支付的知识产权使用费（亿美元）		WB
	X_{41}	每百万人中 R&D 人员数（人）		WB
	X_{42}	每百万人专利申请数（件）	创新产出	WB
	X_{43}	每百万人商标申请数（件）		WB
	X_{44}	每百万人科学技术期刊文章数（篇）		WB
	X_{45}	接收的知识产权使用费（亿美元）		WB
	X_{46}	高科技出口占 GDP 比重（%）		WB
	X_{47}	创意服务出口额（亿美元）		UNCTAD
	X_{48}	高等院校入学率（%）	创新可持续发展	WB

注：（1）WB：世界银行网站数据库。（2）ILO：国际劳工组织的劳动力市场主要指标数据库。（3）国务院人口普查办公室、国家统计局人口和就业统计司：《中国 2010 年人口普查资料》，中国统计出版社 2012 年版。（4）UN：联合国网站数据库。（5）中华人民共和国统计局编：《国际统计年鉴 2016》，中国统计出版社 2017 年版。（6）UNCTAD：联合国贸易和发展组织数据库。（7）TOB：Thomson One Banker Private Equity database.（8）UNESCO：联合国教科文组织。

（一）生产要素

迈克尔·波特教授把生产要素分为基础要素和高等要素，根据其包括的内涵，本书从人力要素、资本要素、普通基础设施、现代信息设施、文化要素等角度选取指标。人力要素选择“X_{01}服务业从业人员比例[①]”代表人力资源规模；“X_{02}从业人员中受高等教育人员所占比重”代表人力资源质量。资本要素选取“X_{03}外商直接投资 FDI”来反映一国服务业吸纳外商直接投资水平，表示一国吸收开放资本的程度。选取“X_{04}固定资本形成总值占 GDP 比重”反映一国普通基础设施的建设情况。现代化的电信网络发展水平方面，用“X_{05}互联网普及率”反映一国信息基础建设水平，“X_{06}信息化发展指数”“X_{07}安全网络服务器数量的对数值”代表通信网络等高科技要素的使用情况。文化资源要素较难衡量，但是对服务贸易和服务创新的影响又是巨大的，选用联合国开发署发布的《2014 年人文发展报告》中的“X_{08}人文发展指数”表示。

（二）需求条件

影响竞争力的第二个基本要素是需求状况，波特认为，成熟复杂而且苛刻挑剔的消费者会迫使本国企业努力达到产品高质量标准和产品创新。城市化为服务业和服务贸易提供了良好的环境和需求空间，用指标“X_{09}城镇人口占总人口比重”表示。选择“X_{10}人均 GDP”代表当地居民的收入水平，收入水平越高则消费水平越高，越在意生活水平的提升，对教育、金融、旅游、保险、房地产等行业的服务需求就会越大，同时选取“X_{11}消费者价格指数”代表居民需求，“X_{12}服务贸易进口总额”代表一国（或地区）境内提供的服务量和该国（或该地区）社会服务需求总量之间的差额。

（三）相关支持产业

服务贸易的相关产业主要是指服务业的发展情况和服务贸易内部相关部门的良性互动，因此选取指标“X_{22}服务业附加值占 GDP 比重”和服务贸易的各个行业（“X_{13}运输服务贸易出口占服务贸易总额的百分比”“X_{14}旅游服务贸易出口占服务贸易总额的百分比”“X_{15}建筑服务贸易出口占服务贸易总额的百分比”“X_{16}保险服务贸易出口占服务贸易总额的百分比”“X_{17}金融服务贸易出口占服务贸易总额的百分比”“X_{18}专有权利使用费和特许费服务贸易出口占服务贸易总额的百

① 服务业从业人员比例 = 服务业就业人员/就业总人数。

分比”“X_{19}计算机和信息服务贸易出口占服务贸易总额的百分比”“X_{20}其他商业服务贸易出口占服务贸易总额的百分比”“X_{21}个人、文化娱乐服务贸易出口占服务贸易总额的百分比”）表示相关产业。一国只有在第一、第二产业相对发达的基础上，才有可能大力发展服务业，服务贸易竞争力的提升一定是与国内相关强势产业，尤其是与工业制造业具有较密切的关系，因此选择指标“X_{23}农业增加值占 GDP 比重”“X_{24}工业增加值占 GDP 比重”。国际贸易起源于货物贸易，货物贸易（“X_{25}货物贸易出口额”“X_{26}货物贸易进口额”）的发展情况会极大影响服务贸易的竞争力水平。

（四）企业组织、战略和竞争程度

企业组织、战略和竞争程度这一因素涉及企业是如何建立、组织和管理的，以及企业所在行业的竞争状态，较难量化衡量，所以该因素主要选择替代指标。一国服务出口额越高，在世界市场就越占据相对优势，反过来说明该国服务贸易企业的规模和组织能力，所以选定指标“X_{27}服务出口的世界市场份额”。企业跨国经营不仅能有效避免贸易壁垒，还有利于调整产业结构、转变经济增长方式，因此选择“X_{28}对外直接投资”和“X_{29}风险资本交易占 GDP 比重”代表企业战略。各国产业内贸易水平越高，说明彼此间贸易的竞争性越强，选定“X_{30}贸易互补性指数”表示市场竞争激烈程度。指标“X_{31}服务业劳动生产率①”用人均年产值来计算，表明服务企业的管理效率，这个数值越高，说明效率越高，则服务贸易企业的竞争力越大。

（五）政府

虽然从事产业竞争的是企业而非政府，但是政府完善相关的服务贸易规则、监督管理、税收优惠、投资倾斜等扶持和激励政策，同样能够对一国服务贸易竞争力产生影响。② 制度因素很难量化衡量，因此本书主要从营商环境这个角度选取指标，“X_{32}总税率”“X_{33}开办企业流程的成本”“X_{34}营商便利指数”“X_{35}在线公共服务指数”和“X_{36}物流绩效指数”，这些指标的数值均来源于 WTO 的统计或调查结果，具有一致可比性。“X_{32}总税率”是企业应纳税额占商业利润的百分比，数值越高说明税负越重，属于服务贸易竞争力的反向指标，需要正向处理，因此该指标的数值全部乘以 -1。“X_{33}开办企业流程的成本”是用企业注册成本

① 服务业劳动生产率 = 服务业增加值/服务业就业人数 × 100%。

② 崔洁冰：《“金砖国家”服务贸易竞争力影响因素的实证分析》，东北财经大学硕士论文，2013 年。

占人均国民总收入（GNI）的比重来计算的，数值越高，说明在该地区创办一家企业的成本越高；“X_{34}营商便利指数”是世界银行对各经济体营商环境的排名，排名越高表示法规环境越有利于营商，这两个指标也都是需要正向处理的反向指标。“X_{36}物流绩效指数”的数据来源为物流绩效指数调查，分数越高代表绩效越好。

（六）机遇

对于服务贸易企业来说，机遇主要反映为外部环境的变化。积极适应外部环境以谋求发展，是提高服务贸易竞争力的重要途径之一。“X_{37}贸易条件指数”就是比较不同时期贸易条件的变化：当指数大于1时，对本国（或地区）来说贸易条件改善了，这时一国（或地区）同样数量的出口商品可以交换比过去更多的进口商品，这或者是因为与基期价格相比较，进口价格下降，而出口价格不变，或者是出口商品的价格比进口商品的价格上升得更快；反之则贸易条件恶化。[①]

（七）服务创新

前面已用相当的篇幅分析服务创新对服务贸易竞争力的作用和影响，这里不再赘述，但需要说明的是，第四章在全球创新指数（the global innovation index，GII）七大支柱的启发下选择了20个指标表示服务创新动力因素，但是在本章指标体系中，有些服务创新动力因素指标跟其他要素指标是公用的，例如，人力要素、现代信息设施等，而且个别指标出现不同国家数据残缺，再用这七个支柱来划分不合理，因此本章从创新投入、创新产出和创新可持续发展三个角度来选取服务创新的指标。“X_{38}科技经费增长率”“X_{39}研发支出占GDP的比例”“X_{40}支付的知识产权使用费”“X_{41}每百万人中R&D人员数”这些指标表示创新投入；“X_{42}每百万人专利申请数”“X_{43}每百万人商标申请数”“X_{44}每百万人科学技术期刊文章”“X_{45}接收的知识产权使用费”“X_{46}高科技出口占GDP比重”“X_{47}创意服务出口额”这些指标表示创新产出；“X_{48}高等院校入学率”表示创新可持续发展。

三、评价对象和数据收集

既然是服务贸易竞争力的国际比较，则必然会涉及参照系（比较对象）的选

---

① 林红：《中国服务贸易竞争力研究》，西北大学博士论文，2007年。

择问题。在进行参照系选择的过程中，需要在进行相对值的比较之前，充分考虑到绝对值的意义，因为在低总量基础之上的高竞争力不具有典型的比较意义。同时服务贸易竞争力的改善会涉及整个国家的战略、宏观经济背景、要求结构、市场环境、人才储备等多个层面的因素，因此在参照系选择上还要考虑国家层面的相似性问题。基于以上考虑，本书选择G20国家作为我国服务贸易竞争力国际比较的对象。20国集团（G20）于1999年9月25日由8国集团（G8）的财长在德国柏林成立，由原8国集团以及其余12个重要经济体组成的一个国际经济合作论坛，是布雷顿森林体系框架内非正式对话的一种机制。20国集团由19个成员国和欧盟组成，19个成员国包括中国、韩国、日本、印度、印度尼西亚、沙特阿拉伯、土耳其、俄罗斯、英国、法国、德国、意大利、南非、澳大利亚、美国、加拿大、墨西哥、巴西、阿根廷。20国集团构成兼顾了发达国家和发展中国家以及不同地域利益平衡，人口将近世界总人口的2/3，国土面积占全球的60%。2016年，G20成员方的生产总值为59.24万亿美元，占全球生产总值的78.31%，贸易进出口总额占全球贸易进出口总额的75%以上。这些国家涵盖面广，代表性强，而且中国是重要成员国之一，因此选择G20国家作为中国服务贸易竞争力国际比较的参照系。

本书相关指标数据大部分都来自世界银行网站、联合国贸易和发展组织、联合国网站等权威数据库，部分指标采集自《国际统计年鉴2016》《中国2010年人口普查资料》、TOB、国际劳工组织的劳动力市场主要指标数据库和联合国教科文组织网站。所有的指标数据都来自国际组织或国家政府正式发布，来源可靠，保证数据的客观权威性。同一指标的统计方法、统计口径都相同，但由于个别国家个别指标的至今最新指标的年份不一样，所以存在同一指标年份不一致的情况。指标体系绝大部分数据来自2016年的统计数据，部分为2015年、2014年，创意服务出口额最近的数据全部为2012年，少部分数据个别国家由于2012年以来的数据缺失，只能采集统计网站上该国距今最近的数据。全书总共需要采集912个数据，通过多渠道、多方式努力共收集了912个数据，有四个数据缺失，分别为：沙特阿拉伯的“X_{40}支付的知识产权使用费”“X_{41}每百万人中R&D人员数”“X_{45}接收的知识产权使用费”这三个指标数据缺失；土耳其的“X_{45}接收的知识产权使用费”这个指标数据缺失，这四个数据只好取值为0。具体数值如表5－3所示。

表 5 –3　　G20 国家服务贸易竞争力指标数值

	阿根廷	澳大利亚	巴西	加拿大	中国	德国
X_{01}	73.20	75.90	63.30	78.40	48.30	70.90
X_{02}	21.80	39.00	19.80	65.70	10.10	28.90
X_{03}	32.60	420.49	781.67	321.06	1705.57	524.74
X_{04}	16.88	23.55	17.85	23.69	43.82	19.92
X_{05}	70.15	88.24	59.68	89.84	53.20	89.65
X_{06}	6.40	8.29	6.03	7.76	5.05	8.22
X_{07}	61.55	1435.77	79.17	1253.47	20.50	1644.03
X_{08}	0.84	0.93	0.76	0.91	0.73	0.92
X_{09}	91.89	89.55	85.93	82.01	56.78	75.51
X_{10}	12440.32	49927.82	8649.95	42157.93	8123.18	42069.60
X_{11}	927.83	132.32	189.14	120.01	135.28	116.18
X_{12}	196.79	565.32	637.50	973.78	4530.14	3120.74
X_{13}	18.24	10.08	15.19	15.24	16.24	18.83
X_{14}	30.20	61.17	18.09	22.53	21.32	13.72
X_{15}	0.05	0.21	0.44	0.46	6.08	0.72
X_{16}	0.24	0.74	2.35	1.74	1.95	4.10
X_{17}	0.09	5.06	2.22	9.99	1.53	8.58
X_{18}	1.49	1.51	1.95	5.52	0.56	6.18
X_{19}	11.80	4.67	5.42	8.26	12.19	12.00
X_{20}	34.58	13.87	49.32	30.59	27.80	28.51
X_{21}	1.76	1.16	1.70	2.26	0.36	0.68
X_{22}	65.76	73.07	73.30	69.31	51.63	68.89
X_{23}	7.56	2.61	5.45	1.84	8.56	0.61
X_{24}	26.68	24.33	21.24	28.85	39.81	30.49
X_{25}	577.84	1929.56	1844.53	3934.57	19895.19	13223.17
X_{26}	532.43	1986.91	1394.16	4133.49	14954.42	10215.05
X_{27}	0.26	1.11	0.68	1.66	4.27	5.59

续表

	阿根廷	澳大利亚	巴西	加拿大	中国	德国
X_{28}	0.33	0.03	0.71	4.40	1.94	2.19
X_{29}	0.01	0.09	0.02	0.74	0.07	0.16
X_{30}	0.37	0.34	0.45	0.66	0.52	0.66
X_{31}	24870.65	91325.50	20153.21	84265.45	15210.69	77753.92
X_{32}	-106.00	-47.60	-68.40	-21.00	-68.20	-48.90
X_{33}	-10.80	-0.70	-5.20	-0.40	-0.70	-1.90
X_{34}	-117.00	-14.00	-125.00	-18.00	-78.00	-20.00
X_{35}	0.55	0.93	0.60	0.91	0.61	0.67
X_{36}	2.96	3.79	3.09	3.93	3.66	4.23
X_{37}	156.50	146.87	112.44	106.00	93.64	101.86
X_{38}	0.88	0.93	0.98	0.93	1.11	1.04
X_{39}	0.59	2.20	1.17	1.62	2.07	2.88
X_{40}	20.57	33.46	51.41	96.22	239.80	104.89
X_{41}	1202.07	4530.73	698.10	4518.51	1176.58	4431.08
X_{42}	12.58	96.30	22.53	119.31	706.12	580.07
X_{43}	1202.46	1979.37	634.68	630.12	1938.91	798.93
X_{44}	189.31	2067.96	240.22	1644.03	295.74	1253.31
X_{45}	1.60	8.16	6.51	44.48	11.61	175.96
X_{46}	0.24	0.38	0.54	1.57	4.43	5.45
X_{47}	18.83	9.14	102.66	63.98	48.76	8.01
X_{48}	82.92	90.31	50.60	58.88	43.39	68.27

	法国	英国	印度尼西亚	印度	意大利	日本
X_{01}	76.70	80.20	45.50	30.60	69.30	69.60
X_{02}	39.60	43.10	11.80	9.40	21.30	48.50
X_{03}	354.08	2929.93	41.42	444.59	183.52	349.05
X_{04}	21.41	17.14	33.21	31.03	16.66	23.43
X_{05}	85.62	94.78	25.37	29.55	61.32	92.00

续表

	法国	英国	印度尼西亚	印度	意大利	日本
X_{06}	8.12	8.75	3.94	2.69	7.12	8.47
X_{07}	849.39	1407.63	10.11	7.82	333.38	1070.68
X_{08}	0.89	0.91	0.68	0.61	0.87	0.89
X_{09}	79.75	82.84	54.47	33.14	69.12	93.93
X_{10}	36854.97	40341.41	3570.29	1709.59	30674.84	38900.57
X_{11}	116.02	128.86	199.42	235.39	117.96	103.06
X_{12}	2356.79	1986.53	306.37	1337.10	1039.90	1847.10
X_{13}	17.24	10.76	14.77	9.39	13.68	18.21
X_{14}	17.98	12.13	50.53	13.86	40.23	17.69
X_{15}	1.08	0.49	0.98	1.28	0.45	5.40
X_{16}	3.63	6.16	0.22	1.33	2.07	0.98
X_{17}	4.91	21.72	1.09	3.14	4.57	6.70
X_{18}	6.60	4.52	0.19	0.33	3.23	22.44
X_{19}	7.14	7.25	4.06	34.18	9.07	2.18
X_{20}	33.48	33.02	21.95	32.87	22.17	22.25
X_{21}	1.21	1.57	0.34	0.86	0.18	0.47
X_{22}	78.81	79.23	45.28	53.80	74.00	70.04
X_{23}	1.64	0.60	13.95	17.35	2.10	1.07
X_{24}	20.03	20.17	40.77	28.85	23.90	28.89
X_{25}	5070.04	4080.60	1444.45	2686.15	4538.36	6347.87
X_{26}	5366.68	5908.35	1290.08	3760.90	3876.81	5835.69
X_{27}	4.85	6.71	0.49	3.32	2.08	3.56
X_{28}	2.61	1.88	-1.27	0.22	0.82	3.43
X_{29}	0.24	0.35	0.01	0.06	0.04	0.07
X_{30}	0.64	0.62	0.45	0.48	0.59	0.55
X_{31}	83502.33	77583.69	7398.87	7762.40	77624.86	66652.48
X_{32}	-64.00	-30.90	-30.60	-55.30	-62.00	-48.90

续表

	法国	英国	印度尼西亚	印度	意大利	日本
X_{33}	-0.70	-0.10	-19.40	-13.80	-13.90	-7.50
X_{34}	-31.00	-7.00	-72.00	-100.00	-46.00	-34.00
X_{35}	1.00	0.90	0.36	0.54	0.75	0.94
X_{36}	3.90	4.07	2.98	3.42	3.76	3.97
X_{37}	91.28	97.69	124.97	113.26	106.14	95.06
X_{38}	1.01	1.13	0.98	1.10	0.99	0.96
X_{39}	2.23	1.70	0.08	0.63	1.33	3.28
X_{40}	131.67	119.53	17.32	54.66	46.73	196.72
X_{41}	4168.78	4470.78	89.53	215.85	2018.09	5230.72
X_{42}	214.73	228.27	4.10	9.61	141.49	2035.84
X_{43}	1305.29	755.67	143.67	191.42	584.97	927.76
X_{44}	1099.33	1517.78	11.62	73.01	1100.88	811.15
X_{45}	154.72	171.16	0.47	5.25	33.86	390.13
X_{46}	4.21	2.58	0.42	0.59	1.50	1.88
X_{47}	40.07	39.47	2.10	7.70	3.28	1.80
X_{48}	64.39	56.48	24.25	26.87	62.50	63.36

	韩国	墨西哥	俄罗斯	沙特阿拉伯	土耳其	美国	南非
X_{01}	70.00	61.30	66.00	71.30	52.40	81.30	67.70
X_{02}	43.80	16.30	51.40	25.50	22.30	33.80	17.80
X_{03}	108.27	339.30	325.39	74.53	123.07	4794.15	22.50
X_{04}	29.10	22.04	21.23	28.25	16.96	19.74	20.39
X_{05}	92.72	59.54	76.41	73.75	58.35	76.18	54.00
X_{06}	8.93	4.68	6.91	7.05	5.58	8.19	4.90
X_{07}	2200.79	40.90	214.52	57.63	80.08	1623.35	124.52
X_{08}	0.90	0.76	0.80	0.84	0.76	0.91	0.67
X_{09}	82.59	79.52	74.10	83.33	73.89	81.79	65.30
X_{10}	27538.81	8208.56	8748.36	20028.65	10862.60	57638.16	5284.60
X_{11}	128.72	152.52	264.01	158.47	239.06	122.90	193.19

续表

	韩国	墨西哥	俄罗斯	沙特阿拉伯	土耳其	美国	南非
X_{12}	1104.36	319.26	743.79	711.59	222.15	5030.53	149.54
X_{13}	28.48	5.76	33.72	19.33	34.62	11.25	15.23
X_{14}	18.54	81.22	15.42	69.53	49.80	27.49	55.15
X_{15}	11.80	0.00	7.04	0.00	2.40	0.27	0.12
X_{16}	0.67	11.95	0.82	1.39	2.89	2.36	1.34
X_{17}	1.90	0.00	2.32	3.59	1.80	12.86	5.59
X_{18}	7.13	0.67	1.08	0.00	0.00	16.24	0.76
X_{19}	3.85	0.41	7.79	1.71	0.44	4.95	4.01
X_{20}	22.24	0.00	23.09	0.13	1.66	18.08	13.51
X_{21}	1.22	0.00	0.83	0.00	4.22	0.33	1.37
X_{22}	59.24	63.42	62.84	54.03	61.00	78.92	68.63
X_{23}	2.20	3.83	4.74	2.68	7.02	1.05	2.43
X_{24}	38.56	32.75	32.42	43.29	31.98	20.03	28.93
X_{25}	5117.76	3742.96	2818.50	1836.08	1501.61	14557.06	754.11
X_{26}	3913.30	3873.69	1915.88	1278.43	1910.20	22082.11	743.03
X_{27}	1.90	0.49	1.04	0.33	0.77	15.42	0.29
X_{28}	1.93	0.53	1.74	1.33	0.36	1.67	1.13
X_{29}	0.05	0.01	0.03	0.00	0.00	0.66	0.02
X_{30}	0.52	0.62	0.39	0.23	0.49	0.71	0.43
X_{31}	43089.15	19005.52	16032.20	36472.13	32700.98	109819.90	13828.41
X_{32}	-33.10	-52.00	-47.40	-15.70	-41.10	-44.00	-28.80
X_{33}	-14.60	-17.80	-1.20	-6.00	-17.60	-1.10	-0.20
X_{34}	-4.00	-49.00	-35.00	-92.00	-60.00	-6.00	-82.00
X_{35}	0.98	0.66	0.71	0.77	0.56	0.94	0.39
X_{36}	3.72	3.11	2.57	3.16	3.42	3.99	3.78
X_{37}	59.54	98.62	133.04	136.51	103.33	100.16	127.61
X_{38}	1.12	1.11	0.94	1.00	1.03	1.06	0.96
X_{39}	4.23	0.55	1.13	0.82	1.01	2.79	0.72

续表

	韩国	墨西哥	俄罗斯	沙特阿拉伯	土耳其	美国	南非
X_{40}	92.92	2.77	49.97	0.00	7.64	443.92	20.12
X_{41}	7087.35	241.80	3131.11	0.00	1156.51	4231.99	437.06
X_{42}	3278.94	10.83	203.12	22.66	68.38	898.53	16.16
X_{43}	3136.85	720.34	238.12	235.22	1225.40	944.96	391.61
X_{44}	1166.87	107.01	247.67	254.99	401.15	1304.67	181.56
X_{45}	66.22	0.07	5.48	0.00	0.00	1244.54	1.09
X_{46}	8.39	4.47	0.52	0.17	0.25	0.82	0.65
X_{47}	34.05	0.80	87.76	0.00	12.20	367.66	0.59
X_{48}	93.18	29.94	80.39	63.07	94.73	85.80	19.38

资料来源：（1）WB：世界银行网站数据库。（2）ILO：国际劳工组织的劳动力市场主要指标数据库。（3）国务院人口普查办公室、国家统计局人口和就业统计司：《中国2010年人口普查资料》，中国统计出版社2012年版。（4）UN：联合国网站数据库。（5）中华人民共和国统计局编：《国际统计年鉴2016》，中国统计出版社2017年版。（6）UNCTAD：联合国贸易和发展组织数据库。（7）TOB：Thomson One Banker Private Equity database.（8）UNESCO：联合国教科文组织。

第三节　我国服务贸易竞争力国际比较的实证分析

一、实证过程

将表5-3的数据导入SPSS软件，按照特征根大于1的原则运行主成分分析，得到的特征根和方差贡献率如表5-4所示，海尔等（Hair et al.，2010）[①]建议累计方差贡献率至少要在60%以上才能解释大部分信息。当我们选取主成分为6时，其累计方差贡献率就已经超过80%，可以代表大部分信息，表5-5即为我们选取6个主成分时的矩阵。以每个主成分的贡献率做权数对6个主成分得分进行加权求和，即为G20国家服务贸易竞争力综合评价分数，计算后由此得出G20国家服务贸易竞争力综合排名。

① Hair J F，Black WC，Babin BJ，Anderson RE，“Multivariate data analysis：a global perspective”，Pearson Education. Upper saddle River. 7th edn. 2010.

表5-4　　主成分的特征根和方差贡献率

成分	特征根	方差贡献率（%）	累积方差贡献率（%）
F1	18.444	38.424	38.424
F2	6.717	13.993	52.417
F3	5.518	11.496	63.913
F4	3.432	7.150	71.063
F5	2.635	5.490	76.552
F6	2.211	4.606	81.158
F7	1.761	3.669	84.827
F8	1.511	3.148	87.975
F9	1.250	2.604	90.580

表5-5　　成分矩阵

指标	主成分					
	F1	F2	F3	F4	F5	F6
X_1	0.735	-0.514	-0.232	-0.060	0.134	-0.054
X_2	0.694	-0.468	0.113	0.084	-0.112	0.347
X_3	0.579	0.529	-0.393	0.028	0.264	-0.053
X_4	-0.250	0.568	0.499	-0.009	0.073	0.376
X_5	0.822	-0.467	0.137	0.014	-0.045	-0.012
X_6	0.870	-0.416	0.111	0.050	0.058	0.000
X_7	0.878	-0.084	0.232	-0.036	-0.097	0.046
X_8	0.848	-0.408	0.012	-0.004	0.076	-0.061
X_9	0.533	-0.656	-0.044	0.024	0.274	-0.258
X_{10}	0.917	-0.140	-0.173	-0.083	0.035	0.076
X_{11}	-0.389	-0.275	-0.189	0.589	0.142	-0.310
X_{12}	0.610	0.700	-0.047	0.145	0.138	0.008
X_{13}	-0.044	-0.336	0.535	0.347	0.227	0.107
X_{14}	-0.426	-0.263	-0.106	-0.661	0.444	-0.103
X_{15}	0.164	0.085	0.873	0.278	0.080	0.054
X_{16}	0.081	0.135	-0.154	-0.651	-0.185	-0.537

续表

指标	主成分					
	F1	F2	F3	F4	F5	F6
X_{17}	0.688	0.076	-0.402	-0.172	-0.234	0.223
X_{18}	0.734	0.116	0.036	0.122	0.157	0.007
X_{19}	-0.218	0.466	-0.121	0.418	-0.505	0.133
X_{20}	0.152	0.154	-0.164	0.656	-0.558	-0.024
X_{21}	-0.035	-0.392	-0.015	0.236	-0.209	-0.080
X_{22}	0.691	-0.283	-0.492	0.027	-0.189	-0.276
X_{23}	-0.749	0.421	0.037	0.270	-0.092	0.096
X_{24}	-0.460	0.116	0.645	-0.208	0.312	0.312
X_{25}	0.483	0.693	0.139	0.079	0.154	-0.040
X_{26}	0.608	0.703	-0.109	0.051	0.276	-0.055
X_{27}	0.708	0.563	-0.299	0.072	0.185	-0.042
X_{28}	0.685	-0.051	0.150	0.061	-0.243	0.279
X_{29}	0.698	0.165	-0.376	-0.020	-0.082	0.288
X_{30}	0.629	0.409	-0.112	-0.181	-0.327	-0.254
X_{31}	0.881	-0.145	-0.261	-0.105	-0.021	0.028
X_{32}	0.161	-0.060	0.161	-0.622	0.059	0.636
X_{33}	0.535	-0.032	-0.311	0.178	-0.082	0.380
X_{34}	0.808	-0.069	0.195	-0.305	-0.037	0.102
X_{35}	0.853	-0.199	0.145	-0.048	-0.018	0.020
X_{36}	0.744	0.174	-0.031	-0.200	-0.319	0.052
X_{37}	-0.488	-0.405	-0.518	0.217	0.267	0.229
X_{38}	0.168	0.648	0.317	-0.385	-0.157	-0.269
X_{39}	0.821	0.067	0.489	0.127	0.008	-0.056
X_{40}	0.699	0.586	-0.116	0.204	0.286	0.030
X_{41}	0.873	-0.190	0.333	0.126	-0.138	0.057
X_{42}	0.497	0.092	0.741	0.130	0.108	-0.076
X_{43}	0.401	-0.054	0.631	0.163	0.067	-0.334
X_{44}	0.829	-0.240	-0.061	-0.104	-0.193	0.109

续表

指标	主成分					
	F1	F2	F3	F4	F5	F6
X_{45}	0.665	0.389	-0.312	0.073	0.446	-0.036
X_{46}	0.399	0.217	0.670	-0.187	-0.272	-0.337
X_{47}	0.514	0.375	-0.360	0.232	0.453	-0.002
X_{48}	0.522	-0.441	0.204	0.354	0.355	-0.161

1. 根据表5-5和各主成分的特征根，计算特征向量（如表5-6所示）

表5-6　各主成分的特征向量

特征向量1	特征向量2	特征向量3	特征向量4	特征向量5	特征向量6
0.04	-0.08	-0.04	-0.02	0.05	-0.02
0.04	-0.07	0.02	0.02	-0.04	0.16
0.03	0.08	-0.07	0.01	0.10	-0.02
-0.01	0.08	0.09	0.00	0.03	0.17
0.04	-0.07	0.02	0.00	-0.02	-0.01
0.05	-0.06	0.02	0.01	0.02	0.00
0.05	-0.01	0.04	-0.01	-0.04	0.02
0.05	-0.06	0.00	0.00	0.03	-0.03
0.03	-0.10	-0.01	0.01	0.10	-0.12
0.05	-0.02	-0.03	-0.02	0.01	0.03
-0.02	-0.04	-0.03	0.17	0.05	-0.14
0.03	0.10	-0.01	0.04	0.05	0.00
0.00	-0.05	0.10	0.10	0.09	0.05
-0.02	-0.04	-0.02	-0.19	0.17	-0.05
0.01	0.01	0.16	0.08	0.03	0.02
0.00	0.02	-0.03	-0.19	-0.07	-0.24
0.04	0.01	-0.07	-0.05	-0.09	0.10
0.04	0.02	0.01	0.04	0.06	0.00
-0.01	0.07	-0.02	0.12	-0.19	0.06

续表

特征向量 1	特征向量 2	特征向量 3	特征向量 4	特征向量 5	特征向量 6
0. 01	0. 02	-0. 03	0. 19	-0. 21	-0. 01
0. 00	-0. 06	0. 00	0. 07	-0. 08	-0. 04
0. 04	-0. 04	-0. 09	0. 01	-0. 07	-0. 12
-0. 04	0. 06	0. 01	0. 08	-0. 03	0. 04
-0. 02	0. 02	0. 12	-0. 06	0. 12	0. 14
0. 03	0. 10	0. 03	0. 02	0. 06	-0. 02
0. 03	0. 10	-0. 02	0. 01	0. 10	-0. 02
0. 04	0. 08	-0. 05	0. 02	0. 07	-0. 02
0. 04	-0. 01	0. 03	0. 02	-0. 09	0. 13
0. 04	0. 02	-0. 07	-0. 01	-0. 03	0. 13
0. 03	0. 06	-0. 02	-0. 05	-0. 12	-0. 11
0. 05	-0. 02	-0. 05	-0. 03	-0. 01	0. 01
0. 01	-0. 01	0. 03	-0. 18	0. 02	0. 29
0. 03	0. 00	-0. 06	0. 05	-0. 03	0. 17
0. 04	-0. 01	0. 04	-0. 09	-0. 01	0. 05
0. 05	-0. 03	0. 03	-0. 01	-0. 01	0. 01
0. 04	0. 03	-0. 01	-0. 06	-0. 12	0. 02
-0. 03	-0. 06	-0. 09	0. 06	0. 10	0. 10
0. 01	0. 10	0. 06	-0. 11	-0. 06	-0. 12
0. 04	0. 01	0. 09	0. 04	0. 00	-0. 03
0. 04	0. 09	-0. 02	0. 06	0. 11	0. 01
0. 05	-0. 03	0. 06	0. 04	-0. 05	0. 03
0. 03	0. 01	0. 13	0. 04	0. 04	-0. 03
0. 02	-0. 01	0. 11	0. 05	0. 03	-0. 15
0. 04	-0. 04	-0. 01	-0. 03	-0. 07	0. 05
0. 04	0. 06	-0. 06	0. 02	0. 17	-0. 02
0. 02	0. 03	0. 12	-0. 05	-0. 10	-0. 15
0. 03	0. 06	-0. 07	0. 07	0. 17	0. 00
0. 03	-0. 07	0. 04	0. 10	0. 13	-0. 07

2. 将表5－3数据标准化后的矩阵与表5－6特征向量矩阵相乘，得出G20国家6个主成分的得分如表5－7所示

表5－7　　G20国家主成分得分

国家	y1	y2	y3	y4	y5	y6
美国	2.0206	1.7330	－1.5701	0.2864	2.2868	－0.1612
韩国	0.9245	－0.2611	3.2084	0.2107	－0.0489	－0.5688
日本	0.9726	－0.2897	0.7594	0.3548	0.2692	0.3470
中国	－0.2863	2.2813	1.1165	0.6049	0.3094	0.1510
德国	0.8984	0.3521	0.1883	－0.1734	－0.8457	－0.2343
英国	1.1616	－0.0325	－0.9004	－0.7596	－1.4022	－0.0886
法国	0.8373	－0.1944	－0.1724	0.1900	－1.0405	－0.6156
加拿大	0.9053	－0.7480	－0.4251	－0.1775	－1.2561	1.8908
澳大利亚	0.4788	－1.4492	－0.2972	－0.3047	0.3875	0.3643
俄罗斯	－0.3748	－0.7389	0.3640	1.1435	0.6501	1.0912
意大利	－0.0097	－0.2600	－0.4831	－0.4036	－0.4783	－0.6984
沙特阿拉伯	－0.7071	－0.7553	0.0933	－1.1176	1.6024	1.3835
印度	－1.4034	1.7855	－0.2616	0.7197	－1.6197	0.6134
土耳其	－0.7263	－0.6684	0.4549	－0.1945	0.6426	－0.7264
巴西	－0.5917	－0.2311	－0.7789	1.0127	－0.4940	－0.8632
阿根廷	－0.8639	－1.1716	－0.7787	2.3089	0.5133	－1.5104
印度尼西亚	－1.5943	0.6552	0.1197	－0.5026	0.5281	0.9960
南非	－0.8704	－0.2712	－0.6290	－0.7001	－0.1840	0.7120
墨西哥	－0.7713	0.2643	－0.0083	－2.4980	0.1799	－2.0823

3. 以每个主成分的贡献率做权数对6个主成分得分进行加权求和，得出表5－8的竞争力排名

表5－8　　G20国家服务贸易竞争力综合得分及排名

国家	综合得分F	服务贸易竞争力排名
美国	1.2038	1
韩国	0.8301	2
日本	0.5873	3

续表

国家	综合得分 F	服务贸易竞争力排名
中国	0.4987	4
德国	0.4269	5
英国	0.2500	6
法国	0.2499	7
加拿大	0.2462	8
澳大利亚	-0.0453	9
俄罗斯	-0.0467	10
意大利	-0.2254	11
沙特阿拉伯	-0.3633	12
印度	-0.4050	13
土耳其	-0.4096	14
巴西	-0.4235	15
阿根廷	-0.5689	16
印度尼西亚	-0.5769	17
南非	-0.5817	18
墨西哥	-0.6468	19

二、实证结果分析

在展开具体的分析之前，需要对比较的前提作简要的说明。

第一，我们在运用相关指标进行竞争力分析时，必须明确这种测算方法只是一种间接度量的方式，必要的时候应该结合定性分析。因为，正如在文献述评时所提到的，制度将成为影响服务贸易竞争力的主要因素，而且在特定的政策和制度下，只是简单地采用指数进行计算可能会与实践发生偏差。例如，如果某个经济体开放程度不高，其对相关贸易部门产品的进口存在相应的政策限制，则可能会表现出较高的竞争力，而从定性的角度可以很清楚地看到，这种竞争优势很难是一种稳定的动态优势，随着保护性政策的消失，优势也将消失。为此，贸易竞争力的全面分析必须要考虑开放度的问题，垄断不能代表竞争力。

第二，基于相关指数对竞争力进行分析过程中，总能发现我国服务贸易与其他先进国家之间的差距。但我们需要注意，现在所采用的竞争力分析都是针对过去的服务贸易事实而展开的。这就会涉及一个价值判断问题——这些差距的存在是合理的还是不合理的？这些差距是否应该在已经过去的服务贸易发展中加以弥补而实际上却没有被弥补？目前呈现出的服务贸易竞争力状况是政府理性引导、管理的结果还是政府无能、企业无力的结果？或者这种服务贸易竞争力状况根本就是遵循竞争优势理论下正常的、不必大惊小怪的结果？如此等等，都需要在定性分析的过程中加以深入考虑。

（一）主成分分析

从表5-5的成分矩阵可以看出：

第一主成分在服务业从业人员比例（X_{01}）、从业人员中受高等教育人员所占比重（X_{02}）、外商直接投资FDI（X_{03}）、互联网普及率（X_{05}）、信息化发展指数（X_{06}）、安全网络服务器数量的对数值（X_{07}）、人文发展指数（X_{08}）、人均GDP（X_{10}）、金融服务贸易出口占服务贸易总额的百分比（X_{17}）、专有权利使用费和特许费服务贸易出口占服务贸易总额的百分比（X_{18}）、服务业附加值占GDP比重（X_{22}）、农业增加值占GDP比重（X_{23}）、服务出口的世界市场份额（X_{27}）、对外直接投资净流出（X_{28}）、风险资本交易占GDP比重（X_{29}）、贸易互补性指数（X_{30}）、服务业劳动生产率（X_{31}）、开办企业流程的成本（X_{33}）、营商便利指数（X_{34}）、在线公共服务指数（X_{35}）、物流绩效指数（X_{36}）、研发支出占GDP的比例（X_{39}）、支付的知识产权使用费（X_{40}）、每百万人中R&D人员数（X_{41}）、每百万人科学技术期刊文章数（X_{44}）、接收的知识产权使用费（X_{45}）、创意服务出口（X_{47}）、高等院校入学率（X_{48}）等指标上的载荷解释能力较大。其中，X_1，X_2，X_3，X_5，X_6，X_7，X_8主要是反映生产要素的指标；X_{10}，X_{17}，X_{22}，X_{23}，X_{27}，X_{28}，X_{29}主要是反映经济基础的指标；X_{30}，X_{31}，X_{33}，X_{34}，X_{35}，X_{36}主要是反映营商环境的指标；X_{18}，X_{39}，X_{40}，X_{41}，X_{44}，X_{45}，X_{47}，X_{48}主要是反映知识要素的指标。因此，根据这些指标的载荷解释能力及其内涵，本书把这个主成分称为服务贸易的发展环境。

第二主成分在货物贸易进口额（X_{26}）、服务贸易进口总额（X_{12}）、货物贸易出口额（X_{25}）、城镇人口占总人口比重（X_{09}）、科技经费增长率（X_{38}）、固定资本形成总值占GDP比重（X_{04}）等指标上的载荷解释能力较大，首先以货物贸易的进出口的数值最大，其次为服务贸易的进口额，因此本书将这个主成分称为服务贸易的关联支撑产业和国内需求。

第三主成分在运输服务贸易出口占服务贸易总额的百分比（X_{13}）、建筑服务贸易出口占服务贸易总额的百分比（X_{15}）、工业增加值占GDP比重（X_{24}）、贸易条件指数（X_{37}）、每百万人专利申请数（X_{42}）、每百万人直接提交的商标申请件（X_{43}）、高科技出口占GDP比重（X_{46}）等指标上的载荷解释能力较大。其中X_{13}，X_{15}，X_{24}，X_{37}主要是反映经济结构的指标；X_{42}，X_{43}，X_{46}主要是反映创新结果的指标。对于这些指标，根据其内涵，本书把这个主成分称为经济结构和创新活力。

第四主成分在旅游服务贸易出口占服务贸易总额的百分比（X_{14}）、其他商业服务贸易出口占服务贸易总额的百分比（X_{20}）、保险服务贸易出口占服务贸易总额的百分比（X_{16}）、消费者价格指数（X_{11}）、个人、文化娱乐服务贸易出口占服务贸易总额的百分比（X_{21}）等指标上的载荷解释能力较大，这些指标主要是服务贸易内部相关部门，因此本书将这个主成分称为服务贸易的产业结构。

第五主成分在计算机和信息服务贸易出口占服务贸易总额的百分比（X_{19}）这个指标上的载荷解释能力较大，因此本书将这个主成分称为信息技术。

第六主成分在总税率（X_{32}）这个指标上的载荷解释能力较大，该指标是企业应纳税额占商业利润的百分比，数值越高说明税负越重，属于服务贸易竞争力的反向指标，因此本书将这个主成分成为企业税负。

从成分权重来看，第一主成分服务贸易的发展环境影响最为显著，高达47.35%，接下来依次递减。这说明服务贸易竞争力的提升受生产要素、经济基础、营商环境、知识要素的影响最大；第二主成分关联支撑产业的权重为17.24%，对服务贸易竞争力的影响次大。这一成分主要是货物贸易进出口，这与服务贸易的起源需求事实相符；第三主成分的权重为14.16%，说明经济结构和创新活力对服务贸易竞争力的影响也是较大的。接下来三个主成分的权重依次为8.81%、6.76%、5.68%。值得注意的是，第五主成分以单个指标就占到了权重的6.53%，说明在互联网经济时代，信息技术对服务贸易竞争力的影响很大，这也与当前信息技术在大部分服务部门中正成为非常重要的创新工具和手段相一致，很多新服务都是由信息技术引起并通过信息技术开发的；税负高低会极大地影响外资投资，第六主成分在总税率（X_{32}）这单个指标的权重为5.68%，因此税负政策对一国服务贸易竞争力的影响需要引起我们的重视和思考。

（二）对G20国家服务贸易竞争力的评价

从表5－8 G20国家服务贸易竞争力综合得分及排名来看，美国以1.2038的得分遥遥领先，第二名为韩国，日本和中国的得分比较接近，分列第三、第四名。接下来依次为：德国、英国、法国、加拿大、澳大利亚、俄罗斯、意大利、沙特阿拉伯、印度、土耳其、巴西、阿根廷、印度尼西亚、南非和墨西哥。G20

国家各主成分的得分情况为：

第一主成分发展环境方面，美国的得分最高为2.0206，几乎是第二名英国的两倍，日本和韩国分列第三和第四位，接下来依次为加拿大、德国、法国、澳大利亚，之后的意大利、中国、俄罗斯、巴西、沙特阿拉伯、土耳其、墨西哥、阿根廷、南非、印度和印度尼西亚得分为负。从总体来看，发达国家的生产要素、经济基础、营商环境和知识要素等相较于发展中国家有明显的比较优势。

第二主成分关联支撑产业和国内需求方面，得分最高的是中国，其次为印度、美国、印度尼西亚、德国、墨西哥。发达国家除了美国和德国外，其他国家均为负数，澳大利亚的表现最差，这与发达国家产业结构调整，大力发展服务业，低端制造业转移到人力成本较低的发展中国家有关。

第三主成分经济结构和创新活力方面，韩国的得分遥遥领先，中国的得分也不俗位列第二，接下来为日本、土耳其、俄罗斯、德国、印度尼西亚和沙特阿拉伯，剩下的国家为负值，最差的是美国。发达国家在该主成分的得分良莠不齐的原因主要有两方面，一是以美国为代表的欧美发达国家限制高科技产品出口；二是发达国家把核心技术留在国内，制造业向低制造成本的发展中国家转移，这使得统计数据远低于其他国家。

第四主成分产业结构方面，第一名为阿根廷，得分高达2.3089，第二名的俄罗斯和第三名的巴西得分很接近，第四、第五名的印度和中国得分也差不多、接下来迅速拉开差距，依次为日本、美国、韩国、法国、德国、加拿大、土耳其、澳大利亚、意大利、印度尼西亚、南非、英国、沙特阿拉伯和墨西哥。

第五主成分信息技术方面，前四名依次为美国、沙特阿拉伯、俄罗斯和土耳其，中国以0.3094位列第八位，仅为第一名美国（2.2868）的1/7。

第六主成分企业税负方面，发达国家中总体税率最低的是加拿大，发展中国家则是沙特阿拉伯税率最低，中国以0.1510位列第九位。

三、中国国际服务贸易竞争力分析

从表5-8 G20国家服务贸易竞争力综合得分及排名来看，中国以0.4987的总得分排名第四。位次看起来好像还不错，但是我们的总得分只有第一名美国的2/5，而且这样的总得分和排名就能说明我国处于前列吗？前面我们已经强调，虽然本书能保证采集的所有指标数据都是国际组织或国家政府正式发布的，来源可靠，数据客观权威，但在特定的政策和制度下，只是简单地采用指数进行计算可能会与实践发生偏差。在运用相关指标进行竞争力分析时，必须明确这种测算方法只是一种间接度量的方式，应该结合必要的定性分析。

（1）在各主成分中，中国的第二主成分关联支撑产业和国内需求与第三主成分经济结构和创新活力得分最佳，分别排名第一和第二，对总得分的贡献最大。这两个主成分的高得分受益于我国改革开放后，在基础设施、土地成本、劳动力等方面的比较优势吸引了大量的外商投资，由此承接了发达国家先进制造业的转移。20 世纪 80 年代中期开始，承接了电器装配、机械设备等产品的组装加工，90 年代以后则承接了美国、欧洲、日本、韩国等国家或地区较先进的电子信息制造业的加工组装。这种边干边学、模仿创新的方式，使工业化水平得到了明显提高，由此更好地融入了全球生产网络，成为面向全球的“世界工厂”。低成本的加工贸易规模快速提升，在进出口贸易中的比重有时甚至占据半壁江山。这其中有八成是来自外商投资企业。2000 年我国货物贸易进出口排名全球第七，2013 年以 4.16 万亿美元的总额超过美国跃居全球第一并保持至今。

开放型经济也引进了一批高科技产业，自国家于 1999 年提出“科技兴贸”以来，从事高科技制造的企业数量快速增长，从 2000 年的不足 1 万家到现在已经超过 3 万家。中国高新技术产品贸易在全球主要贸易市场中的份额，从 2000 年的 6% 持续增长到了目前的 37%，成为全球最主要的高科技产品出口国之一。[①] 在制造智能手机、无人机、高铁等方面，我国占据着较强的竞争地位。中国制造在亚洲高端科技产品出口中所占的比重，2000 年还不到 1/10，之后不断攀升并于 2014 年取代日本，成为亚洲第一大高科技产品出口国（43.7%）。近年来我国在政策规划、激励机制、人才引进、金融扶持等方面不断优化和改革，激发了全社会的创新活力，推动了高技术产品在全球价值链的不断攀升。[②] 因此我国高科技产品产业化速度加快，与我国创新战略大力推进密不可分。

在为我们取得的诸多成绩高兴之余也应当清醒地认识到，这两个主成分高得分的背后有很大隐忧。第一，商品出口主要依靠传统制造业产品出口，贸易途径更多依靠加工贸易。当前国内加工贸易属于低层次，即便是高新技术加工贸易也更多的只是劳动密集型的加工组装，不仅附加价值不高，而且加工的原材料或者零部件大都是从国外进口的，与国内经济的联系不是太紧密，还存在着以下诸多问题：企业核心技术研发能力较低，资源和能源浪费现象严重；出口的产品中“四高”比重较低，即缺少高附加值的产品、档次较高的产品、高创汇的产品和高新技术的产品；生产效率较低；国内加工企业营销能力和抗风险能力较差，对

① 蒋宇宁：《中国经济的新常态与新出路研究》，载于《内蒙古社会科学（汉文版）》2016 年第 4 期。

② 董碧娟：《中国渐成亚洲“价值”高地》，载于《经济日报》2016 年 7 月 25 日。

特定市场的外贸依存度太高，订单数量容易受国际经济波动的影响等。第二，一直以来，“三高一低”的粗放型经济增长模式在我国占据较大比重，这一模式不仅存在着对资源利用率较低造成资源浪费和发展后劲不足等问题，而且对资源的高依赖性导致了资源过度开采，对环境造成毁灭性的破坏，各地较为严峻的环境污染问题频频发生。所以从某种程度上来说，我国货物贸易出口的增加是建立在资源消耗增加的基础上，这必然加剧我国日益严峻的环境污染问题。第三，高产值低附加值问题突出，高科技产业形不成规模。根据世界银行的统计数据，我国2016年高科技出口占制成品出口的百分比为24.97%，但是我国95%以上的高科技顺差都是来自加工贸易的，更糟糕的是，这些加工贸易中我国国有企业和民营企业的贡献率不足10%，即90%以上是来自外商独资或中外合资的企业。而且，我国依然不是像美国或德国那样的全球科技领导者，不少企业仍处在跟跑阶段，缺少原创性创造和领跑性创新。2014年低科技产品占中国出口的28%，占世界低科技含量产品市场的份额达55.4%，而排在第二位的印度仅为9.4%。2016年底，我国高新技术企业已突破10万家，但是许多关键零部件仍高度依赖进口，存在高端产业低端化，低端产业产能过剩的困境。由此可见，从附加值贸易的角度来看，中国的第二主成分关联支撑产业和第三主成分经济结构和创新活力得分必须打个折扣，中国服务贸易竞争力提升的空间还很大。

（2）从G20国家主成分得分（如表5-7所示），中国在第一主成分、第五主成分和第六主成分这三个主成分上的得分表现最为不好。权重最高，对服务贸易竞争力影响最大的第一主成分服务贸易的发展环境，中国以-0.2863排名第十，是六个主成分中得分最差的一个。这说明接下来中国服务贸易竞争力能否得到提升受生产要素、经济基础、营商环境、知识要素的约束最大，需要在这几个方面下功夫。第五主成分信息技术方面和第六主成分企业税负方面的得分距负数仅一步之遥，分别为第八和第九位，第四主成分虽然排名第五，但得分仅约为第一名的1/4。这三个主成分得分较差的原因有可能是：

第一，我国对外贸易“大而不强”，尤其是服务贸易进出口，虽可算得上是贸易大国，但离服务贸易强国还很远。我国目前具有国际竞争力的品牌较少，名牌发展相对落后，出口效益没有得到实质性的提高。近200种产品的产量虽然位居世界第一，但是出口产品中具有自主知识产权品牌的还不到10%，大量依靠加工产品和OEM产品（贴牌产品）出口的贸易模式，造成巨大的利润流失。同时，自主品牌的缺乏还导致我们要保证经济的快速发展只能依靠大量资源的投入，这也使得我们单位资源的产出水平较低，大约只有美国单位资源产出效率的10%，日本的5%。虽然国内部分企业已经开始出口自有品牌产品，但是由于缺乏自主知识产权，特别是缺乏核心关键技术的知识产权，导致我国贸易出口中的品牌附加值依然偏低。而且国内企业知识产权保护意识还比较薄弱，贸易摩擦和知识产权纠纷频发不仅影响了技术引进，也严重阻碍了高新技术产品出口的发展。美国、日本和欧盟屡次在双边或多边谈判中对我国知识产权保护提出质疑，截至 2015 年，我国已经连续 14 年成为遭受美国“377 调查”最多且涉案金额最高的国家。

第二，我国整体贸易条件没有得到明显改善。具体表现为：跨国公司在进出口中所占的比重比较大，而且主要是高价进口、低价出口的内部采购；对外贸易出口产品价格的下降幅度大于出口产品数量和进口产品价格的下降幅度；我国从发达国家进口了大量的生产设备、创新创意设计、关键性元器件等，但是国内大部分企业几乎没有采取有效措施去消化、吸收和推广这些高新技术进口产品中的核心技术；相对于国内外市场需求而言，我国部分产业存在明显产能过剩，尤其是低端产业的产能过剩尤为严重，造成了大量资源浪费。

第三，我国服务贸易内部结构不合理。旅游业、交通运输业等传统服务贸易产业的进出口总额占服务贸易总额的比重极大，这与当今服务贸易应以高附加值、资金密集产业为主的大趋势相违背。新兴服务贸易产业发展相对缓慢，高附加值或科技含量较高的通信、金融、咨询、广告等领域的服务贸易业仍比较落后，我国服务贸易的发展仍然处于一个不太发达的阶段。内部结构的不合理不仅制约了我国服务贸易的发展，还给国外服务贸易企业以可乘之机，趁机占领我国国内服务市场，进一步加剧了我国服务贸易的逆差状况。

第四，我国进行“营改增”以后，企业整体税负水平有所下降，但是与全世界相比，税负还是比较重的。2017 年世界银行有统计的近 200 个经济体中，总税率超过 60% 的国家（或地区）只有 23 个，中国是其中一个，以 67. 3% 的总税率远超世界平均水平（40. 5%）。虽然影响竞争力的因素有很多，税负只是其中一个，但是我们从主成分分析的结果可以看出，税收政策对各国服务贸易竞争力有重要影响。企业高额的税收支出不仅会影响外资流入，还会导致我国经济微观活力不足，尤其是在各国竞相减税的背景下，我国将面临更大的减税压力。为了提高服务贸易企业的国际竞争力，我国需要及时调整税收政策，加快税收的法制化进程，提高我国税收政策在全球的竞争力。

（3）第二主成分的国内需求方面和第五主成分信息技术方面的得分排名情况让我们看到了中国服务贸易未来发展的机遇和挑战。

第一，在互联网经济时代，数字经济指的是以数字信息和知识作为生产关键要素的广泛经济活动，它是基于现代信息网络这个重要载体，以有效利用信息通信技术作为提升效率和优化经济结构的重要动力。移动互联网、智能终端、大数据、云计算等新一代信息技术发展将带动众多产业变革和创新。让我们惊喜的是，2016年新一期全球超级计算机500强榜单显示，中国超级计算机上榜总数量有史以来首次超过美国名列第一。我国已迈过了劳动密集型产业为主导以及资本密集型重化工业加速增长的阶段，当前主要任务就是通过创新驱动，推动经济结构向知识技术密集型产业转变[①]，而信息技术是创新驱动重要构成要素。中国信息技术方面的得分在G20国家中排名中等略偏上，未来需要重点发展。

第二，我国GDP总量于2010年跻身世界第二大经济体，人均GDP达中等收入阶段。到了这样一个阶段之后，我们面临最大的机遇和挑战主要是如何实现跨越“中等收入陷阱”。20世纪60年代以来，110多个发展中国家真正跨越过去的，只有13个。剩下的非但没有跨越过去，相当一部分至今深陷在“中等收入陷阱”里面。[②]“拉美旋涡”“东亚泡沫”“西亚北非的危机”等，有不同的表现形式，存在不同的泡沫。但就经济发展来说，共同点就是如何跨越“中等收入陷阱”。中国现在正处于中等收入这个阶段，一系列的社会、经济、政治、文化条件正发生深刻的变化。就经济来说，跨越“中等收入陷阱”，最重要的是应对需求疲软。第二主成分中服务贸易进口额的数值较大，这个指标表示的是经济体服务需求总量与本国自给自足的服务量间的差额。我国在这个主成分中得分最高，与我国现在服务贸易巨大逆差相符，这说明我国服务需求的市场空间很大，这应当成为我国解决“中等收入陷阱”的一大法宝。

当前，我国服务业发展的核心问题不是速度，也不是比重，而是结构和自主创新能力问题。服务创新能力决定服务业的结构升级和发展速度。只有服务产品不断创新，才能适应居民消费结构升级和一、二产业优化升级的需求，才能带来服务业快速发展和比重提高，也只有服务业充分发展了，才能从根本上缓解我国巨大的就业压力。多年来，我国内需不足，并非单纯是有效需求方面的原因，更多的是供给侧的问题，而这最重要原因就是服务创新不足。

综上所述，在权重高的主成分上，中国得分是较低的；而得分较高的主成分，其“含金量”是有待商榷的。中国服务贸易未来发展有很大的机遇和挑战，服务贸易竞争力提升迫在眉睫。

---

① 董碧娟：《中国渐成亚洲“价值”高地》，载于《经济日报》2016年7月25日。

② 刘伟：《供给侧结构性改革要求制度创新》，载于《紫光阁》2016年第12期。

第六章

服务创新提升中国服务贸易竞争力的障碍分析

当前服务贸易发展中，服务创新呈现出外部环境变化发展越来越快、服务创新领域不断扩大、人才多样化需求日益凸显、服务创新带来的贸易收益不断增加等趋势。通过前面的理论和实证分析可以看出，服务创新对中国服务贸易竞争力是有显著影响的。但是从服务创新提升中国服务贸易竞争力的总体情况来看，存在以下主要障碍：服务创新投资强度增大制约了服务创新的发展；服务创新激励机制不完善弱化了服务创新的动力；服务创新政策管制过严影响了服务创新活力；服务创新人才不足制约了服务创新能力的发展；服务创新能力偏弱制约了服务贸易收入的增长等。本章主要就是通过分析和梳理，正视当前服务创新提升我国服务贸易竞争力出现的问题和困难。

第一节　当前服务贸易发展中服务创新呈现出的几种趋势

一、服务创新的外部环境变化发展越来越快

外部环境是影响服务创新发展的重要因素。当前，世界经济仍处于金融危机后的复苏和变革期，国际金融危机影响正从经济向科技、政治、军事和国际治理等领域传导，围绕全球利益格局的战略博弈更加复杂，全球贸易保护主义抬头。围绕市场、科技、资源、文化、人才的竞争更趋白热化，围绕国际贸易规则主导

权的争夺更加激烈，服务创新的外部环境变化发展越来越快。

世界经济在再平衡中艰难复苏，各国更加重视服务创新的发展。经过应对金融危机政策的持续作用，美国经济复苏态势趋于明显，失业率开始下降，资产负债表得到修复，实体经济竞争力得到改善，但复苏效果不佳，面临量宽政策退出的考验，美国政府“出尔反尔”和“任性”提出的各种条款，使“逆全球化”呈进一步蔓延趋势。欧洲系统性债务风险基本得到控制，但财政收缩和去杠杆压力使经济复苏步履艰难，失业率居高不下，前景不容乐观。日本量化宽松刺激和日元贬值力度不断加大，但受政府债务高企和结构性问题拖累，复苏效果并不理想，下一步还面临增税压力，降低法人税吸引外资和吸引外来移民弥补本国不足等结构性措施的效果有待观察。金砖国家等新兴经济体经济增速在整体放缓中出现分化，印度、印度尼西亚、菲律宾、越南等经济增长有所加快。据国际货币基金组织（IMF）预测，2016~2020 年世界经济增速将达 3.9%，比 2009~2014 年提高 0.6 个百分点，其中发展中国家经济增速将达 5.4%。在 2016 年 5 月 28 日至 6 月 1 日在北京召开的第四届中国国际服务贸易交易会上，与会的各国政要和企业家一致认为，数据和信息驱动的创新，正成为全球服务创新的核心。①

基于现代信息技术和互联网的高速发展，信息传播模式不断发生变化，结合了文字、语音和图像的多媒体通信形式让观众体验到全方位的视听体验。同时，传统报刊、广播电视媒体和互联网信息传播的整合，不仅向观众快速、及时地提供了多维信息，还实现了从单向传播向双向或多向传播转化，提高了受众的反馈参与度。目前，电信增值服务业、互联网服务业、电子商务、文化创意产业等从不同角度命名的新兴产业都只是这一正在形成的巨大产业的冰山一角。

从世界主要国家（或地区）服务创新的发展模式来看，服务创新的行业差异性大，随着外部环境变化越来越快，其发展过程中涉及面越来越广、利益相关者越来越多，比其他行业的创新更加充分体现了对多学科交叉的需求。外部环境是影响服务创新发展的重要因素，政府对服务创新的发展起到了重要的推动作用。服务贸易强国大都通过改善公共服务，综合考虑技术发展趋势、经济发展趋势、国际市场环境变化和社会发展趋强等诸多因素的前提下，创造出适合服务创新发展的软、硬环境，引导服务创新系统协调发展与完善。

① 朱竞若：《服务贸易　转型升级新引擎》，载于《人民日报》2016 年 5 月 30 日。

二、服务创新领域不断扩大

一方面，随着基因检测、人脸识别技术、VR 虚拟技术、智能家居等前沿技术的不断发力和应用，服务创新领域不断扩大。在 2016 年 5 月 28 日至 6 月 1 日在北京召开的第四届中国国际服务贸易交易会上，各国来宾一致认为，数据驱动的创新正成为全球服务创新的核心。[①] 计算机芯片的信息处理能力、微型化和定位技术不断增强，服务、安全及自然界之间日益增加的可操作性在任何地方、任何时间都能使成熟的体系结构和平台成为知识共享、合作及电子商务交易平台，服务贸易企业只有不断提高服务创新的能力，才能在激烈的国际竞争中保持优势。

另一方面，消费性服务需求和生产性服务需求的不断增长，倒逼服务贸易企业不断扩大服务创新领域。消费者虽然存在特定的消费趋势：个性化、自我选择、信息化及柔性化等，但是人口老龄化、技术市场化和社会经济趋势（如收入水平、对于环境和生态平衡的关注）不断影响着消费者的需求和偏好，服务贸易企业只有不断通过服务创新才能满足顾客日益多样化的需求。随着制造业的专业化分工程度越来越高，先进制造业的发展对生产性服务需求不断增长和扩大，如技术研发服务、管理咨询服务、商务服务、投融资服务等，专业化的服务创新领域不断扩大。

三、服务创新的人才多样化需求日益凸显

不同行业、不同规模、不同阶段的服务企业在制订和执行创新战略时，需要不同层次、不同规格的人才；服务创新的不断发展推动新服务项目、新商业模式不断涌现，服务细分领域增多也依赖于多样化的人才。服务行业的特征不同导致不同类型的创新战略，这些不同的创新战略需要复合型服务创新人才予以支撑。BOSS 直聘数据研究院发布的《2016 企业服务行业年度人才趋势报告》通过大数据分析，发现服务企业十大需求岗位依次为：销售、Java 工程师、市场推广、Web 前端、商务渠道、产品经理、用户运营、PHP 开发工程师、UI 设计师、Android 开发。从这个排名我们可以发现，信息技术相关的紧缺人才需求就有三个，与创新开发直接相关的需求岗位就有四个，这说明随着云服务时代的到来，

① 朱竞若：《服务贸易　转型升级新引擎》，载于《人民日报》2016 年 5 月 30 日。

服务企业对相关创新人才的渴求。

服务企业的人才需求变化和人才薪资增幅变化，直接反映了当前市场对创新人才多样化的需求。从2016年薪资增幅前十的排名（如图6-1所示）可以看出，随着信息技术的不断发展，企业对“互联网+服务贸易”的相关创新人才日益重视，薪资增幅前十名的岗位中，前九个都是信息技术和数据服务岗位。“媒介经理”这个非信息技术岗位能在薪资增幅排名中占有一席之地，说明了市场对内外部资源整合型专业人才的重视，服务企业对品牌形象挖掘和维护的重视。随着服务创新领域的不断扩大，服务创新的人才多样化需求会更加凸显。

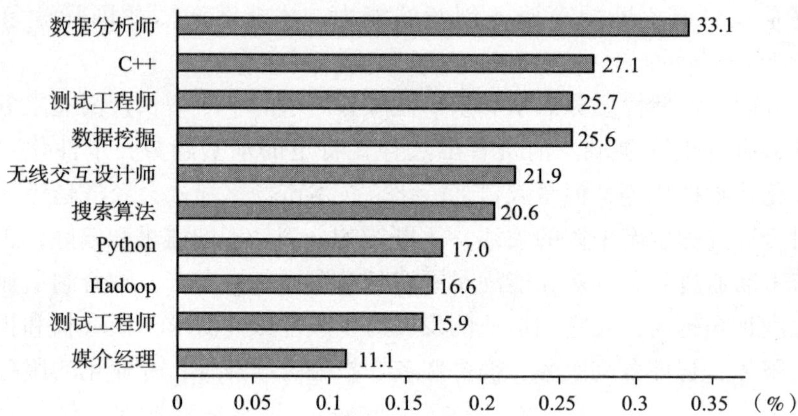

图6-1　2016年服务行业岗位薪资增幅前十名

资料来源：BOSS直聘数据研究院网站。

四、服务创新带来的贸易收益不断增加

获得超额利润是服务贸易企业进行服务创新的根本目的，服务创新的结果应该是能够有效促进服务贸易业或服务贸易企业的发展。一般情况下，接受服务型企业产品的客户主要是人，服务创新过程很多是由服务提供者和服务消费者共同完成的。服务贸易企业在经营过程中必须充分重视客户的感知，因为它将影响企业的后期发展，同时也会直接影响服务贸易企业的业绩和利益。因此，服务贸易企业通过服务创新，可以不断提高顾客满意度，进而带来贸易收益的不断增加。艾伦和葛尔（Allen and Gale，1994）① 通过研究发现，服务创新者的边际成本低

① Allen Franklin and Gale Douglas，“Comparing Financial Systems”，Canbridge，MA，MIT，2000a.

于模仿者，通过率先创新，他们面临着较低的识别潜在发行人和投资人的搜寻成本，从而成为超边际竞争者（infra-marginal competitors）。

第一，服务创新的发展改变了服务贸易的方式，如信息技术的发展推进了电子商务、物流等服务业水平的改善与提高，扩大了服务贸易的市场，创造了更多的贸易收益。第二，服务贸易的专业化程度得到了服务创新的有力支撑，如中介服务、咨询服务等更加科学化、准确化，从深层次上使服务产品与消费者的需求偏好结合得更加紧密，提高了顾客满意度。第三，服务创新成为服务贸易市场垄断的主导力量，即市场的开放度越高，竞争就越激烈，服务创新的速度也就越快，所形成的行业垄断性就越强，集中度也就越高，贸易收益也就越高。

第二节　服务创新提升中国服务贸易竞争力存在的主要障碍

前文分析服务创新与服务贸易竞争力的关系时已经明确指出：服务创新是服务贸易的源泉，推进服务创新是提升服务贸易竞争力的根本途径；服务创新的根本目的是提高服务企业的核心竞争力，提升服务贸易竞争力是服务创新的动力。从宏微观来看，我国服务贸易产业制度创新不足和服务贸易企业服务创新不足，已经影响服务贸易竞争力的持续发展。

一、服务创新投资强度增大制约服务创新的发展

约翰·豪克内斯（John Hauknes，1998）[①] 在 SI4S 最终报告中指出，某些服务部门具有和制造业部门同样高的资金强度，而资金也并不主要投资在企业设备上。邦杜迟和斯马特（Raluca Bunduchi and Alison U. Smart. 2010）[②] 从过程角度出发将服务创新的成本划分为七个方面：开发、启动、改变、资本、执行、关系和伦理，并对每个方面的成本作出了详细的界定。蔺雷和吴贵生认为服务企业的资金投入包括以下几个方面：（1）信息和通信技术的投资；（2）人员培训的投资；（3）原材料和中间投入品的投资；（4）场地、机器和其他服务设施的投资；

---

① John Hauknes，"Service In Innocation，Innocation In Service"，SI4S Final Report，1998.

② Raluca Bunduchi，Alison U. Smart，"Process innovation costs in supply networks：a synthesis"，*International Journal of Management Reviews*，2010，12（4）：365－383.

(5) 营销广告等的投资。针对前两项的投资已经成为大多数服务企业的投资重点，所占比重也在迅速上升。信息和通信技术的投资主要包括信息和通信技术的硬件、打包软件、信息和通信技术服务、信息和通信技术的获取和开发等的投入。[①] 服务创新主要是靠顾客推动的，而顾客对服务创新和服务质量好坏的评价是依据他们同服务人员打交道的过程得出的，因此优质的服务来源于优质的企业员工，而要培养出这些优质的企业员工需要大量的人力资源投入。

服务创新具有复杂性和不确定性等特征，这就意味着当创新出现问题时，设计过程不得不返回创新过程的早期阶段，这增加了项目的成本和推迟了进度。服务创新的高成本障碍主要表现为：(1) 服务创新总成本往往会超过预算，使得企业在资金分配上出现顾此失彼；(2) 服务创新开发成本过高，意味着产品价格也会高，可能会高于大部分顾客的承受能力，企业也会因为顾客的流失而无法获利；(3) 创新服务产品在市场认可度上还不够，客户数量有限。

服务创新诸如上述的高成本也就制约了服务创新的投入，这里的投入不只包括企业的资金投入，还包括公共部门的资金投入和企业融资。一般情况下，服务企业进行市场开发和服务产品创新的投入不会得到公共部门的创新支持项目的资金支持，而这些资金投入对服务创新的发展是很重要。最明显的一个例子是软件的开发。软件开发要求大量的资金和高质量的人员投入。一旦一个新程序开发好了，它几乎可以不需要任何附加成本而得到迅速传播，因而软件市场很不安全。同时，软件产品市场周期短，软件产品必须在短时间内销售完毕，这意味着投资软件的风险大大增加了。这种高风险就要求软件企业进行细致和深入的市场分析，也使得银行等金融机构不愿提供资金支持软件的开发。

二、服务创新激励机制不完善弱化了服务创新的动力

党中央、国务院决定建设创新型国家后，各地方政府通过建立创新基金、税收激励、土地审批、财政折扣、贷款担保等一系列优惠政策鼓励企业创新，包括专利、科学研究、技术创新、新产品和新材料生产等诸多领域。但这些领域主要集中在工业和农业领域，尤其是制造业的技术创新，很少有关于服务创新的优惠政策。这对于促进服务创新是相当不利的。这种现象的出现源于人们对服务业的理解和服务创新理解的局限性。由于服务业的特殊性，服务产品具有无形的特点和人们习惯性地认为服务业完全属于劳动力密集型产业，长期以来就形成了服务

---

① 蔺雷、吴贵生：《服务创新（第2版）》，清华大学出版社2007年版。

业是缺乏创新的行业的错误认识，有些人认为服务业即使有创新也必须依靠制造业的技术创新所带来的新设备和新产品作为支撑，服务行业本身的创新就这么被忽视了。

诚然，服务业的创新与技术创新的支撑是分不开的，但服务业也有自己的创新内容。只是因为行业的特殊性，服务行业的创新是不一样的。服务业的创新体现在丰富服务产品的内容、提高服务产品的质量、提高客户满意度等方面，既包括了更新服务理念、深化服务内容和服务模式、创新服务方式等生产阶段的创新，也包括了标准化、品牌化、国际化、连锁经营等管理阶段的创新。创新型社会的创新离不开服务业，特别是随着经济发展水平的不断提高，服务业在国民经济中发挥着重要作用。与制造业技术创新一样，这些服务创新也需要政府的支持。服务业创新在国家创新中的地位在各个领域越来越重要，许多服务业发达的国家或地区通过各种优惠政策对本地区的服务创新进行扶持，如印度软件服务业、德国咨询行业和我国台湾地区的文化创意产业等，在其发展过程中得到地方政府的支持。①

相比之下，我国服务创新激励机制不完善弱化了企事业单位服务创新的动力。例如，产业创新中用到的信息通信技术一般是通用技术，基本上不存在保护的问题；在通用技术基础上开发的系统或技术方案，实际上很难受到真正的保护；数字化内容资源复制的成本很低，也很难受到保护；商业模式经常是一个概念，同样存在很难保护的问题。这类知识产权很难保护再加上没有相应的政策扶持，使企业普遍只能采用诀窍和领先者优势等方式来保护自己的创新，但这严重影响了企业的创新动力，由于很难获得创新红利，很多企业便不再创新。

再如，对从事临床试验的医生来说，临床试验风险大、收益小，如不加大其利益上的激励，难以提升其从事临床试验的积极性。科研学术上，由于国内临床试验质量差，难出高价值的科研成果；职位晋升上，好多临床试验属横向课题，对其评职称和职位晋升作用有限；经济利益上，从事临床试验收入不高，导致其从事临床试验的动力不足。对从事临床试验的医院来说，临床试验获益小、风险大。经济上，医院从事临床试验收益相对临床医疗收益而言，微不足道，而且还需占用医院普遍紧张的床位，机会成本较大；风险上，临床试验不确定性大，由于没有明确医院在临床试验事故中的责任，容易产生医患关系紧张等问题，所以医生、医院对从事风险较大的临床试验积极性差、动力不足。这两个例子都充分说明了服务创新激励机制的不完善，已经严重弱化了我国服务创新的动力，必须

① 魏作磊：《中国服务业发展战略研究》，经济科学出版社 2008 年版。

加以重视。

三、服务创新政策管制过严影响了服务创新活力

政府部门主要是通过法律和行政规则以及相关创新政策的制定和实施来引导或影响服务创新的发展，具体来说，主要有三个方面的影响：第一，限制服务贸易企业（如金融和运输贸易服务业）开展业务活动的地理区域和产品类型；第二，限制价格竞争；第三，建立针对市场新进入者的壁垒。除了法律和行政规则外，行业协会还通过各种手段，如禁止或严格限制相关广告和其他沟通工具的运用，使服务贸易企业难以进入或使新进入的企业难以通过服务特色和传递系统的创新而迅速成长起来。[①] 政府部门和行业协会对服务创新的政策管制在服务贸易企业的创新中起到“双刃剑”的作用。

在某些情况下，管制及某些规程对服务创新的发展是有利的，最明显的是政府部门和行业协会在基础设施方面的相关政策、法规的制定，可以推动服务创新的产生和扩散。以通信网络的基础设施为例，如果没有管制和相应法规对网络的宽带、性能等进行规定，那么现在的很多创新性通信服务就不可能出现。很多新服务的开发都必须有良好的基础设施为保证，如果缺乏相应的管制，反而会限制服务企业创新的机会，形成另一种创新障碍。

但是，政府部门和行业协会政策管制过严会抑制服务创新的出现。例如，电信业作为一个自然垄断产业，一直是政府规制最严格的产业。政府的政策变动和直接的干预会对整个电信业的市场格局、企业的竞争地位等造成重要的影响，同样也会对电信业的创新造成重要的影响。在中国，政府对电信业规制的范围除了许可证、频谱和号码资源分配、普遍服务、网间互联、服务质量和资费等政府规制的传统领域外，还包括投资、企业的人事调整，甚至整个产业的重组等。如在移动技术的选型上，政府有着重要的影响，四大运营商的高管“轮岗”也是典型的具有中国特色的事情。另外，在资费上，国家直到2014年才放开了网间互联协议和电信资费定价的限制，之前各运营商的业务中有70%～80%属于政府定价。这就导致了电信运营商收费依赖，因循守旧，不能与时俱进。

而且，由行政规则引起的市场进入障碍是服务贸易企业几乎不可能通过自身努力进行克服的，公共部门在某些领域中的活动也阻碍了企业的创新，例如，目前由国家提供的公共养老金体系在社会经济中占据了绝对优势，这使得很多保险

① 蔺雷、吴贵生：《服务创新（第2版）》，清华大学出版社2007年版。

公司缺乏在该市场中提供创新性养老金产品的机会或动力。法规制度因素对服务创新的影响更是巨大，一旦实际规则与国际上其他国家相比管制过严但被制定下来，那么服务贸易企业便从根本上失去了服务创新的动力，即使其他诱因再强烈，他们也不乐意创新，因为所有的努力有可能都是徒劳的。

我国较为严格的政策环境和管制措施也对服务企业的创新活动产生了一定的抑制作用。例如，对于药物的研发而言，时间极为重要，特别是对于热销的药物来说，上市的延迟将意味着该品种每天少收入 100 万美元。而我国临床试验审批过程中，审批的效率较低，审批时间较长，这种体制环境不利于临床研究服务产业的发展和创新，严重阻碍医药研发进程。在美国，向食品药品监督管理局提交临床研究在医学上的应用申请后，一般 1 个月之内即可获得批准开展临床试验。印度将申请的临床试验划分为 A、B 类，A 类申请在印度只需要 2 ~ 4 周即可获批，B 类申请只需 3 ~ 4 个月。我国药品临床试验申请的审批期一般需要 9 ~ 12 个月，相比之下，这个审批效率实在低下。因此，目前跨国制药企业在我国进行的多为临床病例要求多、时间相对较长的Ⅲ期临床试验，而时间要求较短的Ⅰ期和Ⅱ期临床试验则暂时无法在中国开展。再加上多中心试验涉及样品进口的话，在中国开展也比较困难。我国食品药品监督管理局规定，每一批运抵中国的药物都需要有进口许可证，即使是同一种药品也需要。[①] 这无疑延长了临床试验的时间，使我国失去了很多参与国际多中心临床试验研究的机会。

四、服务创新人才不足制约服务创新能力的发展

服务创新需要有更多的知识积累作为概念产生的第一步，这些知识积累既包括了现在员工的经验积累又包括了高等教育人才的培养，但我国总体创新人才不足，体现在：(1) 现有员工不具备进行创新项目开发的能力，包括与顾客沟通的能力、人际交往能力以及技术能力；(2) 劳动力市场中缺乏具有服务创新专业知识的员工；(3) 现有员工虽然已经具备了一定的服务创新能力，但是经验不够；(4) 企业没能留住具有创新项目开发经验的员工，员工一走，将创新经验也带走了；(5) 服务业的发展及竞争力的增强需要以科技能力和人才资源为基础，而我国的科教事业落后、人力资源匮乏。

例如，软件服务外包业中人员数量是衡量企业规模的关键指标，也是承接国际业务的重要指标，较大的规模预示着企业有较强的管理能力。印度大型的软件

① 栾雪梅：《临床试验：向新兴国家进发》，载于《中国处方药》2007 年第 5 期。

企业具备1年新增上万人的管理能力，而中国最大的软件外包企业也只具备1年新增5000人的管理能力，有时海外发包商的一个项目就要求5000人以上的团队接包能力。中国软件外包接包能力的弱势不仅表现在人员规模不如印度企业，而且表现在高级人才的缺乏尤其是既懂行业专业知识、又懂软件知识的高素质人才严重不足。例如，中国的软件服务外包企业普遍缺少行业的整体架构工程师，在进入专业行业领域时，客户需要接包团队具备至少拥有10年以上行业经验、熟练的软件开发经验、流利的外语等条件，而中国软件服务外包业最缺的人才就是同时具备这三个条件的高级架构师。这些人才大都任职于IBM、埃森哲这类跨国公司中，中国同类企业尚处于发展阶段，没有资本去争抢，就造成了中国软件服务外包业向高端业务拓展的障碍。此外，对欧美外包最大的困难就是缺少熟悉国际软件工程规范和大型项目管理经验的高端商务人才，直接影响了企业获得订单的能力。高端人才严重匮乏，影响了我国软件服务外包企业在国际市场上竞争力的提升。总而言之，中国软件服务外包要形成规模化经营，赶超世界一流水平，软件人才匮乏是当前先要打破的瓶颈。

众所周知，跨国公司工作的高层人员和留学归国人员的数量越大，对促进母国发展和承接网际软件外包的作用也就越大。虽然我国的留学生规模不小，对于留学生回国就业创业的吸引也很大，但是我们目前还没有把这一优势充分发挥出来。另外，我国相当一部分服务贸易企业在组织和管理上相对薄弱，普遍缺乏战略前瞻性和转换能力，缺乏应对多变市场而进行的战略转型和文化协调能力。造成企业管理创新不足的一个重要原因是企业管理水平的实际需求与人员素质和企业发展之间存在一定差距，仍然有相当一部分程度服务贸易企业经营者的文化程度较低。服务创新人才总体不足，严重制约了服务贸易企业服务创新能力的发展。

第七章

一些国家基于服务创新提升服务贸易竞争力的做法和经验

世界各国（或地区）服务业的发展背景、运行环境和支持平台存在较大差异，政府对服务创新的支持和导向作用也不尽相同，导致各国（或地区）的服务创新发展不平衡。但是，服务创新的浪潮已经在全球范围内蔓延，形成了欧美日领跑、世界各国激烈追逐的良性发展局面，印度、巴西等发展中国家（或地区）都在努力为服务创新建立所需的基础设施，并取得了一定的成绩。① 纵观这些国家（或地区）服务贸易改革的成功案例，我们不难发现服务创新是进一步增强服务贸易企业核心竞争优势的关键因素之一，它还有助于产业结构优化，转变经济增长方式，从而提升国家（或地区）的综合实力。

第一节　美国、日本、德国等发达国家的实践

一、美国服务贸易的创新路径

全球目前服务业和服务贸易业发展处于领先地位的要数美国。从 2000 年到现在，美国服务业附加值占 GDP 的比重为 3/4，2015 年这一比例为 78.92%，从事服务行业的总人数在私人企业和部门员工总数中占 84%左右。服务业的不断发展使美国服务贸易规模得到了较快扩张，长期位列全球第一，在娱乐、金融、咨询、

① 原毅军：《服务创新与服务业的升级发展》，科学出版社 2014 年版。

交通运输、医疗保健、保险、培训教育、电信等各个服务业的竞争力都非常突出。联合国发布的官方数据显示，美国在2016年全年的服务贸易额是12570.2亿美元，其中进口总额是5046.5亿美元，出口总额达7523.7亿美元，顺差为2477.2亿美元，而同期货物贸易却出现了7525.1亿美元的逆差。世贸组织的官方数据统计表明，2016年，美国进口贸易额占全球总规模的13.44%。

美国是世界上第一个推行服务外包业务的国家，同时还积极推行服务贸易的自由化，现在已经成为全球最大的外包输出国家。美国在实现服务贸易开放上可以分为四个方面：第一，基于服务业当前的发展情况进一步提高其竞争力，为开放之后占据绝对的竞争优势做准备；第二，与其他国家（或地区）进行贸易谈判，使其消除和美国之间的服务贸易壁垒，保证美国的服务贸易能够顺利进入其他国家（或地区）；第三，建立健全有关服务贸易进出口的法律条例，将知识产权、货物贸易、服务贸易紧密联系起来；第四，设立专门处理服务业出口问题的机构，制订合理的出口战略。美国虽然热衷于服务贸易的自由化，不过对于竞争力不强或者敏感度较高的服务行业，政府设置了高门槛的市场准入规则，同时辅助以立法宣传、设置专门机构等手段完善服务贸易有关法律制度，为之后的服务业对外开放和贸易自由化创造了良好的法律环境。

（一）服务创新环境

随着服务经济的快速发展，美国政府将服务创新纳入国家创新体系，每年投入大量的资金并出台相关政策鼓励和刺激企业进行服务创新改革，使美国在服务贸易领域一直处于优势地位。服务创新目前已经深入美国各服务行业，成为各服务行业推出新产品、提高竞争力、吸引消费者的主要手段①。具体做法可以简单归纳为以下三个方面。

1. 不断强化服务创新的文化氛围

克林顿时期发布的两份报告《科学与国家利益》和《技术与国家利益》中提出，美国要“创造一个能够繁荣技术创新和吸引投资来利用新设想的商业环境”②，这个“环境”我们可以归纳为自由和冒险。所谓自由，是因为诸如苹果、IBM等公司的服务创新，大都源于企业家的独特思想，有的甚至显得是“异想天开”。对于这样的创新自由，美国政府是宽容而鼓励的，因为即便这个创新不能满足市场需求而导致了企业无法生存，创业者也可以通过政府制定的风险退出机

① 原毅军：《服务创新与服务业的升级发展》，科学出版社2014年版。

② 胡长生：《发达国家创新体系建设的经验及其启示》，载于《求实》2007年第12期。

制“全身而退”。这也是为什么在剑桥创业中心有许多创业者都经历过失败，却不担心额外的风险，迎难而上继续开展创业实践。政府不仅愿意为这样的“自由”冒险，还创造条件培育针对研究和实验的风险资本业。风险投资的出现，加快了创新成果的市场转化速度，驱动了高新技术产业的发展，目前美国的风险投资数量已经高达全球总量的49%①。

2. 为服务创新提供有效的支撑平台

美国创新型中小企业的不断“绽放”，主要得益于政府为其提供了较为完善的创新创业服务支撑体系。自1940年以来，美国便陆续为中小企业服务创新设立了专门的政府支持机构，并开设了各种发展中心和园区，集合了各种资源在区域内为中小企业创新创业提供咨询、资金、技术、管理等服务。例如，在剑桥创新中心，美国知名的会计师事务所和律师事务所在这里设有办事处，每周为企业家提供免费的咨询服务；中心本身有基本的实验室，同时也毗邻哈佛大学和麻省理工学院，可以通过技术转让、产教融合、联合办学等获得先进的技术支持；中心的内部和外围密集了许多风险投资机构……因此，企业家在这里可以以极低的成本得到他们所需要的一切支持，从创新创意理念到现实应用转化的可能性被极大地提高和放大了，这也是为什么该中心能孵化出诸如Google，Android等大型创新公司。

3. 政策引导和支持服务创新发展

美国政府虽然高度重视服务创新的发展，但是在创新过程中始终扮演的是领导者的角色，而不是参与者的角色。联邦政府根据不同的情况，采取不同的政策：一是对基础研究和新兴产业重点领域加大创新投入，如其每年对麻省理工学院等5所大学的生物技术研发支出就相当于英国全国一年在R&D上的投入②。二是通过不断完善反垄断和反不正当竞争法律法规体系，确保创新者平等参与市场竞争。三是实行严格的知识产权保护法，保护创新者获得应有的利益，尤其是美国将经营模式和商业模式创新纳入专利制度后，美国的服务创新专利和知识产权近些年大幅增长，极大地促进了服务创新的发展。但与此同时，美国政府封锁和限制高尖端的技术出口，并严格监控外国企业收购或入股美国高技术企业。

（二）服务创新人才

美国政府十分重视优秀创新人才的培养，先后颁布了一系列法规和文件指导全国教育系统战略性改革，例如，1958年颁布的《国防教育法》提出“我们必

①② 姚明宽、赵琳、户婧：《美国创新的新特点及启示》，载于《中国经贸导刊》2013年第10期。

须增强我们的努力来识别和教育我国更多的天才”，1988 年发布的《博耶报告》[①]进一步指出：研究型大学应培养出“下一个世纪技术、学术、科学、政治和富有创造性的领袖”，在这一思想的引领下，美国各高校重新修订了以创新素质培养为核心的人才培养方案。以 1961 年就开始实行“荣誉教育”（honors education）[②]的华盛顿大学为例，学校通过一套严格的选拔制度从普通学生中遴选出一批有着强烈学术追求的优异学生，为这些“荣誉学生”（honors student）整合高挑战性的课程，让他们参与尖端研究，并为每名学生配备一名“荣誉导师”（honors advisor）进行个性化、综合性的指导，同时规定这些学生必须要参加至少两次的体验式学习项目[③]，与有着不同文化背景的学生一起学习交流，逐步形成广泛且多元化的学习共同体[④]，使这些学生逐步成长为有国际视野、有领导力和学术能力的拔尖创新人才。除了实行“荣誉项目”（honors programs），美国许多高等院校通过设立奖励机制、建立科技园、配置孵化器等多种渠道鼓励学生创新创业，将科研计划转化为创新成果，推动国家创新体系的发展和完善。

另外，美国还通过人才资源的合理配置，坚持不断地从国外引进高端科技人才。美国境内现有的高端工程师与科学家中，大约一半都来自其他国家[⑤]。政府给这些优秀的人才提供了移民优先权、灵活有效的签证计划、高端的科研环境和优厚的物质条件，另外建立了整合学术责任与学术自由的完善体系，使他们能够摒除一切外界干扰因素，专注于科学研究，最终取得丰厚的回报。不断优化的服务创新环境，也为美国吸引了大量的服务创新人才，由此形成了明显的“马太效应”。“内外兼修”的人才战略满足了美国服务业和服务贸易快速发展对大量优秀人才的需求，使其在世界上处于遥遥领先的地位。

（三）发展高端服务业

美国对高端产业的界定是必须同时符合以下两个标准：一是产业中每个工人的研发支出超过 450 美元，这大于或等于全行业标准的 80%；二是产业中获得科学、技术、工程和数学（STEM）学位的人数必须高于全国平均水平，或者在本

---

① The Boyer Commission on Educating Undergraduates in the Research University，“Reinventing Undergraduate Education：A Blueprint for America's Research Universities”，New York：The Boyer Commission on Educating Undergraduates in the Research University，1998.

② 荣誉教育即拔尖创新人才培养模式。

③ 体验式学习项目包括领导力、服务、国际参与和科研四个方面。

④ 孙冬梅、陈霞、陈昂昂：《荣誉项目：美国高校拔尖创新人才培养模式研究——以华盛顿大学为例》，载于《教育与教学研究》2015 年第 8 期。

⑤ 原毅军：《服务创新与服务业的升级发展》，科学出版社 2014 年版。

行业中所占份额高达21%①。同时符合这两个标准的高端服务业有12个，为计算机系统设计、数据处理和托管、其他信息服务、科学研究与发展等。美国政府制订了一系列具有前瞻性的发展计划，引导本国的服务业结构由传统服务业向这类新兴产业转变②。目前，高端服务业在美国服务业发展中占据着非常重要的位置，从全美家庭收入结构来看，各产业工资收入占比最大的便是高端服务业，该产业已经成为推动国民经济发展的关键动力之一。正是因为高端服务业的持续增长，才使美国得以从全球经济危机中得以复苏和发展。

从界定标准就可以看出，要成为高端服务业，对于服务创新的投入必须是巨大的，这其中信息技术的发展至关重要。美国是最先制订信息产业发展长久战略规划的国家，同时建立了与之相匹配的信息产业发展相关法律法规，高度重视信息技术的重要性，将其归入了提高国家竞争力的关键模块。20世纪80年代提出了发展信息产业的战略计划，1992年提出高性能计算和通信（high performance computing and communications，HPCC）计划、1993年提出了国家信息基础结构（national information infrastructure，NII）行动计划、1994年提出了建设全球信息基础设施（global information infrastructure，GII）的主张、1999年提出了“21世纪的IT计划”，之后扩展为国家网络与信息技术开发计划（NITRD）。除了这些战略规划层面上的推动，美国政府更是在财政、金融等方方面面提供各种支持，大多数初创期的信息产品都在政府补贴或提供贷款的情况下由通信部门、国防部等负责建设，这使得美国在信息技术产业领域取得了竞争力的绝对优势，从而再度主导了世界产业的发展方向。

政府为保证高端服务产业持续向前发展，专门制定了一系列税收优惠制度。早在20世纪50年代，《美国税法典》以及《国内收入法规》就提出了关于R&D费用实行减免税的做法，至今对金融服务业几乎不收税③。电子商务发展初期，美国政府便意识到该产业发展的重要性，规定了电子商务行业税收中性原则，不对其征收增值税和消费税。电子商务发展成规模以后，1995年制定和实行针对性的税收政策并成立了电子商务工作组和经济分析局，1998年美国参议院审核通过了《互联网免税方案》，之后多次延长免税期鼓励电子商务产业发展，使得美国成为全球电子商务最为发达的国家。2013年起，在简化各州征税法规的前提下，通过了《市场公平法案》，才开始对电子商务企业

① 张焕波：《全球制造业发展形势分析与展望》，载于《国际经济分析与展望（2015～2016）》2016年第11期。

②③ 原毅军：《服务创新与服务业的升级发展》，科学出版社2014年版。

征收地方销售税①。

二、日本的东京模式

东京是日本的政治、经济、文化中心，在第二次世界大战时期基本被美军轰炸为平地，但战后重建为工业区的政府定位使东京成为发展速度最快的开发区，1960年就使这个城市恢复了以往的兴盛。东京成为战后恢复工作建设的成功案例，推动日本经济迅速发展。20世纪70年代的全球石油危机爆发以后，东京逐渐实现了向信息和金融产业的全面转型。东京市中心传统上由千代田区、中央区和港区三区构成，千代田的丸之内是东京国际金融公司（international finance corporation，IFC）的主体，国际金融机构高度集中②。现在的东京已经形成了“多圈层、多核心”的商务结构，其CBD的核心是临海信息区、新宿副中心区和丸之内金融区，同时延伸到横滨、幕张副中心，打造了一个极具地域特色的现代服务业发展模式。

（一）基于技术创新和产品研发的独特的生产服务业集群

20世纪80年代中后期，随着工业发展越来越快，东京地区的地价不断上涨，城市生态环境市场、产品竞争等问题不断涌现，导致区域内的工业企业大量外迁，东京这个日本最大的工业发展中心被动摇。不过随着一系列迁移动作的发生，大量从事创新型高科技的中小企业不断涌现，例如，大田区，已经形成了高科技发展创新园区③。众多改革的发生给工业内涵赋予了新的意义，服务产业也被纳入其中，科学技术创新和研发有了长足的进步。鉴于此，日本政府将经济战略从原来的“贸易立国”转变为“技术立国”之后，东京的工业结构也随之进行了调整，将重点放在新产品研究和开发上④。政府大力引导和支持知识密集型产业发展，把原来从事批量生产的企业转变成新产品设计公司，努力融合新兴的服务业和传统工业。同时，东京市政府对城市发展进行战略规划，通过各种政策引导集聚区建设，形成了多个不同的生产性服务业集群，使得东京的服务业集群呈现出多样化和网络化的新格局。

---

① 李恒、吴维库、朱倩：《美国电子商务税收政策及博弈行为对我国的启示》，载于《税务研究》2014年第2期。

②③ 原毅军：《服务创新与服务业的升级发展》，科学出版社2014年版。

④ 朱红梅：《基于产业集群的温州市知识密集型服务业发展模式研究》，武汉理工大学硕士论文，2006年。

（二）信息技术和信息革命促进了城市产业转型

在信息革命和资本主义危机的双重冲击下，传统的工业发展模式已经跟不上时代的步伐，信息发展模式迅速崛起，世界各大城市也因为信息经济时代的到来而面临巨大的挑战。日本在经济发展较为低迷期间，企业之间出现了大量重组兼并的情况，信息服务业、保险业、金融业等快速成长为市场主导产业。日本制订的专门针对东京未来发展计划中，把东京提到了全球金融商务中心的位置，并且对东京周边地区也实行了改造活动，建设基于信息技术的产品研发生产基地，现在的东京湾已经焕然一新，俨然就是一个商贸中心。日本政府从法律的角度提出核心区必须聚集多样化的商业功能，支持和引导发展潜力较大的金融服务企业。东京现在已经配备了较为完善的信息技术基础设施，这将有利于金融业、物流业、知识密集型企业、银行业、保险业等现代服务业的发展，推动服务业发展更上一个台阶。

20 世纪 80 年代中期，东京市政府便筹备在东京湾建立国际信息基地“东京电信站”，并在信息处理中心周围兴建了电视广播建筑，经营传真、电视、电传等信息业务①。这些建筑以光纤缆同东京市的各大公司连接，东京也逐渐成为日本全国的信息中心。日本政府为了推动信息产业技术创新，专门针对信息产业未来发展制订了五个科学的发展计划。2000 年以后，日本政府决定加速 IT 产业的发展，设立了“IT 战略本部”，通过了“IT 基本法”，并陆续发布了“IT 战略发展”“e－Japan”等发展战略，推动完善信息网络建设，加快社会的信息化进程。在这些政策的推动下，东京逐渐成为全日本的信息中心。

（三）积极合理的人才培养和引进政策

和美国一样，日本的优秀人才同样来自本土培养和国外引进两个方面，为了挖掘和培养优质人才，东京政府专门设立了学术研讨机构，为各地人才提供交流学习的平台，利用信息交流，也能充分挖掘潜在的优秀人才。同时为了稳固和发展经济，政府不断引进世界其他国家最新技术，推动国际合作与交流，打造优越的生活环境与研究环境，从而促使国外人才流入。近年来，东京失业率虽然没有得到改善，每年有 20% 左右的大学生毕业之后没有工作，不过政府在国外人才吸纳上始终不放弃②。因为东京政府一直认为吸引海外优秀人才是促进东京经济

---

① 郑锡荣：《东京计划建立国际信息基地》，载于《国际问题资料》1985 年第 11 期。

② 王挺：《从吸引外来人才角度看北京世界城市建设——以东京经验为例》，载于《北京规划建设》2010 年第 4 期。

发展的关键因素之一，特别是拥有不同教育和文化等背景的外国人才，他们有独特的想象力和策划能力，可以提高东京经济社会的活力和国际化的程度。东京政府为了吸引和留住国外高科技人才，为他们提供了良好的生活条件与科研条件，实践证明这些措施是积极可行的。同时东京还聚集了许多高端的科研机构，其中不乏专门针对工程与科学研究的产品及资本开发机构，由国外大量科研人员和东京本地研究人员合作构成。东京的人才储备和科研能力为服务贸易的发展提供了强大的智力支持。

三、德国服务贸易发展的经验

众所周知，德国是欧盟综合经济实力最强的经济体，在国际贸易发展中占据着至关重要的地位。德国是全球老牌工业强国，随着与工业相关的服务在价值创造中的比重越来越大，其服务业占 GDP 的比重逐年增长，20 世纪 90 年代末以来便保持在 70% 左右的高位，生产性服务业和会展业尤为发达。德国政府高度重视服务创新对服务贸易发展的决定性作用，制定了科学的国家发展战略，配套相关的法律法规、政策措施和管理体制，积累了丰富的成功经验。

（一）高科技战略

默克尔总理上台后，新政府高度重视德国科技创新，首次制定了国家科技发展的总纲领——《德国高科技战略》（German High-tech Strategy，2006）。该战略确定了重点科研领域和 700 个创新项目，排首位的便是信息技术和数字媒体，为此专门制订了“信息社会德国 2010”方案，明确具体的战略目标和措施[①]。2010 年 7 月，联邦政府正式通过了更新版的《思想 · 创新 · 增长——德国 2020 高科技战略》（2020 High-tech Strategy for German：Idea · Innovation · Growth），把服务业列为“高科技战略”的重要领域，明确指出要将技术创新和服务创新结合起来，为企业营造良好的创新环境[②]。为了使德国成为全球创新领域的领导者，2014 年底德国政府发布了《新高科技战略——为德国而创新》。新战略的目标是让创新理念迅速转化为创新产品和服务，把社会作为发挥作用的重要参与者。新高科技战略不仅重视创新促进经济增长前沿领域，更重视创新提高人民生活质量

① 《德国“高科技战略”的目标与措施》，载于《公共商务信息导报》2006 年 12 月 29 日。

② 德国 2020 高技术战略——思想 · 创新 · 增长［EB/OL］. http：//www. istis. sh. cn/list/list. aspx？ id = 6869

的社会生活领域，尤其是服务创新的重要作用，因此新战略确定的六项优先发展任务都包含了服务创新要求，例如，智能服务、未来建筑、未来市场的创新服务、创新流动的概念与网络等。

（二）服务贸易管理体系

德国服务业和服务贸易业的管理体系十分完善。法律制度方面，采用一系列的法律法规而不是单一的法律，联邦一级法律和行业法规共同对服务业和服务贸易业的运行作出了严格细致的规定。管理体制方面，由联邦政府和行业组织构成。联邦政府为服务业各行业设立了相应的部门，如交通部、健康部、经济能源部等部门，对相应行业的发展提供针对性的指导和帮助。德国服务贸易各行业几乎都有自己的协会组织，这些协会对该行业内外部沟通交流、信息推广、行业发展的法规制定等方面发挥着重要作用。另外，德国有着完善的统计体系，服务贸易企业能够根据国家统计结果观察宏观经济的发展趋势，分析同行竞争对手的经营状况，为未来规划提供方向。完善的管理体系，促进了德国服务贸易持续快速健康发展。

（三）服务创新人才

德国服务贸易竞争力的优势来源于人力资源优势，来源于服务创新人才的培养和引进。德国各个邦、州在教育上各有一套，教育体系非常复杂，但基本是由基础教育、职业教育、高等教育和继续教育四个层次构成。在接受了九年或十年制的义务教育以后，学习较好的学生进入普通高中继续学习，而剩下大概3/4的学生会选择职业教育。德国职业教育采用“校企合作、工学结合”的“双元制”职教模式，以能力为本位、以市场为导向进行课程设置和实施，重视学生专业能力、实践能力和创新能力的培养，不仅提高了就业率，也满足了社会对服务行业基础人才的需求。德国高等教育提倡终身教育，大学教授采取流动制，保证了各个大学的均衡发展。德国建立了继续教育法律体系和继续教育质量管理体系，引导企业重视对在职人员进行继续教育和再培训。除了不断创新人才培养模式，德国还通过制订一系列人才计划，优化各种条件加大国际人才引进力度，如推出“颁发奖学金和奖金的科学生涯阶段模式”吸引海外学子回流，设立“赢取大脑”工程为国际高端科研人才提供数目可观的特别研究基金等①。

---

① 王飞飞、张生太、张聚良、韩金：《美、日、德等发达国家人才资源开发与管理政策启示》，载于《领导科学》2017年第23期。

（四）强化重点产业

德国的会展业居全球第一，世界领先的国际性展会中2/3来自德国，是德国服务贸易发展的龙头产业。德国政府虽然不直接参与会展业的具体运作，但是为该行业的发展创造了良好的条件。地方政府大力投资兴建展馆及其配套设施，虽不直接参与日常运作，但积极参与会展品牌形象的宣传和市场营销，通过监督和引导提升行业水平。通过长时间的培育，德国已经形成多个在全球享有盛誉的展会。德国的制造业非常发达，相关的生产性服务业也非常强势，如物流业、咨询服务业、金融、保险等均表现出极高的国际竞争力。以物流运输为例，运输服务贸易业是德国服务贸易的重点产业之一。高质量的基础设施、一流的运输网络和极高的边境清关效率，使得德国连续三届夺得世界银行“物流绩效指数”的榜首。能取得这样骄人的成绩，主要受益于政府的重视和扶持。德国政府持续支持交通工具、航空和航海技术的创新，优化交通运输模式，提高运输效率，《新高科技战略——为德国而创新》中更是直接把“智能流动”列为六项优先发展任务之一。

第二节　印度、巴西等发展中国家的实践

现阶段，美国、日本、欧盟等是世界服务创新的主力军，随着发展中国家的崛起，服务创新的队伍将进一步壮大。近年来，巴西、印度等国家正在快速向发达国家靠近，不断开展各项服务创新活动。

一、印度软件服务贸易业的成功经验

印度具有发展中国家的典型特征，即农业人口多、基础设施落后、吸引外资少、综合国力不强。20世纪70年代末，由于政府的产业定位决策得当，印度迅速崛起为一个软件生产大国。印度凭借其优秀的科技力量和教育基础吸引了许多大型的国际计算机公司，这些公司相继在班加罗尔投资建立研究和开发大型软件系统的商业组织和产品测试中心。利用高端技术转让的方式，尤其是培育高技术优秀人才，印度进一步提高了出口创汇能力，增强了产品研发优势。印度的计算机软件产品出口总额在1987年达1亿美元，之后一直保持着快速增

长，2016~2017年度出口总额高达971亿美元[①]，是全球计算机软件第二大出口国。同是发展中国家，印度发展软件服务贸易业取得的成功经验值得我们好好学习和借鉴。

（一）正确的产业定位和相应的政策扶持

早在20世纪80年代，电子产业的发展就已经引起印度政府的高度关注，并开始进行电子革命让印度摆脱落后的局面。在规划国家经济发展战略时，印度把软件产业作为重点，同时制定了大量行业引导和支持政策以鼓励社会各界在该产业上的投入，由此正式走上了以信息化带动工业化的发展道路。此后出台了《计算机软件出口发展和培训政策》（1986），同时借助一切能够促进该行业发展的条件辅助该计划成功实施，并在人才培养与供给、出口便利服务、资金投入等方面，政府和社会各界都为其提供了最大限度的支持，为计算机软件产业营造一个合适良好的发展环境。此外，立法机关和税务部门还专门为该产业提供了一系列优惠措施，如取消计算机行业贸易进出口许可证（1992年），对出口的软件和计算机产品实行免关税政策，软件贸易流程简化等。此后还特意针对信息产业和软件行业的运营特点成立了专门的组织委员会，会内人才云集，基本都是计算机行业的专业人才，并以这批专业人才作为领军人物发展计算机产业。在奠定了基本的产业政策和人才基础后，政府部门还制订了《2008年信息技术发展计划》，对印度的计算机产业进行了明确的发展规划，初期目标是在印度独立六十年之际成为软件超级大国，并计划在2008年实现500亿美元的软件出口规模。与此同时，在信息产业的薄弱环节也予以了重点关注，不仅在计算机设备营销的问题上提出了解决方案，对民众进行基础计算机知识培训，还弥补和完善了法律体系和税收机制的漏洞。对于其他行业，印度政府也尽可能利用其优势进行信息化改造，充分把信息技术应用到社会的各行各业之中。IT发展计划推动印度计算机和信息产业飞速发展，并在不断完善的行业发展环境中逐步形成了完整的产业链。

印度政府对信息产业的重视程度远比其他产业要高得多，并以此发展成绩作为行业标杆。在提升技术产业化的同时，印度政府为软件产业的自由贸易颁布了许多有力政策，大大加快了其规范化、产业化、自由化的进度。对于信息产业在市场运营方面都相对应有许可资格证的颁发和免进出口所得税的支持，甚至还专门成立了风险基金来管理和协调。信息产业的相关企业不仅无须缴纳税款，政府还为其提供免费的咨询服务和宽带服务。这一系列鼓励政策和优惠措施都是印度

---

① 《印度经济双周信息动态2017年12月上》，盘古智库，2017年总第23期。

政府为打造信息强国而颁布的，为该产业的发展提供了巨大的动力。此外，由于信息产业与金融业息息相关，所以印度在金融方面也实现了很大突破，特别是在国外资金引入上效益显著。

印度于短时间内在软件和信息产业上取得极大的进步，这离不开印度政府的支持和鼓励，离不开全国性软件创业的热情和积极性，也离不开相关组织和社会的管理和监督。成立于 1988 年的印度软件和服务业企业行业协会（national association of software and service companies，NASSCOM），是作为政府的合作伙伴和印度软件服务外包企业整体形象的代表。在整个国际范围内，NASSCOM 都具有不可撼动的重要地位，它不仅是印度软件服务外包的代表，也是国际上软件行业的引领者。

（二）科技园区助印度软件业腾飞

1990 年，印度首次创建的科技园区（STP）包括三个主要科技园，这项创园计划对助力印度软件业的腾飞极其关键。该科技园区是一个三角区域带，其中心位置在班加罗尔（Bangalore），并向偏南部的城市布巴内斯凡尔（Bnubaneshuar）和浦那（Pona）扩展。[①] 从发展成果上看，班加罗尔的发展较为迅速，与其他两个城市相比更领先一些。据有关专家学者分析这主要是因为班加罗尔汇集了印度大量的理工大学，拥有大量的人才储备，有利于带动信息产业的发展和创新。此外，大量跨国公司引入班加罗尔，也为该园区计算机行业的发展提供了大量的设备供给和技术支持，如美国德州仪器公司就是典型代表。自美国微软公司在 STP 建立了研发中心之后，其他国家的信息产业公司也纷纷效仿，陆续在此设立研发中心并投入运营，如美国的惠普、康柏公司和日本富士通公司等。高科技公司在班加罗尔积聚，使其成为国家信息科技中心，有“印度的硅谷”之美誉。除了班加罗尔，在卡纳塔克邦和喀拉拉邦一带也汇集着大量的优秀信息技术人才和高级软件工程师，所以附近一带的信息产业同样发展十分迅速。STP 的创立为印度带来了大量顶尖人才和先进技术的同时，快速促进其信息产业走向世界前列。

STP 园区是在其创立的第二年被政府予以肯定，并正式注册为独立机构的。这在一定程度上表明印度政府愿意赋予园区一定的权力使其自行协调和管理软件行业及信息产业的运营，保证该行业充分的自由度和积极性。因此，科技园主管一般都具有相当大的权力，园区内有关的一切事务都属于主管的管理与监督范畴。园区主管都具备较强的责任意识和服务意识，他们需要对园区内的科研成果

① 《深度解析：印度软件产业为何如此发达》，学步园，2013 年 10 月 24 日。

产出负责，因此也身负与外界对接产业保持联系的重任。共同发挥作用的还有印度软件和服务业企业行业协会（NASSCOM），它的主要作用是辅助信息产业的政策制定和发展，参与制定了《2008 年信息技术发展计划》。协会对软件公司进行了明确规定，只要其工程人员超过 10 个就必须在 2000 年以前通过 ISO9000 认证。这个规定的出台，倒逼全国软件企业提高了质量和水平，最终使得印度拥有了全球数量最多的 CMM 5 级软件企业。

STP 园区的设立和推行成功打开了印度的软件和信息化市场，引入了国外先进的技术和人才，并带动和促进了印度经济的飞跃，值得世界各国学习和借鉴。

（三）丰富的人才储备和产学研相结合的教育机制

印度的信息产业非常发达，规模上千的软件公司就有数百家之多，前五位的公司员工人数在 5000 人以上。如此巨大的产业必然需要大量的人才供给，通过研究发现，印度在软件和信息产业上的人才获取主要有三大途径：第一，主要是靠高等院校的人才输送。印度政府早在信息产业发展初期就意识到人才储备的重要性，所以在众多院校中加设了计算机专业及其相关专业，并提供了大量的教育经费和师资力量。这样一来，高等院校每年就能为社会提供 1 万名左右的信息人才。印度教育的综合实力虽然在世界上并无太大的名气，但是在计算机专业和信息产业的相关专业上则拥有世界领先的水平，甚至与西方发达国家相比都毫不逊色。例如，班加罗尔大学、韦洛尔科技大学等高等学府都拥有独一无二的教学资源，无论是教育体制、师资力量还是教学设备、学科设置上都有严格的划定，专门为培养顶尖人才服务。在雄厚的教育基础上，印度培养出大量的信息产业方面的顶尖人才和优秀工程师，在满足国内发展需求的同时，也往世界各国输送了不少人才，受到普遍好评。第二，市场上开设的培训机构为人才培养作出了一定的贡献。目前在印度市场上，已经出现了上百家此类培训机构，它同样可以为信息产业输送大量专业人员。第三，由软件公司自行建立的培训班，对已有学员进行专业技能培训，同时还可以为原有人才提供学习和进步的机会。到目前为止，印度大部分软件企业已经基本都拥有了自己的培训中心。与高等教育相比，公司型培训更能切合企业的需求，为企业提供专业的培训服务。此外，印度政府为了营造大范围的计算机发展环境而开设了大量基础电脑培训，在中小学就为计算机人才的培养做好了铺垫，进而促进印度在人才计划上的蓝图早日实现。

为了及时跟进和捕捉国际上信息产业最新的研发技术，印度政府为优秀的软件工程师提供了许多外出学习的机会。因此，印度的信息技术人才一般都具有深厚的专业知识和国际市场经验，能够为软件公司的发展和在国际环境下占得一席之地添砖加瓦。正是因为印度教育不仅注重基础知识教学，还对实践学习关注有加，所以大大提高了信息产业的竞争实力。

二、巴西服务贸易发展及其促进政策

巴西是世界第六大经济体，拉丁美洲最大的发展中国家，服务业、工业和农牧业为其国民经济的支柱产业。2016 年国内生产总值 17961.87 亿美元，人均 8649.95 美元，服务业增加值占 GDP 比重高达 73.30%。2016 年，服务贸易出口额为 333.0 亿美元，进口 637.47 亿美元，进出口总额全球排名第 26 名，占世界服务贸易总额的 1.0%。尽管巴西和中国地理距离遥远，人文差异大，但两国有很多相似之处。巴西伟大的思想家基尔贝托·弗莱雷（Gilberto Freyre，1900～1987）早在 1936 年就提出，"巴西是美洲的中国"。同为发展中大国，两国都经历了从进口替代发展战略转为开放型战略。外部冲突终结了"巴西经济奇迹"，并拉开了巴西长达 20 年的经济零增长序幕。中国经济目前由飞速增长的"中国奇迹"步入新常态，因此巴西经济发展转折和服务贸易发展的经验教训都有很大的借鉴意义。

（一）从进口替代发展战略转为开放型战略

第二次世界大战后至 20 世纪 60 年代初，巴西实行进口替代工业化发展的战略，强调国家对经济的干预和领导，保护民族产业，强化本国经济的独立自主，奠定了经济起飞的条件。1967～1974 年，巴西的经济得到了快速发展，这个阶段被誉为"巴西奇迹"。但是 20 世纪 80 年代由于国际经济环境和国内经济危机的影响，巴西一度出现通货膨胀和衰退的态势，所以开始逐步向外向型经济转变。同时在稳健的经济政策和宏观调整措施的帮助下，经济开始逐渐实现复苏。[①] 但是从 1997 年开始，受到亚洲金融危机的影响，巴西的经济开始急转下降，尽管有经济政策加以稳固，但是在金融和经济上出现的问题应接不暇，整体形势不容乐观。

迫于严峻的国际形势，巴西政府于 2003 年开始实施新的经济政策，这才逐步稳定了金融和经济的发展。在这样的大环境和趋势下，社会产业结构更加合理化，外资流入和就业人数的增加为经济的发展提供了条件，经济也由此开始慢慢复苏。到 2005 年，巴西的贸易成交额比上一年度提升了近 30 个百分点，这个增

① 吕向生、孟庆超：《国际贸易地理》，对外经济贸易大学出版社 2011 年版。

幅是同期全球贸易增幅的三倍之多。巴西在贸易服务上具有很大的发展潜力，政府也对此予以了极大的重视，更是设立了专门的商会来协调和管理外贸的开展。欧洲金融危机对巴西制造业造成了不良的影响，但外资看好巴西服务业的发展势头。2011 年起，服务业是外资在巴西投资额最高的产业。到现在，巴西在服务业上已经形成了层次分明的完整行业体系，主要代表行业有旅游业、金融业、通信业等。2017 年，服务业增加值对巴西国民经济的贡献高达 73.3%。

（二）把信息产业和旅游业列为服务贸易发展的重点领域

巴西的服务贸易出口比较脆弱，波动比较大，从总体来看，信息产业和旅游业占有很高的比重。巴西一直将信息产业视为现代工业的先导，历届政府都把信息产业列为经济发展的重点领域。在 20 世纪 70 年代，巴西就已经建立了三大航空中心用于计算机通信服务，分别是巴西利亚、里约热内卢和圣保罗。早在 10 多年前，巴西就已经成为软件大国之一，在拉丁美洲处于信息产业普及程度较高之列。为了促进信息产业和旅游业的发展，巴西政府要求高校开设相关课程进行人才培养，以满足产业发展的人才需求。

巴西拥有丰富的旅游资源，除了典型的热带风光、人文景观和标志性建筑外，还有有趣的风土人情，受到国外大量游客的欢迎。自 20 世纪 90 年代起，巴西就将旅游业规划到重点发展战略之中，为其制定了相应的政策支持，以此促进旅游业的快速成长并带动经济的发展。旅游业已成为继大豆和豆粕外，巴西第三大外汇来源，提供直接、间接就业机会 580 万个。巴西一年一度的狂欢节彩车游行构成了独特的人文旅游景观；里约热内卢、圣保罗、亚马孙丛林、伊瓜苏大瀑布等是远近闻名的旅游胜地，受到国际游客的普遍欢迎；巴西利亚更是以其独特的建筑闻名于世，被联合国教科文组织列为“人类文化遗产”。①

（三）高度重视创新发展

巴西政府提供政策和法律支持。2003 年，卢拉总统上任后就推出了巴西第一套国家创新政策——国家创新、技术和贸易政策（PITCE），之后积极推出多部立法促进科技创新：2004 年修订了《信息技术法》，规定凡是用于科技创新的投资达到当年产值 5% 的企业，可减免 50% 所得税并免缴工业产品税；2004 年通过了《创新法》，2005 年修订后实施，为巴西政府财政补贴企业并且不需要企业偿还提供了法律依据；2005 年推出《企业法》，于 2006 年和 2007 年分别做了两

---

① 吕向生、孟庆超：《国际贸易地理》，对外经济贸易大学出版社 2011 年版。

次修订，为促进企业创新创造了良好的税收氛围；2007 年推出了《数字电视设备和半导体电子器件产业促进法》等。2006 年，为配合《创新法》的颁布实施，巴西出台了经济补贴计划，该计划主要用于巴西政府为企业提供政策支持和鼓励，大大提高了企业创新创业的热情和积极性。2013 年 11 月，巴西创新资助署启动了 INOVACRED 计划[①]，为年营业额在 2.3 亿元人民币以上的企业提供新的支持形式，主要有资金支持、组织结构改造、管理制度创新，等等，有助于企业增强综合实力和竞争力。

持续颁布国家层面的创新发展规划。《2007～2010 年科学、技术与创新国家发展规划》聚焦于 4 个主要方面的创新战略，分别在技术和设备创新、社会科技创新、科学研发创新和国家科技系统创新上展开布局。拟定了 21 项行动计划，安排了 87 个具体项目。《2012～2015 年科学、技术与创新国家发展规划》确定了巴西发展的核心驱动力是科技创新，并制订了 5 个分目标。2013 年推出产业研究计划（Embrapi），并设立专业机构 EMBRAPII 以确保该计划的顺利运行。EMBRAPII 的主要功能是将企业和科研单位紧密联系起来，构建出一条完整合适的产业链，在进行技术创新带动企业发展的同时，大大降低了企业的经营风险。

第三节　一些国家基于服务创新提升服务贸易竞争力的经验启示

本章论述的一些国家由于经济发展水平、要素积累和资源禀赋等各不相同，因此其现代服务业对外开放所取得的成功有偶然和不可复制的因素，但这些国家基于服务创新提升服务贸易竞争力的经验对我国大力发展服务贸易至少有以下四个方面的启示。

一、政策引导产业发展

服务业全球化为各国（或地区）服务产品的出口提供了现实的机会，同时还吸引了大量外资直接投资本国（或地区）服务业或与服务业相关的产业。发达国家由于工业化进程比发展中国家快，由此较早重视服务业的开放发展。美国是世

① 胡红亮、封颖、徐峰：《巴西科技创新的政策重点与管理趋势述评》，载于《全球科技经济瞭望》2014 年第 12 期。

界上第一个推行服务外包业务的国家，同时还积极推行服务贸易的自由化，现在已经成为全球最大的外包输出国家。美国采取一系列措施和计划，为高端服务业发展创造了良好的条件和环境，为国家服务业结构的优化提供了便利。目前美国的高端服务业尤为发达，在其国民经济中占据举足轻重的地位。为促进高端服务业发展，美国对 IT、金融、R&D、电子商务等高端服务行业给予了税收优惠。日本东京在第二次世界大战时期基本被美军轰炸为平地，但战后重建为工业区的政府定位使东京成为发展速度最快的开发区，现在的东京已经形成了“多圈层、多核心”的商务结构，其 CBD 的核心是临海信息区、新宿副中心区和丸之内金融区，同时延伸到横滨、幕张副中心，打造了一个极具地域特色的现代服务业发展模式。德国会展业能发展到如今的全球第一，主要得益于德国政府为该行业的发展创造了良好的条件，地方政府大力投资兴建展馆及其配套设施，积极参与会展品牌形象的宣传和市场营销，通过监督和引导提升行业水平。

服务贸易自由化在扩大服务出口的同时，能切实帮助发展中国家逐渐达到优质高效的服务水准[①]，因此现代服务业对外开放是继制造业转移后发展中国家面临的另一机遇。与发展制造业相比，印度式的现代服务业发展模式能够降低经济落后地区面临的资本壁垒。印度现代服务业对外开放的成功离不开政府的鼓励和推进，政府给予了一系列十分优惠的税收政策，如生产软件产品免征流转税、对软件出口利润免征所得税等。《2008 年信息技术发展计划》明确了信息产业为印度优先发展的产业，为印度信息产业发展提供了变革的动力和宏伟蓝图。巴西在贸易服务上具有很大的发展潜力，政府也对此予以了极大的重视，更是设立了专门的商会来协调和管理外贸的开展。欧洲金融危机对巴西制造业造成了不良的影响，但外资看好巴西服务业的发展势头。2011 年起，服务业是外资在巴西投资额最高的产业。到现在，巴西在服务业上已经形成了层次分明的完整行业体系，与工业和农业一起作为巴西的国民经济产业共同带动经济进步，而其中的服务业便超过了一半以上。巴西的服务业是其经济的关键所在，为带动就业和创业提供了大量的机会，主要涉及的行业有旅游业、金融业、通信业等。

二、不断优化服务创新环境

在选择服务业承接地时，跨国公司考察的主要是东道国服务市场的规模和质量、服务人才的成本和素质、服务业的信息化程度，以及服务企业的流程管理能

---

① 郑吉昌、夏晴：《服务贸易竞争力：影响因素与模型》，载于《价值工程》2004 年第 4 期。

力，由此决定服务业转移的规模、深度和方式。上述国家，无论是发达国家还是发展中国家，为了提升该国服务贸易竞争力，都致力于不断优化本国的服务创新环境。美国将服务创新纳入国家创新体系，每年投入大量的资金并出台相关政策鼓励和刺激服务创新，如投入巨资建设信息产业基础设施，是最早对 R&D 实施税收激励政策的发达国家等。印度政府允许科技园区（STP）注册为独立机构，园区的主管拥有广泛的权力和极强的服务意识。STP 园区的设立和推行，对印度软件业的发展起到了滚雪球的效应，也促进了印度经济的发展。与 STP 园区相应发挥作用的是 NASSCOM，NASSCOM 在为政府扶持软件外包企业、扩大软件外包企业规模和落实政府的各项优惠政策等方面也起到了巨大的作用。在国际软件外包领域，NASSC0M 已经成为印度软件服务外包的代名词，至今已经为印度的软件服务外包企业引入数百亿美元的软件外包项目。巴西政府高度重视国家创新发展，制定国家创新政策，持续颁布国家层面的创新发展规划；修订多部立法促进科技创新，成立巴西研究和产业创新联合会（EMBRAPII）并确保巴西研究和产业创新联合会顺利运行。

科学技术是评价一国竞争力的重要指标。发达国家都在大幅度地增加对服务业的研发力度，呈现出服务业部门的研发支出快于制造业部门的趋势，其中美国的科研经费总额全球第一，研发支出占 GDP 的比重近 3%，是世界最大的科技研发市场。正是由于对教育与科技的重视使发达国家在国际服务贸易竞争中处于有利地位。德国以会展业为代表的生产性服务业能在全球具有如此强势的竞争地位，主要受益于政府对服务创新的重视和扶持，制定了一系列国家高科技发展战略，《新高科技战略——为德国而创新》中更是直接把“智能流动”列为六项优先发展任务之一。因此，发展中国家政府要迎头赶上，不但要加大科技研发的投入，而且还要采取有效的激励措施，调动企业增加科研投资的积极性，使其成为科研主体，促进科技成果快速转化为生产力。

三、重视服务创新人才培养

由于服务的异质性，服务质量的高低直接取决于服务人员的素质，服务业人力资源的开发对其竞争力的提升尤为重要。发达国家早已意识到这一点，如经济合作与发展组织（OECD）成员国的教育经费平均占政府支出的 12%，这也是它们在国际服务贸易中发展迅速的重要原因。美国十分重视高科技优秀人才资源，大量的人才为美国科技、经济的发展作出了巨大的贡献，使其处于世界上处于遥遥领先的地位，并使美国成为富有创新精神的国家。美国大学教育一直遵循学生为教育中心，同时把科学技术和自然人文结合起来；把科学研究和教育学习结合起来，打造了创造性的培养方式。除了有优越的物质待遇和顶尖的科研环境外，合理的人才资源配置，成熟、开放的创新人才服务机构也使得人才能够合理流动，为美国吸引了大量国外优秀人才。美国这种“内外兼修”“兼容并蓄”的人才培养和吸收模式造就并稳固了其经济大国地位。

同为发展中国家，也是人口大国的印度已成为世界上名副其实的“信息技术产业和人才的大国”，其人才培养和人才储备机制值得我们好好学习和研究。印度非常重视高等教育，印度高校的师资、教材、教学管理与西方发达国家的著名学府差别不大，毕业生在国际人才市场上炙手可热。为了发展软件业，印度政府还在全国250个机构开设电脑培训课程，民办培训机构和软件企业自身建立培训机构，这种多渠道的培训为软件企业提供了源源不断的“软件蓝领”。[①] 因为印度政府对信息产业的重视，所以在人才培养上才会重点关注，经常会提供这些优秀的软件工程师外出学习的机会。因此，印度的信息技术人才一般都具有深厚的专业知识和国际市场经验，能够为软件公司的发展和在国际环境下占得一席之地添砖加瓦。正是因为印度教育不仅注重基础知识教学，还对实践学习关注有加，所以大大提高了信息产业的竞争实力。

可见，在世界经济日益向服务经济发展的趋势下，无论是发达国家还是发展中国家，取得服务贸易竞争优势的核心关键都是对教育和培训进行不遗余力的投资。因此，一方面我国要重视学校教育，在学校和企业之间建立和维持密切关系，使学生不仅拥有坚实的理论功底，更具备应付实际需要的能力，培养出复合型和国际型的服务人才；另一方面要建立起社会再教育和培训机构，鼓励行业组织和服务企业对员工进行教育培训投资。此外，国家还应制定吸引高级和专业性人才的引进和移民政策，为本国服务业的发展注入新的服务理念和服务人才。

四、大力发展信息和通信技术

信息技术提供了前所未有的“捕获”、处理、存储、交流数据和信息的能力，对社会生产力的发展起着强大的推动作用，各行各业都在利用信息技术改造自己和增强自身的竞争力，它必将成为世界经济发展的引擎。首先，电子信息技术与互联网的发展，可以带来交易费用的直接下降。例如，交易主体数为10，普通的信息交换次数为10(10－1)/2，如果通过网络交易系统，则交易次数仅为10，

---

① 王学弢：《天津高校人才资源对滨海新区经济发展促进作用研究》，天津大学硕士论文，2009年。

交易费用可降低到原先的1/5程度。其次，信息和通信技术在大部分服务部门中正在成为非常重要的创新工具和手段，很多新服务都是由信息和通信技术引起并通过信息和通信技术开发的。最后，可以使服务部门的生产出现规模报酬递增规律。在一般制造业的生产过程中，消耗的主要是物质资源，机器设备等有形资产在使用过程中会不断磨损，它们的价值会不断减少。① 而采用信息和通信技术的服务经济，客户网络、数据库等无形资产在使用过程中会呈负折旧，会不断增值。

信息和通信技术在服务贸易各部门中获得了广泛的应用，上述各国都将信息通信技术看作服务业技术革命的核心。以美国为代表的发达国家在世界信息技术服务领域几乎处于垄断地位，美国、日本和德国等以信息技术为主导的新经济所创造的经济格局已经持续了一段时间，仍一直把信息技术的扩散作为提高国家竞争力的关键。印度和巴西等发展中国家利用信息和通信技术降低了经济落后地区面临的资本壁垒，实现了经济跨越。因此，我们应该建立知识技术创新体系，尽快制定信息和通信技术国际化发展的新战略，优先、加速、持续发展信息通信和技术产业，把提高其国际竞争力放到突出位置上；提高产业市场集中度，实施大公司发展战略。

① 李雯：《提高对服务经济的认识　迎接后工业化社会到来的挑战》，载于《商业研究》2003年第4期。

第八章

基于服务创新提升我国服务贸易竞争力的措施建议

知识经济迅猛发展给了发展中国家一次跳跃发展的机会，中国服务贸易只有通过服务创新突破现有资源禀赋约束，在更高层次参与国际分工，才能分享全球技术进步的外溢效应。服务产业具有引进先进生产函数的能力，也具有旺盛的市场需求，加快服务创新，提升我国服务贸易竞争力，是提高中国在国际分工中地位的一个重要内容，对维护国家经济安全有着重要的战略意义。因此，本章从三个方面提出了相应的措施建议：以深化改革优化服务创新提升服务贸易竞争力的宏观环境；以强化规划完善服务创新提升服务贸易竞争力的中观战略；以创新管理强化服务创新提升服务贸易竞争力的微观基础。

第一节　以深化改革优化服务创新提升服务贸易竞争力的宏观环境

一、进一步改革创新服务贸易管理体制

1. 根据提供方式的特点加快有序开放

我国服务业整体开放水平有限，通过对比 2017 年中国、美国、日本、德国四国 11 个产业的服务贸易限制性指数（services tread restrictiveness index，STRI)①（如表8－1所示）可以直观地看出，我国对服务贸易采取了较为严格的限制性政策，几乎各个部门的限制性指数都是四国中最高的。从五个政策范畴来看，不同部门限制政策的侧重点有所不同，例如，专业服务（法律、会计等）对自然人流动的限制较多，物流运输的竞争壁垒高且监管透明度较低等，但总体都对市场准入做了比较高的限制，必须加快改革开放的步伐。各种体制机制障碍的存在，不利于提升我国服务贸易的竞争力，但也不能一刀切地进行全面开放，从一个极端走向另一个极端。经济发展不同阶段的三次产业结构各不相同，围绕着三次产业的宏观经济条件又有所差异，选择服务提供方式与服务业内部行业结构的配置关系表现在要素投入的政策取向上，会对鼓励境外消费、吸引外资或鼓励自然人流动的方向上采取不同的政策②。美、日、德三国虽然都是采取降低本国服务贸易优势产业的贸易壁垒，但美国侧重于取消竞争壁垒为不同的市场主体提供自由竞争的市场，德国则取消其他歧视性限制让外国企业享受公平公正的待遇。

表8－1　　2017年中、美、日、德四国服务贸易限制性指数对比

国家	指标	电信	计算机	物流货运	快递	商业银行	保险	会计	法律	电影	建筑	工程
中国	STRI指数	0.436	0.309	0.437	0.877	0.409	0.451	0.391	0.472	0.591	0.236	0.234
	市场准入的限制	0.251	0.158	0.153	0.395	0.221	0.250	0.161	0.260	0.412	0.092	0.094
	自然人流动的限制	0.015	0.051	0.022	0.080	0.017	0.032	0.174	0.153	0.071	0.064	0.064
	其他歧视性限制	0.017	0.044	0.026	0.047	0.052	0.052	0.022	0.022	0.062	0.032	0.028
	竞争壁垒	0.138	0.017	0.124	0.200	0.088	0.098	0.016	0.020	0.007	0.020	0.019
	监管透明度	0.015	0.039	0.113	0.156	0.031	0.019	0.018	0.016	0.039	0.028	0.028
美国	STRI指数	0.124	0.180	0.241	0.373	0.224	0.290	0.174	0.202	0.158	0.189	0.218
	市场准入的限制	0.047	0.014	0.025	0.119	0.135	0.151	0.034	0.073	0.029	0.023	0.024
	自然人流动的限制	0.020	0.069	0.029	0.043	0.023	0.032	0.092	0.083	0.047	0.095	0.129
	其他歧视性限制	0.023	0.058	0.035	0.045	0.035	0.033	0.029	0.030	0.052	0.043	0.038
	竞争壁垒	0.020	0.000	0.062	0.103	0.000	0.037	0.000	0.000	0.000	0.000	0.000
	监管透明度	0.015	0.039	0.090	0.063	0.031	0.037	0.018	0.016	0.030	0.028	0.028

① 服务贸易限制性指数，简称STRI指数，是经济合作与发展组织从限制外国所有权和其他市场准入条件、限制人员流动、其他歧视性措施和国际标准、竞争和公有制的障碍、监管透明度和管理要求这五个方面对45个国家的22个产业进行统计核算，由此确定哪些政策措施限制了贸易。STRI指数的数值范围从0～1，0表示完全开放；1表示完全封闭。

② 裴长洪、彭磊：《中国服务业与服务贸易》，社会科学文献出版社2008年版。

续表

国家	指标	电信	计算机	物流货运	快递	商业银行	保险	会计	法律	电影	建筑	工程
日本	STRI 指数	0.200	0.170	0.217	0.263	0.206	0.180	0.204	0.584	0.105	0.165	0.123
	市场准入的限制	0.093	0.029	0.025	0.046	0.061	0.039	0.092	0.302	0.029	0.023	0.024
	自然人流动的限制	0.020	0.051	0.022	0.020	0.017	0.026	0.061	0.195	0.035	0.080	0.048
	其他歧视性限制	0.006	0.015	0.009	0.011	0.009	0.013	0.007	0.015	0.010	0.011	0.009
	竞争壁垒	0.059	0.017	0.083	0.129	0.088	0.074	0.016	0.040	0.000	0.010	0.000
	监管透明度	0.023	0.059	0.079	0.057	0.031	0.028	0.028	0.033	0.030	0.041	0.041
德国	STRI 指数	0.158	0.170	0.153	0.130	0.152	0.131	0.223	0.243	0.173	0.203	0.204
	市场准入的限制	0.047	0.043	0.038	0.046	0.049	0.053	0.103	0.073	0.059	0.046	0.047
	自然人流动的限制	0.020	0.069	0.029	0.027	0.023	0.032	0.092	0.125	0.047	0.095	0.097
	其他歧视性限制	0.000	0.000	0.000	0.000	0.000	0.000	0.000	0.000	0.010	0.000	0.000
	竞争壁垒	0.069	0.000	0.041	0.012	0.039	0.000	0.000	0.020	0.007	0.020	0.019
	监管透明度	0.023	0.059	0.045	0.046	0.041	0.047	0.028	0.025	0.049	0.041	0.041

资料来源：OECD 数据库。

四种服务贸易提供方式存在着本质差异，我国服务业对外开放要根据这四种提供方式的特点，结合我国国情逐步提高对外开放的水平，才能取得预期的理想效果。我国现阶段正处于转变发展方式、优化经济结构、转换增长动力的攻关期，以商业存在形式存在的服务贸易对服务业的资本规模、资本结构、产业结构、竞争状况、技术水平都有十分重要的意义，建议试行“非禁即入”的宽松准入模式。随着“一带一路”倡议的实施，在“引进来”的同时，应为服务企业“走出去”创造更多条件。服务业的对外投资往往具有支持生产企业国际化的特点，如银行业的国际化在很大程度上为我国制造业提供良好的国际结算平台。跨境交付方面，要进一步做好跨境电商和服务外包的相关工作，减少市场准入的限制，提高管理透明度。自然人流动形式的服务贸易可以为我国服务业提供短缺的人才资源，带来先进的技能与管理经验，也有利于我国服务业整体水平的提高，但是专业服务贸易部门由于其行业特殊性，还是应当根据实际情况设置相应的准入门槛。

2. 改革与创新管理体制

我国服务贸易限制性指数这么高，究其原因在于体制机制方面的阻力。通过对比 G20 国家的外国直接投资限制性指数（foreign direct investment restrictiveness，FDI restrictiveness）[①] 可以发现，我国的营商环境虽逐年改善，2016 年 FDI 限制性指数从第一名下降至第二名排在沙特阿拉伯之后（如表 8－2 所示），但数值仍然是非常高的，在 OECD 统计的所有国家中排名第四，改革迫在眉睫。要实现加快服务业有序开放，我国政府必须转换自身角色，从传统的直接管理者转变为规划者和协调者，就服务贸易各行业的协作问题进行有效的组织协调，消除各种体制性障碍。逐步放宽对自然垄断行业的政府管制，促进全社会形成充分开放、有序竞争、规范诚信的市场环境。对于垄断服务行业，在促进其深化改革的过程中，还要适当的引入竞争，进而实现整个服务业竞争力的提高。除了关乎国计民生的自然垄断服务业外，其他领域必须放宽市场准入条件，鼓励各种市场主体的参与，取消对于社会投资的某些不合理规定，促进各服务行业的发展。如我国快递业的 STRI 指数高达 0. 877（如表 8－1 所示），主要就是因为该行业存在业务准入限制过严、监管存在多头管理的混乱局面、不同的市场主体政策待遇不同等突出问题。

表 8－2　　2010～2016 年 G20 国家外国直接投资限制指数对比

国家	2010 年	2011 年	2012 年	2013 年	2014 年	2015 年	2016 年
阿根廷	0. 025	0. 025	0. 038	0. 038	0. 038	0. 038	0. 031
澳大利亚	0. 128	0. 128	0. 128	0. 128	0. 127	0. 14	0. 146
巴西	0. 107	0. 101	0. 101	0. 101	0. 101	0. 101	0. 101
加拿大	0. 175	0. 175	0. 173	0. 173	0. 173	0. 166	0. 166
中国	0. 422	0. 422	0. 419	0. 419	0. 419	0. 386	0. 327
法国	0. 045	0. 045	0. 045	0. 045	0. 045	0. 045	0. 045
德国	0. 023	0. 023	0. 023	0. 023	0. 023	0. 023	0. 023
印度	0. 283	0. 284	0. 269	0. 253	0. 252	0. 237	0. 212
印度尼西亚	0. 308	0. 308	0. 315	0. 322	0. 336	0. 336	0. 315
意大利	0. 052	0. 052	0. 052	0. 052	0. 052	0. 052	0. 052
日本	0. 052	0. 052	0. 052	0. 052	0. 052	0. 052	0. 052

① 外国直接投资限制性指数（foreign direct investment restrictiveness，FDI restrictiveness），简称 FDI 限制性指数，是经合组织通过考察四种主要类型的限制来衡量一国对外国直接投资限制性的一种指标。指标的数值范围为 0～1，0 表示完全开放；1 表示完全封闭。

续表

国家	2010 年	2011 年	2012 年	2013 年	2014 年	2015 年	2016 年
韩国	0.143	0.143	0.143	0.135	0.135	0.135	0.135
墨西哥	0.211	0.211	0.211	0.193	0.193	0.193	0.193
俄罗斯	0.18	0.18	0.18	0.181	0.181	0.181	0.187
沙特阿拉伯	0.398	0.398	0.398	0.392	0.392	0.367	0.364
南非	0.055	0.055	0.055	0.055	0.055	0.055	0.055
土耳其	0.082	0.08	0.059	0.059	0.059	0.059	0.059
英国	0.04	0.04	0.04	0.04	0.04	0.04	0.04
美国	0.089	0.089	0.089	0.089	0.089	0.089	0.089

资料来源：OECD 数据库。

逐步完善服务贸易市场价格机制，在定价上应顺应经济的发展，取消服务传递中许多地理空间上的限制，使服务企业进入特定的产品市场变得更加容易，赋予服务市场中价格竞争以更多的自由，提高服务企业利用大众媒体对其特色服务进行促销的能力。同时，应建立健全服务业和服务贸易业的价格监督和检查机制，对价格欺诈行为严厉惩处。在政府机构、产业部门、非政府中介组织、企业界和社会各类团体之间，建立充分的信息系统、行政机构互助机制和各行业的互联互动，加强协调、宣传、策划和沟通等工作。运用管制政策调节服务企业的创新动力，必须根据不同行业的实际情况来确定是采取放松或是加强的管制政策，引导服务贸易企业的创新动向。目前，很多服务业项目的审批仍然存在较为浓厚的计划经济色彩，造成了设定目标与实际效果之间较大的差距。而且繁多的审批事项和复杂的审批程序，不仅增加了政府的负担，也束缚了企业的手脚，限制了市场的活力，[①] 应加快自贸试验区可复制创新经验在全国的推广速度。

3. 提高服务贸易行业协会的服务质量

从前文第七章的分析我们知道，印度近几年在软件服务外包市场上的巨大成功，首先归功于印度政府实行的“印度计算机软件政策”，其次就是成立于 1988 年的 NASSCOM。作为政府的合作伙伴和印度软件服务外包企业整体形象的代表，NASSCOM 已经为印度的软件服务外包企业引入数百亿美元的软件外包项目。相比之下，中国目前服务贸易各部门没有哪个行业协会能像 NASSCOM 这样做到整

① 何治国：《入世后过渡期对我国服务贸易的影响及对策研究》，天津师范大学硕士论文，2005 年。

体形象的代表，再加上海外宣传力度不够，无法在国际上不断打出“中国服务贸易”的行业协会品牌。

因此，我们应进一步提高服务贸易行业协会的服务质量，通过行业协会规范产业的服务创新体系和质量标准体系，以行业协会为整体拓展海外市场渠道，凝聚群体的力量，实现服务贸易企业在技术、人才、管理上的共同提升，从而提高竞争能力，实现抱团发展。建议政府有关部门出台相关政策，加大对服务贸易各部门行业协会的支持，建立行业宣传、人才资源服务等全套体系。为发挥企业和政府之间的桥梁作用，可以定期组织服务贸易发展论坛，建立政府官员、专家学者、企业家、投资商的交流平台，加强各方的沟通和理解，共同促进服务贸易行业的发展。设立服务贸易行业协会的海外办事处，及时获取海外市场服务贸易相关行业的动态信息，在国际上宣传我国服务贸易企业的优势，尤其是对我国知识产权保护战略、商务环境等方面的宣传，并且组织考察当地的资源，深入了解海外市场的文化和需求，降低服务贸易企业在项目接洽过程中走弯路的风险。我国政府组织的国际服务贸易交流会和洽谈会等活动的过程中，要充分调动海外的华人资源，吸引更多的高端服务业入驻中国。

4. 进一步推动服务创新的公共研究

由公共部门推动的创新研究在服务创新的实践过程中非常重要，这在制造业的技术创新中已得到证实，公共部门在推动或抑制服务业的创新活动中扮演了重要的角色，是服务创新的关键外部影响因素①，能对经济增长和服务贸易出口带来乘数效应。我国服务贸易企业总体服务创新水平和强度远不如发达国家，除了本身创新意识和管理能力不足外，另一个重要原因在于我国目前针对服务创新的公共性研究很少，相关的政策和激励机制也很匮乏。

为充分发挥服务创新对经济产出、就业以及对国家竞争力提升的重要作用，公共部门应该采取更为积极和多样化的措施推动创新活动的开展，落实《“十三五”现代服务业科技创新专项规划》总体部署，研究开发服务创新所需的基础理论、共性技术，为现代服务业对外开放和可持续发展提供基础保障。首先，加强服务创新公共性研究。与科技创新相比，我国学术界和产业界对服务创新的研究起步晚、成果少、未形成系统的理论体系，相关统计数据工作和案例分析较少。公共部门应该建立科学合理的服务创新统计与测度体系，为服务创新研究提供数据支持；支持和鼓励针对服务企业创新需求的公共性研究，为企业服务创新活动提供更多理论依据和实践指导。其次，加强公共研究基础设施的投入，包括公共

① 蔺雷、吴贵生：《服务创新（第2版）》，清华大学出版社2007年版。

“服务实验室”、公共知识库等。例如，从创新创意理念到现实应用转化，就需要诸如“服务实验室”等对相关顾客群体进行可行性测试，这可大大降低企业的经营风险并快速提供成果转化率。最后，重视创意潜力的挖掘。创新型国家建设不仅需要重视1%的起决定作用的重大创新理论突破能力建设，更要重视决定着99%的市场开拓能力的创意潜力挖掘。公共部门应致力于不断强化服务创新的文化氛围，并为服务企业“敢想敢做”“能想能做”创造有利的政策条件和创新环境。

二、加强研究和出台有针对性的服务贸易产业支持政策

1. 运输服务贸易产业

加强与其他国家的合作，逐步建立高级别的政府交流和对话的定期会晤机制，在国际运输上为我国运输服务贸易企业营造平等竞争环境。[①] 以信息技术和电子商务营销手段为依托，进一步完善计算机货运网络，实现运输业的科技创新，如在网上计舱、填写运单、结清账单、追踪、查找询问等，提升我国运输服务贸易国际竞争力。加强枢纽港基础设施建设，加大力度发展集装箱运输、多种方式联合运输等业务；逐步取消航空油料供给的垄断，在整个行业链条上扩大和完善市场竞争机制；完善我国运输服务贸易企业的物流网络，加快实现综合物流业升级，提高运输服务产品的竞争力，培育出大型综合性运输服务贸易企业集团。

2. 旅游服务贸易产业

旅游业一直是公认的世界服务贸易第一大产业，同时也是一个高度开放的产业。随着国家服务贸易的发展，作为我国服务贸易中最大的一个产业，旅游服务贸易业从2009年之前的顺差主要贡献来源变成逆差逐年扩大的“罪魁祸首”，不得不引起政府的高度重视。例如，国人旅游泡温泉首先想到的是日本，而我国天津市、重庆市、福州市等有着丰富的地热资源储量却空挂着“温泉之都”的称号缺乏吸引力，这便是各地方政府产业供给侧改革的重点。旅游服务贸易业作为一个特殊的产业，需要政府投入大量的资金进行基础设施建设，同时应积极培育市场，改善投资环境，增强市场活力；加大对旅游教育、研发等要素的投入，提升人力资源价值和整体竞争力；加速旅游企业集团化、网络化经营；积极推出旅游精品，大力发展循环经济。

---

① 季克华、温明：《我国运输服务贸易存在的问题及对策研究》，载于《商业经济》2014年第9期。

3. 建筑及有关工程服务贸易产业

利用税收、信贷、保险和财政补贴政策，减少建筑及有关工程服务贸易企业成本，提高竞争力，协助企业开拓国际市场。建立和完善项目融资体系，为支持建设项目承包的国有商业银行提供信用风险担保；建立对外建设项目承包融资担保基金，以降低商业银行承担的风险；增加外资承包项目专项资金，放松项目外汇融资。参照国际惯例，尽快建立健全建筑及有关工程服务贸易产业风险保障体系，大力推进工程保障和工程保险制度。充分发挥中国大使馆（领事馆）等政府外派机构的作用，建立固定信息交流机制，为建筑及有关工程服务贸易企业开拓国际市场消除障碍。

4. 金融服务贸易产业

我国金融服务贸易业长期处于逆差状态，主要是由于我们的金融机构在国际业务上以低端金融产品为主，层次较低且竞争意识不强，不是国际金融巨头的对手，导致跨境交付的金融服务贸易出口远远低于进口。因此，有必要动员一切力量建立政府协调机制，提高金融服务贸易发展的意识。[①] 建立完备的金融监管体系，有效防范和控制金融风险。加快我国自由贸易试验区和服务贸易创新发展试点地区金融方面创新经验的推广，加大金融服务领域对外开放力度，鼓励我国金融服务贸易企业向外发展。

5. 电信、计算机和信息服务贸易产业

目前，国家对电信、计算机和信息服务贸易产业的支持较多，从总体上看，电信、计算机和信息服务贸易产业的政府规制程度较低，尽管存在资质等部分政策与制度需要细化的问题，但各种推动信息化需求的政策对于该产业的创新和发展起着巨大的拉动作用。我国政府对计算机和软件业实施了较长时间的税收优惠政策，下一步应当将鼓励政策延伸到新业态上，如 IT 咨询、软件即服务（software-as-a-service，SaaS）、数字内容等。鼓励政府部门、中央企业、上市公司等加大对国产软件的采购力度，优选国产软件。加大知识产权方面的执行力度，保护企业的创新积极性。

6. 教育服务贸易产业

政府必须从对学校具体事务的管理活动中退出来，使学校拥有办学自主权。政府所设立的外事部门应该成为研究教育服务贸易的专门机构，研究目标国家教育市场动态，为各教育机构提供相关的政策，统筹规划并及时修正我国教育服务

---

① 黄巍、佟明亮：《发展金融服务贸易　推动大东北经济圈建设》，载于《金融管理与研究》2011 年第 9 期。

贸易的发展战略。政府作为对外窗口要比民间组织和教育机构更有说服力，因此必须在质量保证和监督方面发挥作用。着手建立一套切实可行的质量保障体系，不能以牺牲质量来换取数量的扩张。定期对教育机构进行质量评估并向外界公布结果，这样可以促进教学质量的改进。只有高质量的教育品牌，才能从根本上提高我国教育服务的国际竞争力。

7. 个人、文化和娱乐服务贸易产业

中华人民共和国文化部和旅游部、商务部、国家广播电影电视总局、中华人民共和国新闻出版总署等部门应研究制定文化和娱乐服务进出口贸易发展战略，通过对全产业链的培育和扶持，加快发展出多个具有国际竞争力的出口品牌。中国文联、中国作协等要引导作家、艺术家等，创作弘扬中华民族优秀文化和展示当代文化成果的作品，为推动文化产品和服务出口提供内容支撑。文化、广电、新闻出版部门应加强引导，组织高资质的文化服务贸易企业因地制宜地制作出适合海外观众欣赏的文化作品、商业演展、影视节目和动漫游戏产品等，并做好相关作品的翻译工作。财政部应会同有关部门开展研究，通过现有经费渠道支持文化产品和服务出口的政策措施，进一步加大投入，对战略性投资项目给予重点支持。各地可利用中小企业国际市场开拓资金资助文化企业和单位赴国外参展等相关活动，对企业在境外提供文化劳务获得的境外收入给予税收优惠。

三、进一步营造良好的服务贸易竞争法制环境

服务业竞争力的提升最终来自服务企业竞争力的提高，而服务企业的生存与发展离不开市场环境和国家政策。一国的服务竞争政策不仅要为服务企业创造公平竞争的环境，还要为服务企业竞争力的提升创造条件，进而促进国家整体竞争力的提高。与货物贸易不同，国内法规从一开始就构成服务贸易竞争的一个关键因素。这是因为世贸成员国在服务贸易总协定（GATS）中有关市场准入和国民待遇的具体承诺，通常是以国内立法的形式加以实施的，同时由于服务贸易对经济发展和国家安全的重要作用，各国都制定了大量直接或间接影响服务贸易的法规。我国在健全和完善服务业国内法律法规的过程中，可以借鉴其他国家的成功经验和做法，有效地规范服务贸易的竞争。

1. 建立不同层次和内容齐备的服务贸易法律体系

发达国家制定服务贸易和服务业发展政策的最终依据都是国内的相关法律法规，这些法律法规既包括综合性法规，又包括具体行业的法规，还包括法规实施

细则和单项法规等①。以德国为例，在它的服务贸易法律体系中，有联邦一级对外贸易综合法案，如1961年颁布后经多次修订的《对外经济法》、1966年颁布后经多次修订的《对外经济条例》等；有针对各服务部门的具体法规，如《多媒体法》《电信法》《信贷法》等，明确规定了这些行业市场准入及其条件和限制；有专门针对服务贸易和服务业统计而颁布的《服务业统计法》和《特定服务业景气统计法令》；有根据服务贸易发展需要，对《报价法》《刑法》法典等法令法规进行必要的修改和完善②等。整个法律体系不仅为德国服务业和服务贸易业的发展提供法律保护，而且在充分考虑国家经济利益的基础上为服务业的开放设立了底线，为德国服务贸易的迅速健康发展提供了可靠的法律依据。在借鉴发达国家成功经验的基础上，我国应结合国情加快制定和完善服务贸易发展的相关法律法规，建立不同层次和内容齐备的服务贸易法律体系，包括服务贸易各部门的准入体系、服务范围、行业标准、价格收费、纠纷仲裁、竞争秩序和奖惩规则等。在保证国家安全、商业秘密不受影响的前提下，加快服务贸易领域法律法规修订和调整的步伐，增强我国服务贸易政策法规的透明度。

2. 协调和监督服务贸易国内法规的实施

服务贸易相关法律法规制定并出台后，政府部门应加强执法力度，在实际工作中认真落实，进一步整顿服务市场的经济秩序。真正做到有法必依、执法必严、违法必究，否则所制定的法律法规只能沦为“一纸空文”，不仅不能发挥应有的作用，还会影响服务贸易市场外国参与主体的积极性。加强服务市场竞争监管，严厉惩罚违法行为；加强对服务贸易企业行为的监管，防止不正当竞争行为；以法制手段从根本上遏制地方保护主义，净化服务市场竞争环境；明确中央和地方在服务贸易方面的立法和行政权力③，既要加强中央政府的权威，又要能充分发挥地方政府的创造性、主动性和积极性，使国内外服务贸易企业走向良性竞争发展的方向。

3. 减少和规范国内服务行业的垄断经营者

垄断是公平竞争的大忌，对社会效率和福利的提高不利。但鉴于服务业和服务贸易对国民经济和国家安全的重要影响，GATS并不完全禁止服务业垄断。根

---

① 薛荣久、刘东升等：《国际贸易竞争学——世界贸易新体制下的国际贸易竞争》，对外经济贸易大学出版社2005年版。

② 广东省政府发展研究中心课题组、谢欢：《借鉴国际经验加快广东服务贸易发展》，载于《广东经济》2016年第11期。

③ 韩惠泉：《GATS框架下我国关于自然人流动的法律调整》，载于《福建商业高等专科学校学报》2011年第4期。

据 GATS 第八条的相关规定，“每一成员应保证在其领土内的任何垄断服务提供者在有关市场提供垄断服务时，不以其在最惠国待遇和具体承诺下的义务不一致的方式行事。”也就是说，GATS 要求一个国家在其境内提供垄断服务时，不可打破最惠国待遇原则，还要保持一定的透明度。这一规定维护了境外服务提供者公平竞争的权益，如果一个国家通过垄断或者本国保护引起了服务贸易争端，影响了市场的正常运作，其他国家有权对其进行起诉。因此，对于服务业的垄断经营，国家要加以规范，通过《反垄断法》《反不正当竞争法》等，加大打击不公平竞争和恶意竞争的力度，发挥政府在服务业发展中的协调与监督作用，尽量减少垄断经营对于公平竞争环境的破坏。

四、建设有利于服务创新协同发展的新型组织和共用技术平台

随着贸易全球化的快速发展，国际贸易推动技术在不同国家之间创新、转移和模仿，单一的竞争或者合作已经无法满足瞬息万变的市场需求，单独的创新活动或低层次的合作创新已经很难满足服务创新的发展需求，服务贸易企业必须在创新各阶段寻求合作以实现服务创新协同发展，才能不断提高服务创新绩效。通过第五章的实证分析我们发现，当前我国服务业发展的核心问题不是速度和比重，而是结构和自主创新能力等问题。与发达国家相比，我国服务贸易龙头企业的经济实力和服务创新能力都不强，再加上随着信息通信技术的发展，知识更迭速度不断加快，企业有限的创新资源更显“捉襟见肘”，迫切需要建设有利于服务创新协同发展的新型组织和共用技术平台，促进创新资源双向开放和流动。

1. 构建“一带一路”国际服务创新联盟

为了鼓励和促进本国（或本地区）创新协同发展，发达国家在制定创新制度或创新政策时都特别注重打破机构、行业、区域的界限，通过创新要素整合构建创新网络，实现地区性协同创新。例如，美国政府为了加大各层次创新合作范围，加快国家整体创新步伐，调动各方力量整合国内外创新平台和创新资源，提高了创新主体的交流和互动，实现了从“线性创新模式”转为“平面创新模式”，再到“立体网络创新模式”的跨越①。而同为亚洲国家的韩国政府为了营造共生创新环境，发展产业生态系统，增强创造经济的全球领导力，于 2013 年 6 月通过了《创造型经济落实计划——营造创造型经济生态系统的方案》，同年 12

① 刘丹、闫长乐：《协同创新网络结构与机理研究》，载于《管理世界》2013 年第 12 期。

月公布了《第六次产业技术创新计划（2014～2018年）》。相较之下，我国之前制定的创新政策大都囿于国内或区域内的创新效应，对服务创新的国际供给和国际需求考虑不足。随着创新发展不断重塑世界经济结构和竞争格局，其在我国与“一带一路”沿线国家（或地区）开展国际合作中具有先行优势，已成为“五通”的关键支撑，因此我国政府在《推进“一带一路”建设科技创新合作专项规划》[①]中明确提出，要“打造‘一带一路’协同创新共同体（发展理念相通、要素流动畅通、科技设施联通、创新链条融通、人员交流顺通）”，“提高全球配置创新资源的能力，深度参与全球创新治理，促进创新资源双向开放和流动”。

“一带一路”倡议自提出以来，得到沿线国家的积极响应。随着“五通”的不断深入，我们应当借助时代良机，不断加强与沿线国家的顶层沟通，助推“一带一路”国际服务创新联盟的构建。国际服务创新联盟不是单一的庞大组织，而应是围绕沿线各国创新战略需求，在保护服务创新成果和创新者利益的同时，又不影响这些服务创新知识的国际交流和创新系统协同发展的多维的柔性组织。创新联盟内的服务创新主体以共同利益为基础，优化或共享创新资源，通过全方位地利用全球服务创新资源，逐步替代被动的科技合作。

2. 推进科研组织形式的创新

服务业的创新与技术创新的支撑是分不开的，但服务创新更具复杂性和不确定性等特征。安·迈尔斯（Ian Miles）在《服务业创新》一文中对传统服务业进行深入研究之后，发现不同特征的服务产业应当采取不同的创新战略。例如，高度专业化的服务行业应当利用专家系统进行服务创新，降低对高价的稀缺技能的依赖性；大量使用低素质劳动力的服务行业一般很少投资高级设备，应当将关键操作转移到人工成本较低的地区，然后利用信息技术监控劳动力；国营公共服务部门的组织一般都比较缺乏柔性，可以选择私有化和外部化或者基于信息技术提高服务管理系统。[②]由此可见，服务业中的不同行业对服务创新的需求差别很大，采取的创新战略也各不相同，我们必须“因地制宜”“量身打造”，推进科研组织形式的创新，建设公用技术平台，降低企业创新成本。

日本经济学家野中郁次郎和竹内弘高在《创造知识的企业：日美企业持续创

① 四部委出台《推进“一带一路”建设科技创新合作专项规划》，载于《城市规划通讯》2016年第20期。

② Mark Dodgson，Roy Rothwell著，陈劲译：《创新聚集——产业创新手册》，清华大学出版社2000年版。

新的动力》一书中就指出，时代的不确定性迫使企业必须打破组织的界限，通过寻求组织外部知识以获得长远的发展[1]。服务创新协同发展要求和创新环境变化，要求更多要素主体和利益主体相互配合，产、学、研合作向官、产、学、研、中、金等多方合作转变。我国服务贸易企业国际竞争力相对不高，自有资金有限，亟须政府、大学、科研机构、中介和金融等机构共同参与，积极探索科研组织新模式，打破服务创新协同组织的体制壁垒，通过健全利益共享机制搭建有利于交流合作的科研平台，实现组织协同和战略协同。国家和各地政府制定创新政策的重点，应当从“大项目”为主向“创新协同发展网络”和“公共创新服务平台”建设为主转变，推动创新知识从“片段式”向“综合累积式”转变。

3. 推动企业实施服务信息化战略

从本质上来说，服务创新协同发展是以信息和通信技术为技术平台的。信息化能够对企业战略、组织、流程起到重要的承接和支撑作用，面对快速变化的国际市场和日趋多样化的客户需求，服务企业都期望通过信息技术建立高度灵活的业务架构。首先，通过信息技术不仅能整合服务企业内部信息，提高流程管理的灵活性，而且集成化信息平台能实现信息共享，避免“信息孤岛”；其次，信息化能提高服务企业与顾客的沟通能力和反应能力，增强企业提供个性化服务和开发新服务的能力；最后，通过信息化可以强化内部运作优势，提高多地点服务等能力。因此，服务信息化战略就是充分利用计算机网络和通信等现代信息技术手段来培育企业的服务竞争优势[2]。

信息化战略一般包括两个部分：信息系统战略和信息技术战略，推动企业实施服务信息化战略，必须从这两个方面着手。信息系统战略方面，服务企业要重视内外部环境，坚持内外并重原则。企业信息化建设要有顶层设计蓝图，要从总体上搭建信息架构，实现信息系统的集成和互操作，从而避免重复建设和重复投资，或者避免投入的信息化软、硬件对业务支持不足而导致信息化建设与企业业务发展背道而驰。互联网的应用为服务贸易企业与同业竞争对手之间的合作提供了平台，服务企业间可通过共享特定领域内的客户信息数据库、合建在线营销渠道、合作开发并推进新产品上市、彼此链接网络站点等来扩大市场总需求，阻止

① 野中郁次郎、竹内弘高：《创造知识的企业：日美企业持续创新的动力》，知识产权出版社 2006 年版。

② 薛荣久、刘东升等：《国际贸易竞争学——世界贸易新体制下的国际贸易竞争》，对外经济贸易大学出版社 2005 年版。

潜在企业侵入。信息技术战略方面，企业要在制定的信息系统战略基础上，加大信息和通信技术基础设施的投资，积极适应现代网络经济的发展，建立和完善企业管理信息系统，实现信息的采集、处理、存储、传输和分配的电子化，尤其要重视对顾客资源的信息化管理。[①] 服务企业规模大小不同，大型的服务企业可能会设有专门的信息服务部门，中小型企业信息化建设可能选择外包或者直接采购相关软件，但无论采取哪种形式或方案，都应当加强业务部门与信息服务部门，或业务主管与信息技术人员之间的沟通，以业务流程优化为基础，建立起业务与信息技术沟通的桥梁。互联网不仅改变了人们的生活方式，也不断影响人们的消费方式，服务企业为消费者提供远程服务的服务范围和服务内容在不断扩大，企业需要根据市场变化不断调整和优化企业信息化战略。

4. 提高科研创新成果转化率

科学技术是评价一国竞争力的重要指标，发达国家都在大幅度增加对信息和通信技术的研发力度。从统计数据来看，我国专利申请、科学技术期刊文章数等在世界上是名列前茅的，但科研创新成果转化率很低。高校科研充满了自由开放的学术氛围，这种自由探索模式对前沿理论探讨和新思想的出现具有重要作用。然而，服务贸易企业需要能在短时间产生效益，并能及时更新换代的创新技术以应对国际市场的激烈竞争，这种“短、平、快”的模式与高校的研究模式存在一定的冲突。虽然高校教师每年都发表很多论文，但是绝大多数论文不被企业所关注，严重制约了我国高校科研成果产业化发展。另外，高校的专家及其科研团队普遍只对某一学术领域“深挖细究”，没有形成学科之间的相互协调和渗透；而信息和通信技术产业的创新项目往往是一个庞大的系统工程，仅靠单一领域的专家是无法完成这样跨学科的、涉及多个领域的系统项目。例如，工艺技术的专家或教授开发了某一产品的核心技术，却无法设计出制造该产品的机械装备和控制机械的计算机系统，这也是多年来造成高校和企业脱节，科研成果无法顺利产业化的原因之一。此外，企业生产出现问题时，学校教师“分身乏术”也导致问题难以及时解决，这些都造成了高校与企业之间无法形成强有力的合作关系。

因此，为了提高通信方面核心技术的实体转化率，需要鼓励更多的专业人才转向自主创新，推动科研成果产业化。对于一些优秀的信息通信技术人才，可以适当给予一些补贴或者创新创业资金上的援助。高校必须承担起将教学、科研与

① 薛荣久、刘东升等：《国际贸易竞争学——世界贸易新体制下的国际贸易竞争》，对外经济贸易大学出版社 2005 年版。

科研成果产业化有机结合起来的重担，除了加快培养科研型人才、创新型人才和复合型人才，还要积极推动成果产业化，让科研技术成果真正地为社会所服务。一些有条件的高校，可以加强与技术型企业的合作，建立校企研发中心，由校方科研人员与企业技术人员共同合作，建立起共同科研、优势互补、利益共享的高新技术开发机制。各级各地政府要采取有效的激励措施，充分调动企业的积极性，加大对信息和通信技术研发的投资力度，使其成为科研主体，促进信息通信技术科技成果快速转化为生产力。

五、进一步强化国际服务贸易竞争规则创新发展的话语权

随着经济全球化和服务贸易自由化的深化，各国（地区）政府在全球化产业竞争中的角色不减反增。但是在新的世界贸易体制下，政府不是服务市场竞争的直接参与者，不能直接介入国内外市场的竞争，而是通过一系列的服务竞争政策，制定服务贸易市场的竞争规则，在国际组织活动和相关规则制定上发挥更加积极的作用，创造并延续企业的竞争条件。

目前，世界经济仍处于金融危机后的复苏和变革期，国际金融危机的影响从经济向科技、政治、军事和国际治理等各个领域传导，服务贸易也不例外。围绕着全球利益格局的战略博弈更加复杂，围绕市场、科技、资源、文化、人才的竞争更加趋于白热化，围绕国际规则主导权的争夺更加激烈，地缘政治和大国关系更加复杂多变。WTO 目前的竞争政策存在的这些漏洞或缺陷不利于市场公平竞争，导致国际和区域对于经贸规则主导权的争夺加剧，亟须尽快完善。2016 年“黑天鹅事件”频出，英国“脱欧”、意大利修宪公投失败、唐纳德·特朗普当选美国总统等，全球民粹主义、保护主义与“反全球化”潮流再度勃兴。2017 年 1 月 23 日，美国新任总统特朗普签署总统令，彻底退出 8 年前奥巴马希望让美国主导的跨太平洋伙伴关系协定（Trans－Pacific Partnership Agreement，TPP），使得此前虽备受全球关注但在谈判过程中本就困难重重的 TPP 和跨大西洋贸易与投资伙伴协议（Transatlantic Trade and Investment Partnership，TTIP）前景暗淡。在如此背景下，作为经贸大国的我们必须借助“一带一路”倡议的实施，更有作为地参与全球化，争取经贸规则和竞争规则制定的主导权，完善 WTO 现行的竞争政策中存在的漏洞或缺陷。

1. 通过服务贸易条约来贯彻公平竞争原则

公平竞争原则就是一国（或地区）要纠正不公平的贸易行为，避免采取扭曲市场竞争的措施，为市场参与主体创造公平、公正、公开的市场竞争环境。世贸

组织鼓励各成员国通过开放服务贸易市场，逐步为外国的服务或服务提供者创造市场准入和公平竞争的机会。[①] 发达国家大都制定了相关完备的公平竞争法律，例如，美国很早就意识到完善的竞争法对维护自由竞争的市场经济秩序的重要作用，《谢尔曼法》（1890）、《联邦贸易委员会法案》（1914）和《克莱顿法》（1914）迄今已逾百年；《公平交易法》（1973）、《限制性贸易行为》（1976）、《转售价格法》（1976）和《竞争法》（1980）这四部法案共同构成了英国的竞争政策；欧盟则制定了一系列为打破国界经济壁垒，建立共同大市场为目标的竞争政策和法案，如1989年第4064号条例、《马斯特里赫特条约》（1991）和《阿姆斯特丹条约》（1997）等[②]。在很多发展中国家，国内市场竞争的壁垒源于公共政策针对潜在的市场进入者和退出者的烦琐监管程序有可能吓跑市场进入者，虽然这些发展中国家都制定了竞争法，建立了竞争管理机构，但是囿于人力资源稀缺的限制，这些机构只能将其注意力集中于小部分的问题上，许多国家的一个重要焦点是解决排他性供应或者分配合同的问题。[③] 因此，"一带一路"在制定服务贸易条约时有必要在国际范围内考虑制定的标准将会给发展中国家带来的成本。

在国际服务贸易中贯彻公平竞争原则，可以调动国内外服务提供者的积极性，使他们不断创新服务、完善管理，促进世界资源得到合理的配置，并最终为"一带一路"沿线国家的消费者和全社会带来福利。通过贸易条约、惯例等方式实施这一原则的具体办法有：（1）通过双边服务贸易和投资协定，确定双方的权利与义务，做到平等互利，为公平竞争提供基础；（2）通过经贸集团协定，确定成员之间在服务贸易过程中的权利和义务，促进公平竞争；（3）利用日益规范化的国际服务贸易法规，减少分歧，保证公平。它们包括涉及特定领域的国际服务贸易有关的国际条约，例如，国际货物海上运输公约标准合同范本、大型承包工程合同范本、租船合同条款、船舶和货物保险条款，等等，交易各方可根据这些范本或参照具体的合同条款签订贸易合同。

2. 构建相关政策法规信息公开交流平台

保持服务贸易法规政策的透明度，是创造公平竞争环境的重要保证。服务提供者在另一国家的市场成功经营的必要条件之一是充分了解该国服务贸易方面的

---

① 魏华林、张良华：《加入世界贸易组织与中国寿险监管的发展》，载于《经济评论》2003年第5期。

② 赵葆珉：《竞争政策的多重目的——英国、欧盟及美国的竞争政策比较研究》，载于《哈尔滨学院学报》2008年第5期。

③ 薛荣久、刘东升等：《国际贸易竞争学——世界贸易新体制下的国际贸易竞争》，对外经济贸易大学出版社2005年版。

法规政策。目标市场国家政策措施的公开透明意味着市场具有可预见性和稳定性，这是保证公平、公开和无扭曲竞争的必要条件。根据GATS对"透明度"所作的规定，每一个世贸成员国家在实施"透明度"原则时，要做到以下几个方面：（1）必须把与服务贸易有关的法规政策，包括规范各服务行业的基本法律，以法规形式规定的行业安全规范、技术和服务质量、资格要求和资格获得程序以及许可证要求等，在权威平台及时公布。无论这些法规政策是由中央或地方政府制定的，还是由政府授权的非政府组织制定的，最迟在它们生效前必须予以公布。（2）必须公布其签字参加的有关或影响服务贸易的国际协定。（3）至少一年一度对本国颁布的新法规，或现存法规的修改情况做出说明介绍。

我国商务部服务贸易司主办的"中国服务贸易指南网"，是我国服务贸易领域最权威的官方门户网站，网站内容包括服务贸易相关新闻、政策法规、统计、行业状况、专题研究等，是全国服务贸易促进体系的重要依托。建议"一带一路"沿线国家相关部门共同协商，共建一个诸如"'一带一路'服务贸易指南网"的权威官方门户网站，为全球服务贸易企业了解"一带一路"沿线国家服务贸易合作机制、发展概况、政策法规等提供一个信息窗口，促进"一带一路"服务贸易的发展。充分发挥各国服务贸易行业组织在信息公开和公平竞争中的协调作用，建立完善的行业协调制度，对于制止垄断、防止行业内的不公平竞争、保持健康的服务贸易秩序具有重要作用。

3. 共建适宜的知识产权保护制度

在知识经济快速发展的今天，知识产权保护制度是竞争机制中非常重要的部分，WTO在《与贸易有关的知识产权协定》（TRIPs）中便明确规定了有关专利权、版权等知识产权的最低保护标准。知识产权保护形成了独特的国际市场垄断地位，发达国家借此制定较高的技术贸易价格以获得超额利润，发展中国家为此付出了更高的成本。据世界银行的估计，2015年美国通过与贸易有关的知识产权协议获得了870.54亿美元的净收益，日本、德国、英国也获得了大量净收益。与此同时，发展中国家在知识产权转让中属于净付出国家，净付出金额为中国209.38亿美元、印度41.90亿美元，巴西46.69亿美元。但是过度的知识产权保护可能并不能带来如预期般那么多的好处，甚至于在一定程度上会阻碍知识的传播，不利于更大范围的创新和发展。唐保庆等人[①]通过模型分析和实证检验，发现过度的知识产权保护会对经济增长产生"绊脚石"的负面作用。而且，发展中

① 唐保庆、叶蓁、张伟：《知识产权保护是出口驱动经济增长的"助推器"还是"绊脚石"?》，载于《世界经济文汇》2012年第5期。

国家单单依靠自身的研究还不足以满足本国在各个方面的发展需要，需要依靠于对外国技术的学习、借鉴和模仿。如果采取严格的知识产权保护政策，对于发展中国家来说是十分不利的，技术转移也会受到较大限制，诸如逆向工程（reverse engineering）和围绕专利开展发明（inventing around patents）之类的方法将无法使用①。

20 世纪 90 年代以后，首先从民间爆发了对知识产权过度保护带来的负面影响的抵制，例如，印度民众于 1991 年成功抵制了美国格雷斯（W. R. Grace）化学公司从印度苦楝中分离出有效成分 Azadirachti 的专利申请；发达国家出现了一些诸如开放源代码协会（open source intitiative，OSI）、知识共享组织（creative commons，CC）等抵制知识产权对创新带来束缚的民间组织。南非的获得药品运动导致了《TRIPS 与公共健康多哈宣言》的诞生②，明确了健康权高于专利权，使得不发达国家可以低价购买到本国人民迫切需要的专利药品。因此，知识产权发挥作用有赖于更广泛意义上的制度和政策环境，更为自由的贸易规则也降低了国内企业垄断性滥用知识产权的风险。在“一带一路”沿线国家竞争法制发展情况各异的背景下，中国应根据实际情况与沿线国家签订知识产权双边协定作为过渡。之后，加强沿线国家法律政策的信息交流，共建适宜的知识产权保护制度。

第二节　以强化规划完善服务创新提升服务贸易竞争力的中观战略

为了尽快地将创新成果转化为生产力，更好地发挥创新的社会作用，发达国家在制定创新战略时非常注重创新预见和超前规划，强化政府在引导创新发展方面的调控能力。资源是有限的，创新基础研究的耗费是巨大的，各级各地方政府在制定规划时，要用习近平新时代中国特色社会主义思想指引区域服务贸易发展，积极细化和落实《国家创新驱动发展战略纲要》《“十三五”现代服务业科技创新专项规划》等相关政策中明确要求的目标、任务和方向，以强化区域规划完善服务创新提升服务贸易竞争力的中观战略。

① 薛荣久、刘东升等：《国际贸易竞争学——世界贸易新体制下的国际贸易竞争》，对外经济贸易大学出版社 2005 年版。

② 杜颖：《知识产权国际保护制度的新发展及中国路径选择》，载于《法学家》2016 年第 3 期。

一、开展特色性的服务创新促进区域服务贸易发展

自20世纪80年代以来，欧美许多服务公司都开展了高标准定位活动，以本行业或其他行业中的领先公司为榜样，对本服务公司进行合适的定位，通过资料收集、比较分析、跟踪学习等一系列活动，寻求和吸收其他企业或其他组织的先进实践经验、创新思想和管理方法，提高服务公司的竞争能力，赶超竞争对手，获得竞争优势。通过不断地进行高标准定位，服务企业能够持续提高自身的服务创新能力，获取优秀的创新绩效——顾客服务满意度提高。[①] 然而，我国很多服务贸易企业在选择项目时往往只注重当前的经济利益，缺乏对未来长远利益的战略考虑和高标准定位，特别是培育和改进企业的核心竞争优势作为自主创新能力，常被企业决策层忽略。这使服务贸易企业在服务创新发展上陷入了“落后—模仿—再落后—再模仿”的恶性循环，丧失了竞争优势，拉开了与国际市场上优秀同行的差距。

因此，地方政府应根据区域资源优势和服务贸易产业结构的特点，确定区域服务创新特色优先发展领域，调整服务创新发展战略，实现区域服务创新从跟踪为主向特色自主创新为主转变。集中必要的和可能的资源，将服务创新与区域服务贸易产业发展结合起来，以实现若干个重点关键领域自主创新能力为目标，优化区域服务创新环境、塑造区域服务创新主体、培育区域服务创新源泉、培养区域服务创新人才，夺取区域特色服务贸易产业发展的创新制高点。现在服务贸易创新发展试点地区已经取得很多值得借鉴的成果，如上海中医药国际服务贸易促进中心在德国、韩国、日本、中国台湾等国家（或地区）设立了上海市研发的集中医药诊断、体质辨识、人体基本生理机能评估等为一体的服务平台，并通过电子商务形式，实现药物、食疗和非药物疗法干预的远程指导服务[②]；成都在服务贸易新兴领域方面重点拓展保税维修服务，规划建设亚洲最大的飞机发动机维修基地等，这些经验都值得借鉴和推广。

二、优化服务创新资源配置提高区域服务贸易效率

根据比尔德贝克等（Bilderbeek et al. , 1998）[③] 提出的服务创新“四维度”

① 陈劲、陈钰芬：《赢在服务创新》，机械工业出版社2004年版。

② 王泽议：《中医药服务贸易　路还可以更宽》，载于《中国医药报》2014年10月22日。

③ Bilderbeek R，Hertog D，Marklund G，and Miles I. “Services In Innovation：Knowledge Intensive Business Sevices（KIBS） as Co – Producers of Innovation”，1998.

模型（如图 8－1 所示），服务创新是新服务概念、新的顾客界面、新服务传递系统、技术这四个维度的综合。从这四个维度来看，服务创新能力偏弱是制约我国服务贸易企业竞争力提升的根本原因。我国相当一部分服务贸易企业在组织和管理上相对薄弱，普遍缺乏战略前瞻性和转换能力，缺乏应对多变市场而进行的战略转型和文化协调能力。当市场竞争环境、需求环境和技术环境发生变化时，许多服务贸易企业常常陷入以前的决策思维，或采取原有措施解决新问题。由于无法采取相应的对策为企业做战略变革和转型，很容易就使得企业在变化莫测的国际市场环境中陷入困境。造成企业管理创新不足的一个重要原因是企业管理水平的实际需求与人员素质和企业发展之间存在一定差距，仍然有相当一部分服务贸易企业经营者的文化程度较低。这样，当企业进入快速扩张期，企业规模快速扩大，基于经验的管理模式的局限性逐步显示出来，制约了服务贸易企业竞争力的提升。

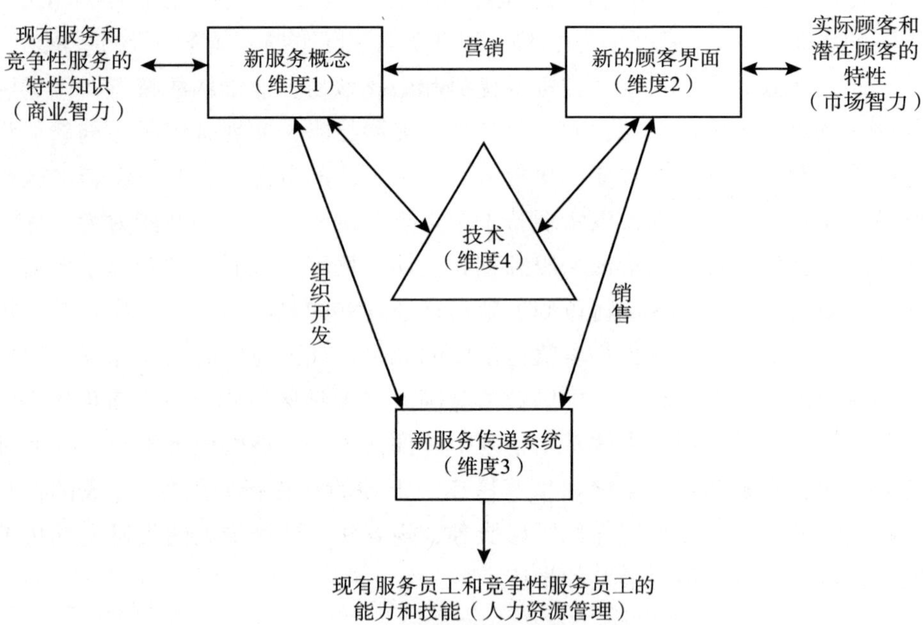

图 8－1　服务创新的四维度模型

资料来源：Bilderbeek R，Hertog D，Marklund G and Miles I.，“Services In Innovation：Knowledge Intensive Business Sevices（KIBS）as Co－Producers of Innovation”，1998.

杨潇和池仁勇①以长三角地区 199 家科技服务业企业为样本，构建模型并收

① 杨潇、池仁勇：《外部结点、内部资源与企业创新绩效的关系研究：以长三角地区 199 家科技服务业企业为实证》，载于《研究与发展管理》2012 年第 1 期。

集相关数据，实证了外部创新资源、内部创新资源与企业创新绩效的关系。研究结果表明，企业创新过程中，与外部创新资源的交流非常重要。各地方政府应以创新资源的共建共享和服务创新协同发展为抓手，促进区域创新资源整合和优势互补，提高区域服务贸易效率。开展区域服务创新资源共享开放行动，整合和共享学术期刊、学位论文、会议、年鉴等检索系统和专家人才、专利公告、行业标准等数据库，构建共享服务创新平台；推动区域重大现代服务科技项目联合公关，实现区域服务贸易产业集群协同创新；增加服务业资金来源，多渠道的吸引国内外投资，并通过政策引导，有意识地利用这些资金发展本区域重点发展的特色产业部门。

三、建设服务创新园区攻克区域服务贸易发展瓶颈

目前我国很多服务贸易企业自主创新能力还比较薄弱，许多领域缺乏有核心竞争力的服务创新和科技创新，2018 年 4 月 16 日“美国制裁中兴事件”就给我们狠狠地敲响了警钟。从营业收入来看，中兴通讯股份公司近几年都超千亿，是我国最大的通信设备上市公司，但是在该公司三大应用领域里的关键性技术——芯片，却是“一穷二白”，严重依赖美国进口。中兴通讯在这场尚未完全开打的中美贸易战中的脆弱性，暴露出我国很多外强中干的“中兴式”服务贸易企业发展的“瓶颈”问题，企业在服务创新决策、科技研发投入、科研成果应用等方面仍存在体制机制障碍。面对发达国家的“技术敲诈”，不能总是“亡羊补牢”式的应激反应，发现缺“芯”了才来造“芯”，必须注重服务创新的集成效率，在共享服务创新平台的基础上，有条件的区域可以通过建设服务创新园区，为攻克区域服务贸易发展“瓶颈”提供坚实的软硬件服务。

我国目前在 11 个省市和 6 个国家级新区开展服务贸易创新发展试点，可以以中央财政资金为引导，以试点工作带动地方财政和社会投入，面向服务贸易企业的服务创新需求，先在这些地区建设若干个区域示范性服务创新园区，为区域服务贸易企业提供大型共用软件、信息通信设备等基础设施，提供技术交易和转移、知识产权、人才培训。在园区内，将市场化的服务贸易管理和社会事业领域的公共服务系统结合起来，试点各种有利于服务业发展的政策和法规，取消制约服务业和服务贸易发展的土地、环境、消防、行业准入等部门规制。

由于目前我国服务贸易企业还缺乏创新项目选择和管理的战略核心，导致服务创新活动比较容易失败，难以形成或发挥企业的竞争优势。在项目管理

上，大多企业管理者没有综合考虑各个项目之间的技术联系和绩效联系，这就无法实现或发挥项目组合利益，同时也导致项目绩效评价缺乏合理性。缺乏系统、综合的战略眼光，将对企业核心竞争力的积累和提高构成较大障碍，对服务贸易企业的长远发展产生不利影响。[①] 再加上中小服务贸易企业受限于自身的资金、资源和人力水平，在较短时间内，只能在新服务项目投放市场后根据“用户评价意见”结合管理者的市场经验进行评价，这种评价结果的准确性也是不言而喻的。为了克服这个“瓶颈”，可以在服务创新园区内试行对服务贸易企业开展商业运作提供协助，整合多方资源帮助园区内的服务贸易企业对新服务项目进行需求分析、成本分析、可得资源分析、投资回报率、投资回收期分析等商业分析，降低创新项目的风险。再者，由于服务的无形性，需要媒体对其进行宣传，以强化服务在消费者心目中的形象。因此，建议在做好监督工作前提下，园区内试点放开对媒体民营化以及对广告和相关营销活动的限制，鼓励服务企业运用各种媒体制定全方位的营销战略，让园区拥有进步和富有创新能力的媒体的同时，也可以使服务贸易企业及其服务产品以更完美的形象展现在国际市场上。

第三节　以创新管理强化服务创新提升服务贸易竞争力的微观基础

服务贸易竞争力以服务业竞争力为基础，服务业竞争力是企业服务竞争力的综合，因此，一国服务贸易竞争力的提升离不开企业服务竞争力的培育。为了增强我国服务贸易企业国际市场竞争力，各服务贸易企业应实施全方位创新战略，“苦练内功”以尽快成为具有国际竞争力的企业。

一、以服务创新战略改善服务贸易企业的市场竞争态势

和任何工程的建造一样，服务贸易企业竞争力的提升也需要战略和计划。在对国内外竞争者状况分析以及服务贸易企业内部能力和资源进行充分分析后，制定服务贸易企业的战略目标，选择战略模式。创新的最终目标是获取竞争优势。服务贸易企业应根据创新服务的特征、自身能力特点、竞争者的状况、市场环境

① 顾新建等：《制造服务创新方法和案例》，科学出版社 2014 年版。

的变化确立自己可能获取的竞争优势来源，并在创新过程中努力将竞争优势的潜在来源转变为实际优势。服务贸易企业要形成独特的创新能力，是一个长期的过程，但它对企业在激烈多变的市场竞争中取胜起着至关重要的作用。因此，企业在制定创新战略时要以《"十三五"现代服务业科技创新专项规划》等国家文件政策为指导，明确应获得的能力和获取该能力的途径和阶段，要善于识别和判断创新过程中可能遇到的障碍，并采用有效措施进行克服。由于服务创新难以用专利等手段保护，因此在创新前，企业要充分考虑和采取有效的创新保护手段，以获取尽可能多的创新利益。

（一）制定服务贸易企业的战略目标

服务贸易企业要明确长期战略目标和阶段性战略目标，包括企业要进入的产业和市场，要获取的各种创新能力和资源，要设计的服务创新概念、要选择的服务创新营销阶段和手段等[①]。图 8－2 这个战略性满意度矩阵可以帮助服务贸易企业划分一项服务为顾客提供的效益和特性改进最合算的领域，就是那部分对顾客十分重要同时又是企业绩效很差的领域。对高影响力、低操作性水平的Ⅰ领域进行的服务创新，关注的是资源和服务质量的提高，这些都对顾客的满意度、其后继的忠诚度以及顾客的收益程度有着极大的影响，这些领域也是企业在竞争中处于劣势的地方。绩效和影响力都高的Ⅱ领域的组织活动代表的是服务贸易企业竞争优势领域，保持这些领域的绩效水平是必要的。而在影响力低、绩效水平也差的Ⅳ领域，顾客就是在告诉企业不要再浪费资源进行改进了。低影响力但高绩效水平的Ⅲ领域，可能包括了顾客认为是基础的、能够提高顾客满意度的因素，这个领域可能包括了服务贸易企业的竞争对手一直提供给顾客的效益和特征。尽管这些无疑是很重要的因素，但是由于很难区分它们的绩效水平，所以这些因素对满意度几乎没什么影响。如果减少绩效质量则会对顾客满意度造成更大的影响，所以在调整过程中需审慎处理。简而言之，服务贸易企业可以根据战略性满意度矩阵构建竞争战略，不在低影响力、低操作性水平的区域浪费资源；低影响力、高操作性水平的区域，保持或减少投资额；加大优势领域的绩效水平，围绕它进行服务改进或改革；弱绩效水平的领域，可以选择持续提高有相对优势的部分领域。

---

① 薛荣久、刘东升等：《国际贸易竞争学——世界贸易新体制下的国际贸易竞争》，对外经济贸易大学出版社 2005 年版。

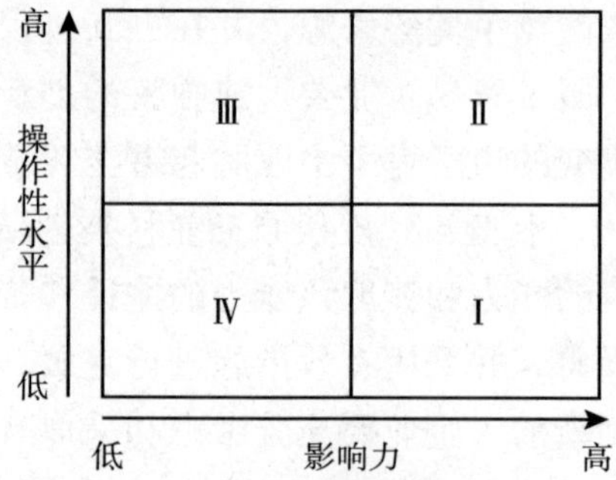

图 8-2　战略性满意度矩阵

资料来源：John A. Martilla and John C. James，“Importance - Performance Analysis”，Journal of Marketing 41. Winter 1977：77-79.

（二）选择服务贸易企业的竞争战略

竞争战略是在服务贸易企业总体战略目标指导下的活动规则体系，以创造相对于竞争对手的战略优势，竞争优势是竞争战略的核心。无论是霍尔（W. K. Holr，1980）的低成本战略和产品差别化战略，还是波特（Michael E. Porter，1980）的成本领先、差别化战略和聚焦战略，抑或是韩国战略学家金教授和美国战略学家勒妮教授（W. C. Kim and Renee A. Mauborgnel，1990）的价值创新战略（也称为“蓝海战略”），要义都是企业必须向顾客证明本公司提供的产品和服务能带来更多的价值，而这是获得竞争优势的关键。在当今复杂多变的国际市场环境中，一家服务贸易企业要战胜国内外大量竞争对手，必须根据竞争对手和消费者的特点，结合自身的资源和能力状况，确定采用领先战略还是跟随和模仿战略，或者采用市场细分战略还是差别化战略等。

由于服务产品的特殊性，服务创新产品在投放市场后容易在短时间内被行业竞争对手所模仿，而专利等行政法规手段又无法对它进行有效保护，较低的创新利益独占性和竞争对手模仿的快速性决定了绝大部分服务贸易企业创新动力不足，因此建议中小型服务贸易企业采用模仿和跟随战略。服务贸易分部门里具备较强创新能力的大型企业，具有更强的获取创新超额利润动机，会在行业内率先进行创新，成为“创新领先者”。一些小型的、具有较强创新性的企业也适宜采用创新领先战略，它们推出创新产品并经常被大型企业所采用，由此成为其盈利模式。市场细分战略和差别化战略经常被服务贸易企业结合起来用，但无论采用哪种战略，企业都必须有持续的能力开展服务创新，这样才能在服务创新过程中不断积累对目标市场的经验和知识，形成顾客黏性和有别于竞争对手的差别化。

（三）实施服务作业持续改进战略

波特教授认为将企业作为一个整体来看，是无法认识竞争优势的，“竞争优势来源于企业在设计、生产、营销、交货等过程及辅助过程中所进行的多组相互分离的作业[①]”。作业是消耗企业各种资源，从而创造价值的基本单元，服务作业就是服务业务流程的具体化，是服务贸易企业的基本业务活动。服务作业持续改进的出发点就是消除或减少不增加服务对象价值的作业，以此不断优化企业的经营过程。这需要服务贸易企业从以下几个方面入手。

1. 做好服务作业系统分析

制定服务作业改进战略前，先要明确服务作业系统由哪些作业构成，每个作业需要多少人执行，执行这些作业需要的时间和资源，评估这些作业能为服务贸易企业带来多少价值等，并将这些作业划分为增值作业和非增值作业，结合作业动因分析对每项作业展开细致分析，为制定战略打好基础。

2. 通过服务作业业绩指标优化作业系统

服务作业业绩指标应当根据服务贸易企业的性质灵活制定，一般主要包括三个方面：服务效率、服务质量和服务时间。服务效率是指与竞争对手相比，服务企业能以更少的资源提供同样质量的服务，或以同样的资源提供更加优质的服务。服务质量主要是顾客满意度，而服务时间可以通过顾客响应时间、服务周期等来衡量。通过企业制定的服务作业业绩指标，对作业进行筛选和优化：非增值的作业必须采取措施予以消除；低效率的作业要进行改进；互斥的作业要根据企业战略做出取舍；增值作业应增加成本动因的数量。

3. 培育核心服务能力

对服务贸易企业而言，价值增值作业不一定是最优作业或重点作业。企业的增值作业如果很多，受人力和资源的限制，服务贸易企业必须对这些增值作业进行排序。根据“二八法则”，企业应当集中80%的力量服务于20%的重点作业，而这些排名前20%的作业就是重点作业。服务贸易企业应当不断改进或强化这些重点作业，培育核心服务能力，这既是服务作业持续改进的目标，也是服务贸易企业长期竞争优势的源泉。

二、以服务创新要素汇聚提高服务贸易企业的竞争绩效

从广义来看，完整的服务创新过程是多因素交互作用的结果，包括服务创新

① ［美］迈克尔·波特著，陈小悦译：《竞争优势》，华夏出版社2005年版。

对象、服务创新驱动力、服务创新战略、服务创新设计、服务创新流程、服务创新产出等。但无论包含哪些要素，包含多少要素，服务创新的目的是提高服务绩效。瑞典学者古斯塔夫松（Gustafasson，A.）和约翰逊（Johnson，M. D.）通过研究，总结了提高服务绩效的过程。从图 8 -3 可以看出，这个过程的第一步就是建立顾客透镜机制，从顾客的角度去看待服务中存在的问题。第二步是把顾客透镜当作是一种规划蓝图，用来确定能够推动顾客满意度的提升，帮助建立影响巨大的品牌效应，发展与顾客的密切关系等必备的服务特性和利益。顾客满

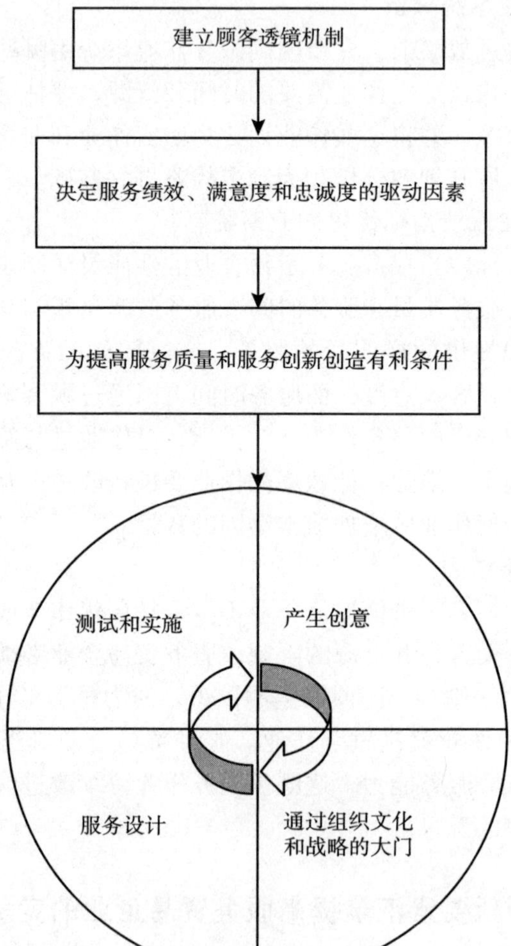

图 8 -3　服务企业提高服务绩效的过程

资料来源：［瑞典］古斯塔夫松（Gustafasson，A.）、约翰逊（Johnson，M. D.）著，刘耀荣译：《服务竞争优势：制定创新型服务战略和计划》，中国劳动社会保障出版社 2004 年版。

意度、品牌的影响力以及良好的客户关系反过来也驱动着顾客忠诚度的提升、促进服务绩效水平的提高。在建立有效的测量和管理机制以控制顾客的满意度和忠诚度方面投入的精力越多，那么服务贸易企业就越能作出更多富有成效的决策。将顾客的满意度和忠诚度直接与经营绩效的标准联系在一起，确定企业要改进的首选项目，由此进入服务发展良性循环的入口，即图 8 -3 最下面的循环大圆环。从产生创意开始，用服务贸易企业的组织文化和经营战略来评价这些创意，进而开发新的服务设计，最后到测试和实施新设计的整个循环的过程，如图 8 -3 所示。

从古斯塔夫松（Gustafasson，A.）和约翰逊（Johnson，M. D.）的研究结果可以看出，决定顾客满意度和忠诚度方面的驱动因素越高，服务贸易企业的服务绩效也就越高，服务竞争力也就越强。顾客满意度和顾客忠诚度是两个概念，顾客满意度是指顾客对过去交易的满意程度，受心理预期、服务质量、价格等多方面的影响；而顾客忠诚度则是顾客对该公司服务所产生的依赖感，衡量的是再次购买或主动公开推荐意愿的程度。琼斯和萨瑟（Jones，T. O. and W. E. Sasser，1995）研究发现，在激烈竞争的市场上，顾客满意度和忠诚度之间的关系呈抛物线上升，当顾客给的满意度评价较差的时候，忠诚度低于20%，可是当顾客满意度评价为较好时，这些顾客的忠诚度也只有40%，只有当顾客的评价为极好或十分优秀时，顾客的满意度才会达到90%以上，换句话说，只有给顾客提供了极好的服务质量体验，才能让他们成为企业的忠实客户。而忠实客户的增加不仅会提高企业的销量，还能降低企业的服务成本，因为稳定的顾客群可以帮企业更准确地预测市场需求，从而更有效率地分配服务资源。

因此，服务贸易企业应当汇聚服务创新要素，以提高服务质量为企业提高竞争绩效的头等大事，关注顾客评价，及时做好服务补救。与货物贸易不同，服务贸易的顾客往往会参与服务传递过程，因此一个受过专业训练的员工这时就会采取灵活的服务补救措施，将这位不满意的客户变成公司的忠实客户。具体的服务补救措施有：逐件处理法（对顾客的服务投诉一件件进行处理）、系统响应法（即使用统一规定来处理顾客投诉）、早期干预法（对影响顾客满意度的服务流程问题进行干预或提前解决）、替代品服务补救法（即通过提供替代补救服务，从而利用同业竞争对手的错误来抢夺顾客）①。

---

① 薛荣久、刘东升等：《国际贸易竞争学——世界贸易新体制下的国际贸易竞争》，对外经济贸易大学出版社 2005 年版。

三、以服务创新知识管理促进形成服务贸易企业的竞争优势

服务贸易知识系统是将服务贸易企业收集或积累的各种经验、创新策略、技术方案以及各种用于支持决策的信息和知识，通过模式识别、优化算法和人工智能等方法①，对这些知识和信息按照一定的准则进行分门别类的存储，并且给出相对应的搜索的办法。如此一来，非常多的隐性知识就变成了编码和数字，把之前散乱的知识和信息变得井井有条，这不仅可以增加服务贸易企业的知识储备，把单个员工的知识提升为团队知识，将员工休假、离职导致的损失降到最低，还能让新员工通过企业知识系统很快地熟悉前人的工作环境，学习其他员工的经验。更重要的是可以促进组织知识的进步，同类的经验和教训积累多了，就可以上升为系统的知识和理论，将此用于对工作的指导可使服务贸易企业的管理者不再犯同类错误，提高决策水平和竞争力。

构建知识系统的关键是服务贸易企业的每一个员工都必须树立起这样的意识，即把与客户接触过程中遇到的服务问题及解决方法，输入既定格式的知识系统中是员工工作职责的一部分。如此一来，每当专业人员碰到顾客的难题时，他所提供的服务之所以能与众不同并且能持续不断地进行服务创新，是因为背后融合了企业前辈或同仁的业务智慧。因此，必须为知识系统输入或者从知识系统中提取有效信息或知识的员工配套相应的综合激励措施，通过反馈和评估机制，让知识积累和创新成为一种企业文化，与顾客建立互动的学习关系，形成一个强大的知识网络。

前面在分析服务创新的特征时已经指出，服务创新组织内部结构灵活，一般服务企业不会专门设置 R&D 部门，因此服务创新并不是来自企业研发中心或专门的研发机构的“闭门造车”，关注客户的需求对服务创新有着积极的推动作用。客户融入服务生产和消费过程中是服务行业的最大特征，客户主动地参加到服务中，对于确保服务的品质是非常有帮助的，而且还加强了服务提供者与客户之间的交流，通过两个方面的沟通交谈，有效的反馈体系就成立了，并且能不断及时对服务过程进行修正，最大限度地提高了顾客满意度。电话、互联网、在线服务、网络邮件等通信技术的快速发展，使得服务贸易企业能够更快地了解现有客户以及潜在客户的需求。将规模生产和一对一的服务生产方式相结合，就产生了学习关系的基础，这种学习关系随着服务时间和服务次数的增加而

① 孙越：《企业知识库的构建与共享》，载于《企业改革与管理》2013 年第 1 期。

不断发展①，企业将会和顾客一起形成量身定制的学习曲线，具体如图 8－4 所示。在这种学习关系中，客户提供的信息越全面越丰富，那么他们所能够获得的服务商品就越准确，客户满意度就会越高，企业就可以拥有更多的忠诚客户群体，从而形成良性循环使得服务贸易企业在国际市场中占据优势地位。这种建立了相互学习关系的顾客，他们蒙受的损失也会随着与公司交互学习时间的增加而减少。②

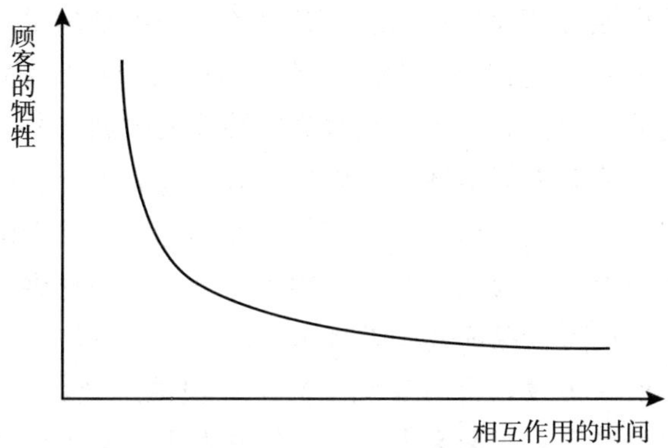

图 8－4　学习曲线

资料来源：陈劲、陈钰芬：《赢在服务创新》，机械工业出版社 2004 年版。

因此，只要服务贸易企业不降低服务质量并保持服务创新的先进性，建立与客户互动学习的关系就能拥有属于企业自己的忠诚的客户群。国内外的竞争对手如果也企图建立这样的关系来争夺客户，往往会事倍功半。因为这些忠诚的客户群已经置身于这个相互学习的关系中，即使同行竞争对手花费大量的时间和精力来宣传本公司的优点，顾客也会担心更换服务企业没办法在短时间得到恰当的服务。

四、以服务创新人才培育持续保持服务贸易企业的竞争力

经济市场化、服务贸易国际化、竞争激烈化以及知识经济的快速发展，客观上提高了“知识”的资源价值。由于服务的异质性，服务质量的高低直接取决于服务人员的素质，服务业人力资源的开发对其竞争力的提升尤为重要。发达国家早已意识到这一点，如 OECD 成员国的教育经费平均占政府支出的 12%，这也是

① 戚胜：《盈利成长导向的购物中心服务创新研究》，电子科技大学硕士论文，2007 年。

② 陈劲、陈钰芬：《赢在服务创新》，机械工业出版社 2004 年版。

他们在国际服务贸易中发展迅速的重要原因。因此，在世界经济日益向服务经济发展的趋势下，我国应加快在人才培养思路、策略和方式上的创新，逐渐积聚起中国服务贸易在人才竞争方面的优势，特别是在知识密集型服务贸易产业，如保险、金融、电信和信息产业等，这一优势显得尤为重要。

一方面要重视学校教育，在学校和企业之间建立和维持密切关系，使学生不仅拥有坚实的理论功底，更具备应对实际需要的能力，培养出复合型和国际型的服务人才。更深层次地对教育管理系统、教育资源分配结构进行改善革新，将培育学生开拓创新能力的思想以及化解难题的能力作为教育品质和效果提升的标准。完善现有的政策法规，进一步放宽对高等院校的限制。各高等院校和职业院校应转变教育观念，根据市场经济的发展需求调整专业设置、改进教学方法、激发学生潜能，与国际服务贸易相关的专业应开设具有国际水平的课程，使人才培养与国际化相接轨，提高我国服务业参与知识经济竞争的能力。根据教育人数的比例加大教育资金的投入，保证我国教育事业的可持续发展。另一方面要调动社会力量和其他资源推动各级教育事业的发展，加快推进教育产业化发展的步伐，大力开展专业性的技术培训，加大人力资源的开发力度，为包括服务贸易在内的经济发展提供各类合格的专业人才。建立社会再教育和专业培训机构，鼓励行业组织和服务贸易企业对员工进行教育培训的投资。创新人才引进政策和移民政策，吸引高级和专业性服务人才加入，提高我国服务业人才结构，为我国服务贸易业的发展注入新的服务理念。

以软件服务外包企业为例。软件服务外包企业的规模是与从业人员的数量成正比的，也就是说，这个行业的规模越大、要求的从业人员就越多，同时它的产业特征又要求从业人员的知识能力必须达到一定的水平。因此，人才问题是软件服务外包业做大做强的关键要素。相比印度软件服务外包企业，中国软件服务外包企业人员的规模难以匹敌，印度三大软件外包巨头的人员规模都已达 10 万人，而中国的软件外包企业规模突破 1 万人的都在少数。① 目前，中国最大的软件外包公司文思海辉技术有限公司的规模约 2.4 万人，中国第一家通过 PCMM ML3 评估的东软集团大概有 2 万人左右的规模，博彦科技这类中等企业仅有 8000 多人的规模，大部分的软件外包企业都在三四千人的规模。② 中国众多的大学毕业生成为了软件服务外包企业发展的重要资源，因此，这些公司通过自建企业大学或者校企合作的形式进行自主式人才培养的模式，培养适合于各类项目的应用型人才，是知识

---

① 刘建兵、王立、张星等：《高技术服务业创新：模式与案例》，科学出版社 2013 年版。

② 数据来源于各公司官网。

密集型服务贸易企业进行大规模人才管理、培养团队式人才最合适的方式。

由于软件服务外包业有知识密集型服务贸易的典型特征，因此仍以其为例。[①]东软集团股份有限公司（以下简称“东软”）脱胎于东北大学，对教育有着深刻的体会。2000 年，东软与大连软件园在东北大学和大连市政府的扶持下创办了大连东软信息学院，希望为东软乃至整个行业培育具有创新精神和实践能力的应用型高级人才。同时，分别在成都和南海设立了两所东软信息学院，成立了 IT 人才的实训基地，3 所学校在校 IT 生合计 25000 人。这样的模式有效地缓解了公司规模扩张过程中的人才紧缺问题，不仅大大节省了新进员工的见习培训成本，还能为客户和合作伙伴培养和输送专业化人才，实现 IT 教育领域的人力资源共享。东软一个特别的人才培养项目就是建立了企业定制班，学院和公司一起负责开设这个专门定制班的课程内容，高年级的在校大学生必须通过筛选和测试才能够进入这个班级，公司会分配工程师亲自带领这些大学生动手操作和实践，确保大学生可以了解信息技术公司要求具备的技术知识。到现在为止，这个定制班已经输送了非常多的实用人才给惠普、阿尔派、东芝、SAP 等大型国际化企业。这种人才培养模式给东软带来的最大好处就是使其具备了 1 年招收 5000 名新员工的人力资源管理能力，并逐渐强化大规模人才管理能力。

文思海辉技术有限公司（以下简称“文思海辉”）的人才培养重点是其企业大学——Pactera 人才学院。公司每一年都要到中部和西部城市的 60 多个大学开展宣传演讲活动，把那些有意向到文思海辉工作的大学生请到 Pactera 人才学院参加 3 ~6 个月的免费培养训练。通过培养训练担任职务的新进员工，不但已经达到了从课本的理论到现实的操作的转化目标，而且忠诚度非常高，离职率在 10% 以下。同时，国际知名商学院的学生也经常被文思海辉邀请到企业参与实训，此举不但能够引入国外领先的管理理念，同时也能够让这些海外学生提早知道文思海辉公司文化以及操作运转的程序步骤，为之后的营销奠定良好基础，因为他们未来成为文思海辉客户公司骨干的概率非常大。此外，文思海辉公司在挑选高层管理人员时，非常看重团队的国际化。目前，文思海辉的高层管理人员已经有一半是“海归”，这些工作人员的进入不断强化了文思海辉服务外国顾客的经验、技巧以及人脉，也使得文思海辉的“人才生态系统”得到加强，让它成功跻身于一线信息科技服务商之列。[②] 文思海辉的人才战略获得业界的高度肯定，

① 以下三家软件公司（东欧集团股份有限公司、文思海辉技术有限公司和博彦科技股份有限公司）的案例资料和相关数据，均来源于各公司官网公开信息的归纳和整理。

② 杨菲：《培育人才生态系统》，载于《21 世纪商业评论》2010 年第 1 期。

公司自 2011 年起连续六年获得中国最佳雇主的称号。

博彦科技股份有限公司（以下简称“博彦科技”）专门成立了博彦大学，主要承担员工招聘和培训及管理人员进修的职能，并于 2010 年推出“阳光实习就业工程——博彦 IT 人才定向培养计划”，为意向进入博彦科技的计算机相关专业大学生提供特色培训，包括全企业化任职愿景并参与项目实战，使学生有机会在 3 ~6 个月内积累 2 ~3 年的工作经验。中软国际有限公司则是在我国 20 多个地区投建了专业化软件实训基地，由具备丰富项目经验的中软高级软件开发工程师指导，带领学院师生模拟真实的开发环境，共同完成实战项目，在这个过程中不仅增强了学生职业素养，而且及时灌输了中软的企业文化。目前，国内 200 余所高校已经与中软国际卓越培训中心（ETC）建立了稳定的人才实训协作关系，年培训量超过 5 万人次，成为中软繁荣发展的重要人才支撑平台，同时也为我国软件产业培养了一大批有用人才。

尽管以上各企业都重视并采取了不同的方式加强人才培养，但是国际市场竞争的核心是高端人才，目前行业系统架构师类的高级人才仍然是国内软件服务外包企业的人才“瓶颈”，像博彦科技这样规模的公司还无法支付高端人才所要求的薪酬待遇。文思海辉则是通过并购的形式将世界领先的人才和业务全团队引进，由此具备了在国际市场上和 IBM 这类大型跨国公司竞争的能力。但是吸引高端人才需要公司投入大成本，企业文化的融合也需要一定的磨合期，而培养高级人才需要很长的周期，因此高端人才的稀缺性仍然是中国软件服务外包企业发展的“瓶颈”。

通过以上软件服务外包企业的人才培养案例我们可以发现，知道怎么样长远的培育市场并建立自己的人才框架系统，才是跨越印度式竞争门槛的秘诀。服务贸易企业应制订中长期员工培训计划，科学的安排培训阶段，让培训变成一项规章制度并使其经常化。在企业员工的培训过程中，要特别注重培训的效果和效益，有针对性地开展培训工作。对新进员工应侧重开展适应性培训，包括企业制度、行业规范等，使其尽快融入企业文化中；对于老员工，应加强新知识、新业务、新技术等内容的培训，提高员工的工作技能。现代服务业人才的成长不仅需要一定的过程，而且有其特殊的规律，这就要求高等院校、社会培训机构、服务贸易企业等主体，将人才教育与人才培训结合起来，为我国服务贸易竞争力的提升培养和储备一定数量的专业化人才，特别是高级服务创新人才。

参 考 文 献

[1]《马克思恩格斯选集（1~4）》，人民出版社1995年版。

[2]《马克思恩格斯全集（第3卷）》，人民出版社1960年版。

[3]《马克思恩格斯全集（第4卷）》，人民出版社1958年版。

[4]《马克思恩格斯全集（第21卷）》，人民出版社1965年版。

[5]《马克思恩格斯全集（第26卷）（第1册）》，人民出版社1973年版。

[6]《马克思恩格斯全集（第46卷）（下）》，人民出版社1980年版。

[7] 马克思：《资本论（1~3卷）》，人民出版社2004年版。

[8] 马克思、恩格斯：《德意志意识形态（节选），马克思恩格斯选集（第1卷）》，人民出版社1995年版。

[9] 马克思：《1844年经济学哲学手稿》，人民出版社2000年版。

[10] 马克思：《机器、自然力和科学的应用》，人民出版社1978年版。

[11] 列宁：《帝国主义是资本主义的最高阶段》，载于《列宁全集（27卷）》，人民出版社1990年版。

[12]《毛泽东思想基本著作选读》，人民出版社2001年版。

[13]《邓小平文选》（第1~3卷），人民出版社1993年版。

[14]《江泽民论有中国特色社会主义（专题摘编）》，中央文献出版社2002年版。

[15]《胡锦涛文选》（第1~3卷），人民出版社2016年版。

[16]《建国以来重要文献选编》（第1~20卷），中央文献出版社2011年版。

[17]《中国共产党第十八次全国代表大会文件汇编》，人民出版社2012年版。

[18] 习近平：《决胜全面建成小康社会　夺取新时代中国特色社会主义伟大胜利》，人民出版社2017年版。

[19]《十九大报告辅导读本》，学习出版社2017年版。

[20]《中共中央关于制定国民经济和社会发展第十三个五年规划的建议》，人民出版社2015年版。

[21]《〈中共中央关于制定国民经济和社会发展第十三个五年规划的建议〉

辅导读本》，人民出版社 2015 年版。

[22]《国务院关于加快科技服务业发展的若干意见》，人民出版社 2014 年版。

[23]《国务院关于加快发展服务贸易的若干意见》，人民出版社 2015 年版。

[24]《中共中央关于全面深化改革若干重大问题的决定》，人民出版社 2013 年版。

[25]《习近平总书记系列重要讲话读本（2016 年版）》，学习出版社 2016 年版。

[26]《习近平关于全面深化改革论述摘编》，中央文献出版社 2014 年版。

[27]《习近平关于协调推进“四个全面”战略布局论述摘编》，中央文献出版社 2015 年版。

[28] 习近平：《习近平谈治国理政（第一卷）》，人民出版社 2014 年版。

[29] 习近平：《习近平谈治国理政（第二卷）》，人民出版社 2017 年版。

[30] 李克强：《政府工作报告：2016 年 3 月 5 日在第十二届全国人民代表大会第四次会议上》，人民出版社 2016 年版。

[31] [英] 大卫·李嘉图：《政治经济学及赋税原理》，光明日报出版社 2009 年版。

[32] [英] 亚当·斯密：《国富论（上下卷）》，商务印书馆 2016 年版。

[33] [瑞典] B. 俄林：《地区间贸易和国际贸易》，哈佛大学出版社 1967 年版。

[34] [美] 约瑟夫·熊彼特：《经济发展理论》，商务印书馆 1990 年版。

[35] [美] 约瑟夫·熊彼特：《资本主义、社会主义和民主主义》，商务印书馆 1979 年版。

[36] [美] 迈克尔·波特著，陈小悦译：《竞争优势》，华夏出版社 2005 年版。

[37] [美] 迈克尔·波特著，李明轩、邱如美译：《国家竞争优势》，中信出版社 2012 年版。

[38] [美] 乔尔·布利克、戴维·厄恩斯特：《协作型竞争》，中国大百科全书出版社 1998 年版。

[39] [美] 富克斯：《服务经济学》，商务印书馆 1992 年版。

[40] [加] 格鲁伯，A. 沃克：《服务业的增长——原因和影响》，三联书店 1993 年版。

[41] 陈征：《〈资本论〉解说（1~3 卷）》，福建人民出版社 1993 年版。

[42] 陈征：《劳动和劳动价值论的运用与发展》，高等教育出版社 2005

年版。

[43] 陈征、李建平、李建建、郭铁民：《〈资本论〉与中国当代经济》，社会科学文献出版社 2008 年版。

[44] 李建平、李建建、黄茂兴：《马克思主义经济学的创新与发展》，社会科学文献出版社 2008 年版。

[45] 李建平等：《政治经济学（第五版）》，高等教育出版社 2015 年版。

[46] 李建平、李建建、黄茂兴：《中国 60 年经济发展报告（1949～2009）》，经济科学出版社 2009 年版。

[47] 李建平、李闽榕、赵新力：《世界创新竞争力发展报告：2001～2012》，社会科学文献出版社 2013 年版。

[48] 李建平、李闽榕、赵新力：《G20 国家创新竞争力黄皮书》，社会科学文献出版社 2011 年版。

[49] 李建平：《科技进步与经济增长》，中国经济出版社 2005 年版。

[50] 何荣天：《产业技术进步论》，经济科学出版社 2000 年版。

[51] 蔡宏波：《国际服务贸易》，北京师范大学出版社 2013 年版。

[52] 吕世平等：《国际服务贸易竞争论》，中国金融出版社 2009 年版。

[53] 胡昭玲等：《经济全球化与中国产业国际竞争力提升》，中国财政经济出版社 2006 年版。

[54] 申静：《知识型服务业的服务创新》，北京图书馆出版社 2006 年版。

[55] 陈劲、陈钰芬：《赢在服务创新》，机械工业出版社 2004 年版。

[56] 任旺斌：《我国服务业发展的国际比较与实证研究》，中国计划出版社 2005 年版。

[57] 裴长洪、彭磊：《中国服务业与服务贸易》，社会科学文献出版社 2008 年版。

[58] 徐晓飞、王忠杰：《服务工程与方法论》，清华大学出版社 2011 年版。

[59] 王成慧：《现代服务管理理论与实践：基于创新与质量研究》，南开大学出版社 2010 年版。

[60] [挪] 法格博格、[美] 莫利、[美] 纳尔逊主编，柳卸林等译：《牛津创新手册》，知识产权出版社 2008 年版。

[61] [法] 盖雷、加卢著，李辉、王朝阳、姜爱华译：《服务业的生产率、创新与知识：新经济与社会经济方法》，格致出版社、上海人民出版社 2012 年版。

[62] 蒙英华：《服务贸易提供模式研究》，中国经济出版社 2011 年版。

[63] 简兆权：《网络与关系镶嵌对服务创新绩效的影响研究》，科学出版社

2014 年版。

[64] 原毅军:《服务创新与服务业的升级发展》,科学出版社 2014 年版。

[65] 陈贺菁:《国际服务贸易自由化:理论、路径与收益分配》,厦门大学出版社 2009 年版。

[66] 张泽一:《产业政策与产业竞争力研究》,冶金工业出版社 2009 年版。

[67] 刘小铁:《产业竞争力因素分析》,江西人民出版社 2009 年版。

[68] 王小平、李素喜:《区域服务业竞争力与政策环境研究》,光明日报出版社 2008 年版。

[69] 魏江、Mark Boden 等:《知识密集型服务业与创新》,科学出版社 2004 年版。

[70] 郭根龙:《服务贸易自由化与竞争力》,经济科学出版社 2007 年版。

[71] 曹亮、马瑞婧:《国际商务与服务贸易》,人民出版社 2005 年版。

[72] 陈双喜、魏巍、冯琳:《国际服务贸易》,东北财经大学出版社 2008 年版。

[73] 陈宪等:《国际服务贸易——原理·政策·产业》,立信会计出版社 2000 年版。

[74] 冯宗宪:《国际服务贸易》,西安交通大学出版社 2008 年版。

[75] 付亦重:《服务补贴制度与绩效评估——基于美国服务补贴制度的研究与启示》,对外经济贸易大学出版社 2010 年版。

[76] 韩玉军:《国际服务贸易》,东北财经大学出版社 2009 年版。

[77] 胡艺:《创新:美国经济增长与贸易竞争力的源泉》,武汉大学出版社 2009 年版。

[78] 李芳:《中国服务贸易国际竞争力研究》,武汉大学出版社 2012 年版。

[79] 李慧中:《国际服务贸易》,高等教育出版社 2007 年版。

[80] 马丹:《美国对外贸易体制研究》,中国经济出版社 2010 年版。

[81] 马勇、陈小连、马世骏:《现代服务业管理原理、方法与案例》,北京大学出版社 2010 年版。

[82] 姚战琪:《全球化条件下中国服务业发展与竞争力提升》,经济管理出版社 2010 年版。

[83] 蔺雷、吴贵生:《服务创新》,清华大学出版社 2003 年版。

[84] 顾新建等:《制造服务创新方法和案例》,科学出版社 2014 年版。

[85] 刘建兵、王立、张星等:《高技术服务业创新:模式与案例》,科学出版社 2013 年版。

[86] 薛荣久、刘东升等:《国际贸易竞争学——世界贸易新体制下的国际贸易竞争》，对外经济贸易大学出版社 2005 年版。

[87] 蔺雷、吴贵生:《服务创新 (第 2 版)》，清华大学出版社 2007 年版。

[88] 张钱江、戴小红:《服务贸易》，浙江工商大学出版社 2013 年版。

[89] [瑞典] 古斯塔夫松 (Gustafasson, A.)、约翰逊 (Johnson, M. D.) 著，刘耀荣译:《服务竞争优势: 制定创新型服务战略和计划》，中国劳动社会保障出版社 2004 年版。

[90] 邱灵、申玉铭、任旺兵:《中国服务业发展及其空间结构》，商务印书馆 2014 年版。

[91] [美] 切斯布朗 (Chesbrough, H.) 著，蔺雷、张晓思译:《开放式服务创新》，清华大学出版社 2013 年版。

[92] 张晶敏:《现代服务企业的服务创新》，东北财经大学出版社 2012 年版。

[93] 郭根龙:《服务贸易自由化与竞争力》，经济科学出版社 2007 年版。

[94] 刘书瀚、白玲、刘小军:《服务创新与区域服务业竞争力》，中国社会科学出版社 2005 年版。

[95] 刘建兵、柳卸林:《服务业创新体系研究》，科学出版社 2009 年版。

[96] 李靖华等:《服务创新管理: 浙江案例》，经济科学出版社 2012 年版。

[97] 吕向生、孟庆超:《国际贸易地理》，对外经济贸易大学出版社 2011 年版。

[98] 万红先等:《中国服务贸易国际竞争力研究》，中国科学技术大学出版社 2008 年版。

[99] 于立新:《中国服务贸易研究报告 NO. 1》，经济管理出版社 2011 年版。

[100] 白世贞、吴绒:《服务管理与服务创新前沿问题研究》，科学出版社 2015 年版。

[101] 沈大勇、金孝柏主编:《国际服务贸易: 研究文献综述》，人民出版社 2010 年版。

[102] 魏作磊:《中国服务业发展战略研究》，经济科学出版社 2008 年版。

[103] 陈征:《论现代服务劳动》，载于《当代经济研究》2003 年第 10 期。

[104] 李建平、张华荣、黄茂兴:《马克思主义经济学方法论的理论演进与变革趋向》，载于《当代经济研究》2007 年第 5 期。

[105] 李建平、黄茂兴:《中国省域经济综合竞争力的基本特征和发展路径探析》，载于《福建师范大学学报》(哲学社会科学版) 2008 年第 1 期。

[106] 李建平、黄茂兴：《国家创新竞争力：重塑G20集团经济增长的战略基石》，载于《福建师范大学学报》（哲学社会科学版）2012年第5期。

[107] 李建平：《中国省域经济综合竞争力评价研究》，载于《综合竞争力》2010年第2期。

[108] 李建平、黄茂兴：《后ECFA时代提升闽台经济综合竞争力的政策思考》，载于《经济研究参考》2011年第63期。

[109] 李闽榕、黄茂兴、李军军：《省域经济综合竞争力预测模型的构建与精确度验证》，载于《管理世界》2009年第2期。

[110] 李建平：《全国省域经济综合竞争力评价》，载于《综合竞争力》2009年第1期。

[111] 李建建、赖辉荣：《我国企业技术创新：市场结构缺陷与消除》，载于《福建师范大学学报》（哲学社会科学版）2003年第4期。

[112] 黄茂兴、李闽榕：《省域经济综合竞争力预测模型的选择实验与效果分析》，载于《管理世界》2012年第7期。

[113] 黄茂兴：《闽台经济综合竞争力协同提升战略研究》，载于《福建师范大学学报》（哲学社会科学版）2010年第5期。

[114] 黄茂兴、李军军：《技术选择、产业结构升级与经济增长》，载于《经济研究》2009年第7期。

[115] 林子华等：《企业合作竞争力探析》，载于《当代经济研究》2008年第3期。

[116] 林子华、庄志彬：《我国区域生产力促进中心创新工作机制研究》，载于《福建论坛》（人文社会科学版）2012年第7期。

[117] 陈伟雄、张华荣：《创意经济竞争力评价指标体系探讨》，载于《北京工业大学学报》（社会科学版）2013年第5期。

[118] 王子先、王雪坤、杜娟：《服务业跨国转移的趋势、影响及我国对策》，载于《国际贸易》2007年第1期。

[119]《增强服务贸易竞争力，提升规则制定话语权》，载于《21世纪经济报道》2016年2月16日。

[120] 郑吉昌、夏晴：《服务贸易竞争力：影响因素与模型》，载于《价值工程》2004年第4期。

[121] 刘向：《人性论下中国式管理的路径锁定与对策》，载于《特区经济》2008年第3期。

[122] 鲁晓东：《我国服务贸易竞争力的实证分析》，载于《国际经贸探索》

2007 年第 10 期。

［123］余道先、刘海云：《我国服务贸易结构与贸易竞争力的实证分析》，载于《国际贸易问题》2008 年第 10 期。

［124］武力超：《中国服务贸易的国际竞争力现状与提升对策分析》，载于《首都经济贸易大学学报》2008 年第 1 期。

［125］殷凤、陈宪：《中国及上海服务贸易国际竞争力研究》，载于《世界经济研究》2008 年第 10 期。

［126］韩岳峰、张龙：《中日服务贸易竞争力、互补分析及政策比较》，载于《现代日本经济》2013 年第 3 期。

［127］肖德、叶茂升：《我国服务贸易竞争力评价及影响因素的实证研究》，载于《国际商务（对外经济贸易大学学报）》2010 年第 6 期。

［128］周超、章家清：《基于钻石模型的中国服务贸易竞争力影响因素分析》，载于《全国商情（理论研究）》2011 年第 5 期。

［129］王宁：《服务贸易竞争力价值关系解读》，载于《中国金融》2013 年第 7 期。

［130］庄惠明、包婷：《基于服务贸易开放度的中国服务贸易竞争力研究》，载于《华东经济管理》2014 年第 1 期。

［131］汪艳：《中国与东盟服务贸易竞争力的比较研究》，载于《经济纵横》2015 年第 4 期。

［132］张龙、韩岳峰、张鑫：《中日分类服务贸易竞争力分解研究》，载于《世界经济研究》2015 年第 5 期。

［133］喻春娇、李家荣：《金砖国家服务贸易竞争力比较及其启示》，载于《湖北大学学报》（哲学社会科学版）2015 年第 5 期。

［134］王琳、魏江、胡胜蓉：《服务创新分类研究》，载于《技术经济》2009 年第 2 期。

［135］杨潇、池仁勇：《外部结点、内部资源与企业创新绩效的关系研究：以长三角地区 199 家科技服务业企业为实证》，载于《研究与发展管理》2012 年第 1 期。

［136］芮明杰：《产业竞争力的“新钻石模型”》，载于《社会科学》2006 年第 4 期。

［137］肖祥辉、李忠民：《服务经济理论研究述评》，载于《西部论坛》2005 年第 4 期。

［138］张明新、王虹、宋影：《服务业中服务的市场化和非市场化研究》，

载于《长春理工大学学报》(社会科学版)2012 年第 7 期。

[139] 沈鸿:《产业结构服务化与经济增长的关系——一个文献综述》,载于《特区经济》2014 年第 5 期。

[140] 张哲:《基于三重螺旋模型的服务创新体系研究》,载于《经济论坛》2011 年第 5 期。

[141] 尹栾玉:《马克思国际贸易理论对外贸增长方式转变的启示》,载于《高校理论战线》2008 年第 11 期。

[142] 刘厚俊、袁志田:《马克思国际贸易理论与西方国际贸易理论的比较》,载于《当代经济研究》2006 年第 1 期。

[143] 王秋苹:《开拓马克思主义经济竞争理论研究的新领域——访经济学家李建平》,载于《海派经济学》2007 年第 3 期。

[144] 任力:《马克思对技术创新理论的贡献》,载于《当代经济研究》2007 年第 7 期。

[145] 肖奎喜、沈建国、杨义群:《技术创新和国际贸易互动关系的理论述评》,载于《技术经济》2004 年第 7 期。

[146] 彭磊:《贸易结构优化三阶段论及我国所处阶段的实证检验》,载于《国际经贸探索》2004 年第 1 期。

[147] 欧阳红军:《重大科研项目协同创新管理》,载于《国防科技》2012 年第 4 期。

[148] 马飞雄、张建华:《基于网络正外部性的信息产品定价策略研究》,载于《生产力研究》2007 年第 8 期。

[149] 曲振涛、尹妍:《新经济条件下竞争性垄断市场结构的出现》,载于《商业研究》2005 年第 6 期。

[150] 李怀、高良谋:《新经济的冲击与竞争性垄断市场结构的出现——观察微软案例的一个理论框架》,载于《经济研究》2001 年第 10 期。

[151] 肖兴志、陈艳利:《纵向一体化网络的接入定价研究》,载于《中国工业经济》2003 年第 6 期。

[152] 夏杰长:《"十三五"中国服务业将发生五大变化》,载于《经济参考报》2016 年 2 月 19 日。

[153] 何庆明:《服务业的崛起及其投资机会》,载于《证券市场导报》2009 年第 5 期。

[154] 张磊:《中国参与下一阶段多哈回合谈判:策略与选择》,载于《世界经济研究》2006 年第 12 期。

[155] 季米特：《基于钻石模型视角的义乌市外贸竞争力研究》，载于《产业与科技论坛》2011 年第 12 期。

[156] 李瑜：《服务驱动型企业价值创造模式创新理论研究》，载于《技术经济与管理研究》2014 年第 12 期。

[157] 杨丹萍：《我国国际服务贸易发展存在的问题及对策研究》，载于《当代财经》2004 年第 2 期。

[158] 饶扬德：《企业资源整合过程与能力分析》，载于《工业技术经济》2006 年第 9 期。

[159] 庄易：《创意农业：传统农业的创意革命》，载于《农经》2013 年第 3 期。

[160] 乐丽君：《新时期我国服务企业管理和营销模式研究》，载于《中国集体经济》2012 年第 30 期。

[161] 郑吉昌：《中国服务业国际化：全球背景与路径选择》，载于《当代财经》2003 年第 4 期。

[162] 王伟：《浅析现代服务业人才需求标准》，载于《商业文化（下半月)》2011 年第 3 期。

[163] 胡景岩：《世界服务贸易呈现六大趋势》，载于《经济日报》2006 年 8 月 1 日。

[164] 夏星、黄赛燕、杜衡：《国际服务外包产业发展形势分析及对策探讨》，载于《服务外包》2016 年第 7 期。

[165] 商务部服务贸易司：《世界服务贸易发展变化大》，载于《国际商报》2007 年 1 月 22 日。

[166] 蒙英华、于立新：《服务贸易补贴及中国政策绩效评估》，载于《国际贸易》2013 年第 10 期。

[167] 景瑞琴：《GATS 与国际健康服务贸易综述》，载于《世界贸易组织动态与研究》2011 年第 4 期。

[168] 张群：《东盟医疗服务贸易的发展及启示》，载于《对外经贸实务》2015 年第 3 期。

[169] 王泽议：《中医药服务贸易　路还可以更宽》，载于《中国医药报》2014 年 10 月 22 日。

[170] 黄婷：《中国医疗服务贸易的发展状况及政策改革》，载于《中小企业管理与科技（上旬刊)》2012 年第 9 期。

[171] 戴延寿：《论企业服务创新与核心竞争力》，载于《漳州师范学院学

报》(哲学社会科学版) 2003 年第 1 期。

[172] 张哲:《基于三重螺旋模型的服务创新体系研究》,载于《经济论坛》2011 年第 5 期。

[173] 旷乾:《中国对越南保险服务贸易竞争力的分析》,载于《广西民族大学学报》(哲学社会科学版) 2017 年第 2 期。

[174] 蒋宇宁:《中国经济的新常态与新出路研究》,载于《内蒙古社会科学》(汉文版) 2016 年第 4 期。

[175] 董碧娟:《中国渐成亚洲“价值”高地》,载于《经济日报》2016 年 7 月 25 日。

[176] 刘伟:《供给侧结构性改革要求制度创新》,载于《紫光阁》2016 年第 12 期。

[177] 朱竞若:《服务贸易　转型升级新引擎》,载于《人民日报》2016 年 5 月 30 日。

[178] 胡长生:《发达国家创新体系建设的经验及其启示》,载于《求实》2007 年第 12 期。

[179] 姚明宽、赵琳、户婧:《美国创新的新特点及启示》,载于《中国经贸导刊》2013 年第 10 期。

[180] 孙冬梅、陈霞、陈昂昂:《荣誉项目:美国高校拔尖创新人才培养模式研究——以华盛顿大学为例》,载于《教育与教学研究》2015 年第 8 期。

[181] 张焕波:《全球制造业发展形势分析与展望》,载于《国际经济分析与展望 (2015 ~2016)》2016 年。

[182] 李恒、吴维库、朱倩:《美国电子商务税收政策及博弈行为对我国的启示》,载于《税务研究》2014 年第 2 期。

[183] 郑锡荣:《东京计划建立国际信息基地》,载于《国际问题资料》1985 年第 11 期。

[184] 王挺:《从吸引外来人才角度看北京世界城市建设——以东京经验为例》,载于《北京规划建设》2010 年第 4 期。

[185] 《德国“高科技战略”的目标与措施》,载于《公共商务信息导报》2006 年 12 月 29 日。

[186] 王飞飞、张生太、张聚良、韩金:《美、日、德等发达国家人才资源开发与管理政策启示》,载于《领导科学》2017 年第 23 期。

[187] 胡红亮、封颖、徐峰:《巴西科技创新的政策重点与管理趋势述评》,载于《全球科技经济瞭望》2014 年第 12 期。

[188] 季克华、温明：《我国运输服务贸易存在的问题及对策研究》，载于《商业经济》2014 年第 9 期。

[189] 黄巍、佟明亮：《发展金融服务贸易　推动大东北经济圈建设》，载于《金融管理与研究》2011 年第 9 期。

[190] 广东省政府发展研究中心课题组、谢欢：《借鉴国际经验加快广东服务贸易发展》，载于《广东经济》2016 年第 11 期。

[191] 韩惠泉：《GATS 框架下我国关于自然人流动的法律调整》，载于《福建商业高等专科学校学报》2011 年第 4 期。

[192] 李雯：《提高对服务经济的认识　迎接后工业化社会到来的挑战》，载于《商业研究》2003 年第 4 期。

[193] 魏华林、张良华：《加入世界贸易组织与中国寿险监管的发展》，载于《经济评论》2003 年第 5 期。

[194] 赵葆珉：《竞争政策的多重目的——英国、欧盟及美国的竞争政策比较研究》，载于《哈尔滨学院学报》2008 年第 5 期。

[195] 唐保庆、叶蓁、张伟：《知识产权保护是出口驱动经济增长的“助推器”还是“绊脚石”?》，载于《世界经济文汇》2012 年第 5 期。

[196] 杜颖：《知识产权国际保护制度的新发展及中国路径选择》，载于《法学家》2016 年第 3 期。

[197] 孙越：《企业知识库的构建与共享》，载于《企业改革与管理》2013 年第 1 期。

[198] 杨菲：《培育人才生态系统》，载于《21 世纪商业评论》2010 年第 1 期。

[199] 逄锦荣：《基于服务模式创新的物流业与制造业协同联动体系研究》，北京邮电大学博士论文，2012 年。

[200] 高顺成：《企业服务创新源泉及其发展演进研究》，东华大学博士论文，2013 年。

[201] 王西：《基于熵权—双基点法的现代物流企业服务创新绩效评价研究》，吉林大学博士论文，2013 年。

[202] 张红琪：《多主体参与的服务创新影响机制研究》，电子科技大学博士论文，2006 年。

[203] 赖然：《服务企业的服务创新管理机制研究》，东华大学博士论文，2014 年。

[204] 张芮：《创新氛围、知识二元性与服务创新关系研究》，浙江工商大

学博士论文，2014 年。

[205] 黄欢：《垂直专业化对中国制造业国际竞争力影响研究》，浙江工业大学硕士论文，2009 年。

[206] 郑聪慧：《山东省旅游服务贸易竞争力研究》，中国海洋大学硕士论文，2012 年。

[207] 张健：《我国卫生服务贸易的竞争优势和对策分析》，山东大学硕士论文，2005 年。

[208] 汪宇萍：《电力设备制造企业服务创新研究》，华北电力大学硕士论文，2014 年。

[209] 徐盟：《产业集群内创新网络运行机制研究》，山东大学博士论文，2009 年。

[210] 方磊：《中国电信业迎接新经济的到来》，对外经济贸易大学硕士论文，2003 年。

[211] 王佐宁：《自助式循环型职教扶贫工程服务创新模式研究》，广东工业大学硕士论文，2007 年。

[212] 高飞：《河北省服务业竞争力与服务创新研究》，河北工业大学硕士论文，2007 年。

[213] 史索索：《提升我国服务贸易竞争力问题研究》，东北财经大学硕士论文，2011 年。

[214] 黄静：《中国服务贸易的出口潜力估计》，江西财经大学硕士论文，2010 年。

[215] 李震：《基于创新路径的经济自由对经济增长影响的研究》，南京财经大学硕士论文，2016 年。

[216] 李松：《全球治理理论在中国的发展变迁及中国参与全球治理的决策调整》，安庆师范大学硕士论文，2016 年。

[217] 刘安：《衡阳市县域经济竞争力研究》，中南林业科技大学硕士论文，2014 年。

[218] 林红：《中国服务贸易竞争力研究》，西北大学博士论文，2007 年。

[219] 黄渭珍：《浙江省国际服务贸易竞争力研究》，南京师范大学硕士论文，2011 年。

[220] 崔洁冰：《“金砖国家”服务贸易竞争力影响因素的实证分析》，东北财经大学硕士论文，2013 年。

[221] 李军军：《中国低碳经济竞争力研究》，福建师范大学博士论文，

2011 年。

[222] 朱红梅:《基于产业集群的温州市知识密集型服务业发展模式研究》,武汉理工大学硕士论文,2006 年。

[223] 王学弢:《天津高校人才资源对滨海新区经济发展促进作用研究》,天津大学硕士论文,2009 年。

[224] 何治国:《入世后过渡期对我国服务贸易的影响及对策研究》,天津师范大学硕士论文,2005 年。

[225] 戚胜:《盈利成长导向的购物中心服务创新研究》,电子科技大学硕士论文,2007 年。

[226] Ark, B. Van et al., "Services Innovation, Performance and Policy: A Review", June, Research Series No6, The Hague, 2003.

[227] Barras, R., "Growth and technical change in the UK service sector", Research Report TCCR – 83 – 015, Technical Change Centre, London, 1984.

[228] Bessom, Richard, "Unique Aspects of Marketing Services", Arizona Business, 1973. 20 (November): 8 – 15.

[229] Black, Hair J F. WC, Babin, BJ, and Anderson, RE, Multivariate data analysis, 2010, 7.

[230] Blazevic, V. and Lievens, A., "Managing Innovation Through Customer Co produced Knowledge in Electronic Services: An exploratory study", *Journal of the Academy of Marketing Science*, 2008, 36 (1): 138 – 151.

[231] Blois, K. J., "The Marketing of Service: An Approach", *European Journal of Marketing*, 1974, 8: 137 – 145.

[232] Bowen, John T. and Leinbach, Thomas R., "Competitive Advantage in Global Production Networks: Air Freight Services and the Electronics Industry in Southeast Asia", *Economic Geography*, 2006, 82 (2): 147 – 166.

[233] Bunduchi, Raluca and Smart, Alison U., "Process innovation costs in supply networks: a synthesis", *International Journal of Management Reviews*, 2010, 12 (4): 365 – 383.

[234] Burgess, David F., "Is Trade Liberalization in the Service Sector in the National Interest?", Oxford Economic Papers, 1995, 47 (1): 60 – 78.

[235] Camacho, José Antonio, Melikhova, Yulia and Rodríguez, Mercedes, "Russia's WTO Accession and Trade in Services: An Examination into Russia – EU Relationships", *Eurasian Geography and Economics*, 2013, 54 (3).

[236] Deardorff, A., "Comparative Advantage and International Trade and Investment in Services in Trade and Investment in Service", Canada/US – Perspectives. Toronto: Ontario Economic Council, 1985.

[237] Desai, M. and Low, W., "Measuring the Opportunity for Product Innovation", In: De Cecco, M. (Eds.), "Changing Money: Financial Innovation in Developed Countries", Basil Blackwell, 1987.

[238] Dick, R. and Dicke, H., "Patterns of Trade in Knowledge", *International Economic Development and Resources Transfer*, Tubingen, 1979: 346.

[239] Feketekuty, G., "International Trade in Services: An Overview and Blueprint for Negotiations", Cambridge, MA: American Enterprise Institute and Ballinger, 1988.

[240] Francois, Joseph and Reinert, Kenneth, "The Role of Services in the Structure of Production and Trade: Stylized Facts from Cross – Country Analysis", *Asia – Pacific Economic Review*, 1996 (2): 35 – 43.

[241] Franklin, Allen and Douglas, Gale, "Comparing Financial Systems", Canbridge, MA, MIT, 2000a.

[242] Gronroos, C., "Service Management and Marketing", England: John Wiley & Sons, Ltd, 2000.

[243] Grossman, G. M. and Helpman, E., "Innovation and Growth in the Global Economy", Cambridge, MA: MIT Press, 1991.

[244] Hauknes, John, "Service In Innovation, Innovation In Service", SI4S Final Report, 1998.

[245] Hertog, Pim Den and Brouwer, Erik, "Innovation Indicators for the Retailing Industry: a Meso PersPective", Dialogic/Center for science & Policy, Utrecht, University, Utrecht, December 2000.

[246] Hitt A. Michael, Bierman, Leonard, Shimizu, Katsuhiko and Kochhar, Rahul, "Direct and Moderating Effects of Human Capital on Strategy and Performance in Professional Service Firms: A Resource Based Perspective", *The Academy of Management Journal*, 2001, 1 (44): 13 – 28.

[247] Hoekman, Bernard, Carlos, A. and Braga, Primo, "Protection and Trade in Services: A Survey", *Open Economic Review*, 1997, 8 (3): 23 – 31.

[248] Khaksar, Seyed Mohammad Sadegh, Khosla, Rajiv, Chu Meitai and Shahmehr, Fatemeh S., "Service Innovation Using Social Robot to Reduce Social Vul-

nerability among Older People in Residential Care Facilities", Technological Forecasting & Social Change, 2016.

[249] Konan, Denise Eby and Maskus, Keith E., "Quantifying the Impact of Services Liberalization in A Developing Country", *Journal of Development Economics*, 2006, 81 (1): 142 - 162.

[250] Kotler, P., "Marketing Management", Millennium edition, Prentice Hall, 2000.

[251] Lai, Ivan K. W., Tam, Sidney K. T. and Chan, Michael F. S., "Knowledge Cloud System for Network Collaboration: A Case Study in Medical Service Industry in China", *Expert Systems with Applications*, 2012, 39 (15): 12205 - 12212.

[252] Lall, Sanjaya, Weiss, John and Zhang Jinkang, "The Sophistication of Export: A New Trade Measure", *World Development*, 2006 (34): 222 - 237.

[253] Laukkanen, Tommi, "Consumer Adoption/rejection Decisions in Seemingly Similar Service Innovations: The Case of the Internet and Mobile Banking", *Journal of Business Research*, 2016.

[254] Lovelock, C. H., "Developing and Implementing Services", in George, W. R. and C. E. Marshall (Eds), Developing New Services, American Marketing Association, Chicago, IL. 1984. 44 - 64.

[255] Lucas, R., "On the Mechanics of Economic Development", *Journal of Monetary Economics*, 1988, 7: 783 - 792.

[256] Matthing, J., Sanden, B. and Edvardsson, B., "New Service Development: Learning from and with Customers", *International Journal of Service Industry Management*, 2004.

[257] Matthyssens, P. and Vandenbempt, K., "Creating Competitive Advantage in Industrial Services", *The Journal of Business and Industrial Marketing*, 1998, 13 (45): 339 - 355.

[258] Mattoo, A and Rathindran, R., "How Health Insurance Inhibits Trade In Health Care", *Health Affairs*, 2006, 25 (2): 358 - 368.

[259] Melvin, James R., "Trade in Producer Services: A Heckscher - Ohlin Approach", *Journal of Political Economy*, 1989, 97 (5): 1180 - 1196.

[260] Miles, I. and Rush, H., "Services and the Knowledge - Based Economy: Not so Peculiar after All", Paper Presented at the Seventh International Forum for Technology Management Kyoto, Japan, 1997, 11: 3 - 7.

[261] Murdick, Robert, Barry Render, Roberta S. Russel, "Service Operations Management", Boston: Allyn and Bacon, 1990.

[262] Paton, R. A. and McLaughlin, S., "The Services Science and Innovation Series", *European Management Journal*, 2008, 26 (2): 175 -176.

[263] Porter, Michael, E., "Competitive Advantage of Nations", *Competitive Intelligence Review*, 1990, 1 (1): 14.

[264] Ra, K. Rama Mohana, "Service Marketing", Dorling Kingdersley (India) Pvt. Ltd, 2007. 6.

[265] Riddle, D. I., "Service - Led Growth: The Role of the Service Sector in World Development", U. S. A Pager Publishers, 1986.

[266] Rohmer, P. M., "Increasing Returns and Long - Run Growth", *Journal of Political Economy*, 1986, (94): 1002 -1037.

[267] Sagari, Silvia. B., "International Trade in Financial Services", Policy Planning and Research Working Parers, 1989.

[268] Sapir, A., "Trade in Services: Policy Issues for the Eighties", *Journal of World Business*, 1981.

[269] Sapir, A. and Lutz, E., "Trade in Services: Economic Determinants and Development - Related Issues", World Bank Staff Working Paper, 1981, No. 480.

[270] Segerstrom, P. S., Anant, T. C. A. and Dinopoulos, E., "A Schumpeterian Model of the Product Lift Cycle", *American Economic Review*, 1990, 99 (4): 807 -827.

[271] Scheuing, E E and Johnson, E M., "New Product Development and Management in Financial Institutions", *International Journal of Bank Marketing*, 1989, 7 (2): 17 -21.

[272] Shelp, R., "The Role of Service Technology in Development in Service Industries and Economic Development - Case Studies in Technology Transfer", NY: Praeger Publishers, 1984.

[273] Simpson, G. and Snape, R., "Identifying the Issues in Trade in Services", The World Economy, No. 8, 1985. SP Johnson, LJ Menor, AV Roth, RB Chase, "A Critical Evaluation of the New Service Development Process: Integrating Service Innovation and Service Design", Thousands Oaks, CA: Sage Publications, 2000.

[274] Storey, Chris and Kelley, David, "Measuring the Performance of New Service Development Activities", *Service Industries Journal*, 2001, 21 (2): 71.

[275] Strambach, Simone, "Knowledge – Intensive Business Services KIBS as Drivers of Multilevel Knowledge Dynamics", *International Journal of Services Technology and Management*, 2008, 10: 152 –174.

[276] Sundbo, J. and Gallouj, F., "Innovation in Services", SI4S Project synthesis, Work package 3/4, 1998, 8.

[277] Sundbo, J., "Customer-based innovation of knowledge e-services, the importance of after-innovation", *International Journal of Services Technology & Management*, 2008, 9 (3): 218 –233.

[278] Tan Lay Hong, Chew Boon Cheong and Rizal, Hamid Syaiful, "Service Innovation in Malaysian Banking Industry towards Sustainable Competitive Advantage through Environmentally and Socially Practices", Procedia – Social and Behavioral Sciences, 2016, 224.

[279] Tether, B. S., Hipp, C., and Miles, I., "Standardization and Particularization in Service: Evidence from Germany", *Research Policy*, 2001, 30 (7): 1115 –1138.

[280] The Boyer Commission on Educating Undergraduates in the Research University, "Reinventing Undergraduate Education: A Blueprint for America's Research Universities", New York: The Boyer Commission on Educating Undergraduates in the Research University, 1998.

[281] "The United States Bureau of Labor Statistics", Occupational Outlook Handbook, 2012.

[282] Tucker, K. and Sundberg, M., "International Trade in Services", New-York, 1988.

[283] Vollrath, Thomas L. U. S., "trade in competitive world markets", *Food Review*, 1991, 14 (1): 26.

[284] Voss, C. A., "Measurement of Innovation and Design Performance in Services", *Design Management Journal*, 1992, 3 (1): 40 –46.

[285] Walter, I., "Global Competition in Financial Services", Ballinger Cambridge. M. A, 1998.

[286] Wengel, Jan ter, "International Trade in Banking Services", *Journal of International Money and Finance*, 1995, 14 (1): 47 –64.

[287] Whalley, John, "Assessing the Benefits to Developing Countries of Liberalisation in Services Trade", *World Economy*, 2004, 27 (8).

[288] Worz, J., "Austria's Competitiveness In Trade in Services", FIW Research Report, 2008 (10).

[289] Young, Allyn A., "Invention and Bounded Learning by Doing", *Journal of Political Economy*, 1993, (101): 443 -472.

[290] Zeithaml, Valarie A. and Bitner, Mary Jo, "Service Marketing: integrating Customer Focus across the Firm", 2nd ed, New York: Irwin McGraw-hill, 2000.

后　　记

呈现在读者面前的这部书，是在我的博士学位论文基础上补充完善形成的。该书也作为2016年福建省中青年教师教育科研项目（JAS161090）的阶段性研究成果；福建省首批高校特色新型智库——福建师范大学综合竞争力与国家发展战略研究院、福建省社会科学研究基地——福建师范大学竞争力研究中心、福建省高校哲学社会科学学科基础理论研究创新团队——福建师范大学竞争力基础理论研究创新团队共同资助的阶段性研究成果。

工作六年以后再回母校求学，得到许多人的帮助和关怀，我心中充满了无限的感激之情。首先，我要向导师林子华教授表达我崇高的敬意和诚挚的谢意。林老师悉心指导我论文写作，这篇论文从选题到拟定提纲再到最后定稿，无不凝聚着导师的大量心血，正是有了导师的全力支持和无私帮助，本论文才得以最终完成。林老师严谨求实的治学态度、认真负责的敬业精神、和蔼可亲的人格魅力给我留下了深刻的印象。在这里，我要衷心祝愿敬爱的导师和师母健康幸福！

从桃李年华到而立之年，其间的全日制学习我都是在师大度过的，衷心感谢这十年求学过程中所有给予我帮助和指导的老师们。李建平教授是福建师范大学原校长，当本科和硕士研究生毕业证书上的名字出现在博士生课程表上，犹记得当时激动的心情。之后我们才知道，李老师在给我们上课之前曾动过大手术，按照医生的建议是不宜这么长时间上课的，可是李老师不仅坚持给我们上了一整学年的课，甚至有一次在课间摔倒，他都忍着不适把课上完。李老师高尚的师德情操和严谨的治学精神，深深感动了我们。

我要衷心感谢经济学院院长黄茂兴教授在学习和工作上给予的大力帮助和支持，黄老师不仅让我加入了福建师范大学竞争力研究中心和福建自贸区综合研究院参与多部皮书和专著的编写，而且推荐我到福建省委政策研究室参与起草福建省"十三五"规划建议，并在论文、论著和材料的写作过程中给予了诸多指导。我还要感谢李建建教授一直以来的勉励和教诲，感谢廖福林教授、张华荣教授、蔡秀玲教授、林卿教授、郭铁民教授、陈少晖教授、刘义圣教授、俞建群副教授等在我学习期间的谆谆教导，在论文写作过程中提出的许多宝贵意见和建议。

感谢福建师范大学竞争力研究中心的老师和伙伴们，这是一个把中心当成家、把科研当成生活，无比团结无比温暖的团队，能成为其中的一员，我感到很自豪和骄傲，大家奋发拼搏、团结友爱的精神让我深受感染。

感谢时任福建省委政策研究室的陆开锦主任（现任福建省政协秘书长）、王耀明副主任，经济一处的谭亚川处长、翁书寿调研员（现任信息咨询处处长）、林朝阳副处长（现任省委改革办处长）、池志森和叶一标两位科长，信息咨询处的徐子青处长（现任省委宣传部干部处处长）等各位领导平日里对我的关怀与帮助，特别是对论文资料提供方面给予的大力支持。

感谢江夏学院王荧副教授、林海龙师兄、李小兰师姐在论文修改过程中给予的支持和鼓励；感谢同窗修兴高、林翰、陈景华、董少明、伊馨、王媛媛、张俊、吴娟、许四清、雷春雄和蓝康昌，与你们共同学习收获了满满的友谊和美好的回忆。

感谢单位领导、同仁、家人和朋友一直以来的鼓励和支持。感谢单位出资培养，为我读博免去了经济后顾之忧；感谢系领导张少华主任、吴李霞书记的指点和帮助；感谢单位同仁在我读博期间及时的分忧解难。感谢一直为我遮风挡雨、用心呵护的父母，感谢勤劳朴实、帮忙操持大小家务的婆婆，感谢任劳任怨、包容相守的丈夫，感谢弟弟、弟媳等亲朋好友的默默支持，没有你们毫无保留的付出，我是难以完成学业的。感谢生命赐予我的小小男子汉，还不到5周岁的小人儿，懂事得让人无比的愧疚和心疼，唯愿我亲爱的宝贝健康快乐地成长！

经济科学出版社经济理论分社社长孙丽丽以及责任编辑何宁对本书的出版提供了很好的修改意见，付出了辛苦的劳动，在此一并向他们表示由衷的感谢。

在本书研究和撰写过程中，参考、借鉴或引用了大量的相关文献资料，对这些资料、图表、文献、研究思想和设想的知识产权所有者表示诚挚的感谢！由于本人学识有限，本书难免存在疏漏和不足，敬请读者批评指正。

林惠玲

2018年9月